中国佛教美学典藏

总主编

高建平　尹　佃

各分部主编

佛教绘画部　丁　方

佛教造像部　张　总　王敏庆

佛教书法部　何劲松

各分卷作者

造像经典与仪轨　王敏庆　普　能　著

石窟造像（上下）　何　莹　全　薇　著

地面寺院造像（上下）　宋伊哲　著

出土及传世造像　王敏庆　杨小娟　吴源虹　著

经卷佛画　张建宇　著

石窟壁画　张俊沛　著

绢帛佛画　刘　韬　著

禅意绘画　陈粟裕　著

禅德墨迹　聂　清　著

佛教碑刻　胡吉连　著

敦煌写经　李逸峰　著

佛塔建筑　王　耘　著

伽蓝建筑　徐　翥　著

主要编辑、出版人员

社　　长　刘祚臣

副总编辑　刘金双

主任编辑　曾　辉

编　　辑　（按姓氏笔画排序）

于淑敏　马　蕴　王　绚　王　廓

王一珂　王慕飞　冯　然　邬四娟

刘金双　李　静　李玉莲　宋焕起

林思达　易希瑶　帖慧祯　胡春玲

郭银星　黄佳辉　曹　来　盛　力

程　园　曾　辉　鞠慧卿

特约审稿　汤凌云　韩　伟　陈丽丽　王怀义

装帧设计　今亮后声

地面寺院造像（上）

内容简介

设造像陈于殿堂之中，以彰宗教之神圣，这一宗教形式伴随着佛教东传而风行于华夏大地。本卷以历史朝代为轴，以现存寺院为点，结合实例，从美学视角梳理了佛教寺院造像在中国千年来的发展和变化。读者翻阅此书，可一窥我国古代艺匠在依托佛教仪轨的基础上如何一步步将西来诸佛塑作东方哲人，通过感受种种美学的本土化，体察中国佛教美学的独特魅力。

宋伊哲

毕业于中国社会科学院研究生院，文物与博物馆专业，主要从事汉藏佛教艺术史、丝绸之路艺术史的研究工作，曾多次参与中国社会科学院、故宫博物院组织的野外考察活动。参与编撰《香殿梵宗：大昭寺藏珍》《伊犁昭苏圣佑庙遗珍》，发表《大昭寺早期壁画调查报告》等学术论文若干篇。

国家出版基金项目
NATIONAL PUBLICATION FOUNDATION

高建平　尹　佃
-总主编-

中国佛教美学典藏

佛　教　造　像　部

主　编·张　总　王敏庆

地面寺院造像 上

宋伊哲 — 著

中国大百科全书出版社

图书在版编目（CIP）数据

中国佛教美学典藏．地面寺院造像／高建平等主编；宋伊哲著．—北京：中国大百科全书出版社，2024.5

ISBN 978-7-5202-1448-3

Ⅰ.①中…　Ⅱ.①高…②宋…　Ⅲ.①佛教—美学—研究—中国　Ⅳ.①B948

中国国家版本馆CIP数据核字（2023）第227383号

出 版 人　刘祚臣
策 划 人　曾　辉
责任编辑　邬四娟
责任校对　王　廓
责任印制　李宝丰
装帧设计　今亮后声
出版发行　中国大百科全书出版社
地　　址　北京市阜成门北大街17号
邮政编码　100037
电　　话　010-88390969
网　　址　http://www.ecph.com.cn
印　　刷　北京雅昌艺术印刷有限公司
开　　本　889毫米×1194毫米　1/16
印　　张　47.25　拉页18面
字　　数　563千字
印　　次　2024年5月第1版
　　　　　2024年5月第1次印刷
书　　号　ISBN 978-7-5202-1448-3
定　　价　1200.00元（全二册）

本书如有印装质量问题，可与出版社联系调换

总序

这部多达十五卷的佛教美学和艺术的总汇，是聚数十名专业研究者，积八年之功完成的一项宏大工程。在过去的这些年里，各位参与者都很辛苦。现在，终于苦尽甘来，欣喜之感油然而生。

当前，我们正处在中国式现代化建设的伟大进程之中。要建设中华民族现代文明，就要将现代理论与优秀传统文化遗产相结合。中国佛教艺术是中国传统文化和美学的一个重要组成部分。古人给我们留下了许多精美的艺术珍品，值得我们花大力气去整理、总结，站在现代的立场进行思考、研究。

在五千年的中华文明史中，最初一千多年，中华美学思想的萌芽可从巫史传统和工艺创造中体现。当时的人留下了丰富的实物，给我们提供了对那个时代文化状况的丰富的想象空间。其后，从商到周，出现了精美的青铜器皿，形成了发达的礼乐文化，在实物、操作和观念这三个层面推动了中华美学思想的形成和发展。佛教是发源于印度的宗教，传入中华大地以后与中国原有的礼乐文明碰撞交融，经历了一次外来思想中国化的过程，由此造就了文明的更新。

中国的礼乐文化在周朝兴盛，历经春秋战国，尽管礼崩乐坏，但还是有人竭力保存，到秦汉时仍有所传承。礼乐文化服务于周王室，通过分封的等级制度，实现以上化下、以夏化夷的政治设计。秦汉以后，分封逐渐消失，大一统的帝国逐步形成。这一时期，社会的上层与下层相距遥远，礼乐仍在上层社会的一些礼仪性活动中施行，这时就需要宗教在下层起到填补审美需求空间的作用。

在欧洲，希腊式的城邦制度解体，原来的希腊－罗马宗教体系只在上层社会被维持；而基督教则从社会的下层开始发展，得到广大民众的支持，最终迫使罗马皇帝改宗，同时也在巨大的罗马帝国范围内流传，成为世界性的宗教。在中国，佛教在一定意义上也起着这样的作用。从汉代到唐代，普通民众的审美需求成为佛教兴盛的土壤。正是由于这一原因，通过满足社会中下层民众的审美需求，佛教的审美理想和艺术创造在文明的深处扎下了根。

中国佛教美学有着一些突出的特点。

第一是理想性。这种理想性与非现实性、虚无和出世的观念结合在一起。这在华严宗和净土宗等宗派的思想中有明显的表现。它们所追求的净土，并非存在于现实的此岸世界，而是在理想的彼岸世界。它们的美，也从属于那个世界。现实的美只是彼岸世界美的影子。

第二是通过悟来感受世界。通过悟获得真美，或是苦修而悟道，或是禅宗所主张的顿悟——机缘触发，瞬间就能得道，即达到真美的境界。

第三是偶像崇拜。各种源于犹太经典的宗教，无论是犹太教、基督教，还是伊斯兰教，都流传逃出埃及的以色列人由于崇拜偶像而引起摩西震怒的故事，从而形成各种反偶像崇拜的传统，有的弃绝一切形象，有的不准造圣像。即使后来最热衷造像的天主教，也是依据一套“愚人的《圣经》”的说辞，即运用图像给不能阅读的人演绎《圣经》故事，提供图像存在的理由。这样一来，天主教的图像只是神圣故事的演绎，其本身不具有神性；圣徒所崇拜的不是偶像，而是通过图像感受神的道理。与此不同，尽管佛教早期也有过一段无佛像时期，但后来很快就有了对佛像的普遍接受。佛教的造像被认为其本身就有神性，是神的化身。

第四是宏阔的时空观。源于犹太经典的各种宗教都具有关于世界起源的传说和关于世界末日的预言。佛教则不同，不认为有起源和末日，而认为世界在时间上是无限的，循环往复，以至无穷；在空间上也是无限的，无所谓中心、边缘。体现在美学和艺术上，佛教就具有一种超越时空、追求无限的美学观念。

第五是和谐圆融的审美境界。美的理想是一种圆，但这不是毕达哥拉斯的数学上的圆，而是圆融的生存境界。佛教讲世界和谐，这又是通过圆的意象得到体现。

本套书共分四部十五卷，涉及书法、绘画 、造像、建筑等。

佛教书法部共有四卷，即《敦煌写经》《佛教碑刻》《禅德墨迹》和《禅意绘画》。

在印刷术流行之前，佛经的流传主要靠人工抄写。在这方面，敦煌藏经洞给我们留下了大批人工抄写的佛经。当时传抄佛经是基于保存和流传的需要，同时佛教徒们也将抄写佛经当成一种修行，通过艰辛的抄写工作以积累功德。这不仅为我们留下了大量的经典，同时也留下了重要的对当时的书写进行研究的材料。绝大多数佛教徒在抄写佛经时，都有一种虔敬的心态，他们书写认真，字迹清楚、容易识读。在字体上，楷、行、草三体均有，但以楷书为主。

佛教碑刻包括佛经碑刻、造像题记及寺塔碑碣。这些碑刻用途不同，风格上也有差异，但大体上是以隶书和楷书为主，风格上庄严静穆，偶有装饰意味。

禅德墨迹包括具有文人趣味的禅僧的书法作品，以及受禅宗思想影响的文人的书法作品。这些作品风格自由活泼，字体多为行书和草书，通过笔墨直抒胸臆，表现内在的情感。

禅意绘画，最初是画者致力于表现禅理，强调直觉性和感悟性，并以此使绘画超越形象的描绘。这种绘画追求推动了中国绘画意识的发展，并且与文人绘画结合，对中国绘画观念的发展和转折起到了关键作用。

佛教绘画部共有三卷，分为《石窟壁画》《绢帛佛画》《经卷佛画》，各有其鲜明的特点。

石窟壁画是指画在石窟壁上的绘画。壁画是人类最为古老的一种绘画形式。中国佛教石窟壁画主要存在于西域地区，以佛像和佛教故事为主要题材，也包括对佛国之境的描绘，其中乐舞飞天的壁画穿越千年，给人以惊艳之感，成为当代众多艺术创作的灵感来源。石窟壁画大多受印度绘画人物造型的影响，又开始具有中原绘画的元素，成为中西艺术风格结合的最早范例。

绢帛佛画以敦煌藏经洞绢画为主，现多藏于英、法、俄、德等国的博物馆中，日本、印度、韩国等国也有保存。这些绢画所画的形象不同，有佛、菩萨、罗汉、武士，以及供养人。从这些画中可看出中国绘画中线条之美的来龙去脉、中国绘画色彩的源与流。宗白华区分了中国艺术的错彩镂金之美与芙蓉出水之美，绢帛画大体属于错彩镂金一类。

经卷佛画，即佛经中的插图或附图，包括佛教经卷的卷首画（也称扉画）、随文插图、卷末的拖尾画。从制作技艺来看，经卷佛画分墨绘佛画和版画，雕版印刷繁盛时代出现了讲述各种佛经故事的版画。对经卷佛画的研究很有价值，但过去研究不多，本卷是对此研究领域的开拓。

佛教造像部内容最为丰富，分为《石窟造像》《地面寺院造像》《出土及传世造像》《造像经典与仪轨》。

《石窟造像》分上、下两卷。上卷讲新疆和中原北方石窟，下卷讲南方和藏传佛教造像。将这些不同地域、不同时代所创作的造像放在一起来对比，可以清晰地看出这些造像的造型和艺术风格在文化交流中留下的痕迹和在时代变迁中的沿革。

地面寺院造像则呈现出多样性和变动性。遍布西域和中原大地的佛寺中的造像，以及在藏区的藏传佛教寺庙中的造像，呈现出各自的地域特点；经过千年变化，又呈现出不同的时代特点。尽管佛像有“千佛一面”的说法，但不同地域、不同时代佛像的差别仍鲜明地体现出来。

出土及传世造像可称为前两种佛教造像的补充。这些造像被发现和保存，具有极大的偶然性。它们不像石窟造像，可系统发掘；也不像现存寺院里的造像，原本就有完整布局，具有系统性。这种出土及传世造像相对零散，其系统性需要研究者构建。

《造像经典与仪轨》是很特别的一卷。该卷对佛教造像特点和主要菩萨、天王等形象的基本框架做了概述，还对佛教活动的空间、所用法器等做了阐释。

佛教建筑部共两卷，一卷讲伽蓝，一卷讲佛塔。

《伽蓝建筑》主要讲历代的中土佛寺及藏传佛教的寺庙。正像欧洲历史上的建筑集中体现于教堂一样，佛教寺庙亦成为中国古代建筑的典范。本卷分朝代展示中国古代的寺庙，并对藏传佛教的寺庙做了专门的论述。

《佛塔建筑》专门论述佛塔。佛塔造型精美，是中国古代建筑精华所在。佛塔近可与寺庙组成一个整体，高耸的塔在建筑群中起画龙点睛的作用；远可装点河山，在自然山水中加上人工点缀。佛塔原本是瘗埋高僧圆寂后遗体和珍藏舍利的地方。它既是死亡之所，又是涅槃和超越之地。生死之事，永远是最大的事，这与僧人生活有密切关联，也使塔有了人情、人性、理想等多种意味。

佛教美学和艺术的内容丰富多彩，包含各个艺术门类。除本套丛书所介绍的之外，还包括诗词、音乐、歌舞等。我们的想法是，在现阶段能做什么，就先做起来。希望这套典藏为更全面地研究中国佛教美学起奠基作用；也希望将来在此基础上，借助新媒体，使中国佛教美学的精华得到更为全面的展示。

在最初组织这一课题组之时，我们的计划是，从几个主要的佛教艺术门类中，选取最有代表性的作品，给予精要的说明，以形成佛教美学的一个总汇。其目的在于，将佛教美学的精华在一个选本系列中汇总起来，将一些平时很难见到、只有专家才掌握的佛教艺术作品的图片加以集中，配以解说，从而使这些作品受到人们的关注。佛教从两千多年前开始传入中国，带来了佛教美学和艺术，在中国大地上生根、开花，与中国原有的传统结合，再经过历代僧俗信众的传承和创新，形成了璀璨多彩的中国佛教文化。中国佛教文化成为中华文化的一个组成部分，在世界文化史上也具有重要意义。在今天，加强佛教美学的学术研究，对佛教艺术的普及，对大众熟悉和了解佛教文化，对传承和弘扬中华优秀传统文化，都是一件功德无量的事。

记得第一次开编纂工作会，任务是明确大脉络的分工，确定各卷的主持人和基本研究队伍，划定各卷内容的边界。各位参编者的热情都很高。大家一方面认为，这件事很重要，编出的书会很宏伟壮观，成为一个大制作；另一方面也认为，这方面的书过去很少，有了一个好的立意，再加上选对了人，编起来不会费多大的劲，不过是将相关领域的专家集中起来，将原本就熟悉的材料以一个新的、对读者更具有亲和力的形式重新组织一遍而已。

到了真正上手去做才发现其中的种种艰难。材料难找，解说不好写。历史事实考证清楚，解说内容正确，这是基本的要求。这方面的要求，说说容易，做起来就有难度。不仅如此，由于这套书冠名美学，在选材时体现美学视角、在解说中体现美学阐释就很重要，对于长期致力于事实考证的专家来说，这种工作也有一定的难度。在撰写过程中，有人畏难退缩，有人赶不上进度要求，但是，这样一个庞大的工程，开弓没有回头箭，再艰难也要做下去，并且要保质保量地完成。

在这几年的工作中，撰稿和编辑人员都付出了巨大的努力。他们不仅研读既有的书籍、史料和画册，还要遍访全国各地的代表性寺院。最让我感动的是，他们跋山涉水，带着沉重的拍摄器材到现场拍摄。为了获得最佳的拍摄角度，课题组还购置了无人机，以便在人无法到达的角度进行拍摄。他们的努力，为这套书提供了大量精美的独家图片。

在此期间，课题组多次在北京召开会议；还远赴广东、山西等地，举行各种工作会议。每次会议都力求实效，解决编写过程中所出现的各种具体问题，包括工作分工、人员配备、文字质量、图片规格和要求、工作进度，以及编撰者与编辑如何相互配合以加快进度，等等。为了深化这套书的美学特色，我们还邀请了几位对中国古代美学有研究的学者对文字内容进行了审阅，提出了许多具体的修改意见。

现在，书稿终于付印了。感谢参加撰写《中国佛教美学典藏》的各位作者，各位均为对佛教美学和艺术有深厚研究基础的专家。他们不辞辛劳，集中精力，终于使这项巨大的工程得以完成。更令我们感动的是，著名佛门高僧尹佃法师自始至终参与我们的策划立项、内容框架研讨和后期编纂工作，多次参加编纂工作会议，提出重要意见。中国大百科全书出版社的郭银星和曾辉两位接力领导的编辑团队，对这项工作极为负责，在编辑出版过程中提供了周到而贴心的服务。本书是各位辛勤劳动的结晶。

佛教艺术和文化是中华美学的一个重要组成部分。中国佛教之美是先人留给我们的一笔宝贵遗产。同时，它又是在当代充满生命力的活的美学。我们带着对文化传统的虔敬之心来整理这份遗产，又以面向当代、面向世界、面向未来的态度，带着责任感和使命感，以激发传统文化在当代的生命力为目的，来审视并引领中国美学的辉煌未来。

总 论

《中国佛教美学典藏》以历史上中国佛教美术的遗产为主，表述其美学方面的面貌与特色。佛教造像部是其中的主要部分。因为中国佛教美术的主要遗产是石窟寺，其数量与地域、历史跨度及时代之早等都在世界上居于首位。中国木构寺院当然数量更大，但是现存者多为明、清建构，包括许多始建年代甚早、代有延续的寺庙，唐、宋寺殿之遗构已属很少。石窟寺与木构的地面寺院本身具有建筑、雕塑、绘画浑然一体的性质，但其中皆以造像为崇拜主体。佛教造像部主要侧重于石窟寺、地面寺院之中的造像部分，还包括了石窟寺与地面寺院以外各种材质的佛教造像。这类可移动单体造像（包括造像碑与造像塔）在古代多在寺院之中。但自古以来在寺窟之外的许多环境，如通衢大道、村落集镇、义井池旁、宫殿家宅等，也有很多大小不等的像设。再者，佛教造像都有经典依据，且具种种深浅程度不同的相关仪轨，略加论述会有更好的效果。所以，佛教造像部设为六卷，即《造像经典与仪轨》、《石窟造像》（上、下册）、《地面寺院造像》（上、下册）、《出土及传世造像》。其中后三卷先依时代地域、形式样态或材质等构成框架，再结合美学方面的观念与概念加以列述，以期使读者对佛教造像的美学面貌有较好之了解。

《中国佛教美学典藏》佛教造像部采取这种构成，基本上是依据目前学术界大多认同的现状而做出的。《中国佛教美学典藏》本意重在美学，应以美学的观念与概念来组构，但因佛教美学自身概念和体系上的问题而无法形成可供操作的体系形态。譬如说，用崇高之美、慈悲之美、精巧之美、超然之美等划分是无法构成完备的佛教美学架构的。佛教本身也有不少关涉美学的观念思想，具备很多自成的概念，如庄严、相好、殊胜、妙好等；还有很具体的佛陀相貌，如“三十二相”“八十种好”及《造像量度经》之类的规式。若能以佛教本身的美学概念来构成本书的结构，当然最好不过。但因佛教本身是宗教，自有统摄与延展的哲学体系，其论说之中既有赞颂涉美的部分，也有反对美感观受的部分，若全以佛教美学观念来组构，也确有一定的困难。所以，我们只能就一般学术理论视阈在《石窟造像》《地面寺院造像》《出土及传世造像》的基础上，将现代学术之美学观念与佛教特有的一些观念结合起来，进行陈述；而佛教本身的具体规式，则专设《造像经典与仪轨》阐述、展现。

美学观念与感受既有客观性赋予，也有主观性臆想。同一尊佛陀、菩萨像或天王力士像，在不同的人看来，感受是不同的。就是同一个人，在不同时段以不同心境来观看（想），美学方面的感受也是不同的，甚至差别很大。所以，本书只是给读者提供一种基本的参考，仅为佛教美学在造像方面最基本的脉络依据，绝非佛教美学在造像方面的定论之成果。

关于佛教美学范畴之内的造像，最直接具体的经说就是关于佛陀“三十二相”“八十种好”的论述，即这些庄严相好意蕴具有很强的感化力。不少佛传故事或记传之中，都说是观看到了庄严相好的佛陀，因而生出了敬仰倾慕的心，从而皈依了佛教。关于“大人相好”（指佛陀的庄严相貌），古印度就有相关传统。涉及这一主题的经典文献众多，它们向我们展示了佛教中觉悟者佛陀相貌的美好之处。从丰富多样的佛教造像遗存来看，在不同时段与地域中，采用各种材质和手法创制的佛像，既遵循了佛教经典的规定，又呈现出多姿多彩的样貌。这些不同样貌的佛像，既反映了国家、地区、人种、民族等文化特征的差异与变迁，也体现了时代背景下的传播演变，以及造型艺术手法、材料与技术手段的创新与发展。简而言之，佛像之美具有鲜明的时代特征。

关于佛像之美的论述，除佛教典籍之外，还可见于历史文献的记载。这些资料，有些可以和遗存吻合，有些则没有实物印证。佛教美术的遗产杰作中，有不少由具名有姓的艺术家创制，但更多的由未留下姓名的工匠所为。就其普遍性与多样性，以及历史年代的广泛覆盖而言，佛教美术实际上反映的是自古以来各个国家、地区与民族的审美观念。

佛教造像所展现的美、美学的观感、美学的概念是多方面的。其中，既有某一特定方面或细节，如崇高感，这在大佛的造像中得到了充分体现；也有更为核心的内容，如佛教中“诸恶莫作，众善奉行”的教义，它阐述了佛教最基本的慈悲精神与理念。因此，我们可以从各种各样的佛陀形象，如佛教所尊崇的十方佛、三世佛与三身佛，以及各国各地不同材质、技法雕琢的佛像，如古印度石雕、犍陀罗前期与后期的石刻与灰泥塑像，日本的木雕，中国的泥塑、木雕与石刻造像等中观察到慈悲与智愿等精神的体现。在佛教造像之中，也有很多美学观感可以成龙配套。例如，某些时期和地域流行成铺的造像，如唐代很多佛像都是一佛、二弟子、二菩萨、二天王、二力士，或再加双狮，共九尊或十一件像。其中佛陀的庄严、弟子的谦恭、菩萨的慈悲、天王的威武、力士的孔武、双狮的雄强，恰成一个小世界，或者说小宇宙、小天地。这是就一铺造像而言。就佛教的体系而言，又何尝不是如此？这个成系列的组合与配套，可以更详尽、丰富地展开论述。

从原始佛教到部派佛教，到大乘佛教，再到密教佛教，佛教这四大发展阶段对佛教造像有很大影响。

在原始佛教时期，不允许出现佛陀形象的本身。在佛传故事中应该出现佛陀本身的地方，如佛座上，或空无一物，或以法轮代替，这样处理有象征之美、空灵之美。而在佛传故事的其他部分，则会以不同手法展现丰富而细腻的美学意蕴。

在部派佛教时期，造型艺术中只有释迦牟尼佛，偶有弥勒佛。这一时期，释迦牟尼佛此生的佛传故事、其前世的种种本生故事，以及配合的一些因缘与譬喻故事，都在艺术作品中得到了充分的体现与生动的表达。这一时期的造像还有弟子罗汉、菩萨及伎乐天人。

在大乘佛教时期，佛陀降诞出现于十方与三世，空间与时间上都有，且具无限的可能性。菩萨是大乘佛教的根本特征之一。诸大菩萨已经具有成佛的条件，但却发了大誓愿，留在五浊恶世拯救众生。观世音、文殊、普贤、地藏四大菩萨，具有慈悲、智慧、大行、大愿的抽象象征。弟子罗汉更有发展，十大弟子特别是五百罗汉的表现，与僧侣直接对应，表达出宏阔广大的景象。护法则有天龙八部，其中的乾闼婆（香音神）——飞天，在美学上成为东方美学灵动殊妙的代表形象。龙王摩睺罗伽（大蛇）及天王力士与神兽的威猛、孔武有力，亦大有展现。大乘佛教造像艺术的谱系，可以说是佛教美术中最主要的谱系，在中国、韩国、朝鲜、日本及越南等东亚、东南亚国家和地区有着极大范围的丰富遗存并产生极重要的影响，是佛教美学资源方面最主要的宝藏。

密教，是佛教汲取婆罗门教的内涵及一些要蕴形成的。密教为佛教造像艺术带来了根本性的变化。由于佛法修行的需要，密教形成了极为复杂的佛菩萨体系。成熟的密教有高度组织化的神祇谱系，如金刚界大曼荼罗与胎藏界大曼荼罗。密教经典对佛像谱系有详细规定。诸佛、菩萨、护法等像的相容、姿态、服饰、手印、法器，每个部分的色彩，主像与胁侍的组合，成铺的像设，分系列及大曼荼罗等，都在经典中有详细规定或经典的配合仪轨。所以，密教经典也被称为经轨。密教像设与遗存，在中国唐代长安（今西安）、敦煌，藏传佛教流行的蒙古地区、藏区等，以及印度、尼泊尔、日本等地都有。密教造像，特别是后期密教造像，在表现佛陀、菩萨、天部、明王等形象时，常常化现为凶神恶煞的形貌。所以，密教后期美术确有特别的美学特征，即威猛狞厉之美。

《造像量度经》出现较晚，但其对佛像的比例有相当详密的规定。佛像身体各部分的比例和谐舒展，自然体现出美感，但此经对佛像比例进行规定并不是为了追求美感，而是从宗教的神圣性与功用性出发的。佛教美学在各历史阶段具有不同特质的美。

从佛教自身出发，我们可以从经典与仪轨、历史教派阶段的特征变化上对佛教造像的美学有所认识。当然，从造型艺术或者说空间与手法等方面，也可以对佛教造像的美学特征有所认识。佛教造像安放布列最主要的单元是寺庙殿宇。石窟寺其实也是一种寺庙。寺庙的规模可以有很大差别。大者如名山道场，小者有阿兰若等。“天下名山僧占多”，说明了寺庙与环境的关系。所以从寺院的层级与环境的关系，亦可追寻其中的美学特征。

寺庙之中，从像设的安放主体——大雄宝殿到配合主体殿堂的种种佛菩萨殿，都有各自的美学美感特点。更为普及的阿兰若，或是家庭中的佛堂、神龛，各自有各自供奉佛像的具体环境。

佛教造像都是雕塑而成的，所以要从维度方面简要说明。现代雕塑术语中，有圆雕与浮雕之说。在长、宽、高三维空间中，各维度都等同原状，即相当于人身或物体形状，即为圆雕。在某个维度予以压缩的就是浮雕，压扁程度大者为浅浮雕，程度小者为高浮雕。圆雕一般可以从四周来观看，浮雕则不行。形态上还有雕塑本身独立与雕塑后面连着背光或山岩等物体的。古代雕塑之佛像，背后往往贴连背光或像后衬托。从空间来说，有不可移动的石窟作品，多为大像巨作，近于圆雕的像体，后面连在山体之上。寺庙殿宇之中，通常专设佛坛来安放像设。这些佛像，本身近于圆雕，但后面多设有背光。不过，在现存文物之中，特别是出土的佛像作品中，能从四周观看的圆雕作品也为数不少。

中国的佛像作品往往结合了多种造型手法。除了立体程度不等的圆雕与浮雕手段，还有本质上属于绘画的线刻。线刻有在石面上进行的线刻，也有通过突起或下陷形体轮廓，再施以线条描刻来表达的形式：通过不同形式，达到丰富浑成的艺术表现效果。在材质的选择与处理上，也有很多表现手法。金、铜与石、木等多种材质在体积与重量上各有特色。在色彩施加方面，既有彩塑即泥塑敷彩，也有石雕彩绘。绝大多数佛教造像是具象写实的表达，但也有抽象与象征或装饰图案的辅助表现，如合掌手势、胸前“卍”字、肉髻顶珠、服饰图案等。

总之，我们可以从空间造型艺术手法来观察、理解、感受佛教造像之美，感受佛像与美的种种关联。当然，基于造型手法的感受比较侧重于美术之专业角度。但一般来说，最普通的观者在看到佛教造像时，在进入石窟、寺庙和面对像龛时，都能产生种种的美学感受。因而，我们基于佛教美术本身的时地架构，从中选出精妙美好、殊胜庄严、具有美学情趣的作品，希望能为读者提供丰富妙好的大餐。

2023 年 4 月

目 录

绪　论　001—009

第一章　011—035

新疆佛教寺院造像

引　言 …………………………… 012

第一节　孤山伽蓝：

托库孜萨来佛寺 ……… 014

第二节　回鹘善法：

北庭西大寺 …………… 022

第三节　沙海佛貌：热瓦克寺及

托普鲁克墩佛寺 ……… 029

第二章　037—595

汉传佛教寺院造像

引　言 …………………………… 038

第一节　盛世遗真：

唐代寺院造像 ………… 042

第二节　乱世孤品：

五代寺院造像 ………… 073

第三节　塞上须弥：

辽代寺院造像 ………… 087

第四节　清雅逸秀：

北宋寺院造像 ………… 148

第五节　混同圣俗：

金代寺院造像 ………… 252

第六节　南国善见：

南宋寺院造像 ………… 302

图片目录

第一章
新疆佛教寺院造像

015 图 1-1-1 托库孜萨来遗址
016 图 1-1-2 佛与飞天，5—6 世纪，泥塑，高 75 厘米、宽 76 厘米
017 图 1-1-3 菩萨像，5—6 世纪，泥塑，高 16.5 厘米
018 图 1-1-4 女性头像，5—6 世纪，泥塑，均高 14 厘米
019 图 1-1-5 菩萨头像，5—6 世纪，泥塑，高 18.5 厘米
020 图 1-1-6 群像，5—6 世纪，泥塑
023 图 1-2-1 西大寺正殿东部洞龛
024 图 1-2-2 西大寺庭院及西大寺壁画中的高昌回鹘贵族形象
025 图 1-2-3 S101 配殿群像，10 世纪，木胎泥塑
025 图 1-2-4 S101 殿北壁主尊，10 世纪，木胎泥塑，残高 1.73 米
026 图 1-2-5 S101 配殿禅坐像，10 世纪，木胎泥塑
026 图 1-2-6 S102 西壁供养人，10 世纪，木胎泥塑
027 图 1-2-7 E204 龛交脚弥勒像，10 世纪，木胎泥塑
028 图 1-2-8 S105 殿及壁画，10 世纪
030 图 1-3-1 热瓦克寺塔
031 图 1-3-2 巴基斯坦贵霜佛塔（上图）同斯坦因拍摄的热瓦克佛塔造像原貌（下图）对比
032 图 1-3-3 千佛背光，5—7 世纪，泥塑
033 图 1-3-4 佛尊头像，5—7 世纪，泥塑
033 图 1-3-5 释迦牟尼佛，5—7 世纪，泥塑
034 图 1-3-6 头像，5—7 世纪，泥塑
034 图 1-3-7 坐佛，5—7 世纪，泥塑
034 图 1-3-8 托普鲁克墩 1 号佛寺遗址
035 图 1-3-9 残佛尊，6—7 世纪，泥塑，高 1.45 米
035 图 1-3-10 出土佛头，6—7 世纪，泥塑

第二章
汉传佛教寺院造像

043 图 2-1-1 五台县南禅寺正殿外景
044 图 2-1-2 正殿佛坛，782 年
044 图 2-1-3 释迦牟尼佛及其头部特写，782 年，泥塑，高 4 米
046 图 2-1-4 迦叶与阿难像，782 年，泥塑彩绘，高 2 米
047 图 2-1-5 北壁胁侍菩萨及局部，782 年，泥塑彩绘，高 2 米
048 图 2-1-6 供养菩萨，782 年，泥塑彩绘，尺寸不详
049 图 2-1-7 文殊菩萨与普贤菩萨尊像群，

782 年
050 图 2-1-8 文殊菩萨像及局部，782 年，泥塑彩绘，高 4 米
050 图 2-1-9 文殊菩萨像前的供养童子，782 年，泥塑彩绘，尺寸不详
051 图 2-1-10 普贤菩萨像，782 年，泥塑彩绘，高 4 米
051 图 2-1-11 于阗王与獠蛮，782 年，泥塑彩绘
052 图 2-1-12 东西两壁二胁侍菩萨局部，782 年，泥塑彩绘，高 3 米
054 图 2-1-13 左右天王像，782 年，泥塑彩绘
057 图 2-1-14 高台上的东大殿一角，唐
058 图 2-1-15 敦煌莫高窟第 61 窟，五代《五台山图》
058 图 2-1-16 东大殿佛坛群像，唐
059 图 2-1-17 文殊菩萨及其眷属，1137 年，泥塑彩绘
059 图 2-1-18 文殊菩萨，1137 年，泥塑彩绘，尺寸不详
060 图 2-1-19 释迦牟尼佛，856 年，泥塑贴金彩绘，高 5.3 米
062 图 2-1-20 迦叶与阿难，856 年，泥塑彩绘，均高 3.7 米
062 图 2-1-21 阿弥陀佛与弥勒佛，856 年，泥塑贴金彩绘，均高 5.3 米
063 图 2-1-22 文殊菩萨及局部，856 年，泥塑贴金彩绘，高 4.8 米
064 图 2-1-23 普贤菩萨及局部，856 年，泥塑彩绘，高 4.8 米
064 图 2-1-24 宁公遇像，856 年，泥塑彩绘，尺寸不详
064 图 2-1-25 愿诚法师像，856 年，泥塑彩绘，尺寸不详
064 图 2-1-26 天王像，856 年，泥塑彩绘，均高 4.1 米
065 图 2-1-27 供养菩萨之一、二，856 年，泥塑彩绘，尺寸不详
066 图 2-1-28 供养菩萨之三，856 年，泥塑彩绘，尺寸不详
066 图 2-1-29 胁侍菩萨，856 年，泥塑彩绘，尺寸不详
069 图 2-1-30 万菩萨法会图正壁，770 年，汉白玉石
069 图 2-1-31 万菩萨法会图大历五年题记，770 年，汉白玉石
070 图 2-1-32 万菩萨法会图之伎乐，770 年，汉白玉石
070 图 2-1-33 万菩萨法会图局部，770 年，汉白玉石
071 图 2-1-34 飞天，770 年，汉白玉石
072 图 2-1-35 万菩萨法会图菩萨像之一，770 年，汉白玉石
072 图 2-1-36 万菩萨法会图菩萨像之二，770 年，汉白玉石
075 图 2-2-1 镇国寺建筑群
076 图 2-2-2 判官与十殿阎罗之一，明，泥塑
077 图 2-2-3 毗卢遮那佛，明，泥塑，尺寸不详
077 图 2-2-4 胁侍菩萨，明，泥塑，尺寸不详
078 图 2-2-5 镇国寺万佛殿外景，五代
079 图 2-2-6 佛坛群像，五代，泥塑

081 图 2–2–7 释迦牟尼佛，五代，泥塑，尺寸不详
081 图 2–2–8 释迦牟尼佛及二弟子，五代，泥塑
082 图 2–2–9 主尊背光细节，综合材质
082 图 2–2–10 迦叶与阿难，五代，泥塑，高 2.88 米
083 图 2–2–11 文殊、普贤二菩萨，五代，泥塑，均高 2.84 米
083 图 2–2–12 胁侍菩萨，五代，泥塑，均高 2.54 米
084 图 2–2–13 天王，五代，泥塑，均高 2.43 米
085 图 2–2–14 力士、菩萨、童子局部特写
085 图 2–2–15 供养童子，五代，泥塑，尺寸不详
086 图 2–2–16 弟子与菩萨的服饰细节
089 图 2–3–1 大雄宝殿群像
090 图 2–3–2 大雄宝殿毗卢遮那佛，1427 年，木雕，通高 6 米
090 图 2–3–3 大雄宝殿胁侍菩萨，明，泥塑，通高 3.75 米
091 图 2–3–4 大雄宝殿诸天群像，明，泥塑，高 2.8 米
092 图 2–3–5 薄伽教藏殿群像，1038 年，泥塑
094 图 2–3–6 薄伽教藏殿迦叶与阿难局部，1038 年，泥塑，迦叶高 3.91 米，阿难高 3.01 米
094 图 2–3–7 薄伽教藏殿释迦牟尼佛，1038 年，泥塑，高 5.74 米
095 图 2–3–8 薄伽教藏殿文殊菩萨，1038 年，泥塑，高 3.25 米
095 图 2–3–9 薄伽教藏殿普贤菩萨，1038 年，泥塑，高 3.25 米
096 图 2–3–10 薄伽教藏殿观音菩萨，1038 年，泥塑，高 3.25 米
096 图 2–3–11 薄伽教藏殿天王，1038 年，泥塑，尺寸不详
097 图 2–3–12 薄伽教藏殿胁侍菩萨，1038 年，泥塑，高 2.8 米
098 图 2–3–13 薄伽教藏殿“合掌露齿”菩萨，1038 年，泥塑，高 2 米
099 图 2–3–14 薄伽教藏殿胁侍菩萨头部细节，1038 年，泥塑
099 图 2–3–15 薄伽教藏殿胁侍菩萨，1038 年，泥塑，高 3.28 米
100 图 2–3–16 薄伽教藏殿供养菩萨，1038 年，泥塑，高 1.4 米
100 图 2–3–17 薄伽教藏殿供养菩萨，1038 年，泥塑，尺寸不详
100 图 2–3–18 薄伽教藏殿造像组合，1038 年，泥塑
101 图 2–3–19 薄伽教藏殿主尊背光细节，1038 年
101 图 2–3–20 海会殿观世音菩萨，辽，泥塑，尺寸不详
102 图 2–3–21 奉国寺大殿
105 图 2–3–22 过去七佛，辽，木胎泥塑，均高 8 米
106 图 2–3–22–1 过去七佛局部及纵剖面图，辽，木胎泥塑
107 图 2–3–23 释迦牟尼佛，辽，木胎泥塑，高 8 米
108 图 2–3–24 过去七佛之一，辽，木胎泥塑
109 图 2–3–25 过去七佛身躯细节，辽，木胎泥塑
109 图 2–3–26 胁侍菩萨（部分），辽，木胎泥塑，高 2.5 米
110 图 2–3–27 金刚座束腰处的药叉力士像，辽，木胎泥塑，尺寸不详
111 图 2–3–28 观音坐像，1603 年，木胎泥塑，高 3 米
114 图 2–3–29 佛宫寺与应县
116 图 2–3–30 释迦塔匾额
117 图 2–3–31 佛宫寺释迦塔，辽
118 图 2–3–32 释迦塔局部，辽
119 图 2–3–33 释迦牟尼佛及佛座力士，辽，泥塑，佛高 11 米
120 图 2–3–34 华严三圣，辽，泥塑
121 图 2–3–35 卢舍那佛，辽，泥塑，高 2.78 米
122 图 2–3–36 文殊、普贤菩萨，辽，泥塑，均高 1.74 米
122 图 2–3–37 胁侍菩萨局部细节，辽，泥塑
123 图 2–3–38 金刚界四方佛，辽，均高 3.038 米
123 图 2–3–39 佛尊及局部，辽，泥塑，高 3.038 米
124 图 2–3–40 佛座细节，辽，泥塑
125 图 2–3–41 华严三圣，辽，泥塑
126 图 2–3–42 卢舍那佛及局部，辽，泥塑，高 4.8 米
127 图 2–3–43 卢舍那佛佛座中的狮子，辽，泥塑
128 图 2–3–44 文殊、普贤像及局部，辽，泥塑，均高 2.81 米
129 图 2–3–45 迦叶与阿难二尊者，辽，泥塑，均高 2.25 米
129 图 2–3–46 拂菻与獠蛮，辽，泥塑，均高 1.07 米
130 图 2–3–47 尊胜佛顶曼荼罗，辽，泥塑
131 图 2–3–48 毗卢遮那佛，辽，泥塑，高

4.14 米
132 图 2-3-49 毗卢遮那佛佛座异兽，辽，泥塑
133 图 2-3-50 八大菩萨（部分），辽，泥塑，均高 1.53 米
135 图 2-3-51 八大菩萨之五髻文殊，辽，泥塑，高 1.53 米
136 图 2-3-52 山门二力士，984 年，泥塑，均高 5 米
138 图 2-3-53 观音阁十一面观世音菩萨，984 年，泥塑，高 16 米
139 图 2-3-54 坐姿观音，984 年，泥塑，尺寸不详
139 图 2-3-55 护法神将，984 年，泥塑，尺寸不详
141 图 2-3-56 观音殿外景
142 图 2-3-57 观音殿观音菩萨及局部，辽，石胎泥塑，高 6.12 米
143 图 2-3-57-1 观音殿胁侍菩萨，辽，石胎泥塑，均高 2.82 米
144 图 2-3-58 观音两侧明王群像，辽，石胎泥塑，均高 2.5 米
144 图 2-3-59 观音殿不动明王及局部，辽，石胎泥塑，高 2.5 米
145 图 2-3-60 观音殿东侧北向第三尊大轮明王及局部，辽，石胎泥塑，高 2.5 米
146 图 2-3-61 观音殿降三世明王及局部，辽，石胎泥塑，高 2.5 米
147 图 2-3-62 观音殿大笑明王，辽，石胎泥塑，高 2.5 米
149 图 2-4-1 崇庆寺千佛殿外景
150 图 2-4-2 千佛殿群像，北宋，泥塑，主尊高 5.5 米
152 图 2-4-3 二菩萨及其背光后的供养菩萨，宋 / 明，泥塑，背光通高 7.4 米
154 图 2-4-4 观音、文殊、普贤三大士，北宋，泥塑
155 图 2-4-5 三大士殿文殊与普贤，北宋，泥塑，均高 2.5 米
156 图 2-4-6 三大士殿东西两壁十八罗汉，北宋，泥塑
157 图 2-4-7 三大士殿十八罗汉青年尊像，北宋，泥塑，高 1.5—1.6 米
158 图 2-4-8 三大士殿十八罗汉老年尊像，北宋，泥塑，高 1.5—1.6 米
159 图 2-4-9 三大士殿十八罗汉番僧尊像，北宋，泥塑，高 1.5—1.6 米
160 图 2-4-10 伐阇罗弗多罗尊者局部，北宋，泥塑
160 图 2-4-11 三大士殿因揭陀尊者与风帽罗汉，北宋，泥塑，高 1.5—1.6 米
161 图 2-4-12 地藏殿十殿阎王、六曹判官及悬塑（部分），明，泥塑，尺寸不详
163 图 2-4-13 地藏殿十殿阎君、六曹判官（部分），明，泥塑
164 图 2-4-14 地藏殿悬塑局部，明，泥塑
165 图 2-4-15 造像手部细节，明，泥塑
166 图 2-4-16 法兴寺塔与圆觉殿
168 图 2-4-17 佛坛局部，北宋，泥塑，主尊高 3 米
169 图 2-4-18 二弟子像，北宋，泥塑，均高 2.2 米
169 图 2-4-19 二菩萨像，北宋，泥塑，均高 1.8 米
170 图 2-4-20 二力士，北宋，泥塑，均高 3.15 米
173 图 2-4-21 扇面墙后水月观音与二胁侍，北宋，泥塑，水月观音高 1.8 米，二胁侍均高 1.5 米
175 图 2-4-22 十二圆觉菩萨之一、二、三、四，北宋，泥塑，高 1.5—2.1 米
176 图 2-4-23 十二圆觉菩萨之五、六、七、八，北宋，泥塑，高 1.5—2.1 米
177 图 2-4-24 十二圆觉菩萨之九、十、十一、十二，北宋，泥塑，高 1.5—2.1 米
178 图 2-4-25 十二圆觉菩萨局部，北宋，泥塑
178 图 2-4-26 法兴寺造像手部特写，北宋，泥塑
180 图 2-4-27 洪福寺外廊寨门
180 图 2-4-28 洪福寺正殿
181 图 2-4-29 洪福寺正殿佛坛
182 图 2-4-30 华严三圣，11—12 世纪，泥塑，尺寸不详
183 图 2-4-31 主尊毗卢遮那佛佛座，11—12 世纪，泥塑
183 图 2-4-32 摩诃迦叶与阿难陀局部，11—12 世纪，泥塑，尺寸不详
184 图 2-4-33 胁侍菩萨，11—12 世纪，木胎泥塑，尺寸不详
185 图 2-4-34 二金刚像，11—12 世纪，木胎泥塑，尺寸不详
186 图 2-4-35 佛像背光局部，综合材质，11—12 世纪
189 图 2-4-36 1932 年重建的保圣寺古物馆及内部幸存造像安置情况
190 图 2-4-37 罗汉像之一，宋，泥塑
190 图 2-4-38 罗汉像之二，宋，泥塑
191 图 2-4-39 罗汉像之三，宋，泥塑
191 图 2-4-40 罗汉像之四、五，宋，泥塑
192 图 2-4-41 罗汉像之六，宋，泥塑
192 图 2-4-42 罗汉像之七，宋，泥塑

193 图 2-4-43 罗汉像之八，宋，泥塑
193 图 2-4-44 罗汉像之九，宋，泥塑
195 图 2-4-45 原平惠济寺单檐歇山顶正殿及悬山顶南殿
197 图 2-4-46 文殊菩萨群塑，11—13 世纪，木胎泥塑
198 图 2-4-47 骑狮文殊像，11—13 世纪，木胎泥塑，高 4 米
199 图 2-4-48 于阗王，11—13 世纪，木胎泥塑，高 1.9 米
201 图 2-4-49 左右胁侍菩萨，11—13 世纪，木胎泥塑，均高 2.17 米
202 图 2-4-50 佛陀波利与文殊老人，11—13 世纪，木胎泥塑，尺寸不详
203 图 2-4-51 二力士，11—13 世纪，木胎泥塑，均高 3.35 米
204 图 2-4-52 二力士局部，11—13 世纪，木胎泥塑
205 图 2-4-53 诸尊造像细节，11—13 世纪，木胎泥塑
205 图 2-4-54 力士背影，11—13 世纪，木胎泥塑
206 图 2-4-55 济空和尚残像，明，木胎泥塑，尺寸不详
206 图 2-4-56 南殿水月观音及十二圆觉群像，明，木胎泥塑
208 图 2-4-57 南殿十二圆觉菩萨（部分），明，木胎泥塑，均高 1.7 米
209 图 2-4-58 南殿文武像，明，木胎泥塑，尺寸不详
210 图 2-4-59 青莲寺全景
213 图 2-4-60 青莲寺上寺外的摩崖题刻及唐代佛龛
214 图 2-4-61 中心佛坛群像及弥勒像，唐，泥塑彩绘
215 图 2-4-62 弥勒佛像局部，唐，泥塑彩绘，高 3.8 米
216 图 2-4-63 阿难、迦叶尊者，唐，泥塑彩绘，阿难高 2.6 米，迦叶高 2.81 米
216 图 2-4-64 供养菩萨，唐，泥塑彩绘，尺寸不详
217 图 2-4-65 普贤、文殊菩萨像，唐，泥塑彩绘，均高 3.05 米
217 图 2-4-66 菩萨衣饰局部，唐，泥塑彩绘
218 图 2-4-67 一佛二菩萨二弟子像，宋，泥塑彩绘
218 图 2-4-67-1 释迦佛像，宋，泥塑彩绘，高 2.2 米
219 图 2-4-68 文殊与普贤菩萨，宋，泥塑，均高 1.85 米
220 图 2-4-69 迦叶像，宋，泥塑彩绘，高 1.85 米
221 图 2-4-70 比丘像，宋，泥塑彩绘，高 1 米
222 图 2-4-71 中心佛坛群像及释迦像侧影，宋，泥塑彩绘
222 图 2-4-71-1 中心佛坛释迦像，宋，泥塑彩绘，通高 3.93 米
223 图 2-4-72 释迦佛佛座局部及细节，宋，泥塑彩绘
224 图 2-4-73 阿难像，宋，泥塑彩绘，高 2 米
225 图 2-4-74 文殊、普贤菩萨像，宋，泥塑彩绘，均高 3.4 米
226 图 2-4-75 十六罗汉（部分），宋，泥塑，均高 1.4 米
227 图 2-4-76 地藏菩萨及十殿阎罗，宋，泥塑，地藏高 1.86 米
228 图 2-4-77 十殿阎罗（部分），宋，泥塑，均高 1.52 米
229 图 2-4-78 鬼卒，宋，泥塑，尺寸不详
229 图 2-4-79 释迦殿檐角下的力士，宋，泥塑，尺寸不详
231 图 2-4-80 灵岩寺外景
232 图 2-4-81 济南灵岩寺千佛殿
233 图 2-4-81-1 千佛殿内罗汉群像（部分），宋至明，泥塑彩绘，高 1.55 米
234 图 2-4-82 东第十六尊天童密云圆悟和尚等，宋，泥塑彩绘，高 1.55 米
235 图 2-4-83 西第七尊天台醉菩提济颠和尚及西第八尊忍辱无嗔伏虎禅师，宋至明，泥塑彩绘，高 1.55 米
236 图 2-4-84 东第十尊东土摩诃菩提尊者及东第九尊精进比丘鬼逼禅师，明，泥塑彩绘，高 1.55 米
236 图 2-4-85 西第十二尊灵岩寺法定和尚，宋，泥塑彩绘，高 1.55 米
237 图 2-4-86 东第四尊摩诃迦旃延尊者及西第十三尊朗公和尚，明，泥塑彩绘，高 1.55 米
238 图 2-4-87 辟支塔，宋，砖石，高 55 米
239 图 2-4-87-1 阿育王施土，宋，石雕
240 图 2-4-87-2 阿育王高僧议事，宋，石雕
240 图 2-4-87-3 铸塔，宋，石雕
241 图 2-4-87-4 耶舍定日，宋，石雕
241 图 2-4-87-5 分送舍利，宋，石雕
243 图 2-4-88 千手观音，宋，铜铸，高 21.3 米
244 图 2-4-89 千手观音菩萨局部，宋，铜铸
245 图 2-4-90 佛坛力士，宋，石雕
245 图 2-4-91 佛坛伎乐天，宋，石雕
246 图 2-4-92 清代《敕建隆兴寺志》中绘

制的大悲阁观音菩萨与1907—1912年山本明拍摄的大悲阁观音菩萨
247 图2-4-93 大悲阁宋代壁塑老照片
248 图2-4-94 弥勒菩萨像，宋，木雕，高7米
249 图2-4-95 倒坐观音，宋，泥塑，高3.4米
251 图2 4 96 倒坐观音侧视角，宋，泥塑，高3.4米
251 图2-4-97 倒坐观音右侧罗汉群像，宋，泥塑
253 图2-5-1 华严三圣及胁侍菩萨，金，泥塑彩绘
254 图2-5-1-1 胁侍菩萨，金，泥塑彩绘，尺寸不详
256 图2-5-2 大雄宝殿五方佛，辽至金，泥塑
257 图2-5-2-1 毗卢遮那佛，辽至金，泥塑，通高6.73米
259 图2-5-3 胁侍菩萨及局部，辽至金，泥塑，通高4.46米
259 图2-5-4 大自在天，金，泥塑，高3.85米
260 图2-5-5 密迹金刚，金，泥塑，高3.7米
260 图2-5-6 帝释天，金，泥塑，高3.8米
261 图2-5-7 菩提树神，金，泥塑，高3.85米
261 图2-5-8 辩才天，金，泥塑，高3.9米
262 图2-5-9 摩利支天与鬼子母，金，泥塑，均高3.8米
263 图2-5-10 散脂大将、韦陀天、罗刹天，金，泥塑，散脂大将高3.8米，韦陀天高4米，罗刹天高3.8米
264 图2-5-11 吉祥功德天与多闻天，金，泥塑，吉祥功德天高3.72米，多闻天高3.7米
267 图2-5-12 朔州崇福寺弥陀殿外景
267 图2-5-13 弥陀殿侧视图
268 图2-5-14 崇福寺弥陀殿内景
268 图2-5-15 西方三圣，1143年，泥塑贴金，高7—8.5米
269 图2-5-16 阿弥陀佛，1143年，泥塑贴金，通高8.5米
271 图2-5-17 观音菩萨与大势至菩萨，1143年，泥塑贴金，通高7.77米
272 图2-5-18 胁侍菩萨局部，1143年，泥塑彩绘，均高5米
273 图2-5-19 胁侍菩萨及佛坛上后世所塑之小佛像局部，1143年/明，泥塑彩绘
274 图2-5-20 护法金刚，1143年，泥塑彩绘，均高5米
275 图2-5-21 护法金刚局部，1143年，泥塑彩绘
276 图2-5-22 岩山寺金代文殊殿
277 图2-5-23 佛坛群像
278 图2-5-24 狮身残余，金，木胎泥塑，高2米
278 图2-5-25 文殊老人及于阗王，金，木胎泥塑，文殊老人高1.92米，于阗王高1.6米
279 图2-5-26 二天王，金，木胎泥塑，分别高2.9米、1.9米
280 图2-5-27 水月观音像，金，木胎泥塑，高1.45米
283 图2-5-28 龙兴寺鸟瞰
284 图2-5-29 三主尊及胁侍，金至元，彩塑
286 图2-5-30 中尊毗卢遮那佛，金至元，彩塑，高4.5米
287 图2-5-31 三主尊衣纹及佛座细节，金至元
289 图2-5-32 四尊胁侍菩萨，金至元，彩塑，均高4米
290 图2-5-33 胁侍菩萨细节，金至元，彩塑
290 图2-5-34 胁侍菩萨足下瑞兽，金至元，彩塑
291 图2-5-35 胁侍菩萨衣饰细节，金至元，彩塑
291 图2-5-36 菩萨及主尊局部特写，金至元，彩塑
293 图2-5-37 主尊、二胁侍及屋顶悬塑，金至元，彩塑
295 图2-5-38 慈相寺及麓台塔
297 图2-5-39 大宋西河郡麓台山圣俱寺碑，1046年
297 图2-5-40 慈相寺大殿及两侧窑殿
298 图2-5-41 三身佛，金，泥塑，均高4.9米
299 图2-5-42 毗卢遮那佛，金，泥塑，高4.9米
300 图2-5-43 三身佛之一局部，金，泥塑，高4.9米
301 图2-5-44 大殿造像，金
303 图2-6-1 紫金庵
304 图2-6-2 三世佛，明，泥塑
305 图2-6-3 罗汉及诸天群像，南宋，泥塑
306 图2-6-4 第五尊者诺距罗，南宋，泥塑，高1.15米
306 图2-6-5 第十二尊者那伽犀那，南宋，泥塑，高1.15米
307 图2-6-6 第三尊者迦诺迦跋黎堕阇，南宋，泥塑，高1.15米
307 图2-6-7 第十四尊者伐那婆斯，南宋，泥塑，高1.15米
308 图2-6-8 罗汉面部特写，明，泥塑，尺

寸不详
309 图 2-6-9 观音菩萨，明，泥塑，尺寸不详
310 图 2-6-10 二十诸天之广目天王，明，泥塑彩绘，尺寸不详
311 图 2-6-11 二十诸天局部，明，泥塑彩绘，尺寸不详
312 图 2-6-12 传为岳飞像局部，明，泥塑彩绘，尺寸不详
313 图 2-6-13 传为梁武帝像，明，泥塑彩绘，尺寸不详

中国
佛教美学
典藏

绪论

佛教寺院造像的出现伴随着偶像崇拜在佛教教义体系中的变迁，起初佛教并不强调对尊像的崇拜，其教义强调的是由修行及戒行体证佛说的法身无色，《金刚经》中便有反对偶像崇拜的段落："若以色见我，以音声求我，是人行邪道，不能见如来。"[①]然而随着佛陀灭度，如何更有效地传播其智慧和法门成了其弟子们谋求的重点。为迎合众生需要，亦给予众生忆念与敬拜佛陀的机会，公元前4世纪，佛教僧侣修行的寺院中开始出现佛足石刻，这与古印度对神灵脚印崇拜的流行有关，这一时期也被称为"无佛像时期"。无佛像时期的寺院中以符号性雕镌来指代佛尊并加以供奉，如法轮象征佛陀"说法"，菩提树代表"佛成道"，足迹则象征"佛游行"。

公元前327年，亚历山大大帝（前356—前323）度过印度河，与北印度地区土邦发生了数次激烈的交战，随后退回中亚，在今印度西北、巴基斯坦、阿富汗地区建立起希腊化王国。亚历山大同他的继业者们通过这些征服活动让东西方的联系前所未有地紧密起来，东地中海地区的雕塑艺术由此进入印度。在早期佛教寺院中，窣堵波（Stūpa，即佛塔）是寺院建筑群的核心，希腊雕塑艺术于佛教寺院的最初影响便是对窣堵波的装饰，公元前1世纪中叶，阿育王兴建的桑奇大塔（Sanchi Stūpa）的塔门上已经出现了佛教故事主题群像。

写实的单体佛像大约在1世纪首次出现在北印度犍陀罗及近中部的马图拉地区，佛陀开始走下神坛，以人的形象展

① ［后秦］鸠摩罗什译：《金刚般若波罗蜜经》，《大正新修大藏经》第8册，第752页。

示在世人面前。根据相关考古调查，此时的佛陀单体造像已经开始出现在窣堵波四周，可谓是最早的寺院造像。实物如斯瓦特地区的布卡拉佛塔（Butkara Stūpa）遗址、塔克西拉佛塔（Dharmarajika Stūpa）遗址所出土佛陀主题浮雕等。2 世纪，贵霜帝国迦腻色伽改信佛教，寺院造像由此迎来了新的发展机遇。中亚作为东西方文明的十字路口，多元的宗教哲学和审美风格深深影响了佛教造像的创制，佛陀的造像于此时身披希腊长袍，同太阳神阿波罗一般英俊，并多呈沉思状。正是在 2 世纪，大量怀着崇高理想的中亚僧人开始进入我国新疆地区传教，根据考古发掘可知，彼时新疆寺院造像如西北印度地区一样环塑于大型佛塔四周（如热瓦克佛塔）。由于新疆天然的多文明交融属性，佛教寺院造像在中国地区最初的风格具有浓郁的多元特质，西域寺院造像结合了印度及古希腊的风格，具有高度的写实性和成熟的雕塑工艺。同时，在中亚文化的洗礼下，新的尊神也融入佛教造像神系之中，他们同西域的本土文明碰撞之后发展出了许多瑰丽曼妙的神像。遗憾的是新疆地区寺院造像屡遭毁掠，近代以来又被西方探险家所盗掘，原址陈列者寥寥无几，它们散布于伦敦、巴黎、柏林、圣彼得堡等地的博物馆中，今人已无法准确了解它们在寺院中摆放与排布的原始顺序。我们可以看到，新疆地区寺院造像在佛尊像旋涡状发髻、修长耳垂、贴体衣袍等方面较为完整地传承了印度 - 大夏（巴克特里亚）造像的审美风格，而佛教诸神中次要人物身上的印度元素已然为当地的审美风尚所替代：其中少年者面庞温柔，目光倦怠，卷发蓬松；少女者妩媚轻柔，双唇温厚，盘发中隐现发饰；中年人则满面皱纹，连鬓胡须，剑眉怒目。就美学风格而言，新疆寺院造像所具有的浓郁地方特征令今人为之赞叹。它既汲取各文明的养分，又有别于周边各地文明，独具特色。

3—5 世纪，中原战乱频仍，倡导来世平安的佛教在中原地区迅速传播。这一时期，塔作为寺院核心建筑仍旧是佛寺形制主流，佛教造像在中原寺院中仍旧作为修饰塔的饰物而存在，但已经出现单体供奉的情况。东汉末年，佛教徒笮融在广陵大建佛塔，内塑黄金涂身的尊像。《魏书·释老志》则记载了北魏塔中塑佛的事迹："兴光元年秋，敕有司于五级大寺内，为太祖已下五帝，铸释迦立像五。"[①] 考古发现印证了史料，大同北魏思远灵图佛寺遗址及洛阳北魏永宁寺遗址中均在塔心柱周边出土了泥塑、石雕等类型的造像，在永宁寺塔内中心还设有佛龛和绕佛礼拜的通道。

由于统治阶级大量皈依佛教，出现了贵族舍宅为寺，或先立精舍讲堂后营建浮屠的寺院新格局。中原佛寺由传统的以塔为核心、僧房环绕的形制，逐渐转变为耸刹凌云同高堂架日的塔、殿并重之局面。5 世纪末至 6 世纪初的五十余年间，南北无战事，佛教事业快速发展。在南朝，梁武帝萧衍（464—549）对释门的痴迷达到极点，皇室开始大规模地营建如同皇宫一般重楼勾连、廊庑相连的佛教寺院，由此，佛教造像更多现于寺院殿堂之中，殿堂在寺院形制中用作讲经精舍之余，增添了礼佛敬拜之神宫的角色。史料记载，梁武帝在普通元年（520）兴建于建康（今南京）钟山的大爱敬寺"中院正殿有旃檀像，举高丈八"[②]，在建阳门东兴建的大智度寺"正殿亦造丈八金像"[③]。南北朝时期寺院造像虽由于时日悠远而大多湮灭，但通过诸多出土窖藏文物及石窟造像仍可管中窥豹，大略知晓当时寺院造像的形貌。虽然北朝寺庙佛教造像的文献记载少于南朝，但北朝寺庙佛教造像有出土作品可与画史所载的"曹家样"对应。来自中亚的粟特族属画家曹仲达，传达了印度笈多艺术高峰"湿衣出水"之式样，亦称为"曹衣出水"，即佛像衣纹稠密且贴体。山东青州龙兴寺出土佛像即是此式代表。不仅如此，笈多朝佛像另一高峰"鹿野苑样"在龙兴寺作品中亦有体现。这些作品与河北邺城（今邯郸市临漳县一带）及定州等地汉白玉石透雕造像、响堂山石窟之丰壮作品共同构成北朝晚期造像艺术之巅峰。

南北朝时期是中国佛教造像美学飞速本土化的时代，逐渐

① ［北齐］魏收：《魏书》，中华书局，1974 年版，第 3038 页。
② ［唐］释道宣：《续高僧传》卷一，《大正新修大藏经》，第 50 册，第 428 页。
③ 同上。

成熟的中国美学与佛教哲学理念进一步融合。彼时，诸多审美理论为南北朝的艺术家所创建。东晋时期，画家顾恺之首次提出以形写神的美学理念，强调艺术作品应具有自我的“神韵”；南朝艺术理论家谢赫同样倡导对艺术作品“气韵”的描绘。东晋雕塑艺术家戴逵更是将中国美学中对“骨”与“韵”的理解融入佛教造像艺术的一位先驱，他与其子戴颙共同将原本“形制古朴，未足瞻敬”[①]的西来造像深入变革，创立出汉化式样，即符合中原士大夫美学理念的中原佛教造像体系。佛教与神仙思想结合，汉文化与外来文化互融，其形成可谓始于戴逵。[②]南北朝时，南朝陆探微风格之“秀骨清像”主要见之于北朝云冈晚期与龙门典型的宾阳三洞等；北朝晚期又趋丰装，其源可溯至南朝张僧繇风格之“面短而艳”，更有北齐的胡风趋向及直承印度笈多王朝风习典范之作。

隋至唐前期，塔殿并存，以塔为核心仍旧是寺院规制的主流形式。根源与石窟寺塑画结合一致的模式在这一时期的史料中出现，此时长安大云寺中有塔曰“三绝塔”，以塑匠韩伯通创造的佛像与郑法轮、田僧亮、杨契丹之壁画名重一时[③]。

中国佛教寺院造像艺术再得发展已是盛唐时期，此时中原地区高僧辈出，各立宗派，佛教在我国进一步本土化。由于宗派间教义的变化，寺院殿堂中供奉的佛教造像种类开始逐渐增多，殿堂以其空间可塑性强而逐渐在寺院规制中取代了佛塔的核心地位，尊像的增多让殿堂中出现了很多新的造像主题。此时殿堂神像的布局已经十分讲求观者在室内空间与尊像的互动，尊像多以“凹”字形分布于佛坛之上，主尊居中，而胁侍眷属呈扇面状分布，令信徒能以最全的角度观想全貌，这种布局有助于观者在建筑空间中集中视线，专注焦点，使其敬佛之心不易分散。在西藏地区，寺院造像于6—8世纪处于初兴发展时期，相较中原，藏区寺院或更多依循印度佛寺法度，以回廊型僧房为内部结构，叠建数层，于其中塑绘诸天神佛。值得

① ［唐］张彦远：《历代名画记》，人民美术出版社，1983年。
② 任继愈：《中国佛教史》第3卷，中国社会科学出版社，1998年，第739页。
③ ［北宋］宋敏求：《钦定四库全书》本《长安志》卷十，浙江大学图书馆影印古籍，第46页。

一提的是，吐蕃赞普松赞干布（？—649/650）曾特意要求塑匠在塑神作佛时要形貌类“我”，佛教造像面容贴近其地生民的趋势在吐蕃与唐均已是大势所趋。与吐蕃一样，中原的唐代造像，菩萨力士们的形象逐渐世俗化，脱去了西域乃至印度的神色。此外，独立手工作坊的兴起令唐代的雕塑艺术家比南北朝时期更为活跃。史料多有记载，令今人可以知晓当时雕塑艺术家的行止。其中有“塑圣”之称的杨惠之更是能与吴道子齐名，其著作《塑诀》虽今已失传，但由此可知，在唐代，艺匠对造像审美体系的构建已然开始系统化并理论化。

由于木质结构易损毁，唐代在中原的地面寺院雕塑仅有五台县南禅寺、佛光寺，晋城市古青莲寺三座寺院保存的塑像，皆是中晚唐之遗作。这些尊像虽于后世重妆，但仍旧不减唐季法度：体态丰腴、神色从容传神、身材比例合理、尊像题材多样。三者中体量最为巨大的当属佛光寺东大殿在殿堂中横向排布的五组大型群像，这些塑像更能全景式地体现彼时审美和殿堂造像陈设规制。从三座唐代寺院彩塑中亦可看到，唐代佛教造像的审美观变迁与承续。齐梁以降，士大夫审美趣味由瘦逸转向丰腴，由重“神韵”转向重“骨肉”，北朝佛像亦经由秀骨清像转向韵味丰壮。此一大趋势在唐得到汇流发展，今日尚存的南禅寺、佛光寺、古青莲寺唐代彩塑均为中唐以后作品，造像骨肉丰腴并修长健美，与千里之外莫高窟唐代彩塑一脉相承。

唐朝覆亡后，中原地区陷入了持续几十年的分裂，之后的辽与北宋在寺院造像方面分别结出了独特而又共通的艺术果实。比之宋朝，10世纪兴起于辽河流域的马背民族——契丹族对佛教的尊崇达到了一个新的高度。辽朝佛教造像艺术更完整地继承了唐代的法度体制，在经历了本土化、民族化的洗礼后，呈现出上承唐之雍容神妙、下临五代之衣饰繁丽、内具本族追求之健美的特质。这一风格引领了草原民族对佛教造像的审美风潮，随后金、元造像均承继有契丹遗韵。

相比辽朝礼佛崇佛之兴旺，在市民文化与士大夫阶层发达的宋朝，释门对社会的影响已渗透于各个方面，表现在造像上，呈现出尊像日益世俗化的特点。罗汉像、水月观音像等更写实，且含内省哲理的造像范式风行一时。在尊像体态上，现实主义在宋朝明显受众更多，无论是罗汉还是菩萨，较多呈现出人间的一面：菩萨似宫娥，罗汉如胡僧。正如梁思成所说：“然就偶像学论，则宋代最受信仰者观音，其姿态益活动秀丽；竟由象征之偶像，变为和蔼可亲之人类，且性别亦变为女，女性美遂成为观音特征之一。”[①] 宋代佛教造像的入世并不代表着“媚俗”，如今尚存的宋代寺院造像均在努力强调神格精神。比之唐，宋人之寺院造像清隽而不失真实，凝练且神威内敛，典型者如山西长子县法兴寺十二圆觉菩萨，后人仰目观之，能体会其智者的气韵，但同时也了然，神坛上的“他”是我们身边的智者，而非远在天边的神祇。

与此同时，西藏地区已度过吐蕃王朝覆灭后的黑暗时期，后弘初期的寺院造像正在摸索中重构区域审美风向，来自中原宋朝、西域于阗、次大陆波罗王朝的艺术理念此时于藏区激烈地碰撞交融。

元朝一统天下，此时的造像艺术由大哉乾元的包容并蓄进入一个集前朝之大成的状态，虽然来自草原的大汗们更多倚重藏传佛教僧徒，但13世纪的中国寺院造像无论汉藏蒙疆，均爆发出蓬勃的表现力和创作力，出现了一批堪称神品的寺院雕塑，可谓给中古时代佛教寺院造像添上了浓墨重彩的一笔。虽元代寺院造像留存不多，仅在西藏、山西、北京等数地尚有遗存，但合同为一家的大一统气氛仍令人赞叹不已，即便偏僻如山西新绛福胜寺之塑匠，亦可将宋之珠圆玉润、深思内敛，辽金之自然洒脱、珠饰华贵融于一堂。

入明之后，受诸多现实因素的影响，我国的寺院造像开始不可避免地走向衰落，塑神造佛的热情虽然在个别帝王的偏爱下有所复兴，但整体在一定程度上呈现出向经济妥协之趋势。寺院造像在主题和风格上开始走向程式与机巧化，造像更多在细节上把玩研磨，而不是对神像的壮大宏丽施加笔墨。综合其意的艺术表现形式便是壁塑的流行。通过壁塑之可塑性和对殿

---

① 梁思成：《佛像的历史》，中国青年出版社，2014年，第272页。

堂的充分利用，来自各宗各教之尊神皆可得一香火，繁密细致的楼阁山石将身边的风光景物一一具象化，三教九流均能列座其中，宗教艺术之特有神圣属性呈现均化平分。但明季作品仍有划时代之作，如山西平遥双林寺的彩塑，可谓是前代传统创型塑意与受众接受度的完美结合。

明清鼎革，大规模的战乱斩断了小农经济模式下的塑匠团体技艺传承。自明至清，民间寺观造像数量整体呈现断崖式下跌，造型的把控逐渐失去创造性，神像仅存萧规曹随的唯唯诺诺，仅可在细节处琢磨探究，一些较好的作品呈现为案头文玩而非寺中宗教像设。尊像开始设色冶艳，纯色增加，更为高妙的配色已然失传；唯有罗汉像得到承继并有所发展，在元明并未兴隆的五百罗汉体系于这一时期较受人们偏爱。

相比内地佛教寺院造像艺术日益衰落，明清时期的藏传佛教寺院造像则达到一个前所未有的高度，明季藏区相对和平的环境诞生出许多影响深远的塑画匠团体。入清后，历代清帝均大力扶持藏传佛教，更是推动了藏传佛教寺院造像的兴盛，清廷专门设有造办处司职塑绘神佛，独特的宫廷佛堂造像模式由此出现。对于藏传佛教造像的热情，在乾隆帝（1711—1799）统治时期达到顶峰，这位君王对艺术颇有追求，其个人审美对造像的影响颇大，史料记载其多次下旨对造像中某一特质（如尺寸、形态）提出精准的要求。同时，《造像量度经》的推广及对藏传佛教神佛谱系的重新规整与修订，均在乾隆时期完成。在乾隆帝统治末期，藏传佛教造像终于完成了重构，其统一的风格模式和神系规则影响至今。紫禁城中的佛堂和承德外八庙成为清朝帝王展现其宗教“万神殿”的舞台，内中的造像美学则融合了中原、西藏，以及印度、尼泊尔、蒙古的诸多特质。终清一世，融汇汉藏，显密阶次兼具、以密教内涵统摄的寺殿像设艺术与以内地禅宗为主的寺殿像设艺术并立融汇，对当代寺院造像影响深远。

寺院造像自 2 世纪进入西域以来，中国寺院造像呈现出从模仿习学、吸收解构进而民族化（其间反复重溯），到成熟、重构，再至程式化并守旧的过程。其审美趣味与风格的流变，伴随着中国历代王朝社会的兴亡，地域社会基础与结构的模式变迁在深层次决定着造像美学的范式。

“僧院与珍宝、精致的装饰联系在一起，在展现庄严、尊贵和荣耀的同时，还表达了供养人和被供养者对丰足物质生活的集体性的渴望。”[①] 在中国，统治阶级和普罗大众（包括塑匠艺术家）是寺院雕塑艺术品创作的主体，于殿堂中塑神造佛的行为往往是出于对美好世界的向往、宗教境界的希求和获得福祉的祈求，而不是单纯的艺术性创作。马特兰在《宗教艺术论》中就说：“尽管艺术与宗教可能恰好是其作者先在意图的结果，但是这些意图也与艺术与宗教活动自身进行了调协。意图随着这些活动的进行而改变。事实上，并不存在独立于艺术与宗教活动自身的、促动艺术与宗教创作的意图。”[②]

宗教需求作用于造像，造像又反作用于宗教的状态，贯穿了中国寺院造像发展史的始终。在中国，佛教有像教之称。具有造像拜殿的寺院，是进行宗教仪式、举办宗教活动的基本场所与必需之地。无论僧俗弟子，基本的宗教生活都是在石窟寺与普通寺庙中进行的。于普罗大众而言，塑像造佛，以便为来世增添善果，成为普通民众的通识共知。高僧与民众每每合力为造，寺院殿堂的像设在千年间逐渐形成了一定的格局与传统。殿堂与像设实际上以大乘佛教中最主要的诸佛、三世佛（包括横三世与竖三世等）、三身佛等为大雄宝殿主像，辅以十八罗汉或诸天等。配殿则多设诸大菩萨如观音、地藏、文殊、普贤，或三大士等。罗汉堂与祖师殿堂续配，而伽蓝殿与天王殿承担护法任务，再配合藏经楼与禅堂僧房，使之构成完备。藏传佛教寺院，特别是位于藏区的寺院无中轴线格局而随地利之宜。无论汉、藏，造像于其中，均是举行宗教仪式与共度日常宗教生活的最重要之保证。古代佛教造像功能远超艺术之设定，有着更广阔宏远的人生终极追求的含义。其艺术成就，从今天的审美视角来看，也达到了难以企及的高度，富有古代先民的虔信智识与艺事造诣。

---

① ［美］柯嘉豪著，赵悠、陈瑞峰、董浩晖、宋京、杨增译：《佛教对中国物质文化的影响》，中西书局，2015 年，第 8 页。

② ［美］T.R. 马特兰著，李军、张总译：《宗教艺术论》，今日中国出版社，1992 年，第 180 页。

中国
佛教美学
典藏

第一章 新疆佛教寺院造像

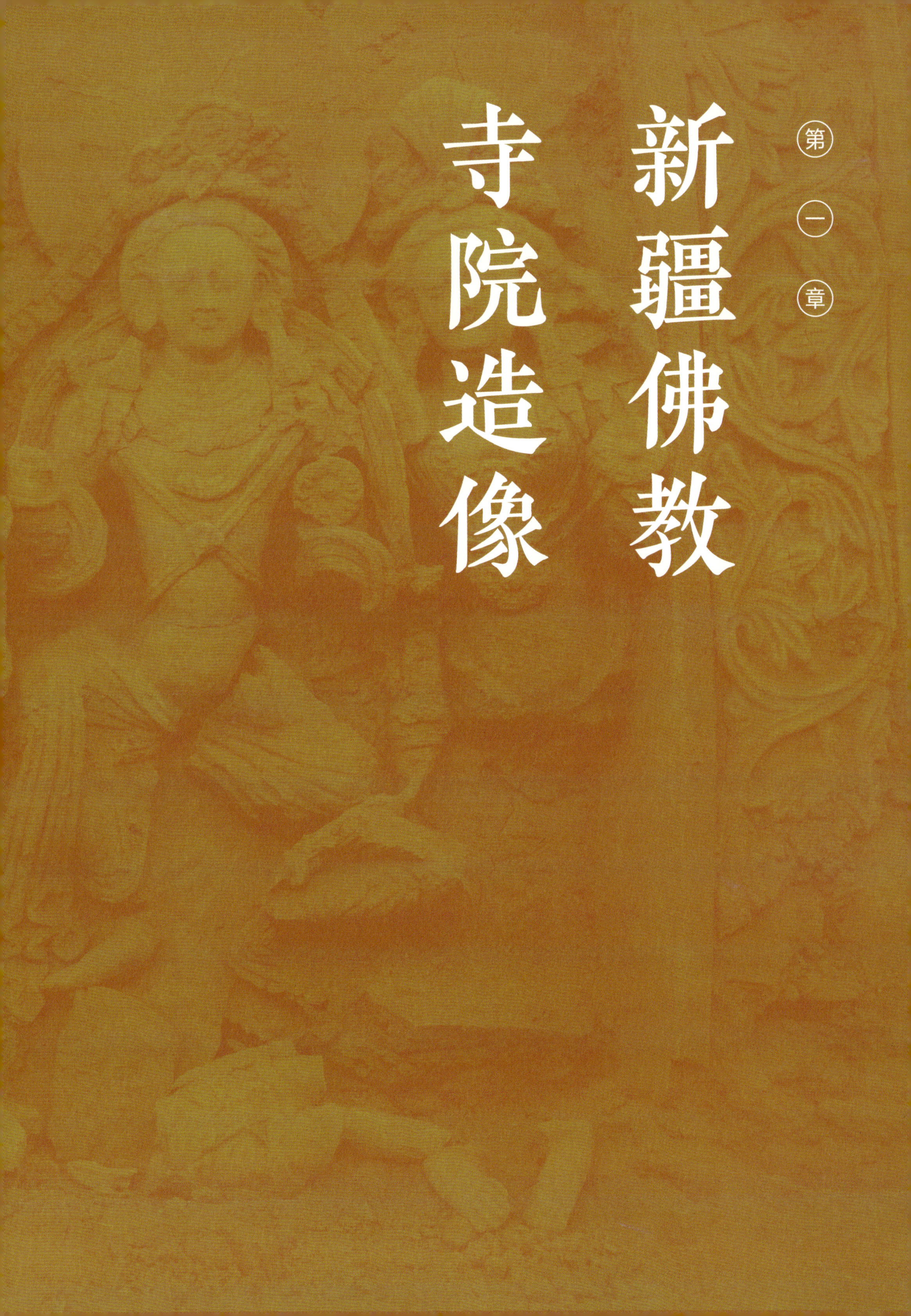

引言

从古典时代到马可波罗时代，西域[①]一直是贯通东西方世界贸易、宗教和文化的桥梁，来自古希腊、萨珊波斯、犍陀罗、马图拉、吐蕃、回鹘、中原的人们影响着西域人民所追求的风尚。佛教寺院在这一区域呈现出多种艺术风格及审美思潮荟萃的状态。东西方对美的追求和定义在此激烈地碰撞，最终结出了迥异于他处的艺术之果。

地近中亚的新疆更早地通过信奉佛教的中亚地区了解了这一哲思高妙的次大陆宗教。约在公元前1世纪，中亚的僧侣们沿着丝绸之路商道来到这里，彼时西域正处于城邦时代，大大小小的绿洲之中居住着互不统属、民族各异的绿洲国家，中原史书将这些盘踞于丝路南北道的国度称为“西域三十六国”。从出土于新疆地区的造像来看，此时无论佛尊弟子、菩萨天众、使者檀越，皆具有浓郁的中亚佛教艺术气息，中亚佛教对其地造像艺术的影响可见一斑。

新疆佛教经过数个世纪的传播，终于在4世纪达到鼎盛。中原前往印度求法的僧人纷纷记录了这片地区寺塔林立、信众虔诚的盛况。彼时西域诸国不仅民间普遍虔信佛教，王公贵族同样极度尊崇释门，在新疆境内佛寺遗址中多出土有牵涉国政的简牍文案，可见寺院在当时甚至扮演着统治机构的角色。在佛国林立的西域，逐渐形成了区域性佛教中心，于阗、龟兹、疏勒、高昌为其中之翘楚，国中寺院造像均精美传神，金身大像屡见于中原西行的诸多求法僧的记载之中。6世纪前后，新

① 汉语古籍中的狭义西域之称，可对应于中国新疆地区；广义则包括了帕米尔高原以西的中亚、西亚、南亚广大地区。

疆寺院造像已渐成熟，在吸收了东西方美学的养分后，西域艺匠们开始有了更多创作能力去实现自己的表现欲。随着本土化的深入，造像开始重点表现本地人的形貌。同时，由于该地区缺乏优质石料，原本在中亚及北印度流行的石质造像为泥塑所取代。在如今残留的造像中，我们仍旧可以看到彩绘的痕迹，这种新的艺术表现模式被西去求法返回的僧人和东来传经的大德带入了中原，对日后中原佛教的彩塑影响深远。

8 世纪，不断的战乱及丝路沙化持续影响着西域的可持续发展，西域佛教开始走向衰落。10 世纪开始，中亚的伊斯兰教王国多次对西域诸国发起兼并战争，反对偶像崇拜的伊斯兰教大量摧毁了西域诸国的寺院造像，及至 13 世纪察合台汗国统治时期，新疆诸地多无幸存佛寺，臣民皆改信伊斯兰教。

近代，湮灭于荒丘沙漠之中的寺院遭到西方探险家的进一步破坏，新疆地区已无完整的造像存在于寺院殿堂遗址之中，仅能通过考古发掘和藏于西方列强博物馆中的文物一窥丝路佛国造像之瑰丽多姿。其中，位于丝路北道西端尉头国、约建于 6 世纪的托库孜萨来寺和位于丝路南道西端于阗国、约建于 5 世纪的热瓦克佛塔被西方探险家盗掘出大量佛教寺院造像，分别藏于英、法、德、日之博物馆中，其造像风格多变、构成独特，成为今人考究彼时寺院造像风格的主要参照。而在 1979 年和 2000 年科学发掘的 10 世纪北庭西大寺遗址及于阗托普鲁克墩佛堂遗址，则为我们提供了原始的西域寺观造像形态：二寺一北一南，一者宏大，一者小巧，造像头部虽失，但皆身躯比例协调，贴体衣纹细致洗练，身材健美，展现出丝路造像顶级的美学造诣和塑作技巧。

第一节

孤山伽蓝：托库孜萨来佛寺

托库孜萨来，维吾尔语意为九间房，因其地庙宇高敞，类者有九座故而得名。汉代便有文明于此地繁衍，为西域三十六国之一，自称尉头，国人皆为游牧民，习俗类似乌孙人，国小民弱。南北朝时期该国被龟兹所吞并，入唐后被设置为安西都护府下属的尉头州，又称据史德城。该城借助其地处塔克拉玛干沙漠北侧隔绝东西的孤石山，以及叶尔羌河流经此处，一跃成为唐朝沟通安西疏勒镇与龟兹镇的重要军事要塞，繁盛一时。绿洲城市全依河流而兴，随着叶尔羌河改道，该城逐渐废弃，及至 1845 年林则徐（1785—1850）路过该处时，已经是“荒碛长驱回鹘马，惊沙乱拍曼胡缨”[①] 的戈壁情貌（图 1-1-1）。

20 世纪初，西方探险家发现了这座荒城，日本的大谷光瑞、德国的阿尔伯特·冯·勒柯克（Albert von Lecoq）、法国的保罗·伯希和（Paul Pelliot）、英国的奥莱尔·斯坦因（Aurel Stein）、苏联的谢尔盖·马洛夫（Sergey Malov）、瑞典的斯文·赫定（Sven Anders Hedin）皆先后来此并带走了大量文物，他们发现了这一地区规模惊人的寺院群。在这些列强探险队中，法国考古探险队因伯希和的学识和经验等优势而后来居上，他们发掘的文物及文献具有极高的价值，出土有大量的泥塑圆雕和高浮雕塑像。浮雕彩塑多数现于发掘最后阶段，其造像仅佛头就有 128 件，同时还发现了一些木雕像和木刻残片。但由于佛寺毁坏严重，“这些泥塑已严重残毁，变得坚硬且易碎，

---

① ［清］林则徐：《柬全小汀》，载上海师范大学历史系中国近代史组：《林则徐诗文选注》，1978 年，第 303 页。

图 1-1-1　托库孜萨来遗址

古城坐落在图木舒克市城北十多千米处的代热瓦孜塔格山（大门山）南端山口的北山东侧，始建于公元前 206 年，距今已有两千多年的历史。如今大多为 6—8 世纪遗存，又被称为“唐王城”。1845 年，遣戍新疆的林则徐路过这里，形容这座千年前繁盛一时的古城“枯苇犹高于人，沿途皆野兽出没之所”[①]。

但其装饰的宏大气派却仍然会使人产生一种强烈的印象”[②]。伯希和将发掘的这些文物运回法国后，先陈列在卢浮宫，随后又转移至吉美博物馆。展出的这些雕塑，在法国乃至西方世界引起轰动，也给伯希和带来了声誉（图 1-1-2 至图 1-1-5）。

① 林则徐全集编辑委员会编：《林则徐全集》第 9 卷，海峡文艺出版社，2002 年，第 533 页。
② 伯希和著，耿昇译：《伯希和西域探险记》，云南人民出版社，2001 年，第 43 页。

图1-1-2　佛与飞天，5—6世纪，泥塑，高75厘米、宽76厘米

托库孜萨来佛寺，法国吉美博物馆藏

造像被发现在第二建筑群殿外，是新疆地区罕见的体系完整的高浮雕。主尊盘发，额头宽广，双手结禅定印，下部遗失；顶部两尊飞天居高临下俯视着尊像。其主题似乎在表述释迦牟尼树下成道的情景。新疆地区因15世纪察合台汗对全疆佛教寺院的毁坏，如今存世者已无具有故事性题材的塑像。托库孜萨来被黄沙湮灭的时代远早于15世纪，反而留存了这一树下成道组像。该造像从风格上展露出新疆地区佛教艺术更为独特的一面，从中几乎看不到来自犍陀罗或者印度的痕迹，无论是顶部盘发飞天还是主尊服饰展现的都是吐火罗族群的特征，殊为有趣的是两侧树干也呈现出沙漠地区胡杨林的样貌。伯希和团队在切去此作品时拍摄了原始状态图，可见其两侧尚有卷草纹装饰。

吉美博物馆馆藏实物图

原始状态图

图 1-1-3 菩萨像，5—6 世纪，泥塑，高 16.5 厘米

托库孜萨来佛寺，法国吉美博物馆藏

女性神祇的形象在托库孜萨来寺院中出土颇多，她们皆露出额头，弓形细长眉眼，鼻直口小，面部丰腴。头部盘发的刻画，显现出厚重、洗练的刀工。托库孜萨来地区的尉头国人习俗同西域大国乌孙类似，而乌孙人被认为是混合了蒙古人种和高加索人种特征的族群。

托库孜萨来造像表现的图像内容非常丰富，包括佛陀、菩萨、天神、僧侣和世俗供养人等（图 1-1-6），其制作年代多属于 5—6 世纪中叶。这些塑像风格与犍陀罗 - 中亚地区希腊化佛教艺术一脉相承，体现出新疆地区 5—6 世纪造像艺术的倾向性。根据出土情况，西域寺院造像主要为泥塑，木雕较少，且体量均不大。泥塑的制作方法以模制为主要手段，大的造型先由范模脱出基本造型，然后再进行表面局部的添加和刻画。这种方法可以很快地塑造出大量造像，但却不易保存。

图 1-1-4　女性头像，5—6 世纪，泥塑，均高 14 厘米

托库孜萨来佛寺，法国吉美博物馆藏

西域少女头像塑造得惟妙惟肖，她们似乎融合了唐人面相丰满、细眉浅平、双唇丰润的中原之风，但明显的卷发特征表明其西域族群的高加索人种特质。对于青春健康的追求是人类自古以来的审美倾向，托库孜萨来的女性形象均具有这种朝气蓬勃、精神昂扬的特质。

图 1-1-5　菩萨头像，5—6 世纪，泥塑，高 18.5 厘米

托库孜萨来佛寺，法国吉美博物馆藏

菩萨面部丰满，额前发式为对称形式，由内至外形成装饰性纹样逐渐向两侧展开。花冠形发饰高耸，上有花环装饰，发巾束结，并有连珠环绕。唐代，移民屯垦是唐王朝控制这一区域的重要措施，托库孜萨来所在的尉头州就是一个重要的绿洲屯垦区。在菩萨尊像中可以看到汉族审美在造像风格中的因子，但其形貌还是充满着当地的特征，又与盛唐贵族妇女形貌有些异曲同工之妙。

原始状态图

图 1-1-6　群像，5—6 世纪，泥塑

托库孜萨来佛寺，法国吉美博物馆藏

这批形貌各异的群像原本贴塑于建筑墙面，主题为佛传故事须阇提太子本生，虽内容为印度君王，但其着装、发饰却令今人得以一窥西域王公贵族行止。

这是新疆地区少见的一组高浮雕群像，同样位于第二建筑群外，旧照为伯希和团队摄影师查尔斯·努埃特（Charles Nouette）拍摄。

吉美博物馆馆藏实物图

第二节

回鹘善法：北庭西大寺

“北庭”，为唐代北庭都护府之简称，其治所庭州自西汉经营西域开始就是中原王朝控制西域的重要屯垦基地。此地地处博格达山北麓，依托雪山水源，长期土地丰饶，牧草肥美，古为车师人生活的区域，西汉元帝初元元年（前 48）汉朝就在当地设立戊己校尉，唐武则天长安二年（702）在这里设立北庭都护府，统管整个天山以北的西域地区。唐朝衰落后，9 世纪这里为西迁的回鹘人所控制，史称高昌回鹘，彼时北庭故城为高昌回鹘之夏宫所在地。

1979 年，中国社会科学院考古研究所新疆队在北庭故城西侧发现了一座规模庞大的高昌回鹘时期佛教寺庙遗址，经过两次发掘后，确定这里是高昌回鹘王国在庭州城的重要礼佛场所。高昌回鹘是一个恰逢丝路衰落时期的王国，其寺院所发现的造像弥足珍贵，大大开拓了人们对新疆佛教造像在唐朝灭亡之后的丝路隔绝时期的风格认识。因其位于北庭城西，故名“西大寺”。

岁月消磨，昔日繁盛一时的高昌名蓝如今已成为一座高 14.5 米的土堆（图 1–2–1），国家将此处确立为保护遗址，并于 2008 年在此建成北庭高昌回鹘佛寺遗址博物馆。经过考古发掘，遗址分南北两区，北区多为石窟状龛窟，目前现存的造像大多出现于南区，该区环绕庭院不规则排列有八座配殿、四座库房，其中在六座大型配殿遗址中均发现木胎土质的造像，种类繁多，包括佛、菩萨、罗汉、天王、供养人、神兽等，在造像背后

图 1-2-1　西大寺正殿东部洞龛

（郭物 供图）

被发现的西大寺建筑范围为长方形，南北长 70.5 米，东西宽 43.8 米。佛寺地基为夯土台基，寺院的壁墙为土坯建筑。其东部外立面仿照石窟的形式积土为山，内凿龛窟。

均发现了壁画的痕迹。在发掘清理正殿踏道口堆积时曾发现一件较大的壁画残块，上绘有回鹘王的形象，并有墨书回鹘文题名三行，至今可释读出“神圣的亦都护”等字样[①]。亦都护，即高昌回鹘首领的称号，表明了西大寺的回鹘背景。（图 1-2-2 至图 1-2-8）

该寺的废弃应缘于 1383 年东察合台汗国黑的儿火者（？—1399）对这一地区的征服，他在 14 世纪强迫整个吐鲁番无论僧俗均改信伊斯兰教，从 10 世纪开始伊斯兰教对西域地区长达四个世纪的征服活动由此宣告结束，西大寺造像可谓新疆地区佛教艺术的最后一抹余晖。

① 中国社会科学院考古研究所编著：《北庭高昌回鹘佛寺遗址》，辽宁美术出版社，1991 年，第 82 页。

西大寺西南方佛殿群及北区土丘

（郭物 供图）

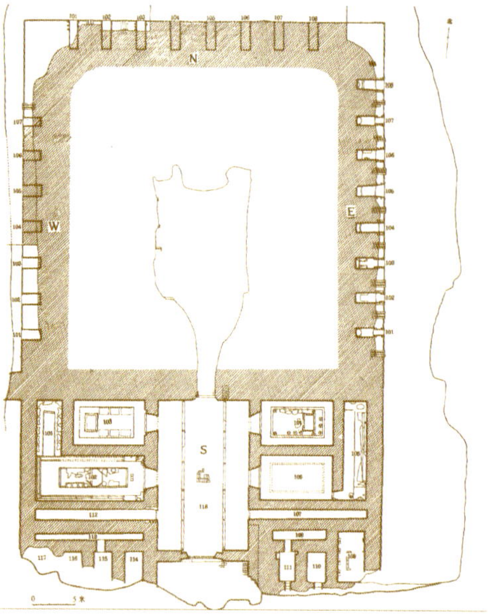

西大寺平面图

图源：中国社会科学院考古研究所编著：《北庭高昌回鹘佛寺遗址》，辽宁美术出版社，1991年，图三

高昌回鹘贵族壁画及回鹘文题记

（郭物 供图）

图 1-2-2　西大寺庭院及西大寺壁画中的高昌回鹘贵族形象

僧房式结构是这一时期新疆地区寺院的主流模式。在平面图中可以看到，在高昌回鹘时期，该地区的寺院尚未出现中原特色的中轴线模式布局，殿堂围绕中央庭院呈现不规则排布，在殿内置佛坛、法座及诸造像，入口狭小而内部宽阔。寺院中的壁画尚残留有高昌回鹘贵族的形象，如图中位于 S105 殿的回鹘文题记明确证实了其为高昌回鹘长史、公主之像。

图 1-2-3　S101 配殿群像，10 世纪，木胎泥塑

西大寺（郭物 供图）

西大寺是新疆唯一未被 20 世纪初列强探险队劫掠的“原生”造像寺院。S101 殿平面呈长方形，为纵深形式，整体造像呈“U”字形布局：主尊立姿，位于正壁（北壁）佛坛；两侧佛坛分列跏趺坐的僧人群像。因为头部和很多关键持物的湮灭，无法探究这种组合形式在宗教仪轨上的根源。目前仅可通过部分幸存的头部造像探知两壁为僧人形态的禅坐像，共计十三尊。[①]

图 1-2-4　S101 殿北壁主尊，10 世纪，木胎泥塑，残高 1.73 米

西大寺

尊像位于北壁正中，鹅卵型身光，颈部环绕连珠纹项圈，上身裸袒，自左向右斜披络腋，下身着贴体长裙，凸雕长裙衣纹。虽头部残损，但身躯健硕，造型比例协调，整尊造像手法洗练。

① 中国社会科学院考古研究所编著：《北庭高昌回鹘佛寺遗址》，辽宁美术出版社，1991 年，第 87 页。

图 1-2-5　S101 配殿禅坐像，10 世纪，木胎泥塑

西大寺（郭物 供图）

10 世纪的新疆在同中原王朝隔绝之后的造像风格明显存在原地踏步的情况，彼时西域西部已无任何佛国，皆被信奉伊斯兰教的喀喇汗王朝所攻灭，东部则被西夏、契丹隔绝了同中原王朝的联系，西域成为佛教艺术的孤岛。从西大寺造像来看，这些僧人造像体态把握准确，上身披罩袍，下身着贴体长裙，皆结禅定印全跏趺姿坐在基坛之上，其风格甚至仍然能看到犍陀罗造像和鹿野苑造像的影响，而在 10 世纪时这两个地区的佛教早已衰落。

图 1-2-6　S102 西壁供养人，10 世纪，木胎泥塑

西大寺

高昌回鹘来自蒙古高原，9 世纪中叶回鹘汗国崩溃，一部分回鹘人西迁至天山东部地区，与当地其他突厥部落联合，以高昌地区为核心建立新的国家。西大寺的供养人面赭，剑眉凤目，眉梢眼角高挑，目光朝向一侧，身材比例匀称，衣袍贴体。赭面是吐蕃人所特有的一种习俗，在高昌回鹘建立政权前，西域地区被来自青藏高原的吐蕃帝国控制了将近一个甲子，而吐蕃人同回鹘人在 8 世纪的交流颇为频繁，吐蕃一度统治着西迁的回鹘部众。

图 1-2-7　E204 龛交脚弥勒像，10 世纪，木胎泥塑

西大寺（王彦嘉供图）

交脚弥勒的造型最早出现于犍陀罗造像之中，这一样式或许受到西亚波斯萨珊王朝帝王造型的某些影响，在古代波斯地区国王的图像遗存中，坐姿多呈现这一形式。而印度艺术中世俗国王贵族亦有类似的姿态，但均不是严格对称而是较为随意并侧向一边的状态。佛像中交脚姿貌则是比较严整的对称形式。E204 龛交脚像保存较为完整，其上半身虽残损，但仍可见木胎形制，双手似于胸前结印，有巨大的头光。

壁画

图 1-2-8　S105 殿及壁画，10 世纪

西大寺（郭物 供图）

S105 殿内造像大多残损，殿中主供一躯高 1.21 米的涅槃像，其腹部以上损毁严重，但下部尚可见巨大的双足及紧贴躯干的衣纹。涅槃像后遍绘壁画，与造像相配合呈现出释迦牟尼佛涅槃后的诸多事迹，如诸王前往拘尸城分取舍利等，涅槃像背后绘壁画以彰佛陀寂灭后故事的模式在敦煌莫高窟第 158 窟中同样可以看到。不难看出，虽然 10 世纪高昌回鹘寺院造像的规制与中原多有不同，但重视塑画结合、以绘补塑的造像美学形式可谓一脉相承。

S105 殿

第三节

沙海佛貌：热瓦克寺及托普鲁克墩佛寺

西域诸国环绕塔克拉玛干大沙漠被分为南道诸国和北道诸国：北道诸国如龟兹、高昌、焉耆、尉头、车师等因交通便利，为丝路干道，其造像艺术似乎颇受中原汉地审美的影响，东西方交融风格略为明显一些；而南道诸国因其地近中亚，在审美意趣上体现了更浓郁的中亚－北印度之风。在南道诸国中，国力最强、享国时间最久的便是于阗国，热瓦克寺及托普鲁克墩寺均为该国统治区域内的佛寺遗址（图 1-3-1、图 1-3-2）。但是壁画却有所不同：龟兹、克孜尔等处石窟壁画有着强烈的龟兹风貌，线描均加晕染，且色彩满布，从不留白；于阗寺址所出壁画线描较近中原画风。此中意趣颇可深究。

于阗自公元前 2 世纪末佛教传入后，逐渐成为大乘佛教的中心，是西域较为强大的“佛国”之一。自 2 世纪中叶，于阗就是塔里木盆地佛教文化最为兴盛之处，中原佛教徒西行求法多经于阗，作为较早信奉大乘佛教且最早拥有较为完备的大乘经典的于阗人，亦对中原地区大乘佛教图像学影响颇深。5 世纪法显（约 337—422）抵达这里时盛赞该地佛法繁盛，国民皆行礼佛，僧侣仪轨森严，法度不凡：“其国丰乐，人民殷盛，尽皆奉法，以法乐相娱。众僧乃数万人，多大乘学，皆有众食。彼国人民星居，家家门前皆起小塔，最小者可高二丈许。作四方僧房，供给客僧及余所须。国主安堵法显等于僧伽蓝。僧伽蓝名瞿摩帝；是大乘寺，三千僧共犍槌食，入食堂时，威仪齐肃，次第而坐，一切寂然，器钵无声。净人益食，不得相唤，

图 1-3-1　热瓦克寺塔

热瓦克佛寺遗址位于今和田市西北的大漠之中，"热瓦克"维吾尔语意为"楼阁"，造像环绕在一处残高 9 米、四级塔基的巨塔遗存四周，尊像主题丰富，包括佛像、菩萨像、比丘像、供养人像、影塑等。该寺在 1901 年被英国探险家斯坦因发现，斯坦因用八天时间发掘发现了塔周造像九十一尊，灰泥材质的造像极其易碎，这位探险家在日记中写道："面对这些大型雕塑，唯一可以做的就是拍摄和描绘后将其再次埋进沙中，这种方法可以让其更长久地免受干扰，直到和田地区出现自己的博物馆为止。"[1]遗憾的是，1906 年斯坦因再次来到这里时，该地大型造像大多消失不见，推测为寻宝者所毁坏。热瓦克佛塔在结构造型上包含了贵霜佛塔和塔克西拉佛塔的结构特征，它的消亡同沙漠河流改道息息相关。如今这里黄沙漫天，但从附近古河道纵横来看，此地彼时应是一处繁华的丝路绿洲。

① Stein, M. Aurel. *Sand-Buried Ruins of Khotan*. London: Hurst and Blackett, 1903: 466.

图 1-3-2 巴基斯坦贵霜佛塔（上图）同斯坦因拍摄的热瓦克佛塔造像原貌（下图）对比

于佛塔四周列龛群塑尊像的模式是典型的中亚－北印度风格，上图为巴基斯坦 3—4 世纪兴建的西格里佛塔（Sikri Stupa），下图为斯坦因拍摄的热瓦克佛塔群像，二者均在佛塔基座四周环雕佛像，可见这一构成体系的一脉相承。

但以手指麾。”[1] 7世纪玄奘（600—664）经过这里时，记载该国大小寺院达百余座，大乘佛教徒五千余人。络绎不绝前往于阗的中原僧侣带回了于阗佛教艺术的风格，隋代时已经有中原帝王专门征召该地艺术家来中原作画的记载，如隋代佛教绘画大匠尉迟乙僧便自该地应诏而来。

于阗国地处丝路南道西端，其造像艺术受到贵霜犍陀罗佛教艺术的影响，玄奘说其国“文字宪章，聿尊印度”[2]。从其造像艺术的元素来看，于阗地区的视觉心理与审美规律深受希腊化时代雕塑艺术的波及，其与中亚地区在图像的姿态、主题、塑造手法上长期具有相似的审美意趣。与北道诸国早期皆信奉小乘佛教不同，于阗国较早地开始推崇大乘佛教，这使其在造像仪轨上亦具有迥异于别国的特征。（图 1–3–3 至图 1–3–8）

于阗王国的佛事活动持续到了 10 世纪末，彼时西域遭到了信奉伊斯兰教的喀喇汗王朝的冲击，位于西域最西垂的于阗国首当其冲，于阗国的佛教徒抵抗了半个世纪，一度占据上风，但绿洲城邦终究国力不济，1006 年喀喇汗王朝在付出沉重代价后攻陷了于阗首都。宗教战争摧毁了于阗境内所有的佛教寺院，昆仑山下伽蓝林立的场景至此不复存在（图 1–3–9、图 1–3–10）。

图 1–3–3　千佛背光，5—7 世纪，泥塑
热瓦克寺

化现千佛以高浮雕立姿的形式簇拥在主尊一侧，呈放射状，仿佛佛陀周身发散出的遍照光芒。在背光中广布千佛化佛的佛典依据来源于佛传故事中舍卫城神变的一个情节：释迦牟尼在舍卫城同六师论道斗法，各显神通，其中一神通便是千佛化现，呈现无上神威。热瓦克的放射状高浮雕千佛非常罕见，构图新颖，视觉冲击力强，所有的佛像排列整齐，均带圆形头光，面带高深的微笑，手于胸前施无畏印。

① ［东晋］法显：《佛国记》，中国书店，1991 年，第 10 页。
② ［唐］玄奘、辩机著，季羡林等校注：《大唐西域记》，中华书局，2008 年，第 287 页。

图 1-3-6　头像，5—7 世纪，泥塑

热瓦克寺，美国纽约大都会博物馆藏

1928 年德国 – 瑞士探险队收集了部分热瓦克佛寺造像，后被美国纽约大都会博物馆收藏。二尊像面型略显长圆，眉骨扁平，双目微睁下视。大都会的这两尊热瓦克造像表明了于阗造像同样受到一些中原审美影响，它们在五官的塑造上缺少了很多中亚地区特有的深邃感，同时神情的庄肃感亦较早期为多。唐高宗显庆三年（658），于阗被编为唐安西四镇之一，成为唐王朝控制丝绸之路南道最重要的军政中心，从此于阗与中原开始有更为紧密的接触，从敦煌壁画中 10 世纪于阗王李圣天的中原帝王形象来看，中原审美对于阗的影响确存。

图 1-3-7　坐佛，5—7 世纪，泥塑

热瓦克寺，美国纽约大都会博物馆藏

坐佛面部已无法辨识，头部较圆，有发髻，身着通肩佛衣，双手于胸前结印，衣纹呈阴刻的细衣褶，袈裟质感较为厚重，衣角在双脚之间呈现出内陷弧状，这种特征可在犍陀罗晚期造像中见到。

图 1–3–5　释迦牟尼佛，5—7 世纪，泥塑

热瓦克寺，大英博物馆藏

佛陀发髻高隆，面相圆润，神情安详，法相庄严。身着袈裟，衣纹密集流畅，具有明显的犍陀罗风格，造像将袈裟一角搭敷在左肩上，是较为典型的犍陀罗造像风格，这种服饰的表现源自古希腊造像的衣着表现形式。

图 1-3-4　佛尊头像，5—7 世纪，泥塑

热瓦克寺，大英博物馆藏

尊像面部长圆饱满，无螺发，双目微睁，鼻梁挺直，嘴角上扬含笑。五官尚具有高加索人种特征，与贵霜犍陀罗等中亚造像风格相类。

图 1-3-8　托普鲁克墩 1 号佛寺遗址

（闫鑫 供图）

相比完全沙漠化的热瓦克寺，达玛沟的托普鲁克墩寺的周边环境要好得多。这里北邻浩瀚的塔克拉玛干沙漠，南依巍峨的昆仑山，昆仑山的融雪可以让该地享受充足的水源。以达玛沟为中心，沿其水系自南向北分布着和田地区数量最多的于阗王国寺院遗址，在古代这里堪称于阗佛教的核心区域。

21 世纪初，达玛沟乡的牧人在沙漠中发现了掩埋于黄沙之下的托普鲁克墩佛寺。随后新疆考古队的进驻揭开了这座中国中古时期最小佛寺的面纱。1 号遗址面积 3.74 平方米，从其外壁残存木构件来看，应为一座佛塔遗存。古代于阗人颇为热衷于佛塔的营建，法显《佛国记》就言该地“人民星居，家家门前皆起小塔，最小者可高二丈许”[①]。

主尊塑像紧贴正壁，结跏趺坐于束腰形须弥座的莲花台上，莲台宽度同尊像盘膝的宽度一致，显得十分紧凑，以至于双膝超出台座，这是早期西域造像的一个特征。

---

① ［东晋］法显：《佛国记》，中国书店，1991 年，第 10 页。

图 1-3-9　残佛尊，6—7 世纪，泥塑，高 1.45 米

托普鲁克墩 1 号佛寺

该塑像虽为圆雕，但躯体较扁，肩宽，腰细，双臂会于腰部，或为禅定印。有赖干燥的沙漠环境，托普鲁克墩的主尊保留了朱红色的通肩袈裟，袈裟衣纹刻画简约，营造出湿衣贴体的效果。

图 1-3-10　出土佛头，6—7 世纪，泥塑

托普鲁克墩 2 号佛寺

佛头完整，螺发纹路呈卷云状，末端卷曲，为西域地区所特有的塑造风格；面部则以彩绘描出五官形貌，神态若有所思。

中国
佛教美学
典藏

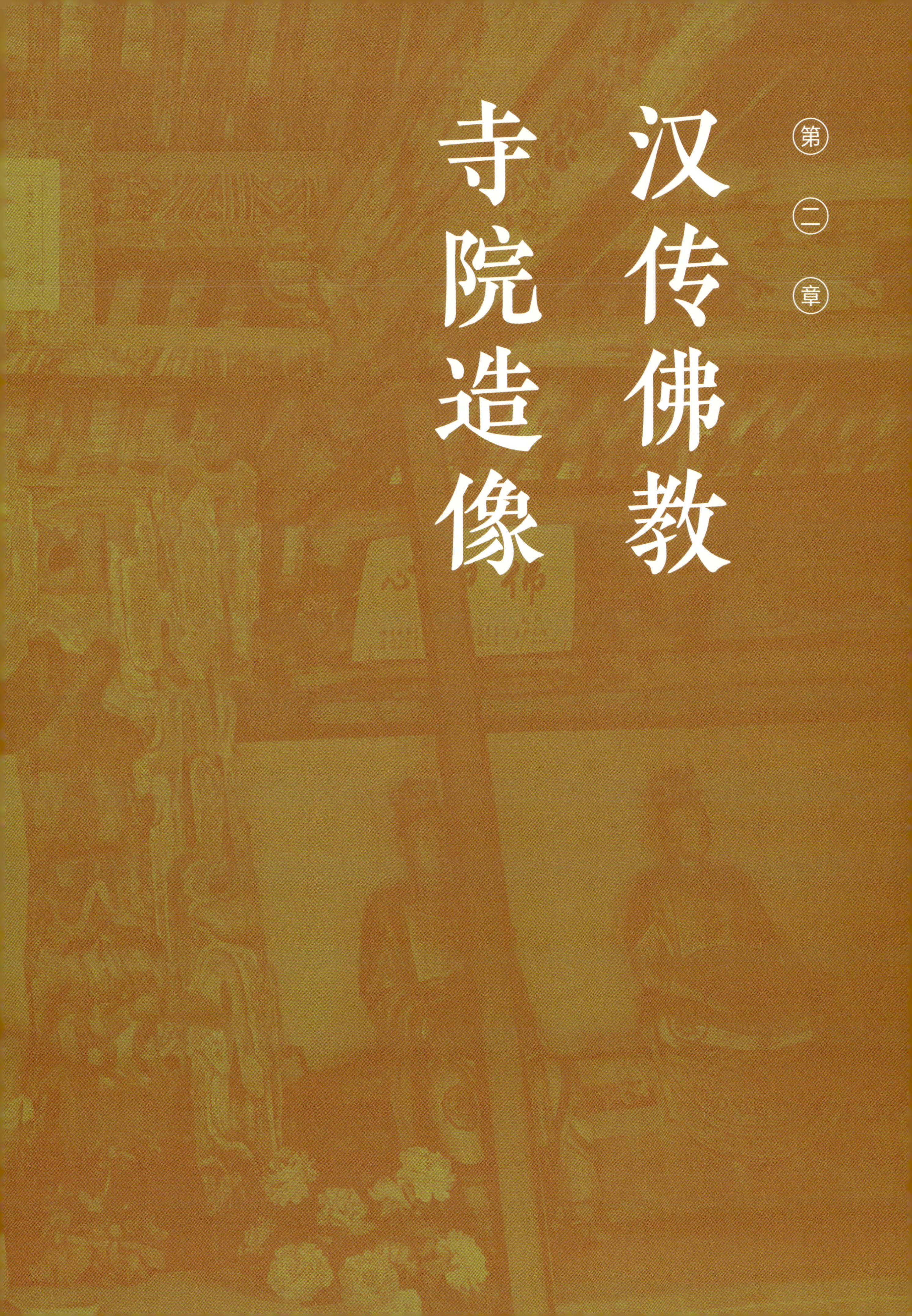

第二章 汉传佛教寺院造像

引言

自汉明帝永平十年（67）迦叶摩腾与竺法兰以白马驮经像入华始，佛教艺术便伴随其进入中原。彼时称塔为“浮屠”或“佛图”，初期寺院皆以塔作寺，并无殿堂专陈造像，而是于塔中画佛塑神。史料中最早对中原寺观造像的描述可以上溯到三国时期，《三国志·刘繇传》记载，2世纪末的丹阳人笮融（？—195）曾在徐州广陵兴建“浮屠祠”，寺中“以铜为人，黄金涂身，衣以锦彩”[①]。可见彼时寺院造像已有铜铸主尊贴金披锦的形制。

寺院造像艺术大踏步的发展伴随着殿堂在佛寺规制中逐渐取代浮屠的过程。在南北朝中后期，这种趋势日益突出，传统的以塔为核心的寺院格局已无法满足庞大的社会参拜需求和贵族对佛祖的崇信。6世纪兴建于洛阳的永宁寺便已在塔北建设体量巨大、规格如洛阳太极殿的佛堂。此时虽然已无殿堂传世，但自洛阳永宁寺、邺城大庄严寺、邺城大总持寺、曲阳修德寺、青州龙兴寺、忻州建义寺出土的北朝造像来看，其造型样式大体与石窟造像相类，但其风格手法与特色更为丰富多样。洛阳永宁寺塔基所出仅有部分泥塑，多为小型且经火烧成陶质，塑像面庞清秀圆融。邺城是北朝重要都会，此地的考古人员在吴村遗址出土了大批北齐造像，其中包含具有定州系汉白玉石造像特色的作品（有些造像材质为石灰岩），这些造像呈现出独特的北齐邺城样式。

① ［西晋］陈寿著：《三国志》，中华书局，1971年，第1183页。

简而言之，洛阳永宁寺塔基所现造像，是佛像已经彻底汉化的风貌，是魏孝文帝汉化政策习学南朝的具体体现。此后经东、西魏而北齐、北周。这期间，北朝东部政权（东魏、北齐）的审美意趣突出特色是转向胡化，以青州出土龙兴寺造像为例，其体现出较纯正的印度笈多朝马图拉湿衣出水与鹿野苑薄衣似无的风格特点，菩萨像则服饰华丽，富于装饰性，艺术造诣极高。

入唐之后，寺院造像迎来全盛时期，伴随着南北朝时期传统画论的理论进步对雕塑美学的影响，新的艺术思潮介入寺院造像的创作中。南朝艺术理论家谢赫完整提出的绘画六法论影响遍及广大艺术领域，中国寺院造像美学，也是以此美术理论为基础。唐代，无论画工塑匠，审美意趣深受社会风气的影响，著名的大艺术家的风貌与作品，会为“百工所范”，引领潮流。如“画圣”吴道子、“塑圣”杨惠之的作品等。

虽唐代寺观造像今日大多不存，但仍旧可以通过建于中晚唐时期的南禅寺（782）、佛光寺（856）、古青莲寺（不晚于867）彩塑管窥其雄浑壮丽。三处彩塑共计六十二尊，皆为群像泥塑，它们躯体丰满，衣饰洗练流畅，比例协调，身形伟岸，气度雍容，呈现出浓郁的时代特征。另外一处值得注意的寺院造像是位于唐朝幽州城附近，塑于770年的龙泉寺浮雕万菩萨法会图，其后虽在明代转移至万佛堂中，但其单篇大幅构图精巧，人物众多，已初具后世流行的壁塑艺术形式。

唐末五代，战乱频繁，仅有平遥镇国寺（963）十一尊彩塑存世。作为五代孤品，镇国寺彩塑更多继承了唐代强调神重于形的造像庄严性理念。

宋代，禅宗寺院的发展及流行和市民阶层的出现，促使寺院造像艺术世俗性社会化、区域化加快，宗教仪轨与规制被社会影响，逐渐开始放宽对造像严格依止经典的要求，艺匠得以迸发更大创作欲望，留下诸多传世佳作。相较唐代，宋代造像对人性哲思有深层剖析，其并非明清之时的世俗众生，而是有种超逸出尘、似淡而实美的士大夫气韵。现存宋代佛教寺院造像虽数量不多，但主题各异，皆为妙作。其中以罗汉为题材的有保圣寺（1013）、崇庆寺（1016）、灵岩寺（1066），可谓各擅胜场；源自五台山的新样文殊主题的则有原平惠济寺（12世纪）；十二圆觉菩萨题材的有法兴寺（1111年）；华严三圣主题的则有洪福寺（早于1125年）。山西晋城青莲寺（11世纪）和河北正定隆兴寺（11世纪）殿堂完整，其中宋代塑像保存多样，青莲寺之十八罗汉、十殿阎罗，隆兴寺大殿巨型铜铸及壁塑观音，都是时代孤品，弥足珍贵。

与北宋同期并立于东亚的北方大国辽国则创出引领草原民族审美风潮的独

特造像风格，他们更好地继承了唐代造像遗风，体量巨大宏伟，堪称中古奇观。如今辽代寺院造像多集中在原辽代西京（今山西大同）、南京（今北京）与东京（今辽宁辽阳）地区。西京存有观音堂石胎辽塑（1037）、华严寺薄伽教藏殿辽塑（1038）、佛宫寺释迦塔辽塑（1056）。南京地区保有时代更为久远的独乐寺辽塑（984）。东京地区存有奉国寺辽塑（1020）。

金代寺院造像则融合两朝美学思路，如今以大同善化寺（1143）、朔州崇福寺（1143）保存最为完整，其造像体量巨大，有着朔漠间独特豪迈之气。另有平遥慈相寺（不晚于1194）、新绛龙兴寺（11—12世纪）两堂更富赵宋气韵的造像遗存。繁峙岩山寺（1158）造像损毁严重，但其为目前稀见之金代文殊主题群像，颇为珍贵。由于宋元交锋激烈，同期南宋寺院造像较为少见，仅有传为南宋塑匠雷潮夫妇所塑造之紫金庵十六罗汉存世。

元朝横跨欧亚，建立了史无前例的超级帝国，此时汉传佛教造像承继宋金美学思路，并在此基础上融合了南亚艺术特质。尼泊尔塑匠阿尼哥（1244—1306）、汉族塑匠刘元（生卒年不详）皆名动一时，以至载入史册。此时由阿尼哥推广的“西天梵相”为元朝统治者钟爱。尊像面容方正，体态健壮，实为印地与中土美学意蕴之汇融，一时风行于大江南北。元代寺院彩塑遗存因其国祚不长而存世不多，其中山西地区的洪洞广胜寺上寺弥陀殿（1303）、下寺大雄宝殿（1309），新绛福胜寺（1303），五台广济寺（1341—1370）皆为满堂元塑。襄汾普净寺大佛殿（1303）元塑菩萨本为上品，遗憾的是被今人盗取损毁；白马寺所藏北京大能仁寺（1319）造像则表现出更加精妙的大都范式。

明代，汉传寺院造像艺术步入最后的余晖。明代寺院造像保存颇多，其艺术表现形式则在壁塑上达到了一个新的高度。在现存诸多明代寺院中，平遥双林寺（15—16世纪）以其神系复杂、造像繁丽、手法神妙而堪称翘楚。晋中地区的太原崇善寺（1383）虽殿堂大多损毁，但体量巨大的尊像承元代遗风，可谓明初造像范本。位于晋中盆地南端的灵石资寿寺（15—16世纪）殿堂完整，虽与双林寺同期塑造，但风格迥异。晋北地区明代造像更重传承与法度，繁峙公主寺（1506）和阳高云林寺（17世纪）之罗汉明显有着借鉴流变的关系；五台殊像寺（1496）的主尊在风格上亦与中唐的新样文殊图像一脉相承，其体量巨大，为现存明季文殊造像所稀见。晋东南地区在明代出现了极其活跃的塑匠群体，他们作风大胆，塑造出许多超脱于形规的造像，如高平铁佛寺（1522—1577）、长治观音堂（1581）均具有一定超现实性。壁塑艺术明显在泛黄河中游的多所寺院颇有市场，隰县小西天（17世纪）、蓝田水陆庵（1563）及前述的长治观音堂皆是时代气息浓郁、布局繁密精巧的顶级壁塑作品。北京现保存有大觉寺大雄宝殿、无量寿佛殿（15 世纪）和大慧寺大殿（1513）三堂具有皇室贵族背景的造像。从这些造像中可以看到，在明代，元季“西天梵相”的美学理念在京城达官显贵之中明显仍在流行。四川虽然迭遭战乱，天府之国仍旧遗存了平武报恩寺（1440）和新津观音寺（1475）两堂塑于明代鼎盛时期的寺院造像。报恩寺作为官方敕建，造像颇具北方审美意趣，观音寺则为比丘施愿塑就，更显出民间造像之活跃。

清兵入关，汉传佛教寺院造像技艺出现明显的衰落，此时唯有五百罗汉造像体系可谓独树一帜，富有时代特性。以乾隆时期推广的“田”字形净慈寺范式五百罗汉堂风靡于大江南北，世俗气息浓厚的罗汉广受普罗大众的热爱。清末，四川雕塑家黎广修在云南昆明筇竹寺（1883）塑造的满堂罗汉神态多姿，设色清朗，可谓是佛教造像艺术衰落期艺术成就最高的作品。

第一节 盛世遗真：唐代寺院造像

一、五台南禅寺

重建于唐建中三年（782）的南禅寺（图2-1-1）位于山西省五台县阳白乡李家村附近小银河一侧的河岸土崖上，坐北朝南，相较史料所载盛唐期倾国造寺时营建的种种名蓝大寺，南禅寺显得十分小巧。但正是这座僻处台外一隅的小庙中保存着现存最为古老的十七尊唐代彩塑。缘于偏僻的地理位置，它们避开了唐武宗会昌五年（845）全国性的毁佛活动，成为五台地区唯一的会昌法难幸存者。寺院虽小，但于此可一窥中唐时期唐代造像的布局特点和审美风格。根据寺中碑刻记载，这批唐代彩塑在元至正三年（1343）对部分作品进行过重妆，如今尚可见塑像残破处两层不同颜色的泥皮，相比佛光寺晚清民国时期的重妆，南禅寺元代的重妆技艺明显更为高超，设色淡雅，并没有破坏唐代造像的本意。然而，躲过了法难的南禅寺没有躲过人性的贪婪，1999年冬，不法分子盗取了二供养菩萨及牵狮的于阗王，如今寺中仅存十四尊塑像，丢失的尊像仅可从旧日拍摄的照片中领略其真容了。

塑像群以主尊为原点，扇形放射状分布在高仅0.7米的凹型佛坛上。其布局承袭了中唐以后造像布局特有的规制，相较早期造像三尊或五尊的简洁，南禅寺在佛坛组合上更为繁复（图2-1-2）。佛坛上，以释迦牟尼佛为核心（图2-1-3），佛两侧有迦叶、阿难二弟子贴身侍立（图2-1-4），二弟子的外侧为二胁侍菩萨（图2-1-5）。

图 2-1-1　五台县南禅寺正殿外景

（王宸 供图）

南禅寺主殿建筑唐风浓郁，形体俊美古朴，给人以庄重而健美的感觉。殿内梁架中书写着“因旧名（时）大唐建中三年……重建殿法显等谨志”“维岁次丙寅元祐元年三月十一日竖柱”等墨书题记，昭示着岁月在这座小寺中留下的痕迹。

图 2-1-2　正殿佛坛，782 年

南禅寺

整个佛像群以释迦牟尼佛为中心，是一个动静结合、各具形态、生动活泼的场面，也是一个尊卑有序、各尽其职、和谐协调的环境。中央主尊安坐莲台，慈光四照，尊贵而端庄，严肃而安详。两侧以文殊、普贤为首的灵山诸贤阵列井然，仿若西天道场重现，这一构图形式在敦煌同期壁画中亦可见类似样式。

图 2-1-3　释迦牟尼佛及其头部特写，782 年，泥塑，高 4 米

南禅寺正殿

主尊释迦牟尼佛形象魁梧雄壮，虽然屡经后世重妆，但唐风犹存。佛祖螺发，发髻低矮，方圆型脸庞，额头宽广丰满，二目细长微张下视，耳宽且厚，鼻长而挺，下巴圆滑凸起。外披双领下垂式袈裟，内衣带系于胸前，袒露出厚实健壮的胸膛。衣褶下垂覆盖台座，结跏趺坐于束腰须弥座上。鹅卵型背光塑饰着花卉、莲瓣、文殊骑狮、普贤骑象、乾达婆和紧那罗等诸天形象。南禅寺之唐代主尊神情庄肃、目光内敛，唐代艺匠准确抓住了佛祖沉思的瞬间。

释迦牟尼佛

释迦牟尼佛头部特写

迦叶

阿难

图 2-1-4　迦叶与阿难像，782 年，泥塑彩绘，高 2 米

南禅寺正殿

分立释迦牟尼两侧的迦叶与阿难神态各异。迦叶作为头陀第一的老年僧侣面部清癯，肌肉块垒，脖筋暴凸，一副饱经风霜之容；阿难身披袈裟，素面如玉，二目微暝，面带了然之微笑，多闻第一的他潇洒自信。两尊造像惟妙惟肖，体现了苍老的克制和青春的自信。在南禅寺这座名不见经传的小庙之中，唐代塑匠的整体审美能力仍旧得到了完美的呈现，究其缘由，唯有彼时塑神作佛之兴盛，方能诞生艺匠哲师之神作。

胁侍菩萨之一及局部

胁侍菩萨之二局部

图 2-1-5　北壁胁侍菩萨及局部，782 年，泥塑彩绘，高 2 米

南禅寺正殿（王南 供图）

佛教艺术本土化的大势，体现于周家样佛教图像体系之流行，丰肥妍丽、肌胜于骨成为唐代佛教美学的主流。相较外侧二胁侍菩萨，靠近佛尊的两尊胁侍体量较小，面容更显清秀，展现出中唐之后，社会审美逐渐由丰腴转向秀美的趋势。菩萨像逐渐摒弃了善男子的形貌，形成了“菩萨如宫娃”的女性化趋势。两尊胁侍菩萨皆呈源自印度造像的“三折姿”站立，但相比印度造像剧烈的动感，南禅寺中式身姿更趋向一种抑制、收敛的含蓄之美。兴建于 782 年的南禅寺塑像似乎正介于融入与转变的过程当中，尊像所具有的女性化一面确实在有意识地凸显，但二目细长下视，面带哲思的神情却仍然有着早期造像重在体现菩萨少年俊美、英挺智慧的特点，比之后世女尊菩萨，此造像多了一丝男性的清朗，相较前代的男相菩萨，又明显有了几许柔婉之气。

此一佛二弟子二菩萨五尊像是南北朝以来最为常见的佛像组合。释迦佛佛座的前方，原本对称各有一尊位于莲台上的供养菩萨（图 2-1-6），可惜已遗失。在释迦五尊像的东西两侧，西侧是骑青狮的文殊菩萨，东侧是骑白象的普贤菩萨；此二菩萨与释迦五尊像并不处于同一水平线上，而是位置稍稍靠前；在文殊与普贤的前方，依次是体量与之相近的菩萨和天王像（图 2-1-7）。在文殊与普贤的旁边分别是控御青狮、白象的于阗王和獠蛮，以及朝向二菩萨合掌施礼的两个供养童子（图 2-1-8 至图 2-1-11）。特别是两个供养童子的朝拜方向，似乎提示了人们，在这个佛坛上还有三个次核心人物——文殊、普贤（图 2-1-12）和天王（图 2-1-13）。十七尊造像，或清秀或丰腴，或威猛或娇俏；有沧桑的老者，也有意气风发的青年和可爱的幼童等，人物多样，姿态丰富。

南禅寺塑像的布局展示出早期寺观重视造像本身在殿堂整体视觉空间中所承担的角色这一美学特质。放射型扇面排布的造像会形成一种人造的空间深邃感，在面积不大的殿堂中营造出身处修行洞窟之中的假象，所有尊像的视线均集结于殿门处，推门而入的信徒仿若误入讲经之所，低矮的佛坛助长了这种现实感的呈现。在唐代艺术家的创作下，造像的实与殿中空间的虚相辅相成，和谐统一，各尽其职的形象设计展示了高度和谐、安然静穆的佛法空间。

图 2-1-6　供养菩萨，782 年，泥塑彩绘，尺寸不详

南禅寺正殿

此尊菩萨像虽为静态，但却有跃跃欲动之势。其神态温厚可亲，面容文静，鼻长唇润，上身裸袒，仅披天衣，下着贴体长裙，躯体丰满匀称，屈膝半跪于高耸之莲台上。在这尊供养像身上似乎西天之菩萨已非菩萨，而是粉英含蕊的宫娥少女，其神妙美好、可爱堪称我国古代雕塑艺术的力作，这样明亮的青春之美在入明之后几乎无法得见[1]。

[1] 此造像于 1999 年被盗走。

文殊菩萨尊像群

普贤菩萨尊像群

图 2-1-7　文殊菩萨与普贤菩萨尊像群，782 年

南禅寺正殿（王寰 供图）

南禅寺大小十七尊造像密而不乱，高低不一、姿态各异，身份不同，彼此呼应，在以释迦牟尼佛为核心的组合中，又暗藏了以文殊和普贤为主的次核心：佛右侧文殊及其胁侍菩萨、牵狮拂菻为一组；左侧普贤菩萨同其胁侍菩萨、驯象獠蛮为一组，形成了变化又统一的布局。

文殊菩萨

文殊菩萨局部

图 2-1-8　文殊菩萨像及局部，782 年，泥塑彩绘，高 4 米

南禅寺正殿（王南 供图）

右侧主尊文殊菩萨头戴宝冠，青丝高挽，有发带自然飘垂于身前。文殊目光似望向虚空，面部肌肉丰润饱满，嘴唇尤为宽厚，身姿微微偏右，坐于青狮之上的莲台中。这一文殊的构图模式在中唐以后十分盛行，该寺之文殊身姿并非正座，双腿盘而不结跏趺坐。微微前倾的上身同身下摇头晃脑、作势欲腾的青狮形成一个互为呼应的动态，相较后世端坐于莲台的骑狮文殊，建中年间的工匠把活跃而昂扬的韵味体现得淋漓尽致，尊像表情虽凝重，却似有动步之势，堪称神妙。

图 2-1-9　文殊菩萨像前的供养童子，782 年，泥塑彩绘，尺寸不详

南禅寺正殿（王南 供图）

童子身形矮小，头部比例偏大，符合孩童的身体比例特征。小童子双掌合十，举头虔诚地望向文殊菩萨。黝黑的短发，根根柔软的发丝贴于头部，浑圆的面庞一脸稚气。童子上身袒裸肩头系一披巾，下身着裤系裙，露出的肌肤，虽是泥塑但却柔软细腻，塑匠之巧可见一斑。

图 2-1-10　普贤菩萨像，782 年，泥塑彩绘，高 4 米

南禅寺正殿（王南 供图）

左侧普贤菩萨于外形上同文殊菩萨相类，所区别者为普贤菩萨端坐于白象之上，手持经卷，做讲经状。塑像者明显对二位尊像之坐骑的性格有着截然不同的描述，青狮性躁，故而其主文殊于坐骑上似静实动；白象性温，安坐其上的普贤更显端凝之态。

于阗王

獠蛮

图 2-1-11　于阗王与獠蛮，782 年，泥塑彩绘

南禅寺正殿

牵青狮的于阗王[①]面呈紫色，双眉紧锁，嘴角朝下，似在怒目驯服桀骜之青狮。他身着云纹帽、紧袖圆领长袍，腰间扎带，足踏长靴。于阗王的牵狮人形象在中唐以后替换了传统的昆仑奴，被称为“新样文殊”，这一新的艺术表现形式始于五台山一带，流传甚广。

獠蛮（象奴）与供养童子并置，象奴卷发，唇边有黑色胡须，上身仅搭汗巾，袒露右胸；下身着缠腰犊鼻短裤并贴体长裤，其裤筒卷起，膝盖处用绳子扎绑，打赤脚。獠蛮全身整体微向前倾，面部蹙眉抿嘴，用力拉拽巨象之神态惟妙惟肖。“昆仑奴”其时多为南亚黑肤色马来人，与朝鲜半岛之新罗婢齐名，豪门多有雇佣，南禅寺之驭象者堪称唐代昆仑奴的真实写照。

① 该尊像于 1999 年被盗走。

胁侍菩萨之一局部

图 2-1-12　东西两壁二胁侍菩萨局部，782 年，泥塑彩绘，高 3 米

南禅寺正殿

南禅寺造像群中不同寻常地塑造了多达六种不同神态、不同姿容的胁侍菩萨。二菩萨分别位于东西两壁，体量为最大，跣足立于莲台上。其面容丰满，堂皇而富态，神情庄严，略有高妙之笑意却不外露，盛唐丰腴之遗风犹存。二者皆头戴花冠，发髻高耸，胸前环饰璎珞，斜披绶带，下身着贴体长裙，腰部系带及两臂之丝绦缠绕飘摇，自然写真。

胁侍菩萨之二局部

左侧天王像及局部，782年，泥塑彩绘，高3米

南禅寺正殿

佛坛左侧的天王赤面威严，神情刚毅，束发，身着明光铠，身体微侧向殿门，二目如电，注视着沉默参拜的众生，双臂皆失亦不能阻拦他的昂藏之风，尊像的发丝、衣带、袍袖皆随风欲起，“名师大将莫自牢，千兵万马避白袍”①的雄姿跃然眼前。

图2-1-13　左右天王像，782年，泥塑彩绘

① ［唐］姚思廉撰：《梁书》，中华书局，1973年，第462页。

右侧天王头部特写，782年，泥塑彩绘，高3米

南禅寺正殿

右侧天王头戴战盔，身披铠甲，姿态与左侧天王相类，但微微弯曲的身姿更展现出别样的动感。其面部神情的刻画尤为逼真、传神，天王眉心微蹙，但神色平和沉稳，眉间及眼眶周围的骨骼结构、肌肉起伏和质感，均表现得十分写实，然而这种写实又非自然主义的写实，而是高度凝练的结果。此尊天王相较另一侧天王之威猛外露，更有一种中原儒将的内敛之风，在佛尊讲经的道场中天王似在深思经义。安史之乱后，社会尚武之风仍具，这尊儒将天王身上神色间暗藏铁马金戈、整体气韵内外结合的塑造，表现出唐代艺匠高度的审美能力和创作能力，远非宋明之后或唯唯诺诺，或做狰狞之态的天王可比。

南禅寺殿堂虽小，但内中造像体系完备，尊像身体比例恰当，体态丰满柔和，神情温润自若，同千里之外敦煌同一时期的造像几乎相同，这表明了唐代寺院造像存在着一种普遍性的美学体系，这一体系不分寺院规模、地域远近，普遍存在于唐王朝统治下的领土中。弥足珍贵的南禅寺造像成为反映中唐寺院造像艺术主要面貌的一面镜子，相较灭佛后营建的佛光寺唐代造像，它的风格更为古朴浑厚，在具体尊像的表现上突出了每一尊造像所具有的个性，而非佛光寺中颇为大同小异的形态，体现了更为高超的艺术水平和对尊像神韵敏锐的观察力。

同时，塑造于中唐时节的南禅寺造像亦明显传递出中国佛教造像艺术整体趋向社会化的一个信号。在这里，尊像气韵渐渐脱去威严，留下满堂温厚醇和，对造像主本身在人间的写实性体现亦更加明晰，十七尊造像无一不是模仿现实生活中的人物躯体和个性塑造而成，在佛教传入中国七百余年后，融合的趋势已经深入到山西五台县李家村这样面阔不过三间的小庙之中。

二、五台山佛光寺

1937年6月26日，迭遭旅途劳顿，辗转多种交通工具的梁思成、林徽因、莫宗江、纪玉堂四人在傍晚时分发现了佛光寺这座隐藏于五台山南台之外山谷中的瑰宝，彼时梁思成拖着一条伤腿，他的夫人林徽因还患有肺病。民国战乱，古寺荒凉破败，香客寡少。看守寺院的只有年逾古稀的老僧和一位年幼的哑巴弟子，荒寺似乎早已自绝于尘世。然而，“高大的殿门顿时就给我们打开了，里面有七跨，在昏暗中显得更加辉煌无比。在太平坛上，坐着佛陀像，两边是普贤和文殊及众多随侍的罗汉、胁侍菩萨及金刚神王等，犹如一座仙林”[①]。千年名蓝由此被重新带回人间（图2–1–14）。

如今佛光寺虽僻处一隅，然根据绘制于五代时期的敦煌第61窟中《五台山图》之描绘（图2–1–15），唐末五代时此寺却是五台山内外值得一提的大寺。史料记载，该寺始建于北魏太和二年（478），由北魏羌人钳耳庆时（即宕昌公王遇）前往平城（今大同）朝见魏孝文帝（467—499）时感神迹而兴伽蓝，并命名为“佛光寺”。[②]入唐以后，佛光寺迎来鼎盛时期，住锡寺中的解脱禅师成为振兴五台山地区佛教的中坚力量，因此佛光寺一跃成为海内一大禅林，往来求法之僧徒达七八百人。中唐时期，法兴禅师主持佛光寺，于寺中兴建三层九间弥勒大阁，高达九十五丈，内塑七十二圣贤、八大龙王。唐武宗（814—846）会昌灭法重创了佛光寺的佛教事业，寺中一度仅存几眼窑洞。直至唐宣宗大中年间，愿诚法师得宣宗皇帝（810—859）复兴佛教之旨，重修佛光寺。他得到了包括王姓右军中尉（大殿梁内有“功德主故右军中尉王”题记，据推测是在中唐时期权倾一时的权宦王守澄）、长安女贵族宁公遇、河东监军使、泽州参军、代州都督供军使、河东节度观察处置使在内的支持赞助，从这些从长安权力中枢到山西境内文武主政的林林总总的官职来看，佛光寺的复建有着明显的官方背景。在愿诚法师的主持下，今日所见的佛光寺东大殿在大中九年（855）开工，于大中十年（856）完工，现今佛光寺唐塑皆为此时所塑（图2–1–16）。经历唐宋变革，金代佛光寺再次得到重修，金天会十五年（1137）重建文殊、普贤殿及天王殿，如今尚有文殊殿一堂金代彩塑存世（图2–1–17、图2–1–18）。明宣德年间（1426—1435）于东大殿内新塑罗汉二百九十六尊。1928年，佛光寺主持澄希法师对唐代彩塑做了贴裱重妆，民国时期艳丽之设色破坏了佛光寺唐代彩塑艺术的整体风韵，令这批珍贵的寺院瑰宝白璧微瑕。

① 梁思成：《中国最古老的木构建筑》（*China's Oldest Wooden Structure*），《为什么研究中国建筑》，外语教学与研究出版社，2011年，第283页。
② ［唐］慧祥：《古清凉传》，山西人民出版社，2013年，第16页。

图 2-1-14 高台上的东大殿一角，唐

五台山佛光寺

居于高台之上的佛殿暗藏着“与佛通观”的空间设计理念，殿中的满天神佛面朝着云卷云舒的山谷。宋人姚孝锡（1099—1181）在《题佛光寺》中描绘了千年前他站在这里所看到的一切：“孤鸟带烟来远树，断云收雨下斜阳。人间未卜蜗牛舍，远目横秋益自伤。”山中古寺凝固了时光，人类的变化在自然的流转中不过是刹那繁华，亘古不变的是空气中消散的松香，是山谷里沉睡的烟云，是林木间飘摇的蝴蝶，是殿堂中矗立的智者。

图 2-1-15　敦煌莫高窟第 61 窟，五代《五台山图》

大佛光之寺

唐代山西文殊信仰开始进入鼎盛时期，绘制五台山图成为彼时朝圣舆图的一种特色手段，常被作为外交礼品赠送于周边求法之僧。由该图像来看，大佛光寺为回廊型建筑，中央二层殿阁高举于土台之上，或为敦煌人臆想中的全盛时期的佛光寺弥勒大阁。千年后梁思成正是依托这张图于五台山地区寻找到了佛光寺。

图 2-1-16　东大殿佛坛群像，唐

佛光寺（王寘 供图）

佛光寺大殿内的唐代彩塑气势宏大，布局严谨，群像与单像组合排列，主次分明，法度森严，总体看上去，五尊主尊及其侍从格调庄严，井然有序，从视觉上形成排山倒海之势。殿内五个开间又分别将佛坛分成五部分，并遵照教旨仪轨陈列相应的单体佛像，每间自成格局，仍旧保留了早期群像“凹”字形布局的范式。佛光寺大殿佛像陈列方面基本遵循大小造像相呼应又自成体系的原则，克服了单调呆板的总体空间布局，体现了统一中有变化、寓变化于统一的美学理念。

图 2-1-17　文殊菩萨及其眷属，1137 年，泥塑彩绘

佛光寺文殊殿（王南 供图）

在佛光寺中建于金代的文殊殿尚存一堂金代造像，主像文殊菩萨骑狮，两旁有胁侍菩萨、牵狮于阗王、仰望童子。文殊面相俊秀，衣饰富丽，神态慈祥而凝重，是金代彩塑中的优秀作品。可以看到，在构图上增加的圣老人、佛陀波利是典型的新样文殊的做法，但主尊文殊菩萨和两侧胁侍菩萨明显在外形上模仿了佛光寺东大殿唐代造像的风格。虽然摹其形，但其神已然无法追摹，胁侍菩萨衣着饰品尚存一丝唐意，但面部神态略有僵化，其身体比例矮小等特点的呈现，于雕塑艺术而言，略有邯郸学步之嫌。

图 2-1-18　文殊菩萨，1137 年，泥塑彩绘，尺寸不详

佛光寺文殊殿（王南 供图）

文殊殿主尊骑狮文殊几与东大殿文殊同，唯有面部存在很大差异。金代塑匠将其面部塑造得更加丰腴，体块明显，彰显了彼时塑神造佛推崇的富态之风，同时，弯曲如新月的弓眉亦为宋金造像所特有。

佛光寺素以唐构、唐塑、唐画、唐书四绝名重天下，令梁思成赞叹不已的“仙林”皆塑于寺中东大殿内，多达三十五尊的彩塑错落有致地排列于五间宽的殿堂之内，无怪被称为“林”。它们是目前现存等级最高、数量最多的唐代寺院造像群，如今全国地面寺院中共有九十尊唐代泥塑，东大殿的佛坛上就有三十五尊。

东大殿塑像群在格局规划上极为严谨，共分五组，居中者为释迦牟尼佛、二弟子及四胁侍（图 2–1–19、图 2–1–20），弥勒佛、阿弥陀佛各自有六尊胁侍菩萨环绕（图 2–1–21）；两侧为文殊、普贤菩萨及环绕尊像四周胁侍各五尊（图 2–1–22、图 2–1–23），另塑有供养人女弟子宁公遇（图 2–1–24）、创殿者愿诚法师（图 2–1–25）及二天王（图 2–1–26）。从组合上看，佛光寺以释迦佛、弥勒佛、阿弥陀佛为主供的三世佛形象同后世较多的横三世佛、纵三世佛有所不同。这与唐代净土宗弥陀信仰的兴起和流行相关，敦煌初唐彩塑和壁画之上已出现此三尊组合模式，佛光寺富有唐代特色的三世佛组合为今日所稀见。

作为会昌法难后第一批官方允准兴建的寺庙，佛光寺造像群体现了唐代造像美学在进入王朝暮年之后的新风潮。从视觉空间来看，佛光寺造像对处理人与佛的关系表现出一种在法度上的严谨之态，相较南禅寺、青莲寺及敦煌唐塑中多于斗室中做放射式构图排列的不同，体量巨大的佛光寺东大殿为今人展示出唐代寺院造像在大型建筑空间中的面貌。五组造像形成了各自不同的空间聚焦点，它们之间的关联并不强烈，参拜者移步换景，看到的仿佛是不同的殿堂及主尊的情形。这与早期造像已有区别，或因非重观想而更关注各类信众参拜佛尊的体验，故将弥勒信仰、阿弥陀信仰、文殊信仰共聚一堂。从这种体系变化上，可以一窥 8—9 世纪中原官方佛教寺院造像的体系性和对大众宣教需求的普适性。

图 2–1–19　释迦牟尼佛，856 年，泥塑贴金彩绘，高 5.3 米

佛光寺东大殿（王南供图）

主尊释迦牟尼佛位于殿堂中心，头顶螺发，发髻矮平，面相方圆，下巴肌肉突出，脸颊饱满，神态端凝，目光下视，令朝拜的信徒能够清楚地体会到佛尊“慈悲威重”的意味。其身着袒右袈裟，右手垂下，结触地印，左手捧钵于胸前，裸露的胸肌宽大厚重，整体身体比例匀称、健壮。背后以双圆形背光组合而成，头光以细密卷云式火焰纹堆砌，身光简练地以彩虹为光轮。佛尊结跏趺坐于“工”字形佛座之上，佛座叠涩中塑二侏儒做用力托举状。

迦叶

阿难

图 2-1-20 迦叶与阿难，856 年，泥塑彩绘，均高 3.7 米

佛光寺东大殿（马豪杰 供图）

迦叶和阿难表情安详淳厚，二弟子像往往是佛教美学中表达两种不同心理状况的具象化表现。佛光寺二弟子在神态上具有一种奇妙的趋同性，虽然老者恒老，少者恒少，但气韵中暗藏着内观恬静的禅风，他们的眉宇之间既是舒缓的，又是沉重的。

阿弥陀佛

图 2-1-21 阿弥陀佛与弥勒佛，856 年，泥塑贴金彩绘，均高 5.3 米

佛光寺东大殿（王南 供图）

佛光寺的佛尊均为面呈方圆、两腮鼓起、天庭饱满、地阁方圆之相，在柔软和敦厚之余透露出一丝唐代特有的强健。唐代佛尊在对身体的塑造上达到了一种和谐的极致之美，尽管身披格格不入的民国“龙袍”，但依旧无法遮挡这种健美的身躯所散发的魅力。

图 2-1-23　普贤菩萨及局部，856 年，泥塑彩绘，高 4.8 米

佛光寺东大殿（王南 供图）

普贤菩萨相较文殊在衣饰上略显朴素，尊像面庞丰满，宝冠高耸，双臂弯曲，手捧经匣垂坐于白象之上，其前有一尊应为后世增塑的侧坐韦陀。有趣的是驭象者面白而秀，并非深色肌肤，可见后世匠师对象奴已易去昆仑奴之身。此外可以看到后世在重妆金身时，文殊菩萨明显被妆了金面，而普贤仍旧为素白之色，这应与五台山为文殊道场有关。二位菩萨两侧的胁侍菩萨身材颀长，体态丰腴，神情端肃。

弥勒佛

图 2-1-22　文殊菩萨及局部，856 年，泥塑贴金彩绘，高 4.8 米
佛光寺东大殿（王南 供图）

在三世佛两侧，另塑体量相等的文殊及普贤像，这种布局在后世已极为少见，文殊与普贤菩萨共胁主尊三世佛，此地为孤例。文殊菩萨垂足端坐于青狮之上，面部敷金，头戴宝冠，手捧云头如意。其尊像在胸前雕两团内卷的螺旋云头，披肩亦为卷云状。两袖翻卷，似被烈风吹拂上扬，仿若火焰一般，腰部高系宝带，下身衣裙自然覆盖而下。这一模式在五台地区颇为流行，今日幸存之原平惠济寺宋代文殊、佛光寺文殊殿金代文殊均可见这种独特的式样细节。

图2-1-24　宁公遇像，856年，泥塑彩绘，尺寸不详

佛光寺东大殿（马豪杰 供图）

这尊唐代塑造的女性供养人（宁公遇）位于普贤菩萨像群一侧，体量等人大小，在如林一般的巨像中仿佛人群中的你我一样平凡。宁公遇结跏趺坐，面容丰满，身着唐代妇女特有的衣裙，腰系“万”字宝带，一派中年贵妇模样。

图2-1-25　愿诚法师像，856年，泥塑彩绘，尺寸不详

佛光寺东大殿（王南 供图）

在我国，最早的影堂高僧造像就是东大殿中这尊愿诚法师坐像。他安坐在佛坛之下，面容清癯，双目微睁，由于体形瘦弱，衣服宽大地覆盖在身体之上。如何描绘“老”，从我国造像来看是非常缺乏实物例证的，除了神情古怪的罗汉，唐塑愿诚法师更像个老人。唐人对绘画和塑像之赞颂常以写真传神为褒奖，如形容吴道子的佛道画“满壁风动”，杨惠之塑像“形模如生”，可见唐代造型美学在整体追求上有对人物现实还原的特征。

图2-1-26　天王像，856年，泥塑彩绘，均高4.1米

佛光寺东大殿（马豪杰 供图）

两尊唐代天王身披明光铠，头戴战盔，手持宝剑，足蹬毡靴，皆做怒目之态。神情夸张的天王在整个殿堂中承担起最具动态的角色，三尺青锋在他们手中已然作势欲出，震慑一切妖邪。这样浪漫主义外露的天王形象在日后王朝日益限制武臣的社会风气下逐渐消散，佛光寺可谓绝唱。

图 2-1-27　供养菩萨之一、二，856 年，泥塑彩绘，尺寸不详

佛光寺东大殿（王南 供图）

"瓠犀发皓齿，双蛾颦翠眉。红脸如开莲，素肤若凝脂。"[①] 半跪的供养菩萨凝睇含笑，温雅敦厚，曲眉丰颊，面色莹洁，柔姿绰态，仿若一个文静少女。佛光寺东大殿塑像群中共有六尊半跪姿态的供养菩萨间塑于主题尊像中，她们略显活泼的神态打破了尊像组合一味庄肃严谨的气氛，给殿堂增添了一抹明快。

① 出自唐代诗人武平《杂曲歌辞·妾薄命》。

在艺术造型方面，以佛光寺东大殿为代表的唐塑丰满圆润，各像都袒露胸臂和腹部，骨骼健美，肌肉丰润，给人一种健美的力量感。佛光寺的佛像顶螺髻，面相方圆，两腮饱满，眉骨微弧，鼻梁宽厚凸起；着袈裟，衣纹披垂自如。菩萨头戴云冠，天衣缠绕，长裙紧贴腿部，面庞多呈长圆形，腮下肌肉折纹明显，丰盈俊美，弯眉大眼，鼻宽嘴小，手足丰满柔嫩（图 2-1-27 至图 2-1-29）。无论菩萨、佛像还是金刚、弟子等像，其色泽、形体、相貌、衣饰、手势都表现出了唐代特有的简洁、素雅、圆润的真实美感，展现出中晚唐时期佛教美学的特质。

与敦煌同期的唐代彩塑相比，佛光寺彩塑表现出更多中原美学的审美要求：面部更加温雅，身姿趋于女性气息，将菩萨如宫娥体现得淋漓尽致；在头戴的花冠和饰品上，佛光寺唐塑更加奢侈繁丽。但或许是会昌灭法对艺术家群体的摧毁，佛光寺造像在手部动势、衣纹变化等方面明显有退步之嫌。如果说盛唐造像是少年人的昂扬，那么佛光寺中晚唐造像则表现出中年人的一面，它们保留着些许旧日的朝气，但已在疲惫的面容上现出颓势。

图 2-1-28　供养菩萨之三，856 年，泥塑彩绘，尺寸不详

佛光寺东大殿（王南 供图）

这尊手捧贡品的供养菩萨头戴花冠，袒露上身，面容姣好，眉纤长而鼻梁挺拔，相比其余略显娇柔的供养菩萨，“她”似乎更具有“他”的特性，呈现出一种清朗美男子的神貌。

图 2-1-29　胁侍菩萨，856 年，泥塑彩绘，尺寸不详

佛光寺东大殿（王南 供图）

佛光寺的菩萨群像数量庞大，展现出多姿多彩的形象，她们尽管在民国时重装，但仍旧在神情上表现出多样化、写真化的一面。唐代雕塑艺术已由汉晋之虚无写意逐渐走向写实。于佛光寺这批中晚唐造像来看，她们神态各异，若簪花仕女宛在眼前，有的合十胸前，二目微张，默诵佛经；有的翘着葱白玉指，举目凝视远方；有的手捧贡物，却神思不属，侧头望向他处。唐代女性所特有的丰腴端淑的魅力在这里被展示得淋漓尽致。

三、房山万佛堂

北京房山西北，丛山起伏、葱郁秀丽，自隋唐始就是著名的佛教圣地。北魏郦道元所著《水经注》："圣水出上谷……水出郡之西南圣水谷，东南流经大防岭之东首。山下有石穴，东北洞开，高广四五丈，入穴转更崇深，穴中有水。耆旧传言，昔有沙门释惠弥者，好精物隐，尝篝火寻之。"[①]大防岭下的石穴即孔水洞，郦道元记载了佛教与此洞最初的渊源。至隋代，已有佛教徒开始在洞内雕造佛像，刊刻石经。孔水洞出水口的墩台上有唐季佛寺，原名龙泉寺，后改大历禅寺。今日此地已是明代重建的三间无梁建筑，被称为万佛堂。殿内现存刻于唐代宗大历五年（770）的"万菩萨法会图"大型浮雕，其上可见大历年题记（图 2-1-30、图 2-1-31）。唐大历年间（766—779）兴建龙泉寺时将汉白玉石雕"法会图"嵌于寺旁岩壁，明万历年间（1573—1620）移入万佛堂内，形成现在建筑内三壁满布法像的格局。这幅石雕由三十一块长方形的汉白玉浮雕组成，浮雕画面正中雕释迦牟尼说法，两侧由文殊、普贤及天王、神人护持。画面布局可谓密不透风，但在其中总有突出的形象，打破整齐的人物排列（图 2-1-32、图 2-1-33），使画面变得生动而不呆板。在这些造像中，飞天轻盈，飞舞的衣裙如行云流水（图 2-1-34）；菩萨妩媚，璎珞严身雍容典雅（图 2-1-35、图 2-1-36）。整幅画面向两侧延伸，人头攒动，热闹非凡。

① ［北魏］郦道元：《水经注》卷十二，上海涵芬楼藏武英殿聚珍版，第 2 页。

图 2-1-30　万菩萨法会图正壁，770 年，汉白玉石

北京房山万佛堂

释迦牟尼于正中说法，两侧文殊、普贤及天王、神人护持。其上方为一金翅鸟，在云气中腾起，左右有日月宝珠（或为后代补刻）。文殊、普贤并侍从图是敦煌壁画的常见题材之一，吐蕃及归义军时期出现了绘制有山水圣迹和文殊、普贤及众菩萨化现的情景。万佛堂中石刻并无明显的圣地对应，佛菩萨化现于云雾、山石和波涛之中，无处不在。

图 2-1-31　万菩萨法会图大历五年题记，770 年，汉白玉石

北京房山万佛堂

题记巧妙地设置在人头攒动的场景之间，其内容为唐大历五年的发愿文："连天□□□□，□□□□□杉楠与祈福，祐君亲。唐大历五年三月八日。"明代重修时遭到一定程度破损，但纪年犹在，可知其确为唐代遗物。

图 2-1-32　万菩萨法会图之伎乐，770 年，汉白玉石

北京房山万佛堂

画面以翻滚的云浪、苍茫的海水和飘扬的长幡为背景，伎乐天人列布其中，有弹琵琶、吹笛箫、持拍板、奏箜篌的，也有双手合十静静聆听、手捧香盒、前顾后盼的。此间仙乐飘绕，天人披巾如流云散落，显示出精妙的布局和高超的技艺。

图 2-1-33　万菩萨法会图局部，770 年，汉白玉石

北京房山万佛堂

一菩萨手持果盘传递给另一位，画面被众菩萨填满，无一丝缝隙。

图 2-1-34　飞天，770 年，汉白玉石

北京房山万佛堂

中唐之后，飞天形象与当时流行的审美趋于一致，略显肥胖但仍表现出雍容的气质。万佛堂中飞天刻画较为粗简，省略了烦琐的璎珞和花纹，着重表现翻卷、飘逸的天衣帛带。极具动态感的姿势和披帛，使得厚重的躯干也变得轻盈，勾勒出优美庄重的意象。

图 2-1-35　万菩萨法会图菩萨像之一，770 年，汉白玉石

北京房山万佛堂

菩萨头梳高耸的发髻，头微微垂向左侧，双目下视，面露悲悯。头部的发带搭落在双肩，无任何珠宝装饰，身上用层层跌落的衣褶呈现出菩萨雍容的姿态。

图 2-1-36　万菩萨法会图菩萨像之二，770 年，汉白玉石

北京房山万佛堂

此尊菩萨造像在万佛堂中是较为华丽的一尊，菩萨脸部和身姿都偏向右侧，发髻中心有化佛，上身不着衣衫，项圈、璎珞与臂钏装饰，饰物刻画较为粗糙，反倒不如用衣物纹理凸显气质。菩萨右手上举托一莲花，左手抚膝，自在坐于莲座上。座下两位菩萨头像，一位侧脸，一位偏头，更加显示法会之热闹盛况。

第二节

乱世孤品：五代寺院造像

平遥镇国寺

山西省晋中市平遥县襄垣乡的郝洞村，如同晋中地区千百座村落一样，平凡而朴素，世界文化遗产镇国寺就坐落在村北的旷野之中。现在仅有古槐数株尚能从远处辨识。正是这座看似平凡的寺院，保存着我国仅存的一堂五代彩塑，一千四百年前之遗意，安然度过了唐末五代之战乱纷争，成为全人类的文化遗产（图 2–2–1）。

寺内万佛殿内脊檩下“唯大汉天会七年岁次癸亥叁月建造”的墨书题记，确定了这座伽蓝宝刹的始建时间，时为公元 962 年，北宋建隆三年。当时北汉在位最久的君主睿宗刘钧（926—968）控制着这片领土。因地近北汉首都晋阳府，寺院初名“京城寺”，如今在镇国寺广场前的牌坊之上仍然写着“京城宝刹”四字。根据寺中碑刻所记，金天德三年（1151）寺院得到重修。元季增建了山门、天王殿和左右钟楼。明嘉靖十九年（1540）寺院更名为镇国寺。清嘉庆十六年（1811）镇国寺得到了一次大规模修缮，寺内塑像多有重妆。清代中后期，晋中商帮凭借皇商地位和对外贸易达到了鼎盛，富裕的经济基础让镇国寺在这一时期多次获得整修：乾隆十七年（1752）、乾隆四十六年（1781）、嘉庆二十一年（1816）、光绪二十四年（1898）、光绪三十年（1904）皆有修缮，其中 1904 年甚至还大规模地翻修了寺中建筑群。清代镇国寺的繁盛承载着世俗信众对宗教的依托，如今寺中仅有万佛殿默默地叙述着自己源自北汉的血脉，其余建筑及其中造像皆已是明清之物（图 2–2–2 至

图 2-2-4）。

镇国寺最为贵重者便是寺中万佛殿内的十一尊五代塑像（图 2-2-5、图 2-2-6）。五代时期中原战乱频繁，动荡不安的社会让这一时期的艺术作品存世极少，镇国寺之海内孤品让我们领略到了一个上承唐风，下启宋韵的时代，是中国佛教造像艺术中弥足珍贵的研究对象。

在中国历史上，唐宋变革影响了整个民族文化风格。镇国寺的五代造像表明了在五代时期，时代审美仍然强调着神乎其法，重在强调宗教之神圣性的风气，慈祥静穆的佛陀（图 2-2-7 至图 2-2-9）、安详矜持的菩萨（图 2-2-10 至图 2-2-12）、庄重严肃的天王（图 2-2-13、图 2-2-14）、淳朴的供养人（图 2-2-15），神情自如，身康体健，意态森严。可以看到，唐代对极致美的追求仍然影响着五代时期的塑神造佛者，殿中诸神均能在敦煌莫高窟的唐代造像中寻到影子（图 2-2-16）。不过，镇国寺全堂造像虽具浓郁之唐韵，但在造型上明显较为直筒或略显呆板，身躯姿态较倾向于若中若正的直立之势，缺少灵动聪敏的气韵。如若将其与南禅寺、佛光寺相比较，区别十分明显。

图 2-2-1　镇国寺建筑群

“林间挂葛巾，树里峰阴转。山外首频昂，白云无近远。”[①] 明末状元刘理顺（1582—1644）曾于此挥毫作诗。诗中镇国寺东望白云寺，周环古柏丛林的禅林胜景如今尚存。

① 诗出寺内光绪十年（1884）半截碑记。

判官

十殿阎罗之一

图 2-2-2　判官与十殿阎罗之一，明，泥塑

镇国寺地藏殿

除了千佛殿五代造像，镇国寺中还保存有大量明清时期彩塑，二者相隔数百年，其风格流变已呈现巨大的差异。地藏殿曾于乾隆四十六年重修，但现存塑像由于年代已久，加之郝洞村一带地面易返潮，许多泥塑已发生酥碱现象，泥层粉末状脱落，有的甚至连原来塑造时作为内部支撑的陶瓦也裸露在外。

图 2-2-3 毗卢遮那佛，明，泥塑，尺寸不详

镇国寺三佛楼

穿过万佛殿两侧的月亮门，就步入了镇国寺宽敞的后院。正北三间砖拱窑顶上为三佛楼，殿内供奉“三身佛”（法身毗卢遮那佛、报身卢舍那佛、应身释迦牟尼佛），主尊毗卢遮那佛在造像风格和背光的塑造上均具有明代晋中地区所特有的范式特征，即面短丰腴，宽肩，眼皮厚重，下颚和脸颊形成较深的分割痕迹，背光极尽繁复之能事，常有龙凤穿梭于牡丹等华贵花木之间。明代佛尊造像同五代比较，风格上是否存在衰落，于此寺中见仁见智。

图 2-2-4 胁侍菩萨，明，泥塑，尺寸不详

镇国寺三佛楼

三佛楼的胁侍菩萨造型颇为传神，造像微微前屈，恭敬谦和，温文尔雅。明代塑匠对女性主题造像的塑造受到当时社会审美的影响，对比同一时期画家所绘的各类仕女图便可了解，彼时女性美相较前朝更趋向文雅恬静、纤弱清丽。与镇国寺大殿中五代胁侍菩萨相比，该尊菩萨修颈削肩、长脸樱唇，多有小家碧玉之态。

图 2-2-5　镇国寺万佛殿外景，五代

万佛殿建于五代北汉天会七年（963），距离唐王朝灭亡尚未过去一个甲子，其建筑风格具有明显的唐代特征，建筑虽面阔三间，进深三间，但出檐巨广，将近3米，显得异常壮阔。万佛殿兴建之初，四周采用木板墙，金代毁于地震。由于整个建筑采用的是十二根檐柱支撑的单檐歇山顶，一柱顶千斤，因此能墙倒屋不塌，巍然屹立六百多年。直到清嘉庆十六年才砌起砖墙，然而砖墙基本不承重，仍只是围护结构。万佛殿内无柱，采用“彻上露明造”[①]，使进入殿内的人视线一清，人为创造出视觉上的空旷感。

① 在抬梁式或穿斗式一般较小的殿堂或厅堂建筑中，因为没有集中的斗栱层，其装饰作用被大大削弱，加之一般厅堂规模较殿堂小，为争取室内空间梁架多数情况会露明，这样全部梁架需施以精细加工，其上多饰以各种雕饰，这时的梁架做法，宋代称“彻上露明造”。

图 2-2-6 佛坛群像，五代，泥塑

镇国寺万佛殿

万佛殿佛坛极大，几乎占据了殿内面积之大半，但坛基不高，不过 55 厘米。大型低矮佛坛是早期寺观建筑的一大特色，南禅寺亦有类似结构。佛坛正中为主尊释迦牟尼佛，两侧侍立迦叶、阿难二弟子，二菩萨、二供养菩萨、二供养童子及二金刚，十一尊塑像采用扇形构图，以主尊释迦牟尼佛为核心，所有尊像的视线除了二供养童子外皆集中于殿门，身姿亦微微侧倾。殿内造像的方位及其视线的聚焦点，在我国寺观造像中颇受重视，是塑像与建筑的完美结合，营造出神像专注凝视朝拜者的氛围，使朝拜者与尊像产生互动，增强了空间神圣感与观者情绪归属感。

佛教造像群像，最初仅为一佛二菩萨的“山”字形构图，约在北朝时期开始出现二弟子五身一组的组合，之后力士又开始成为这一组合的新成员，九身一组极其流行。镇国寺之群像十一身成组，所多者为天真纯良的二供养童子，体现了五代时期群像构图的创新之处。童子塑像因其过于活泼的世俗气息在早期强调神性的造像体系中并不常见，五代时期出现这样的童子表明了我国佛教造像美学的渐次世俗化。

图 2-2-7

图 2-2-7　释迦牟尼佛，五代，泥塑，尺寸不详

镇国寺万佛殿

嘉庆二十一年重修时为主尊重新贴金，使我们失去了观察五代主尊彩塑原始样貌的机会。对佛尊的塑造历代均突出了其神圣感，展现出对尘世间一切事物的主宰权，群像扇形排列仿佛朝会，也突出了佛尊若具王者的特性。主尊高髻做波状螺纹，头面上宽下窄，面圆颐丰，柳叶眉下双目微睁。其体型偏大，显得丰壮厚实，披袒右袈裟，衣纹刻画流畅自然，轻巧而不厚重，突出了佛像的高大庄严。

图 2-2-8　释迦牟尼佛及二弟子，五代，泥塑

镇国寺万佛殿

尊像健壮的体形，在二弟子的陪衬下显得更为高大。值得一提的是，为防止抬起的右臂年深日久而断裂，五代的塑匠在这里别出心裁地与盘着的腿部之间塑造了一只雕刻精美的镂空莲花法器作为支撑。鹅卵型赤色火焰背光在风格上颇为艳绮，此应为明清时期产物，其装饰细密，外框中雕刻的金龙、凤凰、孔雀各具神采，中间配饰的团花营造出佛祖说法时天花飞坠的情景。

图 2-2-9　主尊背光细节，综合材质

镇国寺万佛殿

佛尊顶部背光上塑一佛二菩萨的形象，三尊造像风格清秀，高不盈尺，主尊与菩萨间的双首形象似为迦陵频伽，但并非鸟身，样式颇为少见。佛教造像中双首的图像学渊源被认为来自遥远的地中海地区，在中原出现过双首佛的形象，即双头瑞像，但极其稀有。

迦叶

阿难

图 2-2-10　迦叶与阿难，五代，泥塑，高 2.88 米

镇国寺万佛殿

迦叶与阿难二弟子一老一少，形象迥异。二者皆身披福田衣，老者清癯，少者俊秀，塑造出众。迦叶朵颐隆鼻，双眉紧锁，视线下垂，似在苦苦思考，又似为祈祷之人哀伤。而阿难作为一名青年僧人，神态表现出未被坎坷所征服的自信，但二目低垂，似神游物外。由迦叶双手合十、阿难袖手站立的姿态，让二弟子在姿态上避免了僵化，从构图角度体现了对称中的变化。

文殊

普贤

图 2-2-11 文殊、普贤二菩萨，五代，泥塑，均高 2.84 米

镇国寺万佛殿

二菩萨不戴宝冠，单塑发髻，以半跏姿舒相坐于莲台之上，体态丰满壮实、表情庄肃，肩披略显僵化地覆盖于胸前。菩萨在唐季尚显中性或呈现男相，镇国寺二菩萨在气韵上仍然更多地表现出英俊健壮的男子形象，继承了唐代的美学特质。

图 2-2-12 胁侍菩萨，五代，泥塑，均高 2.54 米

镇国寺万佛殿

镇国寺立姿胁侍菩萨从整体到细部都在力图追摹盛唐造像形貌特点。尊像面庞清雅娟秀，脸部丰满圆润，挺鼻小口，双目成半眯状而望向远方，慈祥安宁。嘴角唇边、眉宇刻画神情极为细致。胁侍菩萨整体略呈三折姿，身材修长而又匀称，服饰简洁而又贴体，右侧像裸袒上身，斜披络腋，下身衣裙轻薄，塑工轻柔而细腻，裙裾曳地，裸趾微露，衣褶疏密繁简搭配变化丰富，疏处愈疏，密处愈密，富于韵律感，形成鲜明对比。

图 2-2-13　天王，五代，泥塑，均高 2.43 米

镇国寺万佛殿

镇国寺天王在气韵上颇为内敛，唐代天王所特有的张扬外露已在这两尊五代天王上寻不见踪影，更多地体现出武将的另一面：正气凛然，气宇轩昂。五代乱世，武夫当国，在这样的时代背景下，天王反而呈现出武臣文相的意态，颇令人深思。二天王站姿均呈现出重心集中于一腿的情况，该塑造手法营造出天王似静实动的状态。

图 2-2-14　力士、菩萨、童子局部特写

镇国寺万佛殿

面部神态的把控是对一个雕塑艺术家最大的考验，从镇国寺三个等级的尊像面部来看，菩萨与力士仍旧摆脱不了唐代造像面相饱满，肌肉丰润的影响，但供养童子已经开始有了风格上的突破，俗世凡人超越了宗教幻相，于庄严法界中占据了一角。

图 2-2-15　供养童子，五代，泥塑，尺寸不详

镇国寺万佛殿

二供养童子跪坐于莲台之上，姿态活泼，一派天真。右侧童子上身赤裸，颈带金色璎珞，双手合十，双腿弯曲跪于莲台上，仰首望向佛尊，仿佛在认真听经。另一尊则更为活泼，他单膝跪立于莲台，望向门外，似乎有些坐不住了，向往外面的世界，童趣盎然。二童子一动一静，打破了殿堂中严肃的气氛。

弟子服饰细节

菩萨服饰细节

图 2-2-16　弟子与菩萨的服饰细节

镇国寺万佛殿

对于服饰的塑造在镇国寺呈现出两种截然不同的趋势，弟子像衣纹厚重，衣物严密地包裹着躯体；而菩萨像则重在表现衣裙的轻柔洒脱，薄衣贴体，从而勾勒出身躯的健康和曲线美。二者均在后世有过重妆，我们只能通过肌肉躯体和服饰刻痕来追摹造像原本的形态，菩萨似乎仍带唐代雍容的浪漫主义之风；而弟子则身披厚重衣服，倾向于写实主义。

第三节 塞上须弥：辽代寺院造像

一、大同华严寺

大同华严寺始建于辽，依据佛典《华严经》取“慈悲之华，必结庄严之果”的大乘教义而命名。辽兴宗、道宗时期（1031—1101）辽国佛教进入全盛，其中华严宗与密宗最为得势，辽道宗耶律洪基（1032—1101）曾亲撰《华严经随品赞》十卷。大同华严寺的主要建筑即在此时修建。

佛教是一个善于灵活适应当地习俗，并勇于因事易俗的宗教，为了吸引更多教徒的崇拜，他们在东传期间不断同各族融合，形成了带有时代、族群、地域特征的区域性宗教。华严寺便是一座受到契丹族拜日传统影响以东为尊之建筑群。其建筑打破了坐北朝南的中原传统，采用了坐西朝东的布局。

华严寺从建造伊始便具有为北方皇室贵族祈福的功能。在辽金时期，大同作为兵家必争之地，成为两朝的政治军事及文化要地，加之统治者对佛教的重视，华严寺理所当然得到了近同皇家寺院的高规格待遇。

华严寺分上、下两寺，其中华严上寺大雄宝殿为具有独特风格和高度艺术水平的辽金建筑，殿内佛坛上供奉佛像五尊，皆为明代所塑，中间三尊为木雕（图 2-3-1、图 2-3-2），两侧两尊为泥塑，各佛像之间有胁侍菩萨像一尊（图 2-3-3），共计十一尊。佛坛两端塑二十诸天像，每面十尊（图 2-3-4）。殿内佛像排列与大同善化寺大雄宝殿内塑像排列格局几乎完全相同。

图 2-3-1　大雄宝殿群像

华严寺上寺（王寰 供图）

坐西向东的华严上寺大雄宝殿是我国现存体量最为巨大的辽代建筑遗存，契丹族素有向日祭拜的传统，其建筑遗存皆为向东而立。华严上寺在明初一度成为仓库，故而大雄宝殿中辽代彩塑早已荡然无存，宣德年间方陆续补塑造像，形成今日辽代巨构中供奉明代塑像的情景。

上寺大雄宝殿面阔九间，为古代木构建筑最高等级，高大巍峨，如山岳之壮美雄浑。面积近1500平方米的空间，令观众若入天宫。巨大的明代木雕五方佛，于旷阔广大的空间营造出佛殿之神圣庄严。

图 2-3-2　大雄宝殿毗卢遮那佛，1427 年，木雕，通高 6 米

华严寺上寺

图 2-3-3　大雄宝殿胁侍菩萨，明，泥塑，通高 3.75 米

华严寺上寺

根据寺中明代《重修大华严禅寺感应碑记》的记载，华严上寺五尊佛中，毗卢遮那佛与两侧佛尊塑造于北京城，明宣宗宣德二年（1427）四月被安放于大殿中。可见最初殿堂三佛应为三身佛的体系。两侧新增双佛则为日后泥塑填补。

主尊毗卢遮那佛造型面相圆润，上额较宽，螺髻顶上有桃状顶珠，遍体贴金。佛座为长圆抹角形式，雕仰覆莲，座下是十字折角形。佛像背光装饰复杂，纹路细腻而繁缛，饰火焰纹，自上而下明显参考了藏传佛教图像体系中背光上的六拏具。雕琢毗卢遮那佛时正属北京创出名动一时的“永宣造像”之期，彼时明代宫廷塑造大量的藏传佛教密宗主题尊像，华严上寺主尊不可避免会受到永宣造像体系之影响。

上寺大雄宝殿明塑除五方佛外，在佛尊之间塑六尊立姿胁侍菩萨。胁侍菩萨头戴宝冠，面敷金，着红色衣裙，腰间系绿色腰裙，周身不着饰品，仿佛普通的贵族侍女，颇为少见。明代造像的面部出现程式化塑造特征，尤其在后世重妆后，胁侍菩萨均大失风韵，唯秀美挺拔、比例得当的身姿仍具美感。

图 2-3-4　大雄宝殿诸天群像，明，泥塑，高 2.8 米

华严寺上寺（王寰 供图）

依托山墙塑造于砖砌佛台上的二十诸天整体向前倾斜 15° 而立，明代塑匠似乎想体现诸天势若扑面的威压感。其实这种前倾的角度，是专为礼拜或观看者而设计的。造像形体高大，并立于高台之上，若直身站立，由于透视的原因观者势必不能看完全神像的面部，而前倾 15° 后，不论是跪拜还是站立，观者均能与神像直面相对。就宗教心理而言，信众也有被诸神注视的心理感受，从而与之产生沟通。明代，诸天造像陈设于殿堂之形式在北方大量流行，形成了多种组合、多种体态的表现形式。但相较善化寺金代诸天像，华严寺这堂造像仍旧透露出彼时造像所存模式化、符号化的特点。

图 2-3-5　薄伽教藏殿群像，1038 年，泥塑

华严寺下寺（王南供图）

薄伽教藏殿是华严寺下寺所存的最早建筑，殿中满堂二十九尊造像，可谓堆金砌玉，是现存 11 世纪辽代造像的顶级作品，出资塑造它们的是辽圣宗时代北地汉人中地位崇高的吏部尚书兼枢密使杨又玄[①]。

面阔五间的大殿因周围尚环有经橱，可用空间十分局促，林立的神佛在这种条件下，于方寸间被安排得错落有致。三世佛作为三个核心焦点，体量同相邻诸像相比并未显出优势，但放射性构图特有的层次感得以充分运用，营造出了超出殿堂实际空间的深邃效果。主题上此为横三世佛组合，又各自同其眷属组成居中之释迦牟尼佛、文殊、普贤三圣；左侧为阿弥陀佛，观音、大势至西方三圣；右侧为药师佛，日光、月光菩萨东方三圣。他们身着似辽代贵族服饰，仿佛北国主宰者及文武群臣来到了佛的神圣空间。

① 笔者注：于该殿当心间左侧四椽栿底处存杨又玄营建时题记。

华严下寺薄伽教藏殿是辽代所建寺内专门藏经的殿宇，建于1038年。殿内佛坛上陈列着辽代塑像，分三间，每铺各置主佛一尊，佛两侧各有弟子、胁侍菩萨和供养菩萨像。这是我国现存辽代塑像最多的佛殿，同时也代表了辽代彩塑艺术的最高峰。明时殿内又增加塑像六尊，其风格模仿辽代，但其造型、神态、技法远逊前代，今日殿内彩塑总计三十五尊（图2-3-5）。

薄伽教藏殿内辽塑是我国现存辽代彩塑中的精华，集中反映了我国辽塑的艺术风格和时代特征。首先，殿内的佛、菩萨、天王等像，都极富神韵和美感，佛表现得庄重稳健、温和慈悲（图2-3-6、图2-3-7），菩萨表现得温婉娴雅、安详静谧（图2-3-8至图2-3-10），天王则威武雄健、自然有力（图2-3-11）。其次，辽代彩塑总体而言，腰和两臂偏长（图2-3-12、图2-3-13），面相宽扁，上额扁平，下巴甚小（图2-3-14、图2-3-15），躯干健美、丰润适度（图2-3-16），这是契丹族人在沿袭唐风的基础上，结合自身民族特征而创造的塑像风格。最后，薄伽教藏殿内塑像与唐代彩塑相比，有继承也有发展，在人体构造、身姿神态上线条更加明朗、灵活，造型手法更加倾向于写实性（图2-3-17至图2-3-20）。

迦叶

阿难

图 2-3-6 薄伽教藏殿迦叶与阿难局部，1038 年，泥塑，迦叶高 3.91 米，阿难高 3.01 米

华严寺下寺

薄伽教藏殿中的辽代群像全部沥粉贴金，历经千年岁月更迭，造像逐渐氧化为古铜色，呈现出别样的厚重、古雅之气。迦叶与阿难两位大弟子神情凝重，二者袈裟的边缘花纹富丽繁复，衣纹刻画细腻，堆金沥粉的勾线更显其沉郁富贵之气韵。

图 2-3-7 薄伽教藏殿释迦牟尼佛，1038 年，泥塑，高 5.74 米

华严寺下寺

通体敷金的佛尊安坐于层叠多瓣的莲台之上，佛像面部圆润饱满；鼻子虽短却挺拔，鼻翼较窄；双唇棱角刻画分明，厚重而不宽，被丰腴的面颊包裹。这种浑圆丰满的面部形象展露出北方民族以健硕为美的审美意识。凸而圆的颧骨、棱角分明之双唇及上翘有力的下颚映现出契丹人的面相特征。

图 2-3-8　薄伽教藏殿文殊菩萨，1038 年，泥塑，高 3.25 米

华严寺下寺

文殊菩萨神态祥和悲悯，头戴宝冠、耳佩圆环饰品，超然端坐于莲台。佛座叠涩中跪卧的骏马探头而出，这种“兽座”模式在辽代应县佛宫寺、义县奉国寺中均可看到，是辽塑的重要特征。文殊长发辫挽于脑后分披两肩，肩头结花如蝶。两缯带于背部贴身垂至腰。长耳低垂，镂空饰环，肩披帔帛，臂钏紧扎雕饰宝珠。衣袖紧笼，于肘处衣纹外翻如花瓣，十分精美。依托草原丝路的辽国，金饰具有很强的西域特色，于薄伽教藏殿中可窥其一斑。

图 2-3-9　薄伽教藏殿普贤菩萨，1038 年，泥塑，高 3.25 米

华严寺下寺

文雅凝重的普贤菩萨衣带自然垂落于莲座，这是一种承自唐代的设计样式。与其余三大菩萨之筒型高冠不同，普贤菩萨头戴如意云纹冠，整体呈中轴线对称，中央饰以高耸凸出的如意云纹，冠顶为 7 片条形叶状，叶顶饰小圆宝珠，冠侧两端镂空为回旋如意纹。这类宝冠明显有着宋地南方的审美元素，更显轻灵雅致。

图 2-3-10 薄伽教藏殿观音菩萨，1038 年，泥塑，高 3.25 米

华严寺下寺

被辽太宗耶律德光立为家神的观音菩萨，后又被立为契丹族的佑护神，在辽代宗教体系中地位尊崇。菩萨长发垂肩，面部饱满，气韵端庄，尚存唐季遗风。观音菩萨冠上垂下的缯带由耳际顺两肩斜伸于肩及肘处，分段绑上明显的花结，这是辽代菩萨宝冠常见之特征，耳后有小辫分披于两肩，这种精致、高大、华丽的筒式高冠是流行于契丹的冠饰。据《钦定重订契丹国志·衣服制度》卷二十三记载："蕃官戴毡冠，上以金华为饰，或以珠玉翠毛，盖汉、魏时辽人步摇冠之遗象也。"[1] 观音菩萨之金冠同史料记载相类。

图 2-3-11 薄伽教藏殿天王，1038 年，泥塑，尺寸不详

华严寺下寺（王南供图）

外侧四尊天王限于殿堂规模在体量上并不雄壮，但比例把控得非常恰当。气韵敦厚若磐石；眉骨粗大，雄蛮之气充斥眉宇。鼻翼张开，面部肌肉遒结，一手持兵刃，一手张开。整个身躯动作与面部呼应，动势十足，将武将腾张欲扑的气势塑造得惟妙惟肖。辽代密宗流行，天王多似愤怒降魔之状，观之令人不由战栗。

① ［南宋］叶隆礼：《钦定重订契丹国志》卷二十三，《钦定四库全书》，史部四，别史类，浙江大学图书馆影印本，第 7 页。

图 2-3-12　*薄伽教藏殿胁侍菩萨，1038 年，泥塑，高 2.8 米*

华严寺下寺（王南 供图）

薄伽教藏殿中塑造的十尊胁侍菩萨在佛教经典中代表十个方位，意指菩萨在无限的空间中能圆满四面八方之众生。姿态各异的胁侍菩萨在这批辽塑中最能体现辽代艺匠的审美思路。修长又厚重的身材，华贵的金冠，体现出北地民族特有的丰厚雄健。追求一种身体上的完美和康健是辽代前后历朝北地民族美学的共同特质。

契丹族统治时期的大同是辽少数几处人口密集、汉族人口众多的地区之一，不同民族审美理念相融合的特征在它们身上若隐若现，菩萨身材婀娜多姿，却带了三分敦厚；神情端凝肃穆，又存了几许北国少女特有的疏阔清朗。

图 2-3-13　薄伽教藏殿“合掌露齿”菩萨，1038 年，泥塑，高 2 米

华严寺下寺（王南供图）

位于南次间的这尊胁侍菩萨在华严寺鼎鼎有名，人们说她是“东方维纳斯”，将其唤作“合掌露齿”菩萨。她身材修长，比例适度，赤足站于莲台之上，头戴辽代特有的“观音冠”，面相圆润秀丽，眉毛细挑，双目下视，若有所思，鼻梁直挺，露齿微笑，双手合十，衣带自然缠身，身体重心落在右脚之上，头微右倾，面向佛坛外的普罗大众。

这尊胁侍菩萨在美学上呈现出强烈的浪漫主义色彩，在满堂庄肃深沉的法尊之中，露齿侧头的她一瞬间打破了这种静穆的气氛，活泼真实的情感直入观者内心。低矮的法坛让她在空间距离上与观者极为接近，增加了这种实在感。头部微侧，好似在听经过程中领略经义之美妙，让观者身临其境，进入一种心物交融、情景相生的状态。工匠用细腻的塑技将美从遥远的佛国带到了人间。

图 2-3-14 薄伽教藏殿胁侍菩萨头部细节，1038 年，泥塑

华严寺下寺

图中胁侍菩萨双眉细长弯曲与鼻线相连，双眼深情，眼角深陷，低俯下视，动人而传情。鼻子短小而俊俏，双唇厚而小，嘴角深嵌，下颌翘起。微侧的头部和低垂的双眸仿佛在侧耳聆听佛祖教诲后沉思其意。神重于形、意在神先的中国美学理念在这里仿佛得到了完美之诠释，泥塑造像，一瞬成神。

图 2-3-15 薄伽教藏殿胁侍菩萨，1038 年，泥塑，高 3.28 米

华严下寺（王南供图）

对于尊像本身在殿堂中视觉焦点的处理，辽代艺术家明显继承了唐代的艺术理念，以主尊为轴心，扇面分布的群像或在身姿，或于眼光微向外侧，视线焦点集中在沉默朝拜的信徒之上，这种方式暗合了佛教神祇普度众生、俯察天下疾苦的特点。

图 2-3-16　薄伽教藏殿供养菩萨，1038 年，泥塑，高 1.4 米

华严寺下寺

佛坛上另塑的供养菩萨是继承唐代的法坛设置模式，他们分为两组安坐在主佛下首，两组供养菩萨呈现出截然不同的状态。北侧两尊，一做游戏坐，意态闲适，童子虽小，颇具士大夫书卷气的自信和坦荡；另一尊则双手相搭，坐姿挺拔，二目下垂，双眉微锁，若有所思。

图 2-3-17　薄伽教藏殿供养菩萨，1038 年，泥塑，尺寸不详

华严寺下寺

扑面而来的生命力在南侧两尊供养菩萨中展现出来，此二人一者双唇微张，举臂似在向佛尊提问不明之处；另一位似乎在摆手阻止，让其安静。在凝重严谨的佛国世界中，两尊菩萨之间的互动带来了源自人间的活力。

图 2-3-18　薄伽教藏殿造像组合，1038 年，泥塑

华严寺下寺

在华严寺的辽塑中动人者不知凡几，图中的胁侍菩萨高贵优雅，若有所思。尽管在整堂造像中以三佛为中心，形成相对独立的三组造像，然而当我们将目光聚焦在任何一尊造像上的时候，她几乎都会成为新的焦点。原有的组合被打破，新的组合关系建立，反身相背的菩萨，犹如镜像，近景、中景、远景，在光影的作用下，佛影重重。画面中虽只有四尊佛菩萨像，但这个空间却给人以含有无量诸佛诸菩萨的意象。

图 2-3-19　薄伽教藏殿主尊背光细节，1038 年

华严下寺

在薄伽教藏殿内唯一可以找到的飞天位于释迦牟尼背光上。飞天头梳双螺低髻，上身袒露涂金，红色天衣从右肩斜缠绕于腋下，下身红色长裙紧贴双腿，腰间系绿色短裙。飞天体型修长，腰肢纤细，侧头曲单腿，手执菩提叶，双臂舒展，翱翔于空，飘然自若，给人一种神秘灵动之感。

图 2-3-20　海会殿观世音菩萨，辽，泥塑，尺寸不详

华严寺下寺

海会殿在 1950 年被拆毁，其殿堂同样是满堂辽代彩塑，然今已无存。在梁思成拍摄的照片中可以看到其殿堂主尊观世音菩萨游戏坐于屏风状壁塑南海普陀山中，这是目前唯一有图像记录的辽代观音坐于海岛山岩间的形象。观音身材敦厚，额宽颐丰，肩膀壮实的形象具有典型的辽代审美特质。屏风式结构明显来自唐代遗意，背后南海与群山之壁塑构图模式同今日尚存的元明渡海观音皆不同，结合山岩间的植竹表明了观音道场特征，可见唐周昉水月观音样式于彼时壁塑之延展。

二、义县奉国寺

雄踞北国，控带朔漠的辽朝一度是10—13世纪东亚列国中最为强大的王朝。其盛时曾势压后晋而得幽云十六州，与宋争锋而屡挫对手；东服渤海、高丽；西讨朔漠、西域，四面所及，一时俱服。其威名远达今日的中亚、西亚与东欧等地区。位于今辽宁省义县城北的奉国寺（图2-3-21）便修建于其鼎盛时期，大佛殿中巨大的七佛造像（图2-3-22至图2-3-25）无论从工艺还是气韵上都令人叹为观止。辽代佛教艺术上承唐制，又与契丹族艺术相融合，形成了风姿雄壮又不失神妙的独特风格（图2-3-26至图2-3-28）。其审美理念并不逊色于同时期赵宋王朝造像所流行的绮丽文秀、脱神而成凡的审美思想。

奉国寺大雄宝殿单檐庑殿顶，坐北朝南，面阔九间，进深五间，单檐四柱，耸立在高台上。殿通高24米，是辽代遗存最大的两座佛殿之一，辽代极盛时期的雄阔壮美之风纵使已过千年仍旧动人心魄。梁思成在20世纪30年代考察奉国寺后，认为奉国寺建筑风格是中国大木构建筑的豪劲时期晚期代表，赞叹它是"千年国宝、无上国宝、罕有的宝物"。

图2-3-21　奉国寺大殿

（束金奇 供图）

大雄殿

图 2-3-22 过去七佛，辽，木胎泥塑，均高 8 米

义县奉国寺大雄宝殿（王寰 供图）

佛坛上除主供过去七佛外，另塑十四尊胁侍菩萨与二天王像，巨大的尊像和矮小的胁侍形成了鲜明的视觉对比，观之更令人敬服于七佛的伟岸。七尊主佛自东向西依次为迦叶佛、拘留孙佛、尸弃佛、毗婆尸佛、毗舍浮佛、拘那含牟尼佛过去六佛和现世佛释迦牟尼佛。七尊塑像高大庄严，姿态匀称，神情慈祥，其居中者毗婆尸佛略高于其余诸佛，达 9.5 米。在佛教言说的时轮中，现在所处的时间段叫贤劫，有千佛出世；过去叫庄严劫，也有千佛出世。过去庄严劫最后出世的三佛与现在贤劫最先出世的四佛合称为过去七佛。未来则有弥勒佛。七佛体系为大乘佛教基本论说，在密宗与华严宗也较常见，过去七佛图系于辽圣宗朝开始风行，有多种绘制于陀罗尼经塔上的图像见诸出土作品。

过去七佛局部

（束金奇 供图）

图 2-3-22-1　过去七佛局部及纵剖面图，辽，木胎泥塑

义县奉国寺大雄宝殿

过去七佛纵剖面图[①]

“紫翠千变，望之若天上”，辽代造像在继承唐代雄壮大气的遗风之余，已经有意识地汲取南方宋人艺匠细节精巧的技法，在融入契丹族特色的审美意趣后，呈现出豪放机巧共汇于一躯的特质。过去七佛信仰在宋辽时期颇为流行，被赋予了守护国家、令天下太平的角色。《佛说守护大千国土经》中就赞此七佛：“令一切世间种种诸毒入山石间，毗婆尸佛、尸弃佛、毗舍浮佛、拘留孙佛、拘那含牟尼佛、迦叶佛、我释迦牟尼，以如是等诸佛、如来、正遍知者威神力故，能除毒令毒入地，令此国土王及人民离诸怖畏，获得安乐。”[②]图中红框所标为释迦牟尼佛。

① 丁垚、成丽：义县奉国寺大雄殿调查报告，《建筑史》2009 年第 25 辑，第 18 页。
② ［北宋］施护译：《佛说守护大千国土经》下卷，《大正新修大藏经》第 19 册，第 593 页。

图 2-3-23 释迦牟尼佛，辽，木胎泥塑，高 8 米

义县奉国寺大雄宝殿（東全奇 供图）

作为现世佛的释迦牟尼佛同其余诸佛略有不同，头部微偏，目移向西。据传此尊像意指辽圣宗耶律隆绪。辽皇室对佛教的信重尤胜前代，以至于后世有“辽以释废”的观点。契丹上层贵族多以佛教名词作为其小名，男子常唤为“观音奴”，女子则常为“药师女”等。史料记载圣宗本人于道、释二教，皆洞其旨。[1] 尤留心释典，他本人小名即为“文殊奴”，在位后期多次举办大型佛事活动。统和四年（986），曾诏上京举办佛教法事达一月，饭僧万人。[2]

佛旁力士体态魁梧，刚劲威猛，头戴宝冠而非头盔，身着重甲，面部表情严肃，辽塑力士金刚等武人形象继承了唐像雄壮中暗含畏怖之特质，但因后世多次重妆致使神韵略失。

① ［南宋］叶隆礼：《钦定重订契丹国志》卷七，《钦定四库全书》，史部四，别史类，浙江大学图书馆影印本，第 13 页。

② ［元］脱脱：《辽史》卷十一，中华书局，1974 年，第 120 页。

图 2-3-24　过去七佛之一，辽，木胎泥塑

义县奉国寺大雄宝殿（東金奇供图）

佛尊肉髻平顺，双颊丰满，上身着袒胸式袈裟，宽阔的肩膀，胸肌凸出。其面部风格仍旧有着残唐遗韵，但双颊、下颚、颧骨、眉骨、鼻梁等五官之间的分野明显，在面部的过渡已然失却自然之态。

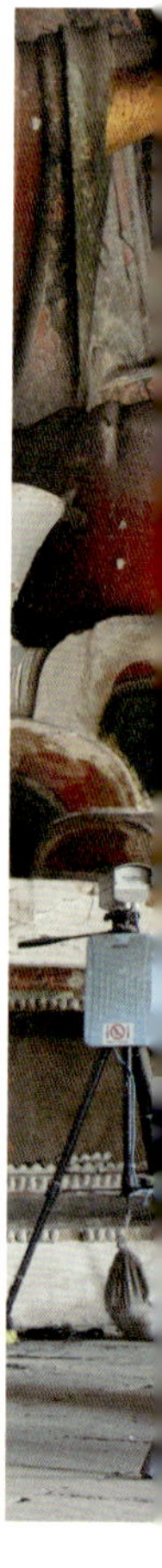

图 2-3-25　过去七佛身躯细节，辽，木胎泥塑

义县奉国寺大雄宝殿（東金奇 供图）

奉国寺七佛尊像衣着各有特点，图中尊像袒胸束腰，胸腹部壮实浑厚，颇有唐代遗风。辽代坐像大多上身偏长，如果没有高台座衬托，造像的气势则无法显现，故而奉国寺七佛之佛座颇高，造像被烘托得更为高大。在服饰的塑造上，可以看到佛尊衣褶较多，线条遒劲有力，衣纹质感比唐代明显强烈。

大佛的手部也塑造得格外用心。“手掌一摊像盘磨，四个人上去团团坐。”义县的民谣生动地形容了奉国寺尊像的宏大。尽管体量较大，但佛手结构准确，同时又充分表现出其纤长细腻、柔若无骨的三十二相的相好特征。

图 2-3-26　胁侍菩萨（部分），辽，木胎泥塑，高 2.5 米

义县奉国寺大雄宝殿（東金奇 供图）

奉国寺十四尊胁侍菩萨置于每座主佛之两侧，神态各异，或仰面，或俯首，或斜立，或平视，栩栩如生。尊像皆带宝冠，着长裙，跣足，立于莲花之上。古代艺术家将契丹族少女的形象赋予了胁侍菩萨，将其刻画得十分传神，散发出浓郁的生活气息。奉国寺胁侍菩萨在高大的主尊下显得尤为柔美纤细，塑像与塑像在空间结构中的对比和组合令观者在视觉上放大了他们各自的特征，融造像与建筑于一体的做法彰显了塑像者对空间的把控和运用。

图 2-3-27　金刚座束腰处的药叉力士像，辽，木胎泥塑，尺寸不详

义县奉国寺大雄宝殿（東金奇 供图）

过去七佛的佛座样式不尽相同，有莲花须弥座，也有带鼓肚的莲花座。须弥座的束腰部分雕刻有药叉力士像。这些药叉力士体量虽小但神完气足，威势不减。他们形貌诡谲，处于半人半兽之间，身着铠甲，不失武将风范。然，岁月将铅华洗尽，其身上的彩画已荡然无存，素白的颜色，反倒更凸显出药叉力士形象的生动与鲜活。

图 2-3-28　观音坐像，1603 年，木胎泥塑，高 3 米

义县奉国寺大雄宝殿（来金奇 供图）

在过去七佛的背后有一尊垂足而坐的带有高大背光的海岛观音，此观音像组合形制奇特，殊为少见。观音背后为高大的舟形背光，而观音则是端坐在山岩间的岩座之上，两侧有宝瓶、鹦哥、善财、龙女等形象。观音形体高大，正襟危坐，双手抚膝，戴宝冠，袒上身，披袈裟，挂璎珞珠串，面容慈和，颇有亲和力。此造像虽塑于明万历年间，但浑融古朴，似乎匠师在有意努力与前面七佛群塑的风格相协调。

据寺中碑刻记载，奉国寺建于辽开泰九年（1020），初名咸熙寺，彼时其正处于被《辽史》誉为“在位长久，令名无穷”[①]的明君——辽圣宗耶律隆绪（972—1031）统治下。建寺十一年前，他刚从辅政二十七年之久的母亲承天皇太后萧绰（953—1009）手中正式接过权柄。这位威名远播四方的巾帼政治家对圣宗影响极深。在她辅佐下的圣宗朝为辽两百年间最鼎盛的辉煌时期，尤其是她与宋朝签订了澶渊之盟，让自唐末沉沦战争两百余年的华北地区走向宋辽双赢的和平。而义县，既是这位传奇女性的家族封地，又是皇帝册封皇族的头下军州（城）[②]之风水宝地，更是辽帝朝拜五大镇山之一北镇医巫闾山的必经之地，在当时具有重要的战略和政治意义。因此，辽圣宗皇帝才会选址于白狼水（今大凌河）、闾山西麓的宜州城（今义县）外风水要穴建奉国寺，于该地营建供过去七佛的殿堂。依佛典如《长阿含经》等所言，释迦牟尼前已有六佛，加之释迦，统称七佛。[③]这一组合模式颇有政治深意，最西侧的尊像身姿微向西，被认为是圣宗皇帝在宗教神系中的体现，[④]其余六位佛祖（毗婆尸、尸弃、毗舍浮、拘留孙、拘那含牟尼、迦叶）排在释迦牟尼佛的东面左侧（辽时崇尚东方，视其为左、为先、为大），这或许是又一次东亚地区佛教文化体系下特有的君权神授观念的具象化。

辽开泰九年五月庚午，高丽国王上表愿意对辽称藩纳贡，辽与高丽长达九年的战争宣告结束，次年耶律隆绪大赦天下，改元太平，并昭告天下，册封太子。1020年奉国寺的兴建对于辽朝来讲具有除旧立新的里程碑意义，殿内的“过去七佛”造像正是在这样的环境中诞生的。在西方，纪念碑（monument）一直是古代西方美术史的核心：从埃及的金字塔到希腊的雅典卫城，从罗马的万神殿到中世纪教堂，这些集建筑、雕塑和绘画于一身的庞大宗教与纪念性建构，集中反映当时人们对视觉形式的追求。一个博大辉煌的古代文明必然会创造出雄伟的纪念碑。恢宏壮丽的奉国寺及造像，在佛教寺院造像史上具有珍贵不凡的含义，堪称中国辽代契丹人之“纪念碑”。

---

① ［元］脱脱等撰：《辽史》，中华书局，1974年，第207页。
② “是辽朝特有的行政区划单位。皆诸王、外戚、大臣及诸部从外征俘掠，或置生口，各团集建州县以居之。”详见［元］脱脱等撰：《辽史》，中华书局，1974年，第448页。
③ ［后秦］佛陀耶舍述，竺佛念译：《长阿含经》卷一，《大正新修大藏经》第1册，第1—10页。
④ 参见于博：《辽代七佛造像研究——以辽宁义县奉国寺大雄殿七佛为中心》，首都师范大学硕士学位论文，2013年。

三、应县佛宫寺释迦塔

素有三晋名疆、屏藩重地之称的应县位于雁门关外桑干河谷地，其地势平坦，自古为苦寒之地，多有游牧民族于此繁衍生息。倘若冬春之际行路于桑干河畔，城中重楼巍峨的佛宫寺释迦塔，在一望无际、云天相接的原野上显得格外壮观，望之顿生朔漠豪情（图 2-3-29）。

佛宫寺释迦塔建成于辽道宗清宁二年（1056），这座堪称奇观的建筑，具体营建记载却十分稀少。如此巨构，因何而建，缘由多已湮灭于历史长河中，只可从史料中寻得些许蛛丝马迹。辽季应州地近西京，辽圣宗钦哀皇后萧耨斤（？—1057）、辽兴宗仁懿皇后萧挞里（？—1076）均出自应州萧氏。彼时契丹族皇室贵族皆十分信重佛教，皆有舍财为帝王建寺兴塔的习俗，辽兴宗耶律宗真（1016—1055）本人更是在辽重熙七年（1038）亲自受戒。终兴宗一朝，契丹皇族靡费金钱巨万供以礼佛，大量兴建寺塔，铸造金银佛像，组织编修大藏经，举办佛事供僧。释迦塔或许便是在这一时期由应县地区的萧氏后族所斥资兴建。辽金易代，释迦塔仍然矗立在桑干河边。金代大诗人元好问（1190—1257）曾至应州，面对塔影浮屠作《应州宝宫寺大殿》诗："缥渺层檐凤翼张，南山相望郁苍苍。七重宝树围金界，十色雯华拥画梁。竭国想从辽盛日，阅人真是鲁灵光。请看孔释谁消长，林庙而今草又荒。"[①]元好问登临木塔，为木塔赋诗时，木塔的建成尚不足两百年，诗人已将宝宫寺比作历经战乱而不隳的汉代鲁灵光殿，我国历史上多有雄楼巨塔，饱读诗书的元好问一定知道它们大多毁于一炬，故而感叹两百年之浮屠年深日久。岂料遗世七百多年后，历经两次大地震，五代王朝更替，这座现存最古老、最高的浮屠仍然安在，这对于中华文明是一种莫大的幸运。（图 2-3-30 至图 2-3-32）

释迦塔通高 67.31 米，塔身平面呈八角形，直径 30.27 米，主体结构全部为木质结构。塔身外看为五层，其中第一层至第四层内各建有一层作为上一层基座的暗层，塔顶为铁制塔刹。每层塔室内的内槽均安置有弥足珍贵、与塔同龄的辽代造像。五层共存塑像三十四尊，历代皆有重妆补修，但在肌体和布局上仍保持了初建时的情貌。造像上承唐代遗韵，佛尊肉髻平缓，螺发中央多有髻珠，面相肥瘦适中；佛坐像上半身偏长，胸部宽厚；菩萨的装束较之唐代略显朴素，但造型极为准确生动。在整个躯体的塑造上，释迦塔造像躯体壮实，但没有唐代浑圆；肌肉显得松弛，也不如唐代劲健有力。辽人在与北宋签订澶渊之盟后国家内患外患皆无，辽宋两国文化交流日渐频繁，辽国上层贵族的审美思想也受到中原文化影响，从释迦塔的造像中来看，三十四尊造像无论大小，均体现了辽代中后期社会整体的审美观，草原民族同中原农耕民族在艺术上的碰撞，让这批造像具有一种气塞天地、浩浩荡荡的美。

---

① 薛瑞兆，郭明志编：《全金诗》第四册，南开大学出版社，1995 年，第 131 页。

图 2-3-29　佛宫寺与应县

“当我们到达离城大约还有 5 英里的一个地方的时候，我蓦地看到在我前方山路差不多尽头处，在暗紫色的背景上有一颗闪光的宝石——那是在附近的群山环抱中一座红白相间的宝塔映照着金色的落日……就像一个黑色的巨人，俯视着城市。但在它的最上一层的南面可以看见一盏灯，在周遭的黑暗中一个亮点。后来我弄清了，这就是那 900 年来日日夜夜点燃的万年灯。”[①]1933 年 9 月 17 日，梁思成在日落时分抵达应县，这位大师用传神的笔触描绘了应县城中一枝独秀的“黑色的巨人”。

① 转引自祝大同：《梁思成林徽因与应县木塔》，《文史月刊》，2002 年第 7 期，第 31 页。

从布局上看，塔中造像群体现了佛供养和法供养，重点表现为华严宗思想。木塔的第一层供奉释迦牟尼佛等七佛（图 2-3-33），第二层供奉华严三圣像（图 2-3-34 至图 2-3-37），第三层供奉密教金刚界四方佛（图 2-3-38 至图 2-3-40），第四层供奉木塔的主尊释迦牟尼佛（图 2-3-41 至图 2-3-46），第五层供奉佛顶尊胜九位曼荼罗坛（图 2-3-47 至图 2-3-51），构成以华严宗为主、密教为辅，二者融合、共同崇拜的辽代华严密教体系。华严宗最注重打造“华严世界”的庄严和繁丽，深受辽皇室的崇拜，辽道宗耶律洪基本人更是极其推崇华严宗。根据《辽史·道宗本纪》中的资料，咸雍四年（1068）二月，他颁行自己撰写的《华严经赞》；咸雍八年（1072）七月，颁行自己书写的华严五颂。他还著有《华严经·随品赞》等。塑于 1056 年的佛宫寺释迦塔造像，正是利用了重楼塔阁独特的建筑格局，向信众们展现了辽代佛教思想中的“乌托邦”，即华严法界之壮阔。

图 2-3-30　释迦塔匾额

第三层塔身南面弘治三年（1490）的匾额是了解该塔始建年代的重要证据，释迦塔大字两侧清楚地记录了辽清宁二年特建宝塔、金明昌六年（1195）增修、明成化七年（1471）重妆。这可谓是释迦塔的兴建记录书。

图 2-3-31　佛宫寺释迦塔，辽

山西应县

“拔地擎天四面云山拱一柱，乘风步月万家烟火接云霄。”雄壮的释迦塔修建在一个高 4 米的石砌台基上，共分为上、下两层，其中下层为边长 40 米左右的方形基座，四个方向均建有月台；上层台基呈八角形，在正东、正西和正南三个方向建有月台。台基上为木构塔身，塔身平面呈八角形，直径 30.27 米，外观看共有五层，由下至上略有收分。

图 2-3-32 *释迦塔局部，辽*

山西应县

木塔高大，若凭栏游览，俯瞰形胜，颇有登霄之感。遥望远山，蜿蜒如龙蛇起舞；近观河水，桑干河如仙舞银练，在没有摩天大楼的古代，这样仿佛置身须弥上三十三重天的体验绝无仅有，无怪乎明成祖、明武宗两代帝王都对此等高度感叹有加，先后题词“峻极神工”“天下奇观”。其中“天下奇观”匾额是正德十二年（1517），明武宗（1491—1521）在应县城外同北元达延汗（1474—1517）大军会战后所题。此战之后数年令北元“岁犯边，然不敢大入”，武宗在获胜后登楼赏景，挥毫写下“天下奇观”四字，武宗一生墨宝极少，佛宫寺释迦塔之匾额为其现存最大遗存。

图 2-3-33　释迦牟尼佛及佛座力士，辽，泥塑，佛高 11 米

佛宫寺释迦塔一层

一层主尊两肩宽厚，身躯饱满，施无畏印和与愿印，结跏趺坐于莲台之上。尊像上半身偏长，给人以凛凛堂堂、伟岸端庄之感，残留着唐造像浓厚的遗风，保留了最大限度的汉传佛像样貌，呈现出平易近人的安详神态。高大的造像在狭窄的内部空间中增强了尊像的宏大之感，视觉冲击力极强，宗教的庄严神圣之愿力扑面而来。顶上用八脊藻井承担了佛祖宝盖的角色，莲台下为八角形佛坛，叠涩束腰处各塑力士托举。

图 2-3-34 华严三圣，辽，泥塑

佛宫寺释迦塔二层

二层方形坛座上供奉华严三圣及二胁侍菩萨，三坐二立，坛座布置清晰明朗，由于一层光线幽暗，而二层光线充足明亮，让初登楼阁的人有一种光明顿悟、佛法可亲之感。同时通向上层的楼梯位于佛像后背，避免了登塔者对朝拜者的干扰。梁思成在对此塔像的专文中评价二层造像“全体姿态笨拙，衣褶欠流畅，头部比例小”“体态衣纹虽尚略存古风，但头改面换，俗不可耐”[1]。根据楼内墨书题记所载，在同治五年（1866）佛宫寺对整个释迦塔造像有过重妆维修，如今二层鲜艳之色彩为中华人民共和国成立后对清末或民国期间重妆去除后，重新按辽代风格修复，经过做旧处理后褪色的效果。

① 梁思成：《山西应县佛宫寺辽释迦木塔》，《建筑创作》，2006 年 4 月刊，第 166 页。

图 2-3-35 卢舍那佛，辽，泥塑，高 2.78 米

佛宫寺释迦塔二层

主尊卢舍那佛结跏趺坐于莲台，身披袈裟。辽代造像的衣纹绵软曲折，无论绘画还是雕塑，都呈现较为复杂的衣纹特点。另外辽代造像还有一个重要特点，就是在佛像的小腿处出现一个回钩状纹饰，仿佛一条蜿蜒而行的小蛇。佛像虽经后世重妆，但辽代塑像的底蕴犹存，特别是卢舍那佛镶嵌了黑色的琉璃眼睛，仿佛为佛像注入了灵魂。

文殊

普贤

图 2-3-36　文殊、普贤菩萨，辽，泥塑，均高 1.74 米

佛宫寺释迦塔二层

文殊、普贤虽面部略显僵化，神韵难追当年，但座下宽叶仰莲台和狮象座的形态却仍旧有辽代遗风，与义县奉国寺等处风格一致。尤其是狮子伸一腿于莲台之外，仿佛不堪压迫，欲脱出控制，肌肉绷紧，形貌凶恶，颇为传神。

图 2-3-37　胁侍菩萨局部细节，辽，泥塑

佛宫寺释迦塔二层

《孔雀东南飞》有云："指若削葱根，口若含朱丹。"由于手部结构复杂，姿态变化多样，所以对手指的塑造往往非常考验塑匠技术。胁侍菩萨的手部造型准确而细腻，双手修长绵软，玉指纤纤。辽代菩萨的手指普遍比较修长，这从同期绘画中也可见一斑。除了身体结构，匠师对衣饰也格外用心，例如天衣，高明的匠师用沉重的泥土表现出轻柔顺滑、几无重量的丝织品，可见技艺之精。二层造像虽然屡遭重妆，但其整体神韵仍存。

图 2-3-38　金刚界四方佛，辽，泥塑，均高 3.038 米

佛宫寺释迦塔三层

四方佛的构图形式出现于隋代，是在十方佛的基础上发展而来的。四方佛代表十方诸佛，甚至三世十方无数化佛。随着石窟中心塔柱四面龛像的建造，四面造像碑、四面造像塔或四面造像柱等四面造像大量流行。四方佛在造型上无明显特征和区别，仅在佛座下的动物造型有区别，以生灵座表现四方佛源自密教金刚界曼荼罗。同期辽代朝阳北塔同样存在金刚界四方佛的体系，表明此组合已盛行于彼时宗教仪轨之中。

图 2-3-39　佛尊及局部，辽，泥塑，高 3.038 米

佛宫寺释迦塔三层

佛造像的面部浑圆饱满有凸起感，两颊十分饱满，面呈突出的长圆形，肉髻低矮。佛着双领下垂式袈裟，下摆覆盖整个莲座，因其轻柔的质地，袈裟衣摆下的莲瓣清晰可辨，此种袈裟覆盖台座的形式沿袭自唐代。佛像丰满的面颊、雄壮宽厚的身躯具有阳刚之美，反映了辽代草原民族的审美趣味。

图 2-3-40　佛座细节，辽，泥塑

佛宫寺释迦塔三层

辽代在绘画和雕塑中盛行仰莲大莲花座下加饰台座的方法。其莲瓣饱满，花瓣尖端向外翘起。下部莲座往往呈现为复杂而高大的束腰座，即在大莲花下加饰八角形台座，这种样式见于唐代，是唐代佛教造像中流行的样式之一。从三层莲座中可以看到马座、象座等各类动物安置于其中，这是密教仪轨对造像法座严格安排下的产物。

图 2-3-41　华严三圣，辽，泥塑

佛宫寺释迦塔四层

方形佛坛上塑高大的华严三圣像。主尊卢舍那佛端坐于莲花座上，两侧分别是迦叶、阿难二弟子。佛像稍前方两侧分别为骑狮文殊和骑象普贤，其坐骑分别由獠蛮、拂菻牵引。七尊组合的华严三圣广泛流行于宋金，梁思成评价四层造像“最富于戏剧性”。

图 2-3-42 卢舍那佛及局部，辽，泥塑，高 4.8 米

佛宫寺释迦塔第四层

佛尊外披袈裟，衣领下垂，遮住双肩，内衣系腰较低，胸膛几乎全部裸露。胸部肌肉发达、饱满，中间凹入，左右胸肌呈花瓣状外突。辽代坐佛虽为跏趺坐，但多只见一只脚，且通常是右脚，四层主尊便是如此。

1974 年从该佛尊像内发现了一大批珍贵的辽代秘藏。其中辽代刻经杂抄、绘画、刻板彩印、“七珍八宝”、“佛牙舍利”等共 160 余件。最有价值之处即由此印经中见到了《契丹藏》的真实面貌。

图 2-3-43 卢舍那佛佛座中的狮子，辽，泥塑

佛宫寺释迦塔第四层

佛像下狮子座中被压制挣扎的雄狮劲健有力，非常传神，形貌姿态略有差异但气势完全相同。密教认为法身佛为诸法之王，于诸法中变化无碍，犹如狮子为万兽之王，于万兽中游走，故而座下塑狮子以明其特质。

文殊

普贤

图 2-3-44　文殊、普贤像及局部，辽，泥塑，均高 2.81 米

佛宫寺释迦塔第四层

四层二菩萨被认为是保留了更多辽代特征的造像，其中文殊头部为后世依据辽代造像风格补塑。不论是文殊菩萨的青狮，还是普贤菩萨的白象，它们的姿态均是大开大合，左前或右前肢坚定有力地迈出，昂首阔步，正处于急急的行进中，然背上的文殊或普贤菩萨则稳如泰山。青狮的身躯尤其矫健，行走如风，动态亦最具气势。

图 2-3-45　迦叶与阿难二尊者，辽，泥塑，均高 2.25 米

佛宫寺释迦塔四层

东侧年长者造像早年已被损毁，为近年补塑；西侧青年应为阿难，具有内地青年僧侣的形貌，衣纹刻画偏柔软，面部应在近代有过重妆。

迦叶

阿难

拂菻

獠蛮

图 2-3-46　拂菻与獠蛮，辽，泥塑，均高 1.07 米

佛宫寺释迦塔第四层

梁思成记载四层佛坛之上尚存四童子，如今已无存。拂菻、獠蛮常同昆仑奴一般被塑造为牵狮象的奴仆。释迦塔之拂菻、獠蛮正跨步向前，似在奋力拉扯猛兽，动感十足，与尊像的静观内视形成鲜明对比。此二人的身体结构比例及动态规律把握都极为精准，面部刻画也极为生动。二人姿态相似，装束雷同，但面部表情却自具个性。同为控御猛兽，拂菻张口似大声呵斥，性情果敢外扬；獠蛮则双唇紧闭，似屏气用力，更显坚毅内敛。

图 2–3–47　尊胜佛顶曼荼罗，辽，泥塑

佛宫寺释迦塔第五层

距离地面五十米的五层中陈列了九尊形态各异的塑像，三排三列，中心八角莲花座上安坐毗卢遮那佛，其余菩萨装尊像皆头戴宝冠，持物不一，环绕主尊。此构图为密宗修尊胜法时所依托观想的尊胜佛顶曼荼罗，根据唐代不空三藏所译《佛顶尊胜陀罗尼念诵仪轨法》的记载，此曼荼罗：中央画毗卢遮那如来，其四方四隅安置观自在菩萨、慈氏菩萨、虚空藏菩萨、普贤菩萨、金刚手菩萨、文殊师利菩萨、除盖障菩萨、地藏菩萨八大菩萨，四门安置四香炉，四隅安置四净瓶，四角燃置四盏酥灯。[①] 具象化、立体化的佛顶尊胜曼荼罗在我国仅此一例。以尊胜佛顶为本尊，念诵尊胜陀罗尼之修法，能灭罪生善、净除业障、延命增寿、破地狱、祈雨等所修息灾、增益之秘法，于浮屠顶部安放密宗观想所用之图像，暗合了密宗不公开传授，仅可少数人于此体悟的特点。

① ［唐］不空三藏译：《佛顶尊胜陀罗尼念诵仪轨法》卷一，《大正新修大藏经》第 19 册，第 365 页。

图 2-3-48　毗卢遮那佛，辽，泥塑，高 4.14 米

佛宫寺释迦塔第五层

主尊毗卢遮那佛肉髻扁平，只在头顶微微凸起且非常和缓，袈裟双领下垂，双手于胸前结智拳印，面部为后世贴金，但已有多处剥落。毗卢遮那佛体态匀称，胸膛宽厚，更显气质温和。

图 2-3-49　毗卢遮那佛佛座异兽，辽，泥塑

佛宫寺释迦塔五层

毗卢遮那佛佛座下八角莲花座的叠涩中一反毗卢遮那佛须坐于狮子座上的仪轨，塑造了狮鬃、龙鼻、鹿耳等异兽，形态各异，有的张嘴怒吼，有的歪头打量，似充满好奇，显得天真可爱。

图 2-3-50　八大菩萨（部分），辽，泥塑，均高 1.53 米

佛宫寺释迦塔五层

观想是佛教修行体系中重要的一个环节，八尊菩萨像粗看之下尊尊相同，但细观则各有特色，持物不一、手印不一。他们在密宗仪轨中都象征着种种修行法门，自古以来皆绘影图形，释迦塔诸菩萨立现成像，这种具体的、立体的形象，或许对修行者更有助益。

辽代造像在刻画衣纹时气力较弱，略显绵柔不够深厚。这堂曼陀罗中的八大菩萨，尽管容貌、服饰、姿态大同小异，但正是在这“小异”中体现了匠师的无穷创造力。此八尊菩萨容貌相似，但细观则性格特点不一。又如菩萨上身的云肩、衣饰也无一相同，有的如意云纹形似贴塑；有的更在云肩下饰有柔软的丝帛流苏；还有的云肩样式相同，但胸前类似护心铠甲的圆形衣饰纹样又不同。菩萨上身这种服饰形制，同宋代造像风格相一致，覆盖于胸前的圆形衣饰似是这一时期辽宋两国女性尊像流行的样式，在同一时期的宋代法兴寺十二圆觉菩萨中亦能看到。

图 2-3-51　八大菩萨之五髻文殊，辽，泥塑，高 1.53 米

佛宫寺释迦塔第五层

八大菩萨中的文殊菩萨形象最为特殊。此文殊头梳五髻，中间发髻最高，其前后左右各有一小髻。塑匠在刻画文殊菩萨的发髻时格外细致，不仅根根发丝清晰，更把发髻的系结方式表现得十分写实。菩萨面部丰满圆润犹如童子，五官精巧秀气而不失雍容气度，双眸明澈凝神注视前方。

据汉传密宗经典《大毗卢遮那成佛神变加持经》所载五字文殊法之本，五髻象征五智五方佛，密号吉祥金刚，其外貌多呈现天真童子的形象，故又被称为“童子文殊”。五髻文殊一般左手持梵箧，右手持剑，如今梵箧与剑均已散失，但仍可见其双手持物时之形态。该菩萨同五层其余诸尊像共同构成了神秘的辽代密宗体系，当修行者逐层至此后，已渐次达到“显密圆通”的境界。

四、蓟县独乐寺

白居易《长恨歌》中的“渔阳鼙鼓动地来”之“渔阳”便是蓟县古城。蓟县（今天津市蓟州区）北倚盘山，南临平原，地当华北冲要，自汉代便是军事重镇，被誉为“上承唐代遗风，下启宋式营造之罕有宝物”的独乐寺就位于县城之中。

据寺中碑文所载，独乐寺建于辽圣宗统和二年（984），为蓟州籍辽朝显贵韩匡嗣（917—982）家族斥资营建。现存两堂体量不凡、形貌雄壮的辽代彩塑于寺中。其中山门两侧各塑金刚力士二尊（图 2-3-52）；观音阁中塑主尊立姿十一面观音巨像（图 2-3-53），其两侧各一尊胁侍菩萨，扇面墙后又塑一尊坐姿岩间观音像及二护法神将（图 2-3-54、图 2-3-55）。

塑于 984 年的独乐寺彩塑具有辽季所特有的雄浑伟壮，崇高庄严的特征代表了中国佛教造像艺术神性大于人性、庄肃大于灵动的最后一抹余晖。在随后的 11 世纪，无论是“南朝”抑或是北国，佛教社会化的脚步即将大跨步地进入造像艺术领域，宗教艺术随着社会结构的变化在中国出现了革命性的改变。

图 2-3-52　山门二力士，984 年，泥塑，均高 5 米

独乐寺（朱金奇供图）

怖畏是崇高感的一大来源，上承唐季风云欲逼人、鬼神如脱壁的金刚力士审美之风。独乐寺两尊力士面容狰狞，身材魁梧，袒露的上身肌肉发达、遒劲有力，伸出的胳膊上块垒状肌肉源自唐代塑造力士时多采用的“渔网肉”之法，突出展现了这种几欲破体而出的澎湃的力量感。圆睁的双目，夸张扭曲的身姿，飞扬的天衣更增强了力士的动感。

独乐寺观世音菩萨为现存体量最大的辽代彩塑，由于塑像的高度约为人类一般身高的九倍，因此只有抬头仰望才能看到观音的面容，这更增强了庄严崇高之感。大像的身躯大致保持了原塑形貌，后世的屡次重妆增添了浓郁的世俗艳丽之气。但菩萨自两肩下垂的披帛，横于腰腹两周，并转绕两臂而下垂成“U”字环，仍为早期造像之特征。尊像头顶十面，这一模式为密宗所独有，辽代华严密宗盛行一时，上层贵族多有崇拜，独乐寺现存辽塑金刚及十一面观音均有着密宗特有的气韵。

如欲直面佛尊，需要拾级而上，登阁而观殿，至第三层方能看到尊像正面。古代工匠将塑像与建筑的空间结合得十分完美，由于第三层为明间，人们从较暗的二层初上三层则顿觉豁然开朗，转身向内，会看到阳光均匀地洒在面相庄严、略带笑意的观世音菩萨面部，此番感觉犹如顿悟！这种对礼拜路线的合理规划，表明了古代匠人重视塑像与建筑间相互作用、共同营造佛教梵宫参拜逻辑的严谨和细致。

图 2-3-53　观音阁十一面观世音菩萨，984 年，泥塑，高 16 米

独乐寺（束金奇供图）

图 2-3-54　坐姿观音，984 年，泥塑，尺寸不详

独乐寺观音阁（朿金奇 供图）

扇面墙背后的坐姿观音身后为圆形放射纹背光。观音二目微瞑，衣纹自然贴体，坐姿有水月观音之仪态，神情闲适清隽，一手于胸前结印，手型秀美，似在拈花沉思。

图 2-3-55　护法神将，984 年，泥塑，尺寸不详

独乐寺观音阁（朿金奇 供图）

在环绕观音的山岩之外是二护法神将，均为身穿甲胄的武将装束。他们身体微躬，双掌合十，同时侧头看向观音一边，脚下的祥云甩出长长的云尾，暗示出二神将也是从海岛山岩中而来，这种以祥云形态表达行动轨迹的手法，在后世的造像中一直广为运用。

五、大同观音堂

作为南拒北宋、北服朔漠、西控西夏的军事重镇，辽西京道大同府一直是辽最为重要的都会城市之一。西京道地近华北佛教中心五台山，受其影响，其所辖各州县的佛教建设活动在辽代并没有因地处边境而衰落，而是呈现出蓬勃发展的局面，大量规格高、体量大的寺院在这一时期建设而成。其中武州山北魏兴建的石窟寺（即今云冈石窟）因其规制雄伟，又占据要冲，在辽代备受皇室贵族重视，多次任命官员对其修建增补，在大同府城前往石窟寺的道路沿线亦增修佛寺，以备显贵朝觐。大同观音堂便是在这一时期建成的产物。

观音堂始建于辽重熙六年（1037），虽经历了辽保大二年（1122）兵灾毁寺，但因其殿堂中辽代塑像皆为石雕，殿中群像大多得以幸存至今，其虽有后世重妆、修补，但神韵气度历时近千年仍未消散。

今日观音堂建筑群为清顺治八年（1651）重修，其外表已全无辽代遗构（图2–3–56）。辽代石雕位于其核心建筑观音殿中，殿内正中主供立姿观音，其神情端严庄肃，头戴宝冠（图2–3–57），左右两侧胁侍立姿菩萨四尊（图2–3–57–1），又于东西两侧扇形分布八尊愤怒相明王（图2–3–58至图2–3–60）。观音立像前存明清泥塑数尊。以明王胁护观音的组合模式于现存辽代造像中仅在此地出现，由于辽金鼎革，战火毁坏，现存辽代寺观颇为稀见，故而更显观音堂群像之珍贵。

作为密宗修行体系的神祇，观音堂出现的十大明王同华严密教在北地兴盛密切相关，彼时华严教学中心五台山就在西京辖区。终辽朝一世，西京地区华严宗高僧大德迭出，其中燕京圆福寺总秘大师觉苑尤为著名。他不仅精研华严之法，同时亦习密教，其曾为契丹皇室开讲密乘经典，奉敕撰写《大日经义释演密钞》十卷。自上而下的流行让密教在辽地的影响力仅次于华严宗。如今，辽代华严密教图像学对北国造像的影响仍旧可以在辽金塑像现存体系中看到，如阵列整齐的佛宫寺释迦塔辽塑群像所体现的密教佛顶尊胜曼荼罗图像体系，大同善化寺五方佛与诸天图像体系等。

观音堂十五尊石雕风格写实，女尊雍容富丽，明王髡发怒目，呈现出浓郁的契丹族审美特征（图2–3–61、图2–3–62），其原材料虽为石雕，但雕刻技法洗练明快，刀法纯熟，对人体肌肉写实的把控十分传神。同时其明王基本依托《大妙金刚大甘露军拏利焰鬘炽盛佛顶经》（下文简称《大妙金刚经》）所塑，表明了辽代密教图像学与塑像间紧密的依止关系。

图 2-3-56 观音殿外景

大同观音堂

明万历三十五年（1607）的《云中城西十五里观音古刹碑记》记载了这座面积不大的寺院诞生时的奇妙传说："云中城以西十五里之遥，有观音古刹，流传原地名蛤蟆石湾，怪物扰其民，民用不宁，道路阻塞。金重熙年[1]六又九日忽大士现八丈金身，偕左右菩萨明王，从秦万佛洞飞往水门顶山头，从此妖魔降灭，地方安谧。"千年弹指，观音大士与她的眷属们降魔之后仍旧立于武周川中，仍存其"下凡"时的初貌。

① 注，此处为明人笔误，金无重熙年号，当为辽的年号。

图 2-3-57　观音殿观音菩萨及局部，
辽，石胎泥塑，高 6.12 米

大同观音堂

高达 6 米的主尊观音菩萨头顶藻井，在面积不甚广大的观音殿中更显巍峨，这也侧面说明清代营建建筑时未充分考虑辽塑体量的情况。尊像通体贴金，身材修长，其头戴化佛宝冠形制奇特，两侧做卷云状环包化佛，佛尊深藏于其中，仿若又形成一佛龛，化佛头部残损。观音菩萨面相方正，眼皮厚重，云肩披帛绕体垂下，右手结说法印，左手手心向内握拳于胸前。从其面部风格来看，与蓟县独乐寺辽塑菩萨方正端凝的形貌颇为相类。

左一胁侍菩萨及局部

左二胁侍菩萨

右一胁侍菩萨及局部

右二胁侍菩萨

图 2-3-57-1　观音殿胁侍菩萨，辽，石胎泥塑，均高 2.82 米

大同观音堂

胁侍菩萨高度约为主尊的一半，皆头戴辽代流行之观音冠，在宫装之外又披一身袒右袍服，袍袖衣纹简练、细致。始建于 1037 年的观音殿塑像仅比八公里外的华严寺辽塑晚一年，但其胁侍菩萨的面部、衣袍的风格均同其有明显的差异，相较前者皇室贵族背景，这座小寺更能体现辽代民间造像的特征。

主尊右侧明王

主尊左侧明王

图 2-3-58　观音两侧明王群像，辽，石胎泥塑，均高 2.5 米

大同观音堂

观音两侧明王像多头多臂、形貌诡谲，其中由于后世修补重妆，致使辽代神韵略失。但就整体而论，辽风仍在，明王威猛、刚健的气势仍体现出草原民族的特色。明王林立两侧，多头多臂的神威、无边的法力被塑造得惟妙惟肖。

图 2-3-59　观音殿不动明王及局部，辽，石胎泥塑，高 2.5 米

大同观音堂

三面六臂的不动明王位于殿西由北向南第三尊，背生双臂横剑于头顶，中身二手合掌交握于胸前，下二手握拳持法器垂下，颈部有蛇缠绕，下着短裤。

据《大妙金刚经》记载，不动明王为除盖障菩萨所现，身色青，右手持剑，左手持索[1]，观音堂不动明王剑横于头顶上，以蛇代索盘于颈部，同经文记载相类。明王的整个头部表现非常生动：墨黑的短发形如火焰向上窜动，双眉倒竖，眉心拧于一处，眼睛不大，目光却极具威严，阔口半张似在呵斥什么，由于嘴部及眉头的运动而牵动整个面部肌肉变化，鼻梁被压缩，凸显出鼻翼的宽大，表情比例塑造得十分准确。

---

① ［唐］达摩栖那译：《大妙金刚大甘露军拏利焰鬘炽盛佛顶经》，《大正新修大藏经》，第 19 册，第 341 页。

图 2-3-60　观音殿东侧北向第三尊大轮明王及局部，辽，石胎泥塑，高 2.5 米

大同观音堂

石胎泥塑彩绘在现存辽代造像中颇为罕见，慈氏菩萨化现的大轮明王有三首，其中一首略残，露出石胎本相。位于东侧北向南第三尊，其上两手上举；中间的双手持剑于胸前；下方两手中，右手持杵，左手握拳。观音堂明王最具契丹人特征的便是其独特的髡发发型，此为契丹人所独有，大轮明王三首皆仅在前额两侧保留部分长发，其余均剃光，同传统绘画及墓葬壁画中契丹人发型一致。佛教造像的发型、服饰一定程度上反映着一个时代的风气特质，于观音殿群像而言，其短裤、髡发的特征体现出佛教造像艺术在契丹辖地的本土化。

图 2–3–61　观音殿降三世明王及局部，辽，石胎泥塑，高 2.5 米

大同观音堂

降三世明王为金刚手菩萨所化现，位于东侧北向南第四尊，三面六臂，身色偏橘黄色，身姿微侧，宛如怒发冲冠般的奇特发型高耸，并于顶端聚合呈圆锥状，这同样是辽人所流行的一种发型风格。

图 2-3-62　观音殿大笑明王，辽，石胎泥塑，高 2.5 米

大同观音堂

大笑明王身色白，髡发，四臂皆内收于中身，相较左近明王的张扬狂放，大笑明王呈现出别样的内敛沉静，仿佛一位潜心修行的契丹族信徒。《大妙金刚经》记载大笑明王为虚空藏菩萨所化现，持物同经文记载不同[1]。

---

① [唐]达摩栖那译：《大妙金刚大甘露军拏利焰鬘炽盛佛顶经》，《大正新修大藏经》，第 19 册，第 340 页。

第四节 清雅逸秀：北宋寺院造像

一、长子崇庆寺

崇庆寺所在的紫云山位于山西省长治市长子县东南方。寺院依山而建，坐北朝南，背靠紫云山主峰，四周林木茂密，紫云山峰峦叠翠。倘若是雨季，空蒙的山中露出斗拱飞檐的一角，青色的院墙，灰色的殿脊，苍翠的白皮松，全都笼罩在似幻还真的雨雾之中。“古木无人径，深山何处钟。泉声咽危石，日色冷青松。”[①]风景殊丽的崇庆寺具象化了王维的诗意。

这座寺院始建于北宋大中祥符九年（1016）。根据寺中清嘉庆三年（1798）《崇庆寺重修碑志》记载，彼时建筑格局已是“千佛殿居其北，卧佛殿居其东，大士殿居其西，天王殿居其南，东南立门，门之东建关帝殿，西北建十帝并鬼王殿，西南又立给孤独长者殿，东北一院则为禅舍”（图 2-4-1）。时过千年，其格局并无太大改变。崇庆寺非都会中之梵宫大寺，但或许有赖于隐逸山中的缘故，成功从千年来王朝更替、战乱纷扰中幸存下来，寺内所藏二十四尊宋塑、二十三尊明塑成为中国古代彩塑艺术宝库中的明珠。尤其是寺中宋代十八罗汉，更是堪称绝代风华，展现出宋代罗汉造像艺术的顶级水平。民国时曾有“天下罗汉两堂半”的说法，指的是苏州保圣寺的半堂罗汉、紫金庵的一堂，山东灵岩

① ［唐］王维：《过香积寺》，《全唐诗》卷一二六，黄山书社，1999 年，第 891 页。

千佛殿为寺中主殿，因殿内东、西、北三壁为千佛悬塑而得名，此悬塑现仅存西壁的200余尊。大殿面阔三间，进深三间，单檐歇山顶，宋代建寺时便存在，殿顶琉璃色彩艳丽，造型生动，为明代补修，窗棂式样苍古，仍为宋人旧作。

图 2-4-1　崇庆寺千佛殿外景

寺的一堂，它们曾得梁启超和刘海粟的大加赞赏。当时名家们并不知道此处尚存满堂精彩，正如中央美术学院壁画系教授任世民所赞："梁刘不识崇庆寺，天下罗汉三堂半。"

崇庆寺之宋塑完整地展露出宋代佛教造像的审美意趣，唐宋变革，宋代特有的宽松环境和发达的社会经济令这一时期的美学思想从唐之外向狂放转向了内敛深沉。无论是佛祖（图2-4-2），还是罗汉、菩萨（图2-4-3至图2-4-5），更多地被赋予了人生气象，尊像被注入了塑造者、供养者、朝拜者的本我灵魂（图2-4-6至图2-4-9），体现出宋代佛教美学世俗化时期寓意于物的思想。袁行霈品评宋人之审美观时曾言："对某种心灵情境精深透妙的观照，对某种情感意绪体贴入微的辨察，对某种人生况味谨慎细腻的品位。这种审美情感是宋人旷达、超然、深沉、内潜的人生态度的折光。"[①] 这一描述在崇庆寺的宋代造像上体现得恰如其分（图2-4-10、图2-4-11）。寺中也存有明代塑像，两个时代的审美意趣所具有的明显区别让令人得以在品赏宋代造像时，将其同300年后的时代精神做一见仁见智的对比（图2-4-12至图2-4-15）。

图2-4-2　千佛殿群像，北宋，泥塑，主尊高5.5米
崇庆寺

① 袁行霈：《中国古代文学史》第3卷，高等教育出版社，2005，第11页。

千佛殿内佛坛颇大，为束腰须弥式，束腰剔地突起雕花草纹，间柱上雕兽面，此为宋代所独有。坛上有一佛二菩萨及背面侧坐观音像。尊像虽经后人重妆，但彩塑的布列位置、躯体造型、头上发髻等，仍保留了宋代风格。主尊释迦牟尼佛面相圆润，低眉垂目，嘴角内收，神态庄重，台座高大细长。身后之背光六拏具齐全，规制严谨。这是明代背光的典型作品。从发髻看，两侧塑像为菩萨像，但手中持物已失，具体身份难以辨认。三尊像前有小型坐佛一尊，为明嘉靖六年（1527）造。

图 2-4-3　二菩萨及其背光后的供养菩萨，宋 / 明，泥塑，背光通高 7.4 米

崇庆寺千佛殿

主尊两侧菩萨造像，手印一致，二者皆是发髻高挽，肩头有长发自然披散而下，无宝冠之类的饰物。这或许是宋代造像艺术存在一种对心适物闲、得之自然的追求，在严谨的造像体系中出现了这类自然束发、无宝冠的形象。他们仿佛是暂时投身于释门的二位士大夫，禅悦之风盎然。颇为别出心裁的是，因千佛殿面阔仅三间，古代艺术家在二尊像背光之后悬塑供养菩萨两尊，有效利用了殿中空间，且令绕佛朝拜之人在视觉上有了意外之感。胁侍菩萨衣带飞扬，神情闲适轻松，身姿秀雅修长，为明代佳作。

图 2-4-4　观音、文殊、普贤三大士，北宋，泥塑

崇庆寺三大士殿

根据三大士殿内佛坛砖壁上的题记，北宋元丰二年（1079）塑成殿内群像。这批彩塑在其艺术成就上堪称我国宋代造像美学的典范，九百年前的北宋艺术家在这里创立了一种富于装饰性的华丽风格，菩萨像沉静内敛，气韵玲珑透彻，面部成熟圆润。菩萨坐骑神态安详和谐，憨态可掬，皆做卧式，背上置仰莲台。菩萨端坐其上，或双足下垂，或半结跏趺坐赤足踏莲。面部长圆，头梳高髻，花冠为饰，袒胸露臂，着帔帛，佩璎珞，飘带自两腋垂下披于身后。主尊观音面目清秀圆润，肌肤丰润，弯眉小口之间鼻梁挺拔，直贯前额。其右手抚膝，坐姿自如闲适却无慵懒之态，神情安详持重。此观音像在整个造型上参考了彼时颇为流行的“水月观音”的图像范式。右侧为文殊菩萨，面相俊俏秀丽，花冠围护着高髻，弯眉垂目，直鼻小口，头微前倾，俏丽秀润之姿犹如善良少妇，极具真实亲切之感。普贤菩萨居佛坛前左隅，面相丰润俏丽，秀鼻小口，眼神随身体微倾而凝视，朱唇紧闭，嘴角及下巴微颔，含笑未露；手中轻执经卷，右手微举做吉祥印，神态凝静专注，仿佛在思索经中大义。

文殊

普贤

图 2-4-5　三大士殿文殊与普贤，北宋，泥塑，均高 2.5 米

崇庆寺

宋代美学对美的追求达到了一种对情感心灵透彻的体悟，三大士殿菩萨衣饰繁复，纷纷自然垂落，尊像以一种闲适中蕴含着动感的姿态端坐在莲台之上。崇庆寺三大士殿菩萨的立意高妙在于它几乎完全推翻了由盛唐以降所主导的对菩萨的一种审美要求，其既不是世俗化中菩萨的柔媚，亦非古典主义的端肃，而是展现出一种对美的终极认识，一种超出世俗的睿智、冷静和洞彻。遗憾的是，三大士殿三尊超尘拔俗的菩萨尊像在 1991 年冬夜被犯罪分子在盗取罗汉像时推倒，殿中之尊像为当代雕塑家史延春依托照片复原而成。

图 2-4-6　三大士殿东西两壁十八罗汉，北宋，泥塑

崇庆寺

三大士殿满堂华彩、名动天下者，便是这东西两壁的十八尊形态各异的罗汉。与人等高的尊者并没有给人高大神圣之感，他们安坐在低矮的台座之上，仿佛就是如你我这般芸芸众生中的一员，就在你我身边。罗汉造像在宋代的流行始于官方的推崇，宋太宗赵光义（939—997）在登基前十六日，曾得南唐王齐翰所绘罗汉十六轴，太宗皇帝认为这是吉兆，称之为“应运罗汉”。终赵宋一朝，建寺并大规模塑造罗汉的行为屡见不鲜。

图 2-4-7　三大士殿十八罗汉青年尊像，北宋，泥塑，高 1.5—1.6 米

崇庆寺

青年尊像沉静典雅、简洁素淡，表现出青年人所特有的活力自信之态，他们大多面相长圆，重点突出五官的塑造，下巴丰满向内收，曲眉杏眼，秀鼻直挺，神情安详，在思辨沉吟之余蕴含着一种天潢贵胄般的淡定和从容。

图 2-4-8　三大士殿十八罗汉老年尊像，北宋，泥塑，高 1.5—1.6 米

崇庆寺

对年长者的刻画最为考验塑工在夸张和似真之间如何取舍。崇庆寺的罗汉更多的是强调了他们拟似真人的一面，集中体现出老年僧人饱经风霜、神识内藏、智慧高远的气韵。具体在形象上，他们均面孔消瘦，布满皱纹且面部肌肉结构分明，前额骨凸出，额头宽广，头顶略尖，眉弓呈弯状，眼睛狭长，鼻头较宽，唇紧缩，人类老年衰落之躯体被塑造得十分传神。

图 2-4-9　三大士殿十八罗汉番僧尊像，北宋，泥塑，高 1.5—1.6 米

崇庆寺

番僧在崇庆寺十八罗汉中已经渐渐退去高鼻深目的胡貌梵相，似乎只是面赤的强壮汉僧。宋代顶级艺术家在对躯体和面部肌肉的把控上已臻化境，如左侧赤面罗汉，嘴微微于左上方做抽搐状，鼻孔因愤怒而圆张，面部肌肉随着变化而整体产生联动，形成了较深的纹路，这种细节的描绘考验塑像者本人对人体的观察力和领悟力。在衣纹的处理上，匠师似乎也是在暗合尊像的身份，特别是赤色肌肤的番僧罗汉，衣褶婆娑，如水纹一般，不禁令人想起受西域影响的曹衣出水的“曹家样”风格。当然此罗汉的袈裟已非薄衣贴体，反而显得柔软而厚重，只是保留了出水衣纹的稠密意态。崇庆寺十八罗汉在造型和持物上有八尊无法与经典对应，图中的两位罗汉便是其中的两尊，可见宋季对造像仪轨的规范仍未形成，塑匠有着更多的创作空间。

图 2-4-10　伐阇罗弗多罗尊者局部，北宋，泥塑

崇庆寺

尊者俗称笑狮罗汉，其灵犀一指，似在指点凡人之迷津，尊者视线伴随着的身形手臂的变换而形成交汇点，造像艺术对尊像周边空间的整体营造颇为重要，在这里罗汉不是木胎泥像，而是与信徒互动的智者。

图 2-4-11　三大士殿因揭陀尊者与风帽罗汉，北宋，泥塑，高 1.5—1.6 米

崇庆寺

尊像之间的互动也是三大士殿群像的一个特点，图中布袋罗汉（因揭陀）胖大憨厚，身旁头戴风帽的青年罗汉文弱俊朗，二位风格完全不同的尊者却共同坐于一张罗汉床上，形成了独立的一组塑像。右侧的布袋罗汉身姿微微偏向左侧，与身旁的青年罗汉在构图上形成了一个黄金分割，二者虽为组塑，但气场在合理的构图下被分别凸显出来，视觉上特质分明但又和谐共存。

图 2-4-12　地藏殿十殿阎王、六曹判官及悬塑（部分），明，泥塑，尺寸不详

崇庆寺

伊壁鸠鲁认为，人之所以会痛苦，最大的症结在于对死亡的恐惧。在中国，这种恐惧被寺院中特有的十殿阎罗所放大。崇庆寺地藏殿群像塑造于明嘉靖十年（1531），殿中两壁塑阎罗与功曹，环绕四周皆有悬塑浮雕，狭小的殿堂推开之后呈现的繁复的视觉冲击令人震撼。

图 2-4-13 地藏殿十殿阎君、六曹判官（部分），明，泥塑

崇庆寺

明代十殿阎君和六曹判官的形象已经范式化，地藏殿中的他们碍于空间的狭小挤挤挨挨，但无一视线发生重叠，皆有自己的视线聚焦点，这令造像群密而不乱，反而于纷繁中生出各司其职的秩序感。其实造像的"程式化"或"范式化"并非一个全然的贬义词，它恰恰是匠师在长期的经验积累中提炼出的最精华的表达方式。地藏殿内阎君等形象造型夸张但又不失法度、生动传神，堪称明塑之佳作。

图 2-4-14　地藏殿悬塑局部，明，泥塑

崇庆寺

地藏殿悬塑主要呈现了十八层地狱内对罪魂的审判和轮回过程，中间以亭台楼阁填补构图空隙，十王府情貌层叠，令人目不暇接，也令人对因果心生敬畏。

图 2-4-15　造像手部细节，明，泥塑

崇庆寺

崇庆寺中女性形象的手部表现，可以说是对“手如柔荑”“肤如凝脂”的最好诠释，这是古代对美女姿容最高的形容。作为人的第二表情，玲珑剔透的手部塑造是传统造像艺术中最难以完成的一个部分，然在地藏殿的塑像中，手部的种种姿态则被完美展现。

二、长子法兴寺

长子地区起伏的山谷之中隐藏着无数中国建筑瑰宝，慈林山中的法兴寺便是这片古代艺术殿堂中的翘楚。元人侯丕在秋季时踏访该地，被满目的秋色所动，写下了“百尺慈林寺，秋霜点染间。客行黄叶路，僧启白云关，水落风连壑，林疏月满山。碧纱笼护处，想是旧吟坛”[①]。层林尽染的寺院在山中若隐若现的景色今日已无法复见，20世纪80年代，慈林山作为煤矿采空区地面下陷严重，在经过科学论证后法兴寺于1984年开始整体搬迁到隔河相对的翠云山南麓。1996年，历时十二年法兴寺终于搬迁完毕，形成了今日高居翠云山南坡，俯瞰长子谷地的新景色。

法兴寺的始建年代甚早，根据寺内北宋元丰四年（1081）《法兴寺新修佛殿记》和元至元十年（1273）《潞州长子县法兴寺记》记载，该寺肇始于“后魏神鼎元年”，后魏即为北魏，但北魏并无神鼎之年号。同期仅有并未控制山西地区的后凉有“神鼎”年号，但其始建于5—6世纪的北魏时期应毫无疑问。寺初称为“智乘寺”，唐咸亨四年（673）李渊十三子郑惠王李元懿（？—673）在任职潞州刺史时于该寺新建石舍利塔，次年寺院更名为广德寺。后晋开运二年（945）新建圆觉殿，北宋治平年间（1064—1067）始称法兴寺，元丰四年圆觉殿扩建（图2-4-16）。政和元年（1111）大规模重修法兴寺，今日圆觉殿中被称为“宋塑之冠”的十二圆觉菩萨就是在这时塑成，圆觉殿内中央佛坛上主供一佛二菩萨，两侧有胁侍弟子及护法力士（图2-4-17至图2-4-20），佛坛山墙的背后有一铺水月观音塑像（图2-4-21），十二圆觉菩萨位于大殿两侧。

图2-4-16 法兴寺塔与圆觉殿

踏入山门，首先看到的就是咸亨四年郑惠王李元懿捐资兴建的石质舍利塔，塔后高台之上便是建于北宋元丰四年的圆觉殿，大殿面宽三间，单檐歇山顶，出檐巨大，为宋代建筑佳作。“圆觉”之意出自初唐佛陀多罗在洛阳白马寺所译《大方广圆觉修多罗了义经》，经文主要内容是释迦牟尼佛回答文殊菩萨、普贤菩萨、普眼菩萨、金刚藏菩萨、弥勒菩萨、清净慧菩萨、威德自在菩萨、辨音菩萨、净诸业障菩萨、普觉菩萨、圆觉菩萨和贤善首菩萨就有关修行菩萨道所提出的问题，以长行和偈颂形式宣说如来圆觉的妙理和方法。圆觉殿及其中之彩塑营造的便是彼时诸菩萨问道释迦牟尼佛时的场景，殿堂中造像根据政和元年《新修圣像之记》碑中记述，塑像者为冯宗本，画匠为陈道荣、吕荣。

① ［元］侯丕五言诗：《慈林秋色》，参见［清］刘榭修、樊兑纂：《长子县志》第3卷，哈佛燕京图书馆影印版，第13页。

圓覺殿

图 2-4-17　佛坛局部，北宋，泥塑，主尊高 3 米

法兴寺圆觉殿

正面佛坛上，正中为结跏趺端坐于须弥座上的主尊释迦牟尼佛，主尊左侧是弟子迦叶、文殊菩萨和肩扛金刚杵之力士；右侧为弟子阿难、普贤菩萨和手拄金刚杵之力士。主尊高大庄严，面部神情慈善而不失威严，左手下垂放在左膝上，右手屈臂向上伸，持施无畏印。尊像通体贴金，应是在明清时期所为，其余尊像亦非宋代原貌，经历代重妆。

图 2-4-18　二弟子像，北宋，泥塑，均高 2.2 米

法兴寺圆觉殿

主尊左侧侍者为弟子迦叶，迦叶为老僧形象，面部干瘦，二目圆睁；右侧侍者为弟子阿难，阿难形象俊美，神态颇为传神，他双目微瞑，神光内敛，似在冷眼扫视着往来礼拜者。

图 2-4-19　二菩萨像，北宋，泥塑，均高 1.8 米

法兴寺圆觉殿

文殊与普贤菩萨皆束发，无宝冠，仅用一条丝带扎起发髻，二目微睁，眉弓高挑，衣饰简净，无过多华丽装饰，仅在胸前环佩璎珞，若无璎珞，仿佛两尊坐禅的北宋士大夫。圆觉殿佛坛上二菩萨在整体造型的塑造上逊色于两壁的圆觉菩萨，其身材比例略有失调，虽经重妆，但容貌上仍可见与两壁圆觉菩萨的共通性。

图 2-4-20　二力士，北宋，泥塑，均高 3.15 米

法兴寺圆觉殿

佛坛两侧的金刚力士身姿微侧向殿外，法兴寺二金刚在身体形态的塑造上失去了唐代金刚所特有的张力，但面部摹绘具有相当独特的创造性。右侧力士面白无须，二目望向远方，仿佛话本小说中常出现的白袍小将；左侧的力士则在形貌上完全相反，面赤，粗眉大眼，丰颊高鼻，形象夸张却并没有令人畏怖之意，反而显得有些憨态可掬。

图 2-4-21 扇面墙后水月观音与二胁侍，北宋，泥塑，水月观音高 1.8 米，二胁侍均高 1.5 米

法兴寺圆觉殿

佛坛扇面墙背后有一座水月观音彩塑。仪容俊美、神态闲适的水月观音形象在北宋时期流行，唐末周昉“妙创水月之体”，入宋融汇自在观音，契合了宋代文人得之自然的美学精神，凸显休闲旨趣，表露出一种平淡天然的“逸”境界，一种联系日常生活的“闲”趣味，一种入仕与出尘间无可无不可的“适”“隐”态度，备受文人士大夫所推崇[1]。法兴寺水月观音映现了这种精神，并且在闲逸身姿中隐藏着一些玄思审慎气质。法兴寺造像整体在佛意之内隐藏着儒家之风，这同创设塑像背后的供养人身份息息相关。

① 潘立勇：《从汉唐气象到宋元境界——宋代美学风貌概述》，《杭州师范大学学报（社会科学版）》2013 年 12 月，第 25—30 页。

法兴寺十二圆觉的塑造年代正值北宋一个颇为微妙的时代，政和年间是宋徽宗（1082—1135）统治时期，这一时期北宋的经济、文化都达到一个高度繁荣的阶段。对外，宋军经过历代蚕食，完全占据了对夏战争的主动权，更是在崇宁三年（1104）扩土千里，建立了陇右都护府，而与辽王朝的关系亦承平日久，互为兄弟之邦已有百年。正如“政和”年号所期盼的一样，这时的北宋王朝“庶政惟和，万国咸宁”。这种社会大背景下创作的艺术品会更加注重艺术品本身所具有的纯粹性，对美的极致追求是社会的共同意趣，而法兴寺的十二圆觉菩萨却一改这种风气（图2-4-22、图2-4-23），塑像并不倚重衣纹服饰等细节的上雕琢，反而在人物整体呈现出很多石质造像才有的古拙和厚重。在风貌上，所有的尊像均饱含着一种沉思凝重的色彩，似笑非笑的表情似乎隐藏着深沉的悲苦（图2-4-24），而悲苦在宋徽宗的时代是颇为稀见的审美形式。在宋徽宗时期，北宋国势如烈火烹油，一派盛世和平的景象，没有人能够知道就在十六年后，立国一百六十七年的北宋王朝会轰然崩塌，山西地区被金军两次过境，种种繁华一去不复返。回顾历史，再观法兴寺之十二圆觉塑像，其中意味，令人感叹这种早发之悲苦。

法兴寺造像在立意上的独特，隐含着宋代士人心中鲜明而深刻的两重性，作为自诩中华正统，继承汉唐的宋王朝，因其国力和现实的不匹配而时常充满着矛盾的社会心理，客观上宋代的经济文化空前发达，但同时民族危机极度深重；在社会心理上，伦理纲常的极度追求和感性情感的细微体验同时并存。这种士大夫的矛盾和纠缠往往并不会深刻体现在重在世俗化的宋代寺观造像之中，缘何法兴寺展现出高人一筹的审美体验？寺中元丰四年《法兴寺新修佛殿记》或许能解答一二。据碑文记载，这批塑像是由彼时潞州地区出身的王氏家族所赞助，文章为宋神宗元丰年间龙图阁学士王益柔（1014—1086）所写，他在文中怀念了父亲王曙（963—1034）、祖父王景纯与法兴寺的关系，其父王曙就诞生于法兴寺所在的慈林山，后官拜同平章事。累世官宦的王氏家族与法兴寺的渊源或可以解释法兴寺宋塑中所蕴含的不同于传统佛教艺术的审美意趣（图2-4-25、图2-4-26）。

法兴寺圆觉殿的造像罕见地表现出反潮流的复古之风，在佛教世俗化的风潮之下，传达出了玄思高妙、超尘拔俗的魏晋之韵。十二圆觉菩萨之所以被誉为海内第一宋塑，便是因其不仅仅营造出佛教艺术在宋代走向生活化、平民化后内敛而轻灵的风格，同时还具备了唐代造像之雍容华贵及魏晋的凝重深刻，呈现出了宋代顶级艺术家在融会贯通之后恰到好处的抒发，它兼容并蓄，将中国古代艺术文化达到顶峰后即将转折时的特有风貌呈现给了世人。

图 2-4-22　十二圆觉菩萨之一、二、三、四，北宋，泥塑，高 1.5—2.1 米

法兴寺圆觉殿

文殊菩萨、普贤菩萨、普眼菩萨、金刚藏菩萨、弥勒菩萨、清净慧菩萨、威德自在菩萨、辨音菩萨、净诸业障菩萨、普觉菩萨、圆觉菩萨及贤善首菩萨是为十二圆觉。圆觉菩萨及其背后依托的《圆觉经》是宋代天台宗、华严宗、禅宗等盛行讲习的重要经典。法兴寺十二圆觉菩萨塑像依东、西山墙各坐五尊，后檐东、西次间各坐有一尊。这十二尊塑像在中国佛教造像艺术史上堪称绝品，雕塑家钱绍武称赞其为“东方彩塑一绝”。十二尊造像面庞圆满，体态丰腴，曲眉高髻，神态庄严静穆，造像上承唐塑之富丽，又存宋代彩塑特有的清雅简朴、线条洗练之美，真实反映了宋代士大夫对佛教的理解和审美风尚。

图 2-4-23　十二圆觉菩萨之五、六、七、八，北宋，泥塑，高 1.5—2.1 米
法兴寺圆觉殿

中国美学首重表意，妙在似与不似间，塑匠在创作十二圆觉菩萨时对形体和线条的运用需要同尊像本身所蕴含的“神意”相契合，创作者冯宗本满足了这种需求，他高超的技艺将佛国神圣的神祇与人间容貌出众的女子巧妙结合。菩萨皆面容俊美，神态娴雅自然，沉稳端庄。

图 2-4-24 十二圆觉菩萨之九、十、十一、十二，北宋，泥塑，高 1.5—2.1 米

法兴寺圆觉殿

塑造者在造型上注重整体，传达精神，不在每一个面上和每一条线上做文章，而是去粗取精、删繁就简，精简了过多的弧形，模糊了易吸收注意力的暗面，使整体感大大加强，没有出现为了某一个具体细节而忽略整体感的瑕疵。宋代艺术在圆觉殿兴建的年代已经成熟，十二圆觉菩萨不再有磅礴的气势和炽热的激情，也不再有丰硕的造型和绚丽的色彩，而是转向灵动透彻的心境意趣的表现。唐韵的壮美逐渐淡化，代之以宋调的含蓄、和谐、宁静甚至平淡。然而这种平淡不是贫乏枯淡，而是绚烂归之于平淡，是平静而隽永、淡泊而悠远。

图 2-4-25　十二圆觉菩萨局部，北宋，泥塑

法兴寺圆觉殿

思维状圆觉菩萨是法兴寺圆觉菩萨中最为神妙高绝的作品，入宋以后思维造型已不多见，尊像发髻高挽，双眉修长，面相饱满，上身袒露，肌体圆润。左手屈肘上抬贴近脸颊，右手轻轻下垂自然搭于腿上，头向左微斜，双目微张，目光低垂而深沉，呈现出思辨的神态。同时尊像整体流露出的闲适与生活化之态可谓是对唐宋文化变革之时内敛取代张扬的最好体现。

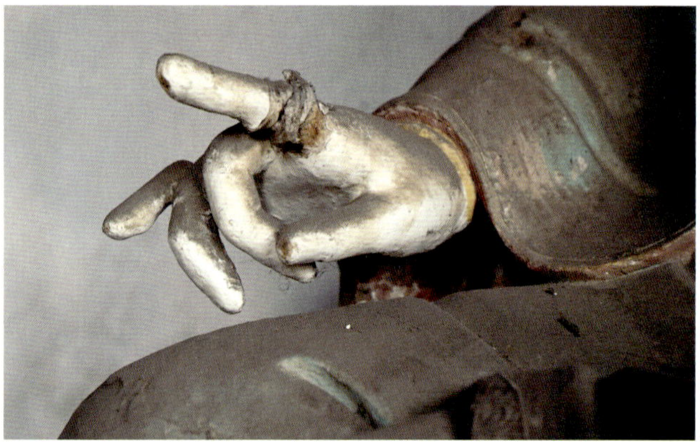

图 2-4-26　法兴寺造像手部特写，北宋，泥塑

法兴寺圆觉殿

法兴寺造像的手部塑造格外精彩，不仅结构准确，造型完美，而且每一个关节、每一片指甲都将写实的表现形式发挥到极致；同时还符合佛经教义对佛菩萨的相好原则，手部绵软柔若无骨。其纤细、柔美的形态，正可谓春葱玉指如兰花。

三、定襄洪福寺

“武安有振瓦，易水无寒歌。铁骑若雪山，饮流涸滹沱。”[①]滹沱河畔龙凤山下的北社村高大的城堞在朔风的吹拂下已经屹立了五百余年。洪福寺就位于北社堡垒体系的核心地带，北社村隶属山西省忻州市定襄县，因此又称定襄洪福寺，寺院仅有一进院落，但四周夯土塑造的高大土墙让其显得宛若一座要塞。相比天下名山大寺，这座佛宫宝刹多了一抹鼓角争鸣的余韵。

寺院始建年代已无法考究，寺中康熙四十七年（1708）的《重修洪福寺正殿碑记》中曾对寺院正殿的历史有过考据：“宋宣和、金天会修经幢事，而此殿已称古院，则其创建之由邈乎远已。独殿脊上墨书‘大明弘治十七年□□□。此殿重修不知凡几，而最后可稽者在弘治甲子’。”可见至迟在北宋宣和年间（1119—1125），这里就已经有伽蓝存在了。宋金之事已大多缥缈无据，仅有金天会十年（1132）经幢中记载：北宋哲宗绍圣三年（1096）来自清平县的惠广和尚来到洪福寺，在他的带领下该寺得以大兴，甚至被北宋官方赐予着紫衣的荣耀。彼时洪福寺作为台外大寺，同五台山真容院、大华严寺往来密切。宋金鼎革，山西境内屡遭变乱，洪福寺直至金天会七年方才大体恢复。

寺中林立的明代碑刻，记载北社村先祖们留下的只言片语，也解释了为什么此地堡垒森严，寺中万历三十六年（1608）《重修洪福寺记》记载了明代中叶发生于此的一次军事冲突：“里东南隅岿然有古洪福寺，据高而临深。嘉靖二十九年秋，虏人入寇雁门时，族祖景州守东渠公致仕里居，率里人据其险守保，虏至望之辄引去，自是环寺筑雉堞为堡。”（图 2-4-27）这一年六月，蒙古土默特部俺答汗率军破古北口南下入关，洗掠长城内外，史称“庚戌之变”。这次事变诸州县报所残掠人畜二百余万，震动明廷。五百年前的秋天，北社村的村民在这里度过了一个个不眠之夜，佛在那一刻，变成了真正的庇佑生灵的所在，高耸的城堡在嘉靖三十九年（1560）再次保护了村人免遭劫掠。自此之后，洪福寺始多有维修，万历四十五年（1617）重修正殿，增塑殿内悬塑；天启元年（1621）修东廊，塑地藏王菩萨；崇祯十二年（1639）重修正殿（图 2-4-28）。

洪福寺中保存最为精美的塑像为正殿佛坛上九尊华严三圣的组合群像（图 2-4-29），九尊像具有我国 11—12 世纪佛教造像的典型特征。主尊皆面颊丰满，二目刻画细腻，衣褶刻画流畅（图 2-4-30、图 2-4-31）；二弟子虔诚恭敬（图 2-4-32）；胁侍菩萨亭亭玉立，容颜秀美，神态端凝（图 2-4-33）；二金刚怒而不恶（图 2-4-34）。宋金时期，造像美学逐渐趋向世俗化，大量尊神先后走下神坛，褪去了威仪的气韵（图 2-4-35）。在洪福寺，金刚不再愤怒，菩萨已非智者，但这种变化又同明清有所不同，11—12 世纪的寺院造像表现得要更加灵动，艺匠在创作时有更多的“出人意料”之笔。根据寺内金代经幢记载，洪福寺在北宋徽宗宣和七年（1125）前有过大规模修葺行为，这批造像或许便是在这一时期创作而成，虽历代皆有重妆，但宋风金韵仍不减当年。

---

① ［唐］李白五言诗：《发白马》，《全唐诗》卷一六五，黄山书社，1999 年，第 1172 页。

图 2-4-27　洪福寺外廓寨门

北社李氏在明代是晋北地区的大族，李氏在万历五年（1577）有李楠得中进士，后官至陕西巡抚、都察院右副都御使。其人官声甚好，正是在他的主持下洪福寺多有重修，北社村繁盛一时。

图 2-4-28　洪福寺正殿

（王彦嘉 供图）

殿前匾额“毗卢真境”为道光九年（1829）所立，悬山顶，面阔五间，寺内明人碑刻称此殿“规模最巨，时代最古”，现经有关专家考证认为应是宋代原构[①]。

① 李有成：《山西定襄洪福寺》，《文物季刊》，1993 年第 1 期，第 26 页。

图 2-4-29　洪福寺正殿佛坛

（王彦嘉 供图）

佛坛低矮扁平，台上九尊泥塑排列井然有序，造像周边有明代悬塑遗存。洪福寺佛坛的形制具有早期寺观造像形制的特征：重点依托尊像之高大而非仰仗佛坛的高大带给观者视觉冲击力。信众入殿后，仿佛《法华经》中无尽法界的大会就在眼前。

图 2-4-30 华严三圣，11—12 世纪，泥塑，尺寸不详

洪福寺（王彦嘉 供图）

佛坛正中为释迦牟尼佛的法身毗卢遮那佛，左胁侍是以智慧闻名的文殊菩萨，右胁侍是以大行闻名的普贤菩萨，合称为“华严三圣”，又称“释迦三尊”。洪福寺华严三圣脸部浑圆，额头比较宽，鼻短，眉毛弧形不显，上眼睑更宽，嘴唇较厚，口小，笑容几乎消失，颈部处理自然，与头胸之间没有分明的界线，具有典型宋代审美风格。此时一改隋唐时期尚存的犍陀罗造型中富含的“思”的神韵，主旨开始表现尊像端凝严肃、慈眼观世的一面。

图 2-4-31　主尊毗卢遮那佛佛座，11—12 世纪，泥塑

洪福寺

洪福寺须弥座已基本完成了从“工”字形转向叠涩型的变化，中塑海龙兴浪，外有二力士做奋力支撑状。宋代《营造法式》中已经有了对须弥座严格的定义：“叠砌须弥坐之制：共高一十三砖，以二砖并立，以此为例。”①

迦叶

阿难

图 2-4-32　摩诃迦叶与阿难陀局部，11—12 世纪，泥塑，尺寸不详

洪福寺（王彦嘉供图）

在汉传佛教中，大迦叶与阿难往往会被雕塑在释迦牟尼佛身边，为释迦牟尼佛之胁侍，与佛一同接受供养。洪福寺二弟子形貌尤为传神，迦叶年长，仰头皱眉，似被经中深意所困扰，满面的皱纹被雕琢得活灵活现；阿难年轻，双手合十，目光却已飘摇至思绪的尽头，其智珠在握、多闻第一的个人特色亦被古代工匠准确把握。

① ［宋］李诫：《营造法式》，重庆出版社，2018 年，第 431 页。

图 2-4-33　胁侍菩萨，11—12 世纪，木胎泥塑，尺寸不详

洪福寺

大乘佛教认为，每位如来皆有多位菩萨胁侍，以便渡化众生，多半造像时会设置两位胁侍菩萨以代表之。洪福寺的二菩萨皆着宫装，凝目沉思。沉思是洪福寺诸尊的一个主要风格特质，无论菩萨还是弟子，皆处在一种虽睁目，思绪却明显飘摇而去的状态。

图 2-4-34　二金刚像，11—12 世纪，木胎泥塑，尺寸不详

洪福寺

宋季重文轻武，武将的形象逐渐走向恭谨和内敛。洪福寺二金刚侧身而立，面部微侧，视线聚焦在大殿正门，神态威而不恶、雄而不怖，庄重含蓄多过武人之恣意张扬。

图 2-4-35　佛像背光局部，综合材质，11—12 世纪

洪福寺

佛坛背光繁复细密，有殿堂楼阁，繁花锦簇。宋代开始我国的寺院造像背光开始日趋繁复，其在整体造像体系中承担的角色开始增加，洪福寺便是一例。背光上悬塑的各类元素如光焰、楼阁、花卉等，都旨在表达法会时之四周场景，其图像学渊源应可上溯至唐代经变画的繁盛，本意在于更立体地表达佛祖讲经说法时的四周场景。

四、苏州保圣寺

游于江南，古镇屡见不鲜，角直如“嘴不点而含丹，眉不画而横翠”的美丽女子，未经过多世俗点染，尤为清丽脱俗，费孝通（1910—2005）誉其为“神州水乡第一镇”，千年古刹保圣寺便坐落其中。保圣寺原名保圣教寺，南朝梁天监二年（503）创寺，后在北宋大中祥符六年（1013）由僧惟吉重修。[①]而后此寺又历经数次兴废，至民国渐近倾颓。所幸民国初年寺内古塑及大殿外悬赵孟頫题抱柱楹联尚存，由此引发一段关于文物发现及保护的逸事（图 2-4-36）。1918 年，顾颉刚（1893—1980）造访角直，意外发现了保圣寺古塑像，其依据地方志记载，将室内罗汉塑像追溯至唐。1922 年顾氏再返角直，见寺院残败，遂奔走呼吁并发表《记杨惠之塑罗汉像——为一千年前的美术品呼救》[②]。这篇文章得到日本学者大村西崖（1868—1927）的关注，1926 年他亲赴角直考察，并在归国后出版《吴郡奇迹：塑壁残影》，保圣寺因此受到世界的关注。再有赖胡适、蔡元培、叶恭绰、梁思成、刘敦桢等海内豪贤，由保圣寺引发了一场声势浩大的文化遗产保护活动，使保存影塑的宋代大殿在倾塌之后仍有九尊罗汉像得以幸存至今。

志书皆载保圣寺“释迦牟尼挟持阿难、伽叶及十八尊罗汉塑像为圣手杨惠之所摹”[③]；作为唐代最负盛名的雕塑家，苏轼、苏辙皆有诗颂杨惠之所塑“宝山”[④]，因其雕塑作品现已不存，推测“宝山”可能为在墙壁上堆塑山峦，人物穿插其中的“塑壁”技法。《五代名画补遗》又说杨惠之在河南府广爱寺五百罗汉为杨惠之所塑。[⑤]“塑壁”及“罗汉”两个元素，以及造像的超高技艺，使后人将保圣寺大殿群像归入“圣手”杨惠之名下。但考证其寺史及塑像的内容、风格，此群像应仍是 11 世纪以后的宋代作品，为大中祥符年间寺院重建时遗作。留存至今的九躯罗汉上下错落，安置在塑有卷云、洞窟、浪涛的山石崖壁之上（图 2-4-37 至图 2-4-44）。一众罗汉穿着、样貌、姿态各不相同，或孑然独立，或望空长思，或相视对谈，其形容、风度相较常人略显夸张，但作为艺术作品又精准生动，恰到好处。相较唐代端严朴素、五代梵像奇诡的罗汉样式，保圣寺罗汉样貌以汉人形象为主，其头部、五官刻画符合宋时佛教造像写实主义盛行的特征，与济南灵岩寺罗汉颇为相类，而相较后者，则又多几分潇洒和别致。保圣寺罗汉虽非杨惠之亲塑，但亦为早期罗汉造像中的凤毛麟角，其与山巅溪谷巧妙结合，充满大自然的奇趣和人间情味。

---

① ［清］彭方周纂修：《吴郡甫里志》，江苏古籍出版社，1992 年 7 月，第 92 页。
② 顾颉刚：《记杨惠之塑罗汉像——为一千年前的美术品呼救》，《努力周报》，1923 年第 59 期。
③ 曹允源、李根源纂：《吴县志》，第 32 卷，1933 年铅印本。
④ 如苏轼有《过广爱寺见三学演师观杨惠之塑宝山朱瑶画文殊普贤》三首，苏辙有《将出洛城过广爱寺见三学演师引观杨惠之塑宝山朱瑶画文殊普贤为赋》三首。
⑤ ［宋］刘道醇撰：《五代名画补遗》塑作门第六，宋刻本 。

图 2-4-36　1932 年重建的保圣寺古物馆及内部幸存造像安置情况

（任啃奇 供图）

有赖于 20 世纪学者的关注和保护，保圣寺在坍塌前留下了丰富的古迹数据资料和图像资源，蔡元培等编成《甪直保圣寺唐塑一览》一书，并且在大殿坍塌后于 1932 年重建了保圣寺古物馆以陈列残余的造像。

图 2-4-37　罗汉像之一，宋，泥塑

苏州保圣寺（任啃奇 供图）

罗汉额头突出，双目紧闭，衣纹简洁流畅。此尊罗汉在保圣寺众多泥塑中最为写实。额上几道浅痕，面部肌肉松弛，唇角下撇，颈上肌肉消瘦而青筋毕露，老年人的神态被一丝不苟地刻画出来，然罗汉表情却不经意地透露出坚定和安详。顾颉刚和大村西崖皆认为此尊艺术造诣极高，应为杨惠之原作。

图 2-4-38　罗汉像之二，宋，泥塑

苏州保圣寺（任啃奇 供图）

罗汉头大脸宽，五官似是因气愤而聚缩在一起，怒目圆睁，直视前方，故被俗称为“怒目罗汉”。

图 2-4-39　罗汉像之三，宋，泥塑

苏州保圣寺（任哨奇 供图）

罗汉斜倚崖壁之上，袒胸露腹，一副心宽体胖、怡然自得的神态。

图 2-4-40　罗汉像之四、五，宋，泥塑

苏州保圣寺（任哨奇 供图）

左侧罗汉挺拔清瘦，面部有损，喉结突出，嘴巴微张，似乎正在滔滔不绝地向晚辈诉说生平过往、佛教奥义，虽老态毕现但精神矍铄。右侧罗汉则侧身抱手，双目低垂，若有所思。二人之间的太湖石，也似一个张嘴翘首、充满好奇的灵物，面向老者。这幅一老一少、一讲一听的动态画面颇具生活韵味。

图 2-4-41　罗汉像之六，宋，泥塑

苏州保圣寺（任啃奇供图）

罗汉隆眉高鼻，络腮胡须。他右手按膝，左手撑岩，双眉紧蹙，眺望远方。此尊罗汉的面貌和衣物有别于其他罗汉，其面色紫红，额头突出，高鼻深目，身着圆领通肩袈裟，外覆云肩，颇具异域风情。眼神刻画尤为精彩，写实之中又有夸张，似用尽力气想要望穿远方，无奈“望极天涯不见家”，空落惆怅。

图 2-4-42　罗汉像之七，宋，泥塑

苏州保圣寺（任啃奇供图）

罗汉蚕眉弯曲、二目大睁，一副清秀的面容。身上松垮披搭袈裟，年轻风姿之下似又带有几分逸秀潇洒的老练气韵。

图 2-4-43　罗汉像之八，宋，泥塑

苏州保圣寺（任哨奇供图）

罗汉眉眼倒垂，络腮胡须，口微张，似笑非笑、似怒非怒、似哭非哭，微微低头想要掩盖尴尬的情态。

图 2-4-44　罗汉像之九，宋，泥塑

苏州保圣寺（任哨奇供图）

罗汉表情深沉，鼻正口方，五官端正，双眼微张，充满睿智的光芒；双手置于大腿，静坐于群山之巅，给人以超脱、安宁之感。

五、原平惠济寺

“虽有古今之异而人心无古今之异，俾后之观斯石者，感发兴起，是继是承，以前人之心为心。”位于五台山外围练家岗惠济寺中立于明嘉靖十三年（1534）的碑记，结尾书写了这样一段颇有禅意的愿景。先人的祈祷经不住时易景迁，这座存在于世间已有千年的寺院香火如今早已断绝，唯有颇显破败的一进院落静静地在村落中老去（图 2-4-45）。

根据寺中年代最古之碑嘉靖十三年《惠济寺记》的记载，该寺的始建年代早已湮灭在历史长河中，仅相传“创自唐末”。到了嘉靖年间，寺院已经倾颓，在练家岗村中耆老的倡议下集资重修伽蓝。碑文中记载，彼时该寺有正殿、南殿、伽蓝庑、东围廊、西围廊、钟楼、山门等，今日惠济寺之主体建筑应在此时就基本定型。入清以后，嘉庆九年（1804）、道光二十三年（1843）、道光二十八年（1848）清廷对寺内均有重修。练家岗村地处滹沱河东岸，近古崞县城，自古是南北行商和朝台信众通过的水陆要道，在 1958 年崞县移治原平前更是繁盛一时，而富裕的经济基础驱动着这里的村民“以前人之心为心”，不断打造村中的这微观佛国，在寺中的一面匾额上我们甚至可以看到 1987 年村民集资重修寺院的记录。

“风沙睢水终亡楚，草木公山竟蹙秦。始信滹沱冰合事，世间兴废不由人。”[①] 南宋文天祥（1236—1283）在路过滹沱河时吟诵的绝句道尽了对历史规律的感慨和对时局的无奈。现在的惠济寺只有一进院落，包括正殿、东西配殿和南殿。正殿中间佛坛上陈列有着唐风余韵的宋代彩塑九尊（图 2-4-46）。佛坛上主尊为骑青狮的文殊菩萨（图 2-4-47），紧挨文殊的两侧是善财童子和控御青狮的于阗王（图 2-4-48），再外侧是两尊胁侍菩萨（图 2-4-49）。文殊两侧的斜前方分别是比丘僧佛陀波利和文殊老人像（图 2-4-50），再前为二金刚（图 2-4-51、图 2-4-52）。整个佛坛布局呈扇面状，仍保持唐五代以来的布局特征。20 世纪末，

① ［南宋］文天祥七言诗：《滹沱河》，程永涛、倪晓建主编：《宋朝状元诗榜眼诗探花诗》，昆仑出版社，2009 年，第 214 页。

正殿

南殿

图 2-4-45　原平惠济寺单檐歇山顶正殿及悬山顶南殿

惠济寺始建年代早已失考，今日尚存塑像的南、北二殿中，北殿（正殿）为单檐歇山顶建筑，面阔五间，整体有宋代建筑的灵动之风，其建筑规格等级颇高，在台外群寺中可谓大殿，殿中有二木柱，相传为唐代所遗留。南殿位于正殿对面，梁架之上尚存建设时之题记“大明成化十三年”，是目前惠济寺中有文字可考的最早记录。

佛光普照

图 2-4-46　文殊菩萨群塑，11—13 世纪，木胎泥塑

原平惠济寺正殿

惠济寺正殿主供文殊菩萨，所以又称文殊殿。殿内佛坛群像一铺九尊层次分明，呈“凹”字形排列，佛台低矮，尊像同观者的视觉空间距离几无。这一佛坛构图形式仍旧保留了早期寺观佛教造像的范式，利用塑像的陈设层次感表现空间的深邃。这一范式广泛流行于唐代，宋末之后陈设群像的模式逐渐走向横向整齐布置、佛台高大的形式。

惠济寺屡遭盗取，今日所见的文殊菩萨、二胁侍菩萨、善财童子及佛陀波利的头部均是被盗取后补塑的，其比例、神态乃至气韵均与身体感觉不甚协调，不禁令人扼腕叹息。但造像身体上的很多细节（图 2-4-53）及背影（图 2-4-54）仍然精彩。正殿的东南角，即一入门的右手一侧，有一尊明代僧人像，这便是曾为重修惠济寺而赤足雪地化缘的济空和尚（图 2-4-55）。在正殿的对面为南殿，殿内供奉水月观音（图 2-4-56）及十二圆觉菩萨（图2-4-57），水月观音位于正壁，十二圆觉分列左右两壁呈环拱之势。在两壁靠近北窗处，各有一尊中年男子像，一文臣打扮，一武将装束，此二像雕塑生动，水平颇高（图 2-4-58）。南殿内造像皆为明代之作。

此外，正殿与南殿在造像风格上的时空差距亦表现出一定的割裂性，正殿之群像虽多数头部为失窃后重塑，但规制森严、层次分明，其肌体塑造得流畅而健美，尤其是保存完好的二金刚像，其艺术水平之高，丝毫不逊色于南禅寺唐代金刚；而南殿则体现出明清以降我国寺观造像艺术普遍存在的程式化现象，唯有靠窗的俗装文武二臣灵动传神，这也证实明清时期工匠在脱离传统范式时，仍旧保有一定的艺术创造之生命力。

（被盗前图）

（补塑后图）

图 2-4-47　骑狮文殊像，11—13 世纪，木胎泥塑，高 4 米

原平惠济寺

被盗前图图源：金维诺主编：《山西彩塑精华珍赏丛书之原平惠济寺》，山西人民出版社，2004 年，第 1 页

惠济寺彩塑的文殊样式呈现出典型新样文殊的风格。文殊像头部被盗，今之所见为重新补塑，曾经的神韵已荡然无存。文殊头部宝冠在被盗前既已不见，其面部呈女相，右腿盘起，左腿足踏莲台，端坐于青狮之上。文殊上身着束袖短袄，外披云肩，两胸装饰有圆形图案，胸间软带十字束扎，十字中间宝相花装饰，短袄下襟折叠衣褶。下身着红裙，裙裾及衣带敷搭于莲台。左手掌心朝上于腹间，右手结说法印。文殊信仰在山西地区大规模兴起于唐，终唐一世，络绎不绝的朝拜者自东亚各处来到文殊道场五台山地区朝圣，一时间这里成为东亚佛教文化艺术的中心区。而正是五台山地区孕育出了“新样文殊”的图像范式。惠济寺的文殊菩萨便是典型的早期“新样文殊”的产物。

图 2-4-48 于阗王，11—13 世纪，木胎泥塑，高 1.9 米
原平惠济寺

于阗王在“新样文殊”体系中取代了早期的昆仑奴形象，牵狮的于阗国王面赤，身着红色袍服，头戴乌色尖顶小帽，足蹬高筒毡靴。袍服下摆随身而动，处理得非常生动自然。唐时期于阗长期臣服于中央王朝，在唐朝衰落、西域断绝之后仍然行唐制，尊佛教。敦煌壁画中今日尚存于阗国王尉迟僧乌波（汉名李圣天）为中原帝王衣着，自居“大朝大宝于阗国大圣大明天子”的遗存。最早将于阗王列入文殊眷属体系的文献是成书于北宋仁宗嘉祐五年（1060）的《广清凉传》，该书为五台山僧人妙济大师延一所著，在描述菩萨化身贫女的一则故事时记录了：“贫女被诃，即时离地，倏然化身，即文殊像，犬为狮子，儿即善财及于阗王。”[1] 可见在北宋时期，于阗王已经成为文殊眷属的一员了。敦煌莫高窟可见的“新样文殊”最早可至后唐同光三年（925），在第 220 窟发现的同光三年壁画题记中有“大圣感得于阗，普观受持供养……国王于……时”的记叙。

① ［北宋］延一：《广清凉传》，山西人民出版社，2013 年，第 72 页。

（被盗前图）

左胁侍菩萨头部被盗前及补塑后

图源：金维诺主编：《山西彩塑精华珍赏丛书之原平惠济寺》，山西人民出版社，2004年，第2页

（补塑后图）

（被盗前图）

右胁侍菩萨头部被盗前及补塑后

图源：金维诺主编：《山西彩塑精华珍赏丛书之原平惠济寺》，山西人民出版社，2004年，第2页

图 2-4-49 左右胁侍菩萨，11—13世纪，木胎泥塑，均高2.17米

原平惠济寺

惠济寺的两尊胁侍菩萨位于善财和于阗王的外侧，尊像均袒胸露臂，佩璎珞项圈，披天衣帛带，下身着红色裙裾，腰间绸布束扎短裙，跣足立于莲台。东侧胁侍菩萨右手抬起施拈花印；左臂弯曲，手残缺。西侧胁侍菩萨左手抬起向外施拈花印，右臂自然下垂，手部亦残。二胁侍菩萨造型优美，身姿略呈S形，现今虽头部被盗，但其婀娜之体态，洗练之塑法仍然可见其高妙。根据未被盗取前之照片，二菩萨面容圆润，五官似以墨线辅佐刻出，颇具唐代遗风。

（补塑后图）

补塑后的佛陀波利

头部被盗前的佛陀波利

图源：金维诺主编：《山西彩塑精华珍赏丛书之原平惠济寺》，山西人民出版社，2004 年，第 5 页

文殊老人像

图 2-4-50　佛陀波利与文殊老人，11—13 世纪，木胎泥塑，尺寸不详

原平惠济寺

文殊菩萨的图像学组合在唐宋变革时期存在着一身向三身（文殊、善财、驭狮者）、三身最终为五身的流变，惠济寺的文殊组合便是如此，在传统三身组合之外新增加了诞生于五台地区的一则传说中的二位主人公——佛陀波利和文殊老人。佛陀波利，北印度罽宾国比丘，唐代译经家。传说佛陀波利出家后信心坚定，四处参拜往圣遗迹，在中土五台山朝圣时，他在山中遇一老者，老者问其是否取来《佛顶尊胜陀罗尼经》，如未取来，需回天竺带来，饶益中土众生，随后老者不见。佛陀波利随之明白这是大觉点化，便返国取回经书。后文殊显现，方知这位老人实为文殊所化现。惠济寺佛陀波利及文殊老人一为行脚僧之形貌，一为儒冠老者状，再现了这一传说故事。五身组合形式流行于宋金时期，及至明清已基本消失。

图 2-4-51　二力士，11—13 世纪，木胎泥塑，均高 3.35 米

原平惠济寺

金刚力士是惠济寺中艺术水平最高的一对组合，二者身形微侧向殿门，双目直视殿外。二者皆身着铁叶甲，胸间束扎红色绸带，双肩兽首护膀，腰部虎面护腹咬金饰宝相花，玉带扎束腰间，腿部铠甲较短，露出红色战袍，身后袍服曳地。裤腿在膝处束扎，小腿裹吊腿，穿云头战靴，武将赳赳英武之气被塑造得惟妙惟肖。惠济寺二金刚所着铁叶战甲为典型的宋代标准铠甲，在胸前尚存继承自唐代明光铠之特征。

惠济寺的力士虎目圆睁，彩绘胡须根根随风而动，英风锐气令宵小胆寒，滹沱河流域自古为边塞前线，是农牧混杂之所在，民众多尚武。唐李益曾描述这一地区是“漠南春色到滹沱，边柳青青塞马多”。此地雄壮英武之辈层出，或许这正是千年前工匠得以如此传神地塑造刚猛虎将的基础。

图 2-4-52　二力士局部，
11—13 世纪，木胎泥塑
原平惠济寺

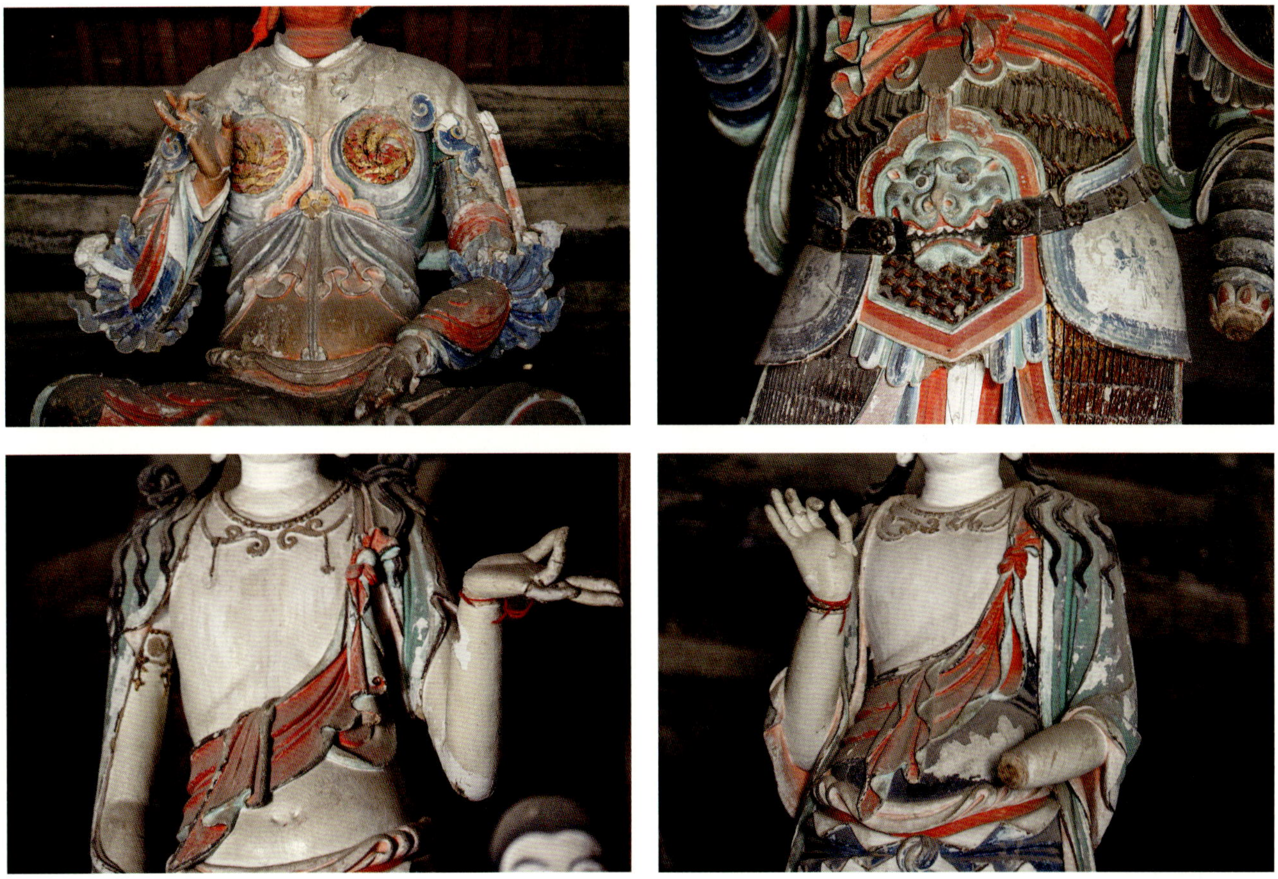

图 2-4-53　诸尊造像细节，11—13 世纪，木胎泥塑

原平惠济寺

唐宋变革时期之塑像仍然保有更多神性的一面，塑神造佛者往往心存虔诚之愿力，在尊像肌肉和身体比例的塑造上极其重视营造健美之感，建于唐末的惠济寺造像明显具有这样的审美特征。此外文殊菩萨、文殊老人、金刚力士的衣着写实、雕工机巧，事无巨细，再现了宋代服饰的神韵。

图 2-4-54　力士背影，11—13 世纪，木胎泥塑

原平惠济寺

雕塑的特别之处就在于可以 360° 观看，它要求匠师对造像有全方位的把控。惠济寺造像即使从背后看去也堪称完美，那明暗光影勾勒出的形象真实而充满个性。图中力士魁梧的背影，似乎将生命的张力暗含其中。

十二圆觉群像

图 2-4-55　济空和尚残像，明，木胎泥塑，尺寸不详

原平惠济寺

据被盗前之图像资料，惠济寺正殿东西两壁及后壁原皆有木格，据说木格内皆为宋代木雕佛教造像，共有一百五十七尊。而今墙壁上空空如也，仅在殿门东侧的墙角处存有一尊明代泥塑，其腿部残损，露出里面的木质胎骨。这尊泥塑便是济空和尚。相传明万历年间，济空和尚为修复惠济寺，于数九寒天赤脚行走在雪地上化缘，终于感动人们捐资修寺。饱经风霜的他，双目似乎存了一丝令人玩味的迷惑。“虽有古今之异而人心无古今之异”，嘉靖年间的碑文言之凿凿，音犹在耳。

图 2-4-56　南殿水月观音及十二圆觉群像，明，木胎泥塑

原平惠济寺

明成化十三年（1477）修建的南殿在艺术水准上明显同正殿有差距，菩萨的塑造过于程式化。主尊供奉水月观音，东西二壁环塑十二圆觉菩萨像，最外侧还各塑一文武臣坐像，背后尚存百余平方米明代壁画。

水月观音

图 2-4-57　南殿十二圆觉菩萨（部分），明，木胎泥塑，均高 1.7 米

原平惠济寺

圆觉菩萨姿容清丽淡雅，仿佛宫中秀女。入明以后程朱理学盛行，对女性的审美趋向于内敛含蓄，昂扬外放之形态在这一时期的女性塑像中已荡然无存。

图 2-4-58　南殿文武像，明，木胎泥塑，尺寸不详

原平惠济寺

惠济寺南殿于满堂神佛中塑等高之俗世人物，这在同期寺观塑像中颇为少见，文武像皆穿明代文臣武将之衣着，造型准确、神态生动，其艺术水平当在圆觉菩萨之上。不知二者是何功德，又有何等伟业值得专塑纪念。时光的风吹散了他们的故事，后人亦失落了对前人的记忆，唯有沉默的塑像安坐于窗前。

六、晋城青莲寺

山峦起伏、群峰兀立，建于山西省晋城市丹河谷地硖石山腰的青莲寺在晋东南诸寺观中堪称形胜第一。若逢云雾天气，群山簇拥中梵宫宝刹若隐若现，谷底丹河如玉带飘摇东去，可谓洞天福地，天赐圣所（图 2–4–59）。

古人很早就发现了这片土地的高妙之处。根据寺内碑刻记载，早在北齐时便有名僧昙始禅师在今丹河谷地创立道场“藏阴寺”，彼时另一位日后成为隋代三大师之一的净影慧远（523—592）闻其博涉经论，在十三岁时便拜在昙始门下，后选择于藏阴寺西修建精舍硖石寺。这便是青莲寺的肇始，此时为北齐天保年间（550—559），北周建德六年（577）慧远曾扩大寺院的面积。隋代一统，隋文帝（541—604）仰慕慧远之学，于公元 587 年诏慧远自青莲寺入住京师大兴善寺讲经，一时四方从学者云集。因大兴善寺不敷使用，隋文帝遂另建净影寺。慧远阅读经藏极多，他著的《大乘义章》是南北朝佛教集大成之作，而其中的《三量智义》则是中国佛教现存著作中第一篇论述“量论”的专文。

名僧参与建设，令青莲寺在建寺之始就被赋予了佛教重镇的角色。唐代多有名僧于寺中修行，终唐一朝，青莲寺一直是佛教修习的名蓝。唐大和元年（827），太原僧人惠愔到访青莲寺，见寺院年深日久，不堪使用，叹言曰：“忍使圣贤依栖之地反为墟落。”[①] 于是以此为家，并在原寺基础上再修殿宇，开设法华道场，大和二年（828）兼置普贤道场。青莲寺地位非凡，会昌法难并没有摧毁该寺，反而在咸通八年（867），唐懿宗御赐寺名“青莲”。如今

图 2–4–59　青莲寺全景

“此山霭霭通云烟，峭壁嵯峨势分绵。丹水流衍曲如带，风皱罗纹听管弦。莺啼花开入禅意，掷笔台前梵呗宣。遥想当年无遮会，纷纷散落雨花天。”[②] 后唐大将李嗣昭夫人杨氏在天祐十三年（916）至青莲寺礼佛，于寺中慧远掷笔台感怀风景殊胜故而作诗赞叹。作为晋东南第一名蓝，达官显贵对青莲寺的影响很大，供奉非常可观，这也令青莲寺造像皆为同一时代中的顶级作品。

图中主要殿宇为青莲寺上寺，远处的瓶状藏式覆钵塔所在之处为下寺，即古青莲寺。

① 参见寺中金泰和六年（1206）《泽州硖石山福岩禅院记》碑文。
② ［后唐］杨氏七言诗《硖石山》，刻于青莲寺外。

在青莲寺外的山壁上仍存有唐代佛龛及历代文人墨客的题刻（图 2-4-60）。

入宋之后，青莲寺仍旧是晋东南地区头号大寺，太平兴国三年（978）宋太宗敕青莲寺上院为“福岩禅院”，而下寺自此被称为“古青莲寺”，并迎来新的一轮建筑高潮，如今上院建筑皆为宋代所兴。从宋至清，一千年间青莲寺香火不断，代有名僧与施主维护翻修，其在中原诸寺中地位尊崇，被称为“晋魏河山第一寺”。有赖历代保护，青莲寺至今仍保存了下寺与上寺的双寺格局，所以今日我们所说的青莲寺实则包括两处相毗邻的寺院，即古青莲寺和从宋代便被称为“福岩禅院”的青莲寺上寺。二寺中如今保存了唐、宋、明、清四代彩塑六十余尊，其中七尊唐塑皆位于古青莲寺弥勒殿中（图 2-4-61 至图 2-4-66）。宋塑则分别在：古青莲寺释迦殿内存十二尊（图 2-4-67 至图 2-4-70），该殿位于弥勒殿对面，亦称南殿；青莲寺上寺释迦殿存五尊（图 2-4-71 至图 2-4-74），罗汉堂存十九尊（图 2-4-75）、地藏阁存十二尊（图 2-4-76 至图 2-4-78），三佛殿则存明清彩塑十二尊。此外，在殿堂之外，还有塑于檐角之下的小神像格外别致，例如青莲寺上寺释迦殿及地藏阁檐角下的神鬼力士（图 2-4-79）。檐角下塑力士元以后多见，此处为宋构，当为时间较早的一例。青莲寺中的造像，移步之间便是千年之遥，堪称中国历代彩塑博物馆，本节所涉以唐宋造像为主。

唐宋之际，我国在社会结构层次上发生了深刻变化，随着身份性贵族的消失与非身份性士大夫阶层的崛起，文人士大夫的文化创造力空前勃发。于社会基层而言，城市的繁荣与勃兴，令这一时期形成了一个包容度相当高的市民群体作为文学艺术的共同受众。这种堪称革命性的变化深入地影响了佛教造像的风格，世俗多姿的罗汉，儒风十足的菩萨，意态闲适的佛尊接连出现，唐代佛教造像蕴含的神性在宋代迅速被这种新的、世俗的审美风潮所替代。青莲寺造像之珍贵即在于，我们可以在寺中一日看尽唐宋变革，两个时代的精神在这里交相辉映，两个时代对美的追求和定义在这里碰撞继承。

图 2-4-60 青莲寺上寺外的摩崖题刻及唐代佛龛

在青莲寺外的崖壁上不仅有唐代凿刻的佛龛，还有不少历代文人墨客留下的题刻，为清幽的自然环境更增添了深厚的人文内涵。

图 2-4-61　中心佛坛群像及弥勒像，唐，泥塑彩绘

古青莲寺弥勒殿

图源：柴泽俊、柴玉梅著：《山西古代彩塑》，文物出版社，2008 年，第 196 页，图一五

弥勒殿佛坛宽大，几乎占据殿内三分之二的空间，上塑群像七尊。坛上中央的主像为倚坐弥勒，其神情凝重慈祥，左手扶膝，右手抬起施印，无背光，双足踏莲台。两侧为阿难、迦叶二弟子，身前有一躯残损的供养童子和一躯护法，体量均较小。坛左右塑文殊、普贤半跏趺坐于须弥座上，二者座下为标准生灵座，壸门内塑青狮白象。此铺造像为典型的唐代造像布局。唐代弥勒信仰因得到朝廷帝王的支持而获得显著发展，唐高宗、武则天、唐玄宗均崇信弥勒，女皇武则天更是以弥勒转世自居，于东都洛阳造弥勒大像。唐朝宗室泽州刺史韩王李元嘉诸子就曾重造碧落寺摩崖弥勒像。彼时全国兴起建设弥勒大阁或塑造弥勒大像的风潮，青莲寺造像亦处于此风潮之中。

图2-4-62　弥勒佛像局部，唐，泥塑彩绘，高3.8米

古青莲寺弥勒殿
图源：金维诺主编：《山西彩塑精华珍赏丛书之晋城古青莲寺、青莲寺》，山西人民出版社，2004年，第8页

弥勒螺发、肉髻突出，长眉修目，双目微微下视，面相端严，身材魁伟，不怒自威。举右臂及胸，右手外举结手印；左手自然搭于左膝之上。着袒右贴体袈裟，衣纹以凸刻法刻画，手法洗练，使得袈裟立体感极强，其躯体的造型在层叠衣纹之下若隐若现。衣纹舒缓流畅的长弧线，缓解了人们在威严殿宇中的紧张感。弥勒佛双腿自然下垂，这种倚坐像为唐代弥勒佛像之标准样式。

阿难

迦叶

阿难背影

图 2-4-63　阿难、迦叶尊者，唐，泥塑彩绘，阿难高 2.6 米，迦叶高 2.81 米

古青莲寺弥勒殿

阿难双手合握于胸前，头部微扬眼睛却下视，神情自若，有着汉唐贵族少年的骄傲和尊贵。阿难内穿红色僧衣，福田袈裟随意地斜披于外，从造像身后看，身体右侧的袈裟一角不经意地掖在背后，又带有几分豁达和不羁。迦叶面貌苍老，头硕大，面容清瘦，皱纹堆垒，带有年长者的稳重与阅尽沧桑后的淡泊。迦叶也是斜披袈裟，但却是中规中矩的袒右袈裟的斜披方式。

图 2-4-64　供养菩萨，唐，泥塑彩绘，尺寸不详

古青莲寺弥勒殿

这尊供养菩萨位于弥勒佛的右前方，形体较小，头部、双臂及右腿部位虽然残损严重，但整体仍能看出造像的精妙之处。供养菩萨裸上身，左肩斜披络腋，面部圆润饱满，宽肩细腰，造型极为准确、生动，肌肤似吹弹欲破，充满着生命的张力。

普贤

文殊

图 2-4-65　普贤、文殊菩萨像，唐，泥塑彩绘，均高 3.05 米

古青莲寺弥勒殿

左图图源：金维诺主编：《山西彩塑精华珍赏丛书之晋城古青莲寺、青莲寺》，山西人民出版社，2004 年，第 14 页

右图图源：柴泽俊、柴玉梅著：《山西古代彩塑》，文物出版社，2008 年，第 198 页，图一七

普贤、文殊面貌相似，均是面形长圆，气度雍容，高髻中束以巾，袒胸配项饰。二菩萨的单手或双手做持物状置于胸前，很可能手中原有持物，但已不知所踪。菩萨均是一腿盘于身前，一腿自然垂于莲座之下，体态优美。两位菩萨的袈裟披覆方式各有特色，普贤菩萨将袈裟从后腰部向前包裹两臂，于腹前系结；而文殊菩萨则是如阿难一般将袈裟于右侧随意地掖在背后，一派闲散适意，充满大唐风华的浪漫气息。在配色上尽管使用了红蓝原色及红绿补色这种对比强烈的色彩，但由于纯度降低，以及整体颜色以暖色为主导，所以整体色彩和谐，明丽而不耀眼。二菩萨座下分别塑狮及象，以表明其为文殊和普贤菩萨的准确身份。

图 2-4-66　菩萨衣饰局部，唐，泥塑彩绘

古青莲寺弥勒殿

唐代菩萨的衣饰应该是经过了后世的重妆，尽管如此，重妆的效果与原塑也堪称完美。袍袖、衣襟的边缘是沥粉贴金的连续式纹样，这种技法使衣物纹饰显得立体而真实，应是在模仿现实中的织金效果。在衣纹的每一道褶皱处，匠师都很仔细地表现出连续纹样的“断裂”，以求效果更加逼真。而除了边缘纹饰，衣服上还出现了沥粉贴金的折纸花纹样，这显然是宋金以后的手法了。

图 2-4-67　一佛二菩萨二弟子像，宋，泥塑彩绘

古青莲寺释迦殿

古青莲寺中除了北殿弥勒殿之唐塑外，尚存一堂宋塑于释迦殿（南殿）。释迦殿除南侧群像规制齐整外，其余彩塑陈列于墙边、角隅布局凌乱，应是后世有所搬动。释迦殿内唐宝历元年（825）镌刻的《硖石寺大隋远法师遗迹记》记载，释迦殿旧日曾为高大楼阁，后因丹水泛滥而坍塌。北宋景德四年（1007）于原址重建。扇面墙南侧佛坛上塑五尊彩塑，三坐二立，分别为释迦、阿难和迦叶二弟子、文殊及普贤菩萨。尊像布局与弥勒殿相似，只是没有了供养菩萨及护法神将。此坛造像整体面相清秀，神情生动，为宋代彩塑佳作。

图 2-4-67-1　释迦佛像，宋，泥塑彩绘，高 2.2 米

古青莲寺释迦殿

佛坛主尊为释迦牟尼佛，大耳丰颐，面相庄严慈祥。与弥勒殿唐塑相比，宋塑佛像五官平展，面部略显阔圆肥胖。佛像右手残损，左手抚膝，结跏趺坐于莲台；袈裟下摆垂于座前，但并不长，只盖住了第一层莲瓣。莲座下为长方须弥座，四角均有立柱，束腰间塑力士做负荷状。

文殊菩萨

普贤菩萨

图 2-4-68　文殊与普贤菩萨，宋，泥塑，均高 1.85 米

古青莲寺释迦殿

文殊菩萨双腿散盘于莲台上，上身裸袒，斜披络腋，外披天衣，下着长裙，裙裾自然地铺散在莲座上，衣褶婉转流畅。文殊菩萨姿态闲适淡雅，头部向右侧微倾，看向左上方，神情中似乎带着几分令人玩味的笑意，仿佛一位优雅娴静的青年女子，而非宗教中神圣的七佛之师——文殊师利。对面的普贤菩萨造型、装束、发髻样式及饰物与文殊菩萨大同而有小异，但面貌表情却与文殊菩萨大不相同。普贤菩萨表情严肃，头部中正，目光微微下视，更加沉静内敛。从二菩萨的塑造中可以看出宋人精密、细腻、注重人物个性特征表现的造像艺术特征。

图 2-4-69 迦叶像，宋，泥塑彩绘，高 1.85 米

古青莲寺释迦殿

古青莲寺释迦殿中的宋塑迦叶与阿难像很明显是仿照弥勒殿内的唐塑而来，其中最明显的是迦叶像，头部宽大，与弥勒殿迦叶如出一辙。尽管此二像形态相似，但宋塑迦叶的脸上没有了唐塑迦叶的沧桑和衰老，略显饱满的脸上多的是一份恬淡和愉悦。厚重的袈裟，内外层次分明，穿着规矩、严谨，少了一分唐人的洒脱，多了一分宋人的理性和含蓄。

图 2-4-70　比丘像，宋，泥塑彩绘，高 1 米

古青莲寺释迦殿

此尊比丘像位于古青莲寺释迦殿中，非属佛坛造像，和其他几尊塑像一起散置在墙边。该像雕塑得十分细腻、生动，微微前倾的身体和向上看去的目光，似是对某件事情充满了期待和渴望。其柔和的双手提着袈裟，这一动作似乎让我们明白，这是他仰望佛陀，提着衣襟正要跪拜前的一瞬间。比丘表情虔诚，五官造型精准，衣纹处理自然，是一尊极为难得的宋代肖像性质的造像。

图 2-4-71　中心佛坛群像及释迦像侧影，宋，泥塑彩绘

青莲寺上寺释迦殿

释迦殿又称中佛殿，殿内中央设凹字形佛坛，佛坛低矮却有高大尊像林立其上，且视线均集中于殿堂入口，由侧面更可直观感受这种视线聚焦。主尊释迦佛结跏趺坐于束腰须弥座上的仰莲莲台上。释迦右侧站立弟子阿难，双手合十；左侧弟子迦叶遗失。释迦斜前方为坐于束腰须弥座上的两位半跏趺坐菩萨，左侧为文殊，右侧为普贤。

图 2-4-71-1　中心佛坛释迦像，宋，泥塑彩绘，通高 3.93 米

青莲寺上寺释迦殿

释迦牟尼佛大耳垂肩，面相方圆，庄严慈祥，举起的右臂手部残缺，结跏趺坐于莲台，长襟裹足，衣摆垂于座上。座为长方须弥座，四角均有立柱，束腰间塑力士做负荷状。与古青莲寺唐塑弥勒佛相比，此宋塑五官平展，面部阔圆肥胖，肉髻较为平缓，螺发中央置髻珠；唐塑则发髻略高，整体成形。宋塑衣纹重在表现厚重，唐塑衣纹则意图表现贴体之轻柔。整体风格上二者有着截然不同的审美意趣，唐塑弥勒肌体健美，面部神情明快；宋塑则垂目下视，不再对身躯进行过多的塑造。这种截然不同的审美意趣体现了唐宋社会审美思路的“进”与“退”。

图 2-4-72　释迦佛佛座局部及细节，宋，泥塑彩绘

青莲寺上寺释迦殿

释迦佛的佛座制作极为精致华丽，绚丽的彩绘自不必说，而最为生动传神的则是佛座束腰部分人与动物的塑造。佛座正面可见者主要有三个形象，一个是中间的狮子；另两个则是狮子两侧托举莲台的力士，二力士动态基本相似。狮子以正面示人，两只前爪探出，刚健有力。然这只神兽的表情却十分有趣、可爱，似是遇到了什么尴尬的事情，正龇牙咧嘴、自我解嘲地讪笑着。其右侧着绿裙的力士一条腿残缺，左侧力士则保存完好。左侧力士袒上身、着粉裙，两腿岔开呈蹲坐姿态，腿露于裙外。力士右手撑于右腿之上，左手扶着压于肩颈的重有千钧的佛座，身体粗壮、肌肉发达，使人似乎感受到这千钧压迫之下的抗力。

图 2–4–73　阿难像，宋，泥塑彩绘，高 2 米

青莲寺上寺释迦殿

阿难身穿福田袈裟，双手合十，二目微瞑，似在祷告，神情恭谨。此宋塑阿难像与弥勒殿唐塑阿难的骄傲和贵气相比，自有着一种超脱世事的冷静和洞彻，如同二者对外披福田衣的处理一样，宋塑紧紧包裹住全身，遮盖着自身的本真性情。

文殊

普贤

图 2-4-74 文殊、普贤菩萨像，宋，泥塑彩绘，均高 3.4 米

青莲寺上寺释迦殿

此二尊宋代菩萨造像明显在塑造时参考了弥勒殿唐塑的造型和样貌，但神韵上与唐塑截然不同。宋塑二目半张，低眉似在沉吟，二者相比，唐塑气韵略胜一筹。唐塑尊像蕴藉空灵，观之超凡绝俗；而宋塑素朴直接，更细腻地表达了一种对尘世众生的慈悲之情。

二菩萨半跏趺坐于八角须弥座莲台之上，须弥座束腰处有蜀柱支撑，壸门处四面，分别有狮头和象头探出。二菩萨头部方圆，直发高髻，发丝清晰可见，无花冠，戴耳珰，发辫披肩，胸佩璎珞。二菩萨像着装相近，为通肩式法衣，内衣自左肩斜下，腰带结于腹前；衣纹流畅，质地柔软，垂于莲座。肌肤白皙，面相端庄、典雅。

图 2-4-75　十六罗汉（部分），宋，泥塑，均高 1.4 米

青莲寺上寺罗汉堂

青莲寺上寺释迦殿东侧罗汉堂内的十六罗汉，为北宋建中靖国元年（1101）建殿时所塑，乾隆十年（1745）改建为楼阁时将这批宋塑重妆金身后整体抬到了二层。现在的罗汉堂中，正壁供主尊观音菩萨，十六罗汉翼列两侧。罗汉艺术的流行是宋代佛教世俗化的结果。青莲寺罗汉尚为早期十六尊组合，其造型风格未受到五代时期贯休绘作之影响，相较后世罗汉，他们在身姿的塑造上更加大胆，面部的神情更加复杂，虽然后世多有重妆，且在抗日战争时期遭到不同程度的损毁，但仍然难掩宋代罗汉所特有的洗练明快、浑厚古拙、形神俱妙的韵致。

十殿阎罗

地藏菩萨

图 2-4-76 地藏菩萨及十殿阎罗，宋，泥塑，地藏高 1.86 米

青莲寺上寺地藏阁

地藏阁中的造像与东侧罗汉像一样，在乾隆十年被搬迁到楼上，内部彩塑十二尊以地府为主题的群像，主尊地藏菩萨，结跏趺坐于六边形束腰须弥座上，双手似结说法印于胸前，头戴宝冠，身披袒胸袈裟，面相圆润，庄严静穆。

地藏两侧环墙塑十殿阎罗，他们同样是始于唐末，兴起于宋代的一种尊像表现形式，经过唐末五代的乱世，十王这一司职度亡的群体在图像学上得到定型与传播。

图 2-4-77　十殿阎罗（部分），宋，泥塑，均高 1.52 米

青莲寺上寺地藏阁

青莲寺十殿阎罗像被后世多次重妆，但依旧能基本得见宋塑厚重而多样的造像风采。在这十五尊塑像中，尽管他们服饰类似、动态也无大的差别，但每一位尊像都具有独特的风貌神韵，有的似中年文臣，有的如老年武将，即使是武将也有儒将和猛将之异；即使是文臣，性格也有暴躁和稳重之别。他们或柳眉凤目，或粗眉环眼，或神态平和，或愠怒斥责，每个人的神态、举止各不相同。优秀的塑匠总会在雕塑时赋予每一尊造像以独特风貌，这也正是宋塑的高妙之处。

图 2-4-78　鬼卒，宋，泥塑，尺寸不详

青莲寺上寺地藏阁

地藏阁南侧窗前之鬼卒形象颇为传神，他上身赤裸，通体古铜色，斜披络腋，下身着犊鼻短裤，面目狰狞，火焰状的头发向上竖起。在肌肉的塑造上，宋塑继承了唐代力士类造像所特有的“渔网肌”，显得遒劲有力。

图 2-4-79　释迦殿檐角下的力士，宋，泥塑，尺寸不详

青莲寺上寺

青莲寺的造像并未拘泥于高搭的法台，机巧百出的古代匠师在斗拱飞檐间亦塑造出栩栩如生的力士。拧眉瞪目、胖大憨厚的力士将造像与建筑更为紧密地结合在了一起。

七、济南灵岩寺

《高僧传》卷五载："（竺僧）朗乃于金舆谷昆仑山中。别立精舍。犹是泰山西北之一岩也。峰岫高险水石宏壮。朗创筑房室制穷山美。内外屋宇数十余区。闻风而造者百有余人。朗孜孜训诱劳不告倦。"[1] 金舆谷昆仑山即是灵岩山，山中有寺，即灵岩寺。这座隐于山东省泰山北麓余脉的古寺，自竺僧朗开山后延续至北魏太平真君七年（446），因灭法活动令佛事废止，北魏孝明帝正光年间（520—525）再兴（图 2-4-80）。正光元年（520）法定禅师来此，爱其泉石，重建寺院，逐渐兴盛。此后，寺院佛事长盛不衰，形成了规模宏大的建筑群。寺依山而建，沿山门内中轴线至今留存的有天王殿、钟鼓楼、大雄宝殿、五花殿、千佛殿、般若殿、御书阁等。建筑多为明清形制，但保留不少宋代构件。此外寺中还有佛塔和墓塔若干，据 1936 年梁思成夫妇及建筑学家刘敦桢的调查，灵岩寺包括辟支塔、慧崇塔、法定塔及宋、元、明历代墓塔一百四十余座。另有各种碑刻题记，散存于山上窟龛和殿宇院壁，其中最负盛名的有唐李邕（678—747）撰书《灵岩寺碑颂并序》及浮雕造像和经文。

灵岩寺千佛殿（图 2-4-81）依山而建，面阔七间，进深四间。单檐庑殿顶，上覆绿琉璃瓦。殿顶举折平缓，出檐深远，有展翅欲飞之势。檐下置七踩斗拱，近观繁复，远看疏朗宏大。"千佛殿"匾额由赵朴初题写。殿内以大殿中轴线为界，东西两侧环壁一周设台座，各设彩色泥塑罗汉二十尊（图 2-4-81-1），这些彩色泥塑为宋、明之作，技法精湛，神态各异，栩栩如生，被誉为"海内第一名塑"。罗汉造像原分置于寺内各个殿中，但因时代变迁、战乱破坏，最终仅余四十尊，集中安置在千佛殿中。其中，包括二十七尊为宋塑，另外十三尊为明代补塑。造像身侧皆有木牌榜题，表明此处罗汉题材涉及十大弟子、十六罗汉、十八罗汉、五百罗汉及高僧等。如天童密云

① ［南梁］释慧皎：《高僧传》，《大正新修大藏经》第 50 册，第 354 页。

图 2-4-80 灵岩寺外景

寺周群山环抱，深奥幽邃。寺内古木苍翠，怪石林立，殿宇峥嵘。灵洞曲涧、青峰翠峦环绕着古刹精舍，构成了一幅绚丽多彩的画卷。

图 2-4-81　济南灵岩寺千佛殿

它是灵岩寺中保存最完好、规模最宏大的主体建筑，因殿内供置众多佛像而得名。此殿始建于唐贞观年间（627—649），宋嘉祐和明嘉靖、万历年间重修，现存木结构为明代建筑。殿外古木参天，远处百塔林立。千年辗转之后，寺与山景融为一体，散发出古老浑厚的气息。

图 2-4-81-1 千佛殿内罗汉群像（部分），宋至明，泥塑彩绘，高 1.55 米
济南灵岩寺（王寰 供图）

这些塑像环列于殿内四周的壁坛上，坛座高 0.78 米，脚座高 0.33 米，坛座至罗汉头顶高 1.55 米，整体看大小基本一致，比真人略大。

圆悟和尚（1567—1642），为明末临济宗僧，因德高望重故塑入佛堂；伏虎禅师（？—962）、济颠和尚（？—1209）、破山和尚、鸠摩罗什（约 344—约 411）、鬼逼禅师、法定和尚等也都为声名显赫的高僧大德（图 2-4-82 至图 2-4-85）。东第四尊摩诃迦旃延为佛陀十大弟子之一，在佛灭度后仍从教化，屡与外道论战，于佛陀弟子中称论议第一；西第十三尊为朗公和尚，他不仅是十六国时期名噪一时的高僧，更是灵岩寺的初创者（图 2-4-86）。灵岩寺罗汉像自宋代至今，历经了数次损毁、补塑、修复，故今所设榜题并不完全准确，但形态各异的形象展现了不同时期信仰和技艺的变迁，具有不可替代的历史价值。

从审美角度来看，古代艺术家在塑造这些罗汉像时，以现实人物为基础，刻画出或清秀俊朗，或老成练达的各种形象。塑像的神情状貌非常生动，喜怒哀乐俱形于色，有的勇猛、愠怒，有的据理力争，有的闭眸沉思，有的笑容可掬，有的俯首低吟，有的纵目远眺。其形象侧重于写实，具有浓郁的现实生活情趣。

灵岩寺中的辟支佛塔（图 2-4-87）初创于唐，现存为北宋建筑。现塔下

图 2-4-82　东第十六尊天童密云圆悟和尚等，宋，泥塑彩绘，高 1.55 米

济南灵岩寺（王寰 供图）

画面最前者为天童密云圆悟和尚，尊者面呈老态，双手托举于胸前，独自安静思忖。其身披的丝般质感的袈裟、额头凸起的青筋、手背隆出的血管，展现了宋塑造像繁复又细致的程序和生动的形态无不给人留下栩栩如生的印象，以至于今人竟不愿在部分油彩脱落的地方进行补色，唯恐破坏了塑像浑然一体的感觉。

仍保存有北宋嘉祐年间（1056—1063）等的题记[①]。此塔整体呈八角九级、高 55 米余。佛塔基层以浮雕形式精美地雕刻着佛教史上声名煊赫之护法轮王——阿育王事迹。八面共有浮雕四十块（三块已残），间以蜀柱、宝瓶龙凤、线雕持花菩萨，转角处则雕刻身着铠甲、手做托举状的护法金刚。浮雕共有十四处题记，阐明画面情节内容，但明代维修时有错位现象。现在核明此辟支塔基浮雕有《阿育王经》传记事迹，也有譬喻经类故事。最特别如“耶舍舒指鬼神送塔”竟与更晚的佛教文献符合。塔基浮雕的故事情节主要有：孔雀王朝、无忧树悲剧、地狱中的莲花、战争与觉悟、分赐舍利、阿育王施土、法会升幡、王子鸠那罗的遭遇、最后的半只庵摩勒果等。[②]

① 《灵岩寺》一书认为其为宋淳化至嘉祐年间建修。参见《灵岩寺》编辑委员会编：《灵岩寺》，文物出版社，1999 年，第 19 页。1995—1996 年灵岩寺考古工作清理此塔基浮雕并古山门即鲁班洞等。主持者指出其原建应在天宝之前，与唐初山门即鲁班洞对应，似在一轴线而稍偏，属以塔为中轴线之布局体现。

② 马伟丽：《山东长清灵岩寺辟支塔塔基浮雕艺术》，《山东艺术学院学报》2012 年第 4 期，第 59 页。

西第七尊

西第八尊

图 2-4-83　西第七尊天台醉菩提济颠和尚及西第八尊忍辱无嗔伏虎禅师，宋至明，泥塑彩绘，高 1.55 米

济南灵岩寺（闫鑫 供图）

伏虎禅师像为宋塑，半结跏趺坐，右手上抬右伸，左手抓住右衣袖一角，似正在向面向其右侧的济颠和尚指点佛法。济颠和尚像虽为明代补塑，但与伏虎禅师相得益彰，他伸出左手、右掌，与伏虎禅师形成互动。两位尊者正在亲切交谈，极富故事感的画面也不失精美，伏虎禅师散开的衣襟上绘制着吉祥花纹，衣摆展现出不规则的褶皱，生活气息浓厚。

图 2-4-84　东第十尊东土摩诃菩提尊者及东第九尊精进比丘鬼逼禅师，明，泥塑彩绘，高 1.55 米

济南灵岩寺

摩诃菩提尊者和鬼逼禅师也构成一幅极具动态的画面。菩提尊者头转向其左侧的鬼逼禅师，右手上举，中指指向虚空，左手横放腹前牵拉过于宽大的衣袖，左腿自然下垂，右腿曲起盘坐。鬼逼禅师结跏趺坐，右手抬起，左手持巾，头扭向菩提尊者，二者似在热烈地讨论着精妙的禅理。稍纵即逝的瞬间，在匠师的手下化作了永恒。

图 2-4-85　西第十二尊灵岩寺法定和尚，宋，泥塑彩绘，高 1.55 米

济南灵岩寺

法定和尚为河北景县人，北魏时期于此地重建灵岩寺，是为该寺中兴祖师。尊像结跏趺坐于法台，姿态颇奇。他二目微张，双手横于视线之前，似在描绘禅师打坐完毕，运气抒发的一瞬。相传法定在灵岩寺曾入定四十九天，瞑目诵经，这或许是古代匠人感其事迹，应事而创的独特形象。

东第四尊

西第十三尊

图 2-4-86　东第四尊摩诃迦旃延尊者及西第十三尊朗公和尚，明，泥塑彩绘，均高 1.55 米

济南灵岩寺

摩诃迦旃延尊者呈半跏趺坐与倚坐结合的坐姿，上身直挺，左手上举，右手横置胸前。双目半合，目视下方，塑造出一位全神贯注说法的高僧形象。灵岩寺本土罗汉与西域罗汉共处一堂。在摩诃迦旃延尊者对侧斜倚墙角的是一位在佛教东传史中地位非凡的僧人——竺僧朗。相传其在十六国时期出入北方诸国宫廷，被君王封神拜圣，被尊称为朗公，而灵岩寺便是这位朗公兴建的寺院之一，朗公为该寺初祖。位于角落的朗公面容清秀，身形略显修长，半跏而坐，右手分指他处，似在侃侃而谈，仿佛重现着当年他在泰山下讲经布道时的洒脱一幕。

图 2-4-87　*辟支塔，宋，砖石，高 55 米*

长清灵岩寺

辟支塔高 55 米，约相当于今日二十层楼的高度。层层递减的塔身，在视觉上形成钻天之势，更显巍峨。此塔为密檐与楼阁相结合的塔式，一至三层为重檐，四到九层为单檐，造型奇特，形式多变，玲珑但不失庄严。

阿育王造八万四千佛舍利塔分而送之是其代表性事迹，早在两晋南北朝时期便已在中国广为流传。此故事在《阿育王经》与传中有大略相同的描述，即阿育王受教化后，决心造八万四千塔。他先取阿阇世王处佛舍利，又取七国佛舍利，再图海中舍利时，龙王早建水晶塔供养，未允其请。阿育王于是回宫造八万四千宝箧、宝瓮、宝盖，又与耶舍上座商议，集鬼神分送人间各处。上座以手障日，使舍利入塔一日所成。这些画面多是以手遮日，指间光下有些小塔，与经文较吻合。这些情景在塔基雕刻中均有呈现（图 2–4–87–1 至图 2–4–87–5），敦煌壁画也有此类主题，唐、五代、宋画皆有。

在灵岩寺辟支塔浮雕图中，这位阿育王完全穿着中国式袍服，戴着汉式冠冕，至于僧俗文武、军民人等也是同样。此为辟支塔浮雕特色所在，所刻绘之一切人物、器用、背景，均已彻底中国化，体现出浓厚的中国本土欣赏习惯及审美趣味。北宋时佛教入华已久，无论艺术或宗教本身，都已成就了中国特色。艺术方面更是经过多次汲取融合，所以，出现中国冠服的阿育王并不奇怪，反而更易于为民众所接受。

总之，这个耳熟能详的造塔故事，在图形中与最初的原典有些差距，但与另一些说法相近。如《佛祖统纪》卷三十三说“尊者耶舍舒指放光，八万四千道，令羽飞鬼各随一光尽处安立一塔，于一日中遍赡部界”，就与浮雕画面极为贴切。另外还有阿育王息坏目因缘、阿育王造毁地狱等场景画面。灵岩寺辟支塔基浮雕，不仅造型富中土特色，构图布局处理也充满着装饰性，山峰海浪、宫殿云间，切合着大起大落的非常情节，表达出独到的艺术美感。

图 2–4–87–1　阿育王施土，宋，石雕

灵岩寺辟支塔

阿育王施土缘是阿育王故事的缘起，见于《阿育王传》等诸多经传。即阿育王前世为小儿时，以所玩之土沙献给佛陀。佛陀因而授记，此小儿来世能做转轮之王，佛涅槃后能起塔遍布。此幅雕刻十分出色，佛陀的庄严、小儿的虔诚，惟妙惟肖，线条细劲流畅，更见雕刻技艺纯熟。佛具桃形头光。小儿为三身，一跪地；一伏地；另一则双手举一小鼎，正是阿育王前身、献沙土的德胜童子。

图 2-4-87-2　阿育王高僧议事，宋，石雕

灵岩寺辟支塔

第 27 石上，画面前部舍利盒置于桌上放着光芒，两旁各有二护卫。后面殿堂之内是王者与高僧正在商议如何将舍利分送人间各处。

图 2-4-87-3　铸塔，宋，石雕

灵岩寺辟支塔

第 26 石表现的是铸塔场面，众人分别忙碌着，有的拉风箱烧火熔金化铜，有的正在浇铸，还有的持兵器监工。一个个模包下，铸成的小阿育王塔呈现出来。

图 2-4-87-4　耶舍定日，宋，石雕

灵岩寺辟支塔

第 31 石上高僧耶舍一腿盘坐、一手指日，旁有炼石造塔的工匠正作揖致谢。题记“尔时耶舍尊者指住日轮七昼夜为一日处”明显所叙正是此场景。此图确定为高僧施法定日，保证一日造出八万四千之塔。其与经传中高僧一手遮日，而诸鬼神同时向塔中填舍利之情况稍有不同。

图 2-4-87-5　分送舍利，宋，石雕

灵岩寺辟支塔

此第 22 石是高僧耶舍坐于桌旁，扬起手臂，掌中分开升起朵朵云气，云气间是一个个小鬼神执持着小阿育王塔，分送欲出；桌上还有许多小塔，旁有立侍。此即阿育王役使鬼神分送八万四千舍利塔事，布局饱满，形象质朴，造型生动。

八、正定隆兴寺

作为“雁南古郡，京师屏障”的正定自古便是通衢南北的重要城市，自元代开始，正定府更是因属于畿辅重镇而成为河北地区的都会性城市。便利的交通和重要的政治地位让正定佛教文化颇为兴盛，城内梵宫林立，素有“四塔八大寺”的说法。这其中隆兴寺声名最著，有“海内名刹第一区”之称。

隆兴寺的兴盛同统治者的宗教倾向息息相关，根据寺中最古碑文《恒州刺史鄂国公为国劝造龙藏寺碑》记载，隆兴寺创建于隋开皇六年（586），由恒州刺史（治所正定）王孝仙集州内民众万余人捐资修建，初名龙藏寺。仁寿二年（602），隋文帝杨坚下诏将印度僧人进献的佛舍利分送全国五十州建塔安奉，龙藏寺亦得舍利。入唐之后，因唐中宗李显（656—710）复位，诏令天下佛寺立“龙兴”之寺，正定龙藏寺故更名为龙兴寺。宋开宝二年（969）宋太祖赵匡胤（927—976）驻跸镇州（今正定），到城西大悲寺礼佛时，得知寺内原供四丈九尺的铜佛像被毁，并听信寺僧可俦“大宋即将兴起”的谶言，[①]遂敕令于城内龙兴寺重铸大悲菩萨金身，建大悲宝阁，今日隆兴寺大悲菩萨便是此时铸造。历时六年，用兵丁三千余人方才完成，赵宋皇室更立《重修铸镇州龙兴寺大悲像并阁碑铭并序碑》赞颂该像。自此以后，该寺便以大悲阁为主体，用中轴线布局的方式，向南延伸扩建，形成了具有宋代特色的寺院建筑群。

自宋太祖赵匡胤始，历代皇室均对龙兴寺青睐有加。元朝时元宪宗之弟阿里不哥（？—1266）五次捐资龙兴寺，元仁宗（1285—1320）因曾在龙兴寺暂住而多次敕赐黄金宝钞，明英宗（1427—1464）三次赐金于该寺，明神宗（1563—1620）时在龙兴寺为其母慈圣皇太后（1546—1614）祈福铸铜毗卢遮那佛。清代正定成为皇族前往五台山礼佛的中转安歇之地，在龙兴寺西北兴建了行宫，因此龙兴寺得到更大规模的扩建。清圣祖玄烨（1654—1722）在位时捐资重修龙兴寺，裕亲王福全（1653—1703）、恒亲王胤祺（1680—1732）先后负责督建，他本人两次瞻礼寺中宋代大悲菩萨，并在康熙四十九年（1710）来访时将该寺更名为“隆兴”，并亲笔书写寺名；清高宗弘历（1711—1799）七次于隆兴寺礼佛；清仁宗颙琰（1760—1820）、清德宗载湉（1871—1908）及慈禧太后（1835—1908）皆曾在此暂住。如今隆兴寺中大多造像的鎏金重妆便是在清朝皇室的捐资下完成的。

隆兴寺千年未息的法脉让寺中多姿多彩的古代艺术保存了下来，其中寺中造像多为宋代遗存，可谓海内名品：大悲阁中的铜铸千手观音是现存体量最大的宋代铜铸观音菩萨像（图2-4-88、图2-4-89），菩萨像下的佛坛造像亦为宋制，力士、伎乐雕刻生动（图2-4-90、图2-4-91）。隆兴寺历来为中外学者所重视，留下不少旧照（图2-4-92），大悲阁内墙壁上原有精彩的宋代

① 据寺中宋元碑文载，宋太祖驻跸隆兴寺期间，寺中僧人言隋代巨像间有字谶：“遇显而毁，遇宋而兴。”

壁塑，然今已无存，亦有赖旧照留影才使今人有幸得见曾经样貌（图 2–4–93）。慈氏阁中存高达 7 米的宋代木雕弥勒像（图 2–4–94），更有摩尼殿中被鲁迅誉为“东方美神”的倒坐观音彩塑（图 2–4–95 至图 2–4–97），此外寺中有宋塑释迦牟尼佛及二弟子。隆兴寺毗卢殿内还有一座坐于千叶莲花上的高达三层的毗卢遮那佛，堪称明代铜铸佛教造像的精品力作。

隆兴寺宋代造像材质多样，其中铜铸菩萨体量巨大，威严凝重，神情高古，雅韵天成，观之顿生景仰恭肃之心。此千手观音造像展现了宋代造像艺术非世俗化的一面，在 10 世纪宗教美学普遍开始走下神坛、拥抱世俗的大背景下显得独树一帜，是宋初寺院造像中尚未鲜明体现出时代特性的独特作品。

图 2–4–88　千手观音，宋，铜铸，高 21.3 米
隆兴寺大悲阁

元代郝经《登龙兴寺阁观铜像》诗云：“转空岌崇金碧鳞，平地突起三百年。”“上穷九霄下九泉，中有十丈矗立之金仙。焜煌照耀手眼千，提挈万象归斡旋。把握心印持化权，荡摇幻海开福山。”[①] 此尊观音为千手观音，衣纹洗练、贴体，腰部佩璎珞饰品，主臂合十于胸前。大悲阁仿佛关不住二十多米高的巨像，信众踏入殿内仅能看到其足部及衣裙。对于那个时代而言，如此规模之巨像对于普通信徒的视觉冲击是无与伦比的。矗立于正定城中的观音巨像一直同赵州桥、定州塔、沧州狮并称为“河北四宝”。

① 刘章、吴世元、孙国良选注：《古人咏石家庄》，河北人民出版社，1997 年，第 44 页。

图 2-4-89　千手观音菩萨局部，宋，铜铸

隆兴寺大悲阁

唯有缘楼梯拾阶而上，方能真正一睹大悲观世音之真容。尊像面容方正，额短，五官扁平且大，双目下视，双唇内收，头部宝冠已残，上身披天衣，裸袒胸口，在身体左侧可见斜披的帛带。如此巨大的金铜造像在宋代需要分段浇铸，工序复杂，成型难度极大，要想在如此大体量的尊像上准确地体现出观世音菩萨慈悲悯人之神韵，殊为困难。相较泥塑之活灵，铜铸尊像虽略显僵硬，但仍旧可以看到工匠尽量试图捕捉并展示观音个性特征的努力和尝试。

图 2-4-90　佛坛力士，宋，石雕

正定隆兴寺大悲阁

位于大悲阁佛坛角隅的力士，呈半蹲姿态，以肩颈奋力扛举着佛坛上沿，块状肌肉堆垒，呈现出其身体内积蓄的力量，力士在形象上仍旧保有唐代遗韵。

图 2-4-91　佛坛伎乐天，宋，石雕

隆兴寺大悲阁

大悲阁尊像足踏之佛坛上石雕数尊伎乐天形象，其手持乐器，体态婀娜，繁缛的衣纹和飘摇的水袖宛若起舞之宫娥，为宋代石雕佳作。

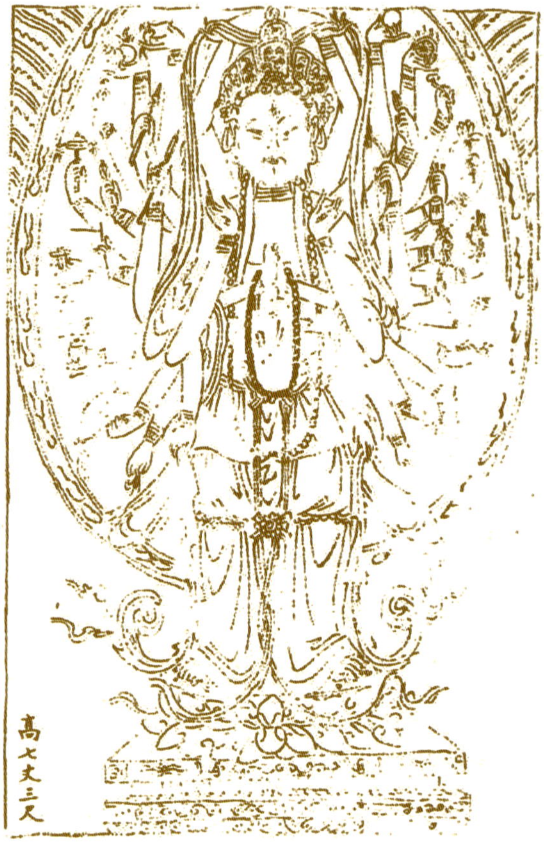

［清］王发枝：《敕建隆兴寺志》，全国公共图书馆古籍文献编委会编：《罗氏雪堂藏书遗珍》，中华全国图书馆文献缩微复制中心，2001年，第339页

图2-4-92　清代《敕建隆兴寺志》中绘制的大悲阁观音菩萨与1907—1912年山本明拍摄的大悲阁观音菩萨

宋代是观音信仰迅速发展的时期，隆兴寺亦以大悲阁为主体建筑，自开宝四年（971）动工，历时四年铸成的这尊观音菩萨巨像在清代被乾隆帝所喜，他多次拨款重修。承德普宁寺千手观音的塑造就有着这尊宋代千手观音的影子。根据成书于1748年的《敕建隆兴寺志》配图记载，此时的观音已安装千臂。由于千臂为木质，通过20世纪初的照片可知，它们已经全部残朽。

图 2-4-93　大悲阁宋代壁塑老照片

大悲阁在1944年重建之前尚存一堂规模宏大、绚丽繁复的宋代壁塑。幸赖古建筑学家梁思成、日本摄影师山本明相继在大悲阁重建之前拍摄的照片，我们今日得以欣赏到这罕见的大悲阁宋代壁塑。我国现存的壁塑艺术品多为明代遗存，宋代遗存寥寥无几。通过照片可以看出，相较明代，宋代壁塑在浮雕的手法上虽然构形精美洒脱，有宋之特有的神韵，但对于如何将圆雕在墙壁上塑造得更具动感与立体感尚显稚嫩。在构图布局上，普贤菩萨及其部众列阵于山海之间、云气之上，阵容恢宏，百余人秩序井然。普贤菩萨及其部众的构图模式在后世多为壁画表现，如这般井然排列数百人以壁塑展示，或为宋代所特有。另一张照片中壁塑观音菩萨半跏坐于层叠仰莲之上，阳光洒在山石中意态怡然的智者身上。

图 2-4-94　弥勒菩萨像，宋，木雕，高 7 米

隆兴寺慈氏阁（王寰 供图）

在大悲阁对面的慈氏阁中，高达 7 米的宋代弥勒菩萨呈立姿，头戴佛冠，面金且方，五官扁平，风格同铜铸千手观世音相类。它是现存体量最大的宋代木雕弥勒菩萨。背光通身而设，两侧火焰装饰外突，令背光形成“凹”字形，在整体视觉上为略显单薄的尊像提供了整体气氛上的支撑。

图 2-4-95　倒坐观音，宋，泥塑，高 3.4 米

隆兴寺摩尼殿（张铭供图）

摩尼殿扇面墙后，一整面观音讲法于普陀珞珈，五百罗汉环伺左右的巨幅壁塑突现于绕佛而来的观者眼前。安坐于五彩山光间的观世音菩萨头戴宝冠，裸露胸臂，佩饰璎珞，右腿自然地压在左腿上，右手绕膝握左手腕部，赤脚，左足踩在一株盛开的莲花上，天衣由肩前下垂缠绕两臂飘向两侧。整个形体优雅、恬淡、圆融。摩尼殿倒坐观音完美呈现出宋代的主流审美风尚，塑神造佛磅礴的气势和炽热的激情已然在市民文化和士大夫阶层的崛起下日渐消融。摩尼殿之观音更多地呈现出对晶莹透彻的心境意趣的表现，倒坐观音发纤浓于简古，寄至味于淡泊，体现出更多三教内蕴——儒家崇尚的沉静典雅、简洁素淡之美，道家追求的心与物化之趣，禅家倾心的玲珑透彻之境——三教圆融于一身，超拔绝伦。后世称之为“倒坐”源于其面北而背南，与摩尼殿相向而坐。

图 2-4-96　倒坐观音侧视角，宋，泥塑，高 3.4 米

隆兴寺摩尼殿（张铭供图）

对于视线的处理是顶级雕塑家最为重视的部分，摩尼殿观音的双目流露出一种游于物外的疏离恬淡之感，俗世万苦的慈悲被出尘之自度所取代。倒坐观音在明嘉靖四十二年（1563）由获鹿县（今石家庄鹿泉区）出身之妆銮匠群体重妆，但宋代遗韵并未消散，仍旧被完好地保存下来，堪称可贵。

鲁迅对隆兴寺倒坐观音推崇备至，他在 1923 年 7 月 3 日的日记中曾写道："与二弟至东安市场，又至东交民巷，又至山本照相馆，买云冈石窟写真十四枚，又正定木佛像写真三枚，共泉六元八角。"[①] 此后鲁迅先生便把从山本照相馆买来的正定隆兴寺倒坐观音的照片视为佛教美学的代表作而珍藏，并陈放在书案上随时欣赏。神思高远、雅量妙致的尊像让鲁迅称它为"东方美神"。

图 2-4-97　倒坐观音右侧罗汉群像，宋，泥塑

隆兴寺摩尼殿

五彩设色，堆塑山石间五百罗汉隐塑其中，光线照射在凸凹不平的堆塑山石上，增添了罗汉的隐逸神秘之感。宋代对奇石丑岩的审美颇为流行，及至北宋末，皇室甚至自江南运转大量太湖奇石装点皇家御苑。点缀于观音罗汉之间的山石明显有着宋代太湖奇石的特征。

① 鲁迅：《鲁迅日记》，人民文学出版社，1959 年，第 390 页。

第五节

混同圣俗：金代寺院造像

一、大同善化寺

善化寺位于山西省大同市大同城南门内西侧，俗称南寺，系全国重点文物保护单位。寺院坐北向南，始建于唐开元年间（713—741），初名开元寺，五代后晋时改为大普恩寺。辽保大二年普恩寺遭受战争破坏，后由该寺院释圆满法师及其弟子重修，明正统十年（1445）再度整修，明英宗朱祁镇赐名善化寺。

寺院坐北向南，包括天王殿、三圣殿、大雄宝殿，三座大殿垂直排列在中轴线上，主次分明，寺院建筑高低错落。梁思成评价其是全国现存辽金时期佛寺中寺院布局最完整的一处遗存。

图2-5-1 华严三圣及胁侍菩萨，金，泥塑彩绘

善化寺三圣殿（王彦嘉供图）

三圣殿内主供华严三圣，即中尊释迦牟尼佛，两侧文殊及普贤菩萨。三尊像均双跏趺坐端坐于宝座之上。中尊释迦佛佛发绀青，通体贴金，身旁有二胁侍菩萨侍立。两侧的文殊和普贤菩萨，头戴宝冠，身披天衣，斜披络腋，尽管菩萨像的彩画妆銮经后世重妆，变得粗简，但胎底仍可见金塑的浑厚。

善化寺内彩塑分布于天王殿、三圣殿、大雄宝殿中，其中大雄宝殿内所存三十三尊彩塑为我国现存辽金彩塑艺术的瑰宝。三圣殿内有释迦牟尼佛、文殊菩萨、普贤菩萨及胁侍菩萨像，为金代彩塑，因经过多次补修，原貌风韵略失（图2-5-1、图2-5-1-1）。大雄宝殿为辽代建筑，金代重修，殿身面宽七间，进深四间，殿内坛上塑五方佛（图2-5-2、图2-5-2-1），端坐于莲台，二弟子阿难、迦叶及二胁侍菩萨（图2-5-3）立于佛像旁，两侧塑二十四诸天像。

图 2-5-1-1　胁侍菩萨，金，泥塑彩绘，尺寸不详
大同善化寺（王彦嘉 供图）

胁侍菩萨身材娇小，然体态丰润，面庞方圆饱满，五官清秀，神情静穆内敛，整体身形容貌娇俏可人，如十五六岁少女，蓝绿衣裙衬着莹白肌肤，更显清新出尘。虽经后世重新妆銮，但塑像的基本形体未变，仍见金代遗风。

整体规划法度森严的善化寺建筑群层叠而上，最核心的大雄宝殿为最高处，形成须弥法境的严密层级感。大雄宝殿内主尊五方佛高居法台，为标准的密宗金刚界图像体系。密教典籍认为五佛皆是毗卢遮那佛所化现。在山西地区，早在中唐时期日本僧人圆仁求法五台时就曾在菩萨顶见过由密教大师不空三藏（705—774）亲塑之“礼金刚顶瑜伽五佛像”，其尊像依托那烂陀寺蓝本制作，并列置于佛坛之上[①]。从目前中原现存寺院造像来看，善化寺五方佛是我国时代最为古老、体系最为完整的五方佛图像的具象化呈现，善化寺作为昔日大辽西京大寺，五方佛应传承自辽。无论是台上之五方佛，抑或是台下环侍之二十四诸天，其理论依据均与彼时流行于北国的密教图像体系息息相关。

环绕五方佛塑立的二十四诸天是我国辽金造像中艺术成就颇高的一组群像，共有七尊女像，十七尊男像。他们被分成两组，每组十二尊，围绕主佛坛两侧山墙而立。这些形象中有的多头多臂、形象诡谲（图 2-5-4、图 2-5-5），有的俨然帝王（图 2-5-6），其中的女性形象温婉动人（图 2-5-7 至图 2-5-9）。在这二十四诸天中，“其中有许多天神并不见于《金光明经》或《重编诸天传》所列的金光明道场诸天，而属于密宗金刚界或胎藏界仪轨中的护法天神，如风天、尊星天、大黑天、罗刹天等天就属于密宗仪轨中独有的天神。对比密宗经典中的仪轨记载，善化寺二十四诸天中实际上包含了密宗所尊奉的十二诸天”[②]。善化寺的罗刹天即是这样一尊密宗仪轨中独有的天神。他着武将装束，与散脂大将和韦驮菩萨装束类似，但三尊像气质性格却各不相同，这也是善化寺诸天造像的精彩之笔（图 2-5-10）。

诸天在殿堂中的塑造，首要任务是承担听经、护法的重任，同时还可将其理解为方便化导众生的佛的化身。这种引导性的角色在善化寺中具象化时，呈现出略具疏离但不失温和的美感，这种偶像崇拜所特有的审美在随后的元明彩塑中已不再多见（如北京大觉寺诸天、大慧寺二十八部众）。

---

① ［日］圆仁：《入唐求法巡礼行记》卷三，上海古籍出版社，1986 年，第 120 页。
② 语见袁志伟：《大同善化寺二十四诸天像考辨》，《世界宗教研究》，2011 年第 4 期，第 43 页。

图 2-5-2　大雄宝殿五方佛，辽至金，泥塑

善化寺大雄宝殿（王宸 供图）

大雄宝殿内梁架高耸，因采用减柱法，殿内老檐檩下两排内柱被减去，使人进入大殿后，视野更加开阔，抬眼望去，佛坛上的五方佛及其胁侍弟子和菩萨尽收眼底，辽金建筑特有的雄浑壮阔对佛教视觉艺术的呈现颇为有利。佛坛之上通高达 8 米的五方佛背光直冲殿顶，与藻井相接应，形成遮天蔽日之势，设计者还利用了大殿建筑顶端后部所施的斗八藻井，将殿堂视觉的中心点集合于正中佛像的面部。台下沿山墙陈列有序侍立二十四尊诸天高大统一，个别尊像可达 4 米以上，在视觉的处理上因其基坛低矮，几与观者零距离，亦呈现出不弱于主尊的庞大气势。

“睟容庄穆，梵相奇古。慈悯利生之意若发于眉宇；秘密拔苦之言若出于舌端。有来瞻仰，莫不钦肃；五体投地，一心同声。视此幻身，如在龙华会上，百宝光明中。其为饶益，至矣大矣，不可得而思议矣。”殿堂中金皇统三年（1143）南宋使臣朱弁（1085—1144）撰写的《大金西京大普恩寺重修大殿记》描述了善化寺尊像群摄神取念的艺术效果，伟大的宗教艺术总不免令人感叹人类自身的渺小和神的崇高。

图 2-5-2-1　毗卢遮那佛，辽至金，泥塑，通高 6.73 米

善化寺大雄宝殿（马豪杰 供图）

毗卢遮那佛位居全殿中心，肉髻螺发，顶置宝珠。额宽且低，下颏圆润紧缩，颈部有三条起凸的蚕节纹。眉棱平直下弯，双目微睁，鼻秀唇娟。肩宽胸厚，双手结最上菩提印，身着通肩袈裟，衣纹刻画厚重，上衣多以弧面凸起纹刻画，腿部衣纹则随结构折叠而变化。佛尊结跏趺坐于宝莲花台座上，台座外塑浮雕各类花纹动物，最上为仰覆莲台，莲台依托佛尊安坐之空间紧密贴合设计为椭圆形，尊像胸廓圆厚饱满，极富力度和体量感。

在善化寺，诸天以一种超出普通人一倍的体量而显得高大威严，那种平和的凝视但又不乏凌厉的眼神，不免令人心生敬畏（图 2-5-11）。诸天中的帝释梵天及一些女性神祇，衣饰冠带华美富丽，是具有皇家审美气息的古典主义式样的艺术形象。

善化寺二十四诸天在塑造特定人物的形象特征上，成功地运用了雕塑造型这一艺术形式。他们无论是静态还是动态，个个都具有单纯稳定的形象、气脉通连的神韵、耐人寻味的面部表情和简洁爽阔的衣纹。对千面尊像个性的把握最为考验艺匠审美水平，高大的尊像赋予了艺术家更多挥洒创意的空间。

渔猎民族建立的金王朝虽然在美学上汲取了大量的宋辽时期的养分，但仍旧具有自身喜好刚健质朴、慷慨雄浑的审美倾向。得益于辽金时期多以大木兴殿阁的习惯，善化寺造像依托广阔的殿堂面积，高举的梁架尺度，将群像高大雄壮、摄人心魄的宗教特有的庄肃感营造而出，其塑像艺术在个性与共性、神性同世俗的关系上处理得非常妥当。生动写实的工艺手法，繁华富丽又不失豪阔的彩绘设色，为辽金彩塑在世间的余晖绘出了最灿烂的色彩。

图 2-5-3　胁侍菩萨及局部，辽至金，泥塑，通高 4.46 米

善化寺大雄宝殿（马豪杰 供图）

胁侍菩萨身姿挺拔、姿容丰美，着长裙，配饰繁丽、华贵，头戴之宝冠同善化寺辽塑颇有风格上的继承关系。相比被后世重妆、风格破坏的二弟子像，佛坛之上的二胁侍菩萨的神韵更多地保留了千年前北国之胡风。与华严寺胁侍菩萨修长高挑、晋中之胁侍菩萨柔美婉转不同，善化寺胁侍菩萨面长且丰，身体粗壮，康健有力，没有彼时颇为流行的天衣飞扬的动势，反将更多的塑造重点转向裙装的纹饰之上，为辽金彩绘特有的沉郁厚重之色更添富丽之趣，特别是塑像的妆銮，贴金彩绘，既尽显奢华又低调含蓄。

图 2-5-4　大自在天，金，泥塑，高 3.85 米

善化寺大雄宝殿（马豪杰 供图）

大自在天赤面怒目，须发皆竖，一面六臂，拄金刚杵，高举的双臂肌肉遒劲，将尊神无穷外露的力量感塑造得惟妙惟肖。此尊神在印度教中便是位居诸神之首的湿婆神，在佛教中尊为三界尊极之主。状极凶恶的大自在天与身侧雅致超然的帝释天形成鲜明的动与静、武与文的对比。

图 2-5-5　密迹金刚，金，泥塑，高 3.7 米

善化寺大雄宝殿（马豪杰 供图）

图 2-5-6　帝释天，金，泥塑，高 3.8 米

善化寺大雄宝殿（马豪杰 供图）

密迹金刚持金刚杵触地，另一手握拳高举，张口似在念诵咒语。密迹金刚是欲界天中的夜叉神（大力金刚神），在密教体系中，又被称为金刚手秘密主。善化寺的密迹金刚在整个姿态的塑造上动感十足，写实的衣纹辅助呈现了这一状态，尊像上身腹部鼓胀，与张嘴欲呼的形貌相呼应，这种对人体结构的传神写照在中国传统寺观造像中殊为可贵。

二十四诸天具有类型化与个性化相统一的造型特征，对造像独特特征的发掘离不开创作者对现实世界的关照。帝释天这类常以贵族帝王形象出现的尊像，更是再现了辽金贵族的衣冠形貌，在这些帝王装的天神衣饰上，中原帝王特有的“十二章”纹饰绘于衣袍之上，袍裳、方心曲领、中单、蔽膝、革带、大带、绶佩、舄袜等帝王服饰一一具现，无不精细。

图 2-5-7 菩提树神，金，泥塑，高 3.85 米

善化寺大雄宝殿（马豪杰 供图）

善化寺的女尊形象统一具有一种醇厚、端凝、高贵的内敛之态，与大同城中另一座辽金大寺华严寺辽代造像形成鲜明对比。尊像头戴五叶宝冠，身上衣纹自然垂落，以直线刻画突出其挺拔高大。这位护持佛祖成道的尊神金冠朱唇，雍容大方，一派天潢贵女之气韵。菩提树神来自天台宗的金光明忏法，不属于密宗诸天。

图 2-5-8 辩才天，金，泥塑，高 3.9 米

善化寺大雄宝殿（马豪杰 供图）

辩才天呈女相，身材颀长，背生四臂，亭亭玉立如宫娥般优美，六臂浑圆润美，与端肃的姿容共同给人以纯洁和神圣之感，令观者感到似乎自己的心灵也随之得到了净化。

摩利支天

鬼子母

图 2-5-9　摩利支天与鬼子母，金，泥塑，均高 3.8 米

善化寺大雄宝殿（马豪杰 供图）

二女神眼部的处理非常精妙，塑匠将眼睛处理成双眼微睁、目光下视，神情内敛、自省的状态。上下眼睑饱满，眉弓自然弯曲，形成柳叶状，呈现温良恭让的女神气质，观之可亲可爱。

散脂大将

韦陀天

罗刹天

图 2-5-10　散脂大将、韦陀天、罗刹天，金，泥塑，散脂大将高 3.8 米，韦陀天高 4 米，罗刹天高 3.8 米

善化寺大雄宝殿（马豪杰 供图）

对于武将的塑造是善化寺诸天群像中最为多变和神妙的，在二十四尊诸天中，顶盔披甲的武士就有十二尊。这十二尊武士在风格上保持了难得的多变性，古代艺匠在创作时并没有陷入对武将群体僵化处理的陷阱，而是惟妙惟肖地塑造出这些赳赳武夫的不同状态，令人观之顿生亲切之感。图中散脂大将温文尔雅，韦陀天厚重谨慎，罗刹天威猛横剑，三种军中将领的不同性格跃然眼前。

善化寺诸天的创作者极其善于以身体形态和对人体结构的把控来塑造“势”的不同。散脂大将笔挺站立，一手于腰际握拳，一手竖持长枪，身体前倾，双肩微微向后回收，在动态中隐含了尊像含蓄内收的性格；韦陀天身躯如同弯弓，双腿自然站立，腹部高高隆起，气定神闲，引而不发的形态就此塑成；罗刹天作为密教特有的尊神，横剑腰部，头略歪，左肩向后靠，右肩趋前，仿佛下一步就要垫步拧腰冲上前来。

吉祥功德天

图 2-5-11　吉祥功德天与多闻天，金，泥塑，吉祥功德天高 3.72 米，多闻天高 3.7 米

善化寺大雄宝殿（马豪杰 供图）

造像视线的焦点是佛教殿堂塑像中的重要元素，代表了以信徒为轴心进行视觉空间营造设计的宗教空间美学理念。于善化寺而言，大者五方佛同殿堂之关系，小者如图中一文一武、一女尊一男相的下视神态，都是这种空间美学的呈现，朝拜者仰头观摩这些数米高的巨像，均会被其视线所捕获，不仅身形无处躲藏，心灵亦复如是，或许这也正是佛教借用艺术教化人心的手段之一。

多闻天

二、朔州崇福寺

位于山西西北雁门塞外的朔州自古便是边防重镇，在城中东北隅，有一座殿阁连绵、规模宏大的伽蓝，当地称其为“大寺庙”，因金海陵王完颜亮（1122—1161）赐匾“崇福寺”，故而得名后世（图 2-5-12）。

根据寺中现存碑文记载，崇福寺始建于唐麟德二年（665），为彼时朔州出身之名将鄂国公尉迟敬德（585—658）奉唐高宗之命兴建。入辽后，寺院更为林衙太师府署，后其地屡有神迹显现，复为僧舍，被称为林衙寺。林衙，即“林牙”，为辽官名，掌文翰之事。女真勃兴，金熙宗皇统三年（1143），熙宗完颜亶（1119—1150）命开国侯翟昭兴建了弥陀大殿及诸多附属建筑，今日崇福寺中之弥陀殿彩塑便是此时所塑，随后这里被海陵王赐名“崇福”。

下诏增建崇福寺的金朝第三代皇帝金熙宗笃信佛教，尤其尊崇西方净土一派教义，弥陀殿中主供便是净土宗所首推的阿弥陀佛。净土宗自唐季开始兴盛，其认为，念佛修行可以往生西方极乐世界国土，不分利根、钝根，是人人都可以修学、都可以成就的法门。通达的教义对于该宗派在民间的传播极其有利。金熙宗统治时期，女真贵族的军事扩张政策逐渐收敛，金开始进一步消化其骤然获得的辽、宋两国的广大领土，和平的气氛弥漫在自靖康之变以来迭遭战乱的华北地区，崇福寺在这样的大背景下以净土宗为主体得到皇室敕建，其背后不乏金廷安抚民众之用意。

弥陀殿位于寺中三宝殿以北，面宽七间，进深四间，造型雄浑古朴，为崇福寺主殿（图 2-5-13）。佛坛上彩塑巨像九尊（图 2-5-14），其主像为“西方三圣”，纵列排开，中间为阿弥陀佛像，东次间为观世音菩萨像，西次间为大势至菩萨像（图2-5-15至图2-5-17）。主像两侧为胁侍菩萨四尊（图2-5-18、图2-5-19），坛上前沿两端二护法金刚对峙（图 2-5-20、图 2-5-21）。丰润腴美的肌体可以说是弥陀殿金塑的主要特质，这些塑像皆为金代原作，塑法古朴、精美。“西方三圣”塑像体量高大健美，仪态雍容华贵，面部端庄恬静，气度超凡脱俗，比例协调适度，肌肉丰盈温润，更显慈悲与庄严。胁侍菩萨像微向下视，嘴角收回，含而不露，表情恭谦，别具神态。

从弥陀殿彩塑的整体神韵来看，彼时金朝立国不过三十年，攻灭辽、北宋，占领华北地区不过二十余年，位于旧日辽国故地的弥陀殿造像艺术明显带有辽代造像丰盈壮硕、浑厚质朴的塞外余韵，但仍能看出金代彩塑艺术在初期就已经开始出现模仿宋人的美学倾向，尤其是胁侍菩萨面相优雅文秀，衣纹细腻流畅，所具有的宋时内敛尚静之气韵已现。崇福寺彩塑可谓兼具辽之豪放和宋之秀雅，反映出日后兼容并蓄的金代造像之雏形。

图 2-5-12　朔州崇福寺弥陀殿外景

弥陀殿面阔七间，进深五间，庞大的体量更显殿宇雄浑壮阔。殿门上正中悬有“弥陀殿”三字的木匾，字体温润敦厚。然殿宇最别致之处是屋檐每一个木椽子下都悬有一个铃铎，宛若流苏，兼有铃声琳琅入耳，为巍峨的殿宇更增灵动之感。

图 2-5-13　弥陀殿侧视图

图源：柴泽俊编著：《朔州崇福寺》，文物出版社，1996 年，第 142 页，图一九

大殿采用彻上露明造，令本就规制雄伟的弥陀殿内更显宽广，留给塑匠更多的发挥空间。倘若推开巨大的殿门，堂内九尊巨像带给观者遮天蔽日的威压震撼之感，对视觉空间的有效填充让造像与建筑融为一体，尤其两尊面目狰狞、作势微倾的护法金刚，令朝拜者观之不由心生畏怖。宽广的像前空间亦为举行大型佛事活动提供了充足的场域。

图 2-5-14　崇福寺弥陀殿内景

（王宸 供图）

弥陀殿内九尊金塑错落有序安置于“凹”字形低矮佛坛之上。这种佛坛模式流行于唐宋，在金元时渐渐走向今日的长方形佛坛形制。从弥陀殿佛坛来看，其虽整体呈“凹”字状，但已非特别明显，堪称这一构图模式的尾声。

图 2-5-15　西方三圣，1143 年，泥塑贴金，高 7—8.5 米

崇福寺弥陀殿

三尊主像中间阿弥陀佛最高，两侧菩萨略低。体量的巨大显示出的力量感是小型造像所无法展现的。尊像连通背光似有顶天立地之势。像虽雄巨，但并没有将殿堂中的空间完全挤占，从整体构图角度，弥陀殿内的“留白”颇多，人工营造出宗教艺术所强调的空灵、清肃的氛围，是宗教美学在实践中的具象化表现。无论东西，人类在偶像崇拜的道路上多以雄伟壮丽之貌倾倒信众。视觉的冲击力胜过无数说教和经义。

图 2-5-16　阿弥陀佛，1143 年，泥塑贴金，通高 8.5 米

崇福寺弥陀殿

主尊阿弥陀佛高达 14 米的背光直抵殿顶，势欲冲天，展现出金代塑匠夸张豪放的设计思想。尊像螺发，面部敷金，顶有髻珠，脸庞丰盈，身着“U”字形通肩袈裟，健壮的胸肌尽管大多被袈裟覆盖，但仍然隔衣可见。袈裟纹路刻画洗练简洁。佛尊端坐在高 2.8 米的六角须弥坐莲台之上，巨大的莲台有五层之多，其下之须弥座部分壸门镂空，内设力士四尊做撑举状。火焰形背光在尊像背后镂空出“凸”字形，上塑有卷草、人物、流云、花卉和旋子纹饰等。外沿有火焰纹饰，色暖如炽，直达顶端，与背光上大面积的青绿色卷云、旋花形成强烈的冷暖对比。流云中隐约显现的飞天、乐伎展现出佛尊讲经时漫天仙佛赴会护法的场景。

观音菩萨

观音菩萨局部

大势至菩萨局部

图 2-5-17　观音菩萨与大势至菩萨，1143 年，泥塑贴金，通高 7.77 米

崇福寺弥陀殿

观音菩萨及大势至菩萨高度略低于主尊。二尊像周身贴金，端凝持重，发髻高耸，向后卷曲，宝冠繁复华丽，面部丰满柔润。崇福寺三主尊敦厚强健的躯体明显有着辽代造像的遗风。同时可以看到，弥陀殿与同一地区大同华严寺下寺薄伽教藏殿中辽塑相似，主尊皆大面积贴金。

大势至菩萨

图 2-5-18　胁侍菩萨局部，1143 年，泥塑彩绘，均高 5 米
崇福寺弥陀殿

九尊金塑中艺术水平最高、形貌最为传神的便是安置在西方三圣间的胁侍菩萨。胁侍菩萨共四尊，装饰造型大体相近，只在细节上略有差异。其继承了自唐末以来菩萨似宫娥的塑造传统，崇福寺的金代菩萨在女性化上更为明显。身姿修长，身着各类宫装，肌肤柔润，面容俏丽，眉眼间微颔笑意。这种微笑是含蓄而谨慎的，体现出中原儒家审美侧重内省的一面。

图 2-5-19　胁侍菩萨及佛坛上后世所塑之小佛像局部，1143 年 / 明，泥塑彩绘

崇福寺弥陀殿

弥陀殿佛坛上除了金代所塑佛菩萨大像外，还有几尊后世所塑之佛菩萨小像。其像有明代遗风，具有相当高的艺术水平，尤其在面容神态的塑造上十分成功。图中的佛像便是其中之一。佛像头发绀青，发上有红色髻珠，面部及裸露肌肤处贴金。佛像的面庞圆润浑厚，二目微瞑，眼神向下，特别是唇部的塑造，敦厚柔和。但在佛像身上能够明显看出被重妆的痕迹。其旁不远处为金代胁侍菩萨，所谓“娟娟侵鬓妆痕浅，双颦相媚弯如翦”，菩萨贵而不艳，端庄娴静中又透着尊像神性凛然的一面。她腰肢微微扭动，身姿略呈 S 形姿态，含蓄中带有一丝活泼，把女性摇曳柔美之感塑造得惟妙惟肖。饱满圆润的面部肌肤柔丽光滑，虽为泥质粉面，却吹弹欲破。胁侍菩萨柔和宁静的目光望向佛陀，使二者间产生了互动与关联。二像塑造时代不同，但却完美地处于同一空间，一实一虚之间丰富了画面的历史层次。

图 2-5-20　护法金刚，1143 年，泥塑彩绘，均高 5 米

崇福寺弥陀殿

弥陀殿二金刚堪称辽金时期北方寺院彩塑金刚的绝品，其体量之高大、气韵之雄俊可谓前无古人后无来者，虽有后世重妆，但仍不掩两位朔方虎将的威势。甫一入殿，人们很难将视线从这两位雄伟强悍的金刚身上移开，这同金代匠人巧妙利用塑像本身的物品营造的倾斜感有关，二者皆向前倾约 12 度。

二金刚皆持金刚宝杵，彼时广泛装备于金朝骑军之中的制式兵器便是狼牙棒、骨朵这些冲击力极强的钝击武器，于此二像或可一窥“女真不满万，满万不可敌”的武勇。

图 2-5-21　护法金刚局部，1143 年，泥塑彩绘

崇福寺弥陀殿

崛起于白山黑水间的女真族和朔州的前一任主人——来自辽河朔漠的契丹族皆是以武立基的军事强国。体现在对武士的塑造上，相较中原武将的内敛，他们更加夸张和豪放：左侧武士头戴宝冠，身披明光铠，面黑如墨，右侧武士亦顶兜鍪，着山纹甲，面紫如羊肝，二者皆做横眉怒目之愤怒相，重点突出力士狰狞使人畏怖之态。

三、繁峙岩山寺

岩山寺背靠五台山东台北麓（图 2–5–22），面朝滹沱河河谷，以金代宫廷画师王逵之壁画而闻名于天下。寺中文殊殿为金正隆三年（1158）修建，彼时该处为台内真容院（今菩萨顶）下院，元延祐二年（1315）得以再次大规模重修。相比该寺壁画的名重天下，经历风霜的岩山寺造像显得十分残破，这些造像在一次次浩劫中大多被损毁（图 2–5–23），文殊殿内佛台上如今仅有六尊残躯，孤单地应承着台外这一文殊道场的法相尊严。

岩山寺文殊造像群形制古朴，是典型的早期“新样文殊”布局模式。尊像安置于长方形“凹”字佛坛之上，佛坛呈须弥座式，较低矮。台上塑像正面尚存文殊的青狮（图 2–5–24）、文殊老人、于阗王（图 2–5–25）、二金刚像（图 2–5–26）。背面保存的水月观音像（图 2–5–27）最为完整。根据相关图像学研究，宋金时期文殊图像学体系趋于成熟，佛坛上以骑狮文殊为核心，呈扇面分布。岩山寺造像失去者应为二胁侍菩萨、佛陀波利、善财童子。

残缺美是某种意义上的“留白”——一种敦促人们去遐想的形式，恰因其丢失和残破，反而孕育了独特的、具有鲜活的生命力的一种审美意蕴。岩山寺金代造像从塑造至今已历八百余年，满堂的残损意外地展露出独特的魅惑感，美学皆言物之美好，但也不可忽视残缺的苍凉中所蕴含的、给人以无尽想象空间的别样之美。

图 2–5–22　岩山寺金代文殊殿

（王彦嘉 供图）

文殊殿坐北朝南，面阔五间、进深三间，出檐精巧，具有宋代建筑遗风。正隆三年，正是震荡金廷的海陵王完颜亮在位时期，彼时北方汉人已经逐渐适应了新朝统治，自靖康以来的乱局逐渐平息，岩山寺就是在这样的背景下被天岩村斥资重修一新的，重修的岩山寺蕴含着村民对新和平的向往和祈祷。

图 2-5-23　佛坛群像

文殊图像体系在岩山寺仍旧保持了完整的范式，从残存的塑像来看，主尊仍坐于青狮背部的莲台之上，原应有高大背光。其余尊像依序排列，形成“凹”字形，从空间布局上带给观者严谨法会之视觉感。

图 2-5-24 狮身残余，金，木胎泥塑，高 2 米

岩山寺文殊殿

狮子虽残，但足踏莲花，姿态仍旧动感十足，雄壮有力的四肢和粗大的爪子仍具猛兽特有的力量感和冲击感。鬃毛雕刻精细，层叠盘卷。狮背上空空荡荡，应为失去的文殊，无常的世事仿佛叙说着大乘佛教真空妙有的真谛。

图 2-5-25 文殊老人及于阗王，金，木胎泥塑，文殊老人高 1.92 米，于阗王高 1.6 米

岩山寺文殊殿

文殊老人身着团花纹长袍，为宋金时期富家员外之衣着，面部有须，脖子微微前倾，龙钟老态之形象把握得十分准确。于阗王头戴乌纱小帽，上身向前微屈，尽管残损双臂，但控御青狮的艰难势态依旧。

图 2-5-26　二天王，金，木胎泥塑，分别高 2.9 米、1.9 米

岩山寺文殊殿（陈喆 供图）

岩山寺二金刚皆身姿倾斜，呈 S 状。西南赤面者着明光铠；东北者体积较前者为小，身着彼时军队流行的裹腰铁叶甲，面色阴沉，似在思索。二者在形态上一健壮胖大，一挺拔俊朗，身高相差 1 米。

图 2-5-27　水月观音像，金，木胎泥塑，高 1.45 米

岩山寺文殊殿

水月观音位于文殊群像的背部，原应有背屏相隔。观音神态安详，发髻高耸，面部丰满，双目微睁，游戏坐，飘带环绕，因多用细密刀法，营造出质感极强的丝衣效果。残缺的手臂和闲适的意态形成难以描绘的神秘气氛。

四、新绛龙兴寺

“控带关河，翼辅汾晋”的新绛县地近汾河，历来是山西南部的通衢重镇。古新绛地区早在春秋时期就是晋国都城所在，在两千五百年前就是中国政治的核心地带。如今的新绛县城成形于隋，旧称“绛州”，其西北高、东南低的地形条件颇似卧牛之形，古人依风水之仪于县城东南城角和北垣高处建二塔以做牛之两角。其中北垣孝义坊者即为龙兴寺塔（图 2–5–28）。

由于岁月变迁，建寺时的碑碣早已湮灭，已难考察龙兴寺建于何时。据寺内唐代“碧落碑”推算，可知在唐高宗咸亨元年（670）之前该寺便已经矗立在绛州城北。康熙九年（1670）的《绛州志》中记载，龙兴寺唐时号曰碧落观[①]，其易名为“龙兴”二字应在公元 705 年之后。据《旧唐书·中宗本纪》记载，神龙元年（705）二月二十六日，刚刚复辟李唐江山一个月的唐中宗李显诏令天下：“诸州置寺、观一所，以‘中兴’为名。”三年之后，李显以中兴不喜，又下诏更易：“改中兴寺、观为龙兴，内外不得言‘中兴’。”[②]时为公元707年，绛州北垣之寺观应是在此时正式定名“龙兴”。

由“碧落三乾外，黄图四海中”的东方碧落天转入婆娑世界不知缘故为何，几时易教，但龙兴寺的建筑群在唐武宗会昌五年波及全国的大规模灭法运动中未能幸免，建筑多被拆除，只余寺塔，一时荒颓。及至五代宋初时，传宋太祖赵匡胤未得志时曾在此寓居，待称帝后宋朝皇室出资大肆复建该地，将其更名为龙兴宫，自此传名千年。

千年兴替，如今在新绛城北的龙兴寺只余一塔一殿为旧日遗存，其中正殿为元代歇山顶建筑，面阔五间，进深三间。殿内存七尊彩塑，面庞丰满，衣带飞扬，堪称 13 世纪彩塑艺术的精品。

正殿主尊为三身佛的组合，中央为法身如来毗卢遮那佛，东侧为报身如来卢舍那佛，西侧为应身如来释迦牟尼佛（图 2–5–29）。这种组合与较为常见的三世佛有所不同。“身”，为大乘佛教之理论，聚集诸法而成身，三身佛的排布来自唐宋时期盛极一时的天台宗。龙兴寺三主尊结跏趺坐于须弥座莲台上，中尊毗卢遮那佛面相饱满，唇下绘蝌蚪状胡须（图 2–5–30），着通肩袒右袈裟，结智拳印，袈裟上遍妆沥粉贴金之云龙纹饰，左右两尊卢舍那及释迦牟尼佛一

① 中国人民政治协商会议新绛县委员会文史资料委员会编：《新绛文史资料第 6 辑》，1986 年，第 210 页。
② ［后晋］刘昫等撰：《旧唐书》，中华书局，1975 年，第 135 页。

施无畏印，一结说法印，在造型上大体与中尊相类。三主尊在衣纹、腰带，甚至莲瓣的纹路上均大量采用了沥粉贴金技术，这使得整个彩塑在细节上华美异常，观之不禁令人赞叹（图 2–5–31）。

主尊中间隔的四胁侍被长期记录为观音、文殊、普贤、地藏四大菩萨，四尊菩萨造型相类（图 2–5–32），均发髻高耸，头戴宝冠，两缕发丝挽结自然披于肩头，同佛尊一样于唇周细绘胡须（图 2–5–33）。尊像衣着颇类宋金宫装，青色霞帔、红色短袄，腹间以蹀躞带束起，双肩天衣自然垂落，状极自然，将丝质衣物之细密柔韧体现得淋漓尽致；裙裾短至踝，跣足。其足下瑞兽与传统四大菩萨之配属坐骑略有不同，这或为彼时工匠之独创（图 2–5–34）。

相比元代彩塑普遍流行的平实健硕之姿，龙兴寺主尊及胁侍彩塑的美学思想更多继承了内地"天衣飞扬"的传统特征，于衣饰细部极尽繁复之能事（图 2–5–35），但在面部已经与秀骨清像相去甚远。彼时的塑匠似乎在整体上有意恢复盛唐气象，面部皆圆润饱满（图 2–5–36），而"圆"也正是佛教美学中的一个重要概念。"圆"或与"美"等义，在佛陀的三十二相好中，与"圆"有关的就有六处，包括了足跟、骨肉、肩膀等身躯；而在八十种随行好中，以"圆"为题的更是达到十余处。对丰润圆满的追求在 11—13 世纪的中国北方，伴随着金元北方民族的统治更有所加强。胡风与汉风的交融在新绛龙兴寺的七尊彩塑上体现颇多，菩萨在这里尚存男相，却身披汉宫服饰；佛祖袈裟精妙非常，但胸部丰壮，肌胜于骨。河东地自古通衢，南来北往之下的龙兴寺彩塑被艺术家们创作出了一种不同艺术特色交融后的美感（图 2–5–37）。

从碧落观到龙兴寺，龙兴碧落，千年弹指一挥间，唯有寺中七尊塑像无声透露着江山兴替。正如唐诗人岑参（717？—769）在安史之乱后送友人前往绛州任职时所赠之诗中所言：君去试看汾水上，白云犹似汉时秋。

图 2-5-28 龙兴寺鸟瞰

自唐至今，寺塔历代多显神迹，康熙四十二年（1703）于唐塔外包砖重修，时任绛州知州武进题赞楹联于塔门："雷雨平临，咫尺看龙门之变；慈云遥接，飞腾争雁塔之高。"

图 2-5-29　三主尊及胁侍，金至元，彩塑

龙兴寺正殿

高居于土台之上的龙兴寺正殿并不宽广，殿内高低有序排列了三主尊及四胁侍，顶部尚存悬塑遗存，旧日或许有更为丰富的悬塑环绕其间。

图 2-5-30　中尊毗卢遮那佛，金至元，彩塑，高 4.5 米

龙兴寺正殿

毗卢遮那佛与其他两尊佛像均是头戴宝冠，尽管已经残损，但大体轮廓及样式犹存。剥落后的宝冠让我们领略了当年以铁丝等物制作宝冠的繁复工艺。佛像的袈裟纹饰、双层莲瓣的莲台及须弥座均沥粉贴金，特别是佛衣的表现，虽为泥塑，但非常精彩地表现了佛衣面料的织金效果，衣服的两边垂于莲台两侧，衣料的厚重及垂感表达得淋漓尽致。须弥座收腰处的四个力士塑造得栩栩如生，他们竭尽全力抬举着须弥山般的佛像。

图 2-5-31　三主尊衣纹及佛座细节，金至元

龙兴寺正殿

多用于壁画等平面物体上的沥粉贴金在龙兴寺塑像中的使用让整个尊像的华贵感得到了突出体现。衣物上的云龙图案彰显了佛尊等级的至高无上。托举法座的力士也是金盔金甲，状极富贵。他们造型准确，身体的柔韧性、力量感均塑造得十分成功，有着力拔山兮的气势。

胁侍菩萨之一

胁侍菩萨之二

龙兴寺塑造的胁侍菩萨充分继承了宋代佛教审美世俗化的趋向，工匠在塑造手法上更加注重对胁侍菩萨衣纹、饰品的处理，使之整体仿佛衣带飘摇之宫装女子；在面部又有着对唐风的追摹，使之神态庄重、端方，目光中存着探究世人疾苦的悲悯之情。

胁侍菩萨之三

胁侍菩萨之四

图 2-5-32　四尊胁侍菩萨，金至元，彩塑，均高 4 米

龙兴寺正殿

图 2-5-33　胁侍菩萨细节，金至元，彩塑

龙兴寺正殿

龙兴寺菩萨面部的胡须体现了菩萨在世俗化进程中男尊向女性化过程的转变，这与北部朔州崇福寺之金代壁画菩萨颇为类似。

图 2-5-34　胁侍菩萨足下瑞兽，金至元，彩塑

龙兴寺正殿

瑞兽气宇轩昂，非常警觉地回颈侧望，黑琉璃镶嵌的眼珠使瑞兽更具神采。虽历经七百余年风霜，有些地方已经剥落、断裂，但依然让人感到鳞甲飞动，充满生命的张力。

图 2-5-35 胁侍菩萨衣饰细节，金至元，彩塑

龙兴寺正殿

北方少数民族多喜吉金，体现在龙兴寺的腰带上则重点突出了带板的金质效果。这类黄金带胯可在辽金出土的相同文物中见其原型。菩萨衣纹的处理烦琐又不失明快，其工艺之卓绝令人赞叹。

图 2-5-36 菩萨及主尊局部特写，金至元，彩塑

龙兴寺正殿

古代印度社会就存在以圆形为美的审美趣味，中国佛教经典中描写佛像的“八十种随形好”中，以圆或圆满来形容佛陀之美的就有十多处。在金元时期，晋南地区尊像的塑造具有一定地方特色，尤其对尊像面部的塑造，颇重“圆融”。如胁侍菩萨额上的白毫、圆眉、脸颊、鼻头、下颚均以一个个的圆组合而成，比之唐代风行的丰腴，此时之丰腴失去了前者的健美和柔和，面部肌肉之间过渡略显刻意。

主尊与二胁侍

屋顶悬塑

图 2-5-37　主尊、二胁侍及屋顶悬塑，金至元，彩塑

龙兴寺正殿

正殿顶端残存悬塑，工匠有效利用了殿内的空间，在不喧宾夺主的前提下于主尊顶部房梁间增塑一组三世佛，既填补了观者视觉上的空白，又好似一幅天宫说法图。这与下面的佛像构成一个整体，既有现世的开示，又有来生的慰藉。

五、平遥慈相寺

若在冬日晴朗时节自平遥城东门上眺望远方，地平线上隐约屹立着一座巍峨的浮屠，它在无尽的田野中顶天立地，仿佛与不周山一般崇峻，若恰逢炊烟层叠，则更显缥缈，清人王绶曾赞叹这一壮景："豁天镂削碧层层，象外高浮自郁蒸。"[①]（图2-5-38）这样远阔的视觉体验，无怪传说平遥城本玄龟，以铁链锁上之后拴于一塔上，塔能固城，城依塔存。

塔已失名，有以所在村名"冀郭村"呼之为"冀郭塔"的；也有因其靠近麓台山，称其为"麓台塔"（也称慈相寺塔）的。塔下伽蓝自有传承，根据寺内九通石碑的记载可知，该寺始建于唐玄宗开元年间，原名"圣俱寺"。唐肃宗李亨（711—762）时因西来无名祖师据此主持修行四十年，后无名祖师得肃宗皇帝招至长安问对，得肃宗礼遇。北宋仁宗庆历六年（1046），寺僧道靖于此修灵塔以藏无名祖师之舍利，并立《大宋西河郡麓台山圣俱寺碑》（图2-5-39），其书艺之妙令明末书法家傅山（1607—1684）赞叹不已。宋仁宗皇祐三年（1051）改赐"慈相"二字，慈相寺自此传名。慈相寺虽偏处晋中一隅，但根据史料和碑文记载，其在北宋时期地位超绝。依寺内碑刻《慈相寺宗派图》记载，北宋年间该寺历代僧人多得"赐紫"殊荣，在这一时期受"圣宠"之高僧，诏赐用紫色袈裟，为皇室的重要赏赐，可见慈相寺在彼时之贵重。

① ［清］王绶七言诗：《麓台叠翠》，三晋文化研究会编：《山西古代州县八景》，山西古籍出版社，2007年，第200页。

图 2-5-38　慈相寺及麓台塔

塔前寺院概貌仍存，塔身因地基松动而开始倾斜。跨步进寺，斜阳浮屠衰草，曾经辉煌而今荒芜的伽蓝，不免令人有几分黯然神伤。

北宋靖康元年，即金天会四年（1126），金将完颜宗翰（1080—1137）所部鹘沙虎血战半月而攻占平遥。其间金兵扰寺，慈相寺几乎化为灰烬，仅山门及正殿幸存。直到天会末年，才有寺僧宝量、仲英组织捐资复建寺院，自此慈相寺再度复兴。该寺大规模的兴建持续了五十余年，到了金明昌五年（1194），这里已经是门廊殿阁达一千二百余间的晋中大寺，“烂烂煌煌，耸人瞻视”，寺内主持还被金廷册封为“汾州管内都僧正”这样总括一方的僧官。今日屹立于原野中的麓台塔便是这一鼎盛时期的见证。

明清易代，慈相寺未能逃过劫难，顺治六年（1649），平遥刘三元等人响应大同总兵姜瓖（？—1649）的反清复明号召，聚众举义，占领平遥。此举招来清军大举围歼，一场兵祸遍及平遥，慈相寺遭到严重破坏，“前制几消摩（磨）尽矣”。自此慈相寺再也未能恢复全盛之貌，虽在清代有所补修，但日益破落，香火渐熄。

今日之慈相寺，多数殿宇已颓毁成瓦砾，仅存中轴线上的一组建筑，由南向北依次为：乐楼、关帝庙（殿）及与殿宇相连的钟鼓二楼、大殿、大殿前东西配殿，以及最后的慈相寺塔。慈相寺大殿为金代遗构，是面宽五间、进深五椽的单檐悬山顶式建筑（图2-5-40），寺内金明昌五年《汾州平遥县慈相寺修造记碑》可为其证，殿内塑像亦为同时。

慈相寺三佛在塑造手法上洗练而不失威严，于佛尊圆融气质的把控上极为熟练（图2-5-41）。在寺观彩塑体系中，佛像的塑造是最考验创作者的，佛像虽处在视觉分配的核心区，创作者拥有充足的空间来创作，但相较力士菩萨、罗汉金刚，佛的表现形式对“神性”的要求是最为复杂的。尊像的塑造年代是金章宗完颜璟（1168—1208）当政时期，这是金朝诸帝中艺术成就最高的一位皇帝。金代造像艺术亦在这一时期得到进一步发展，已经形成了兼容内地之衣冠和北国之体貌，欲囊括辽宋之姿容而与盛唐媲美的独特造型风范。慈相寺三尊像无论在体量上，抑或是面部塑造上，都是金代鼎盛时期审美的一个典型范例（图2-5-42、图2-5-43）。位于寺院最后的麓台塔内有千佛壁画，其造型风格与殿内的塑像风格如出一辙。

慈相寺似乎已经淹没于时光的长河之中，寺内传自玄奘法师的慈恩宗法脉亦早已断绝，成为休止符的它凝固在了时空中。慈恩宗认为，一个人所经历的事实，都是在某种被称为阿赖耶识的统一体中偶然而突发的显现。在此基础上，慈恩宗所认为的艺术的最高境界是一种超绝的“意境”。在这里，艺术是一个恒常而开放的世界。慈相寺大殿中的三身佛与整个殿堂的“意境”并没有随着时光磨损而消失，每当新的来客推开殿门时，宗教美学中触动人心的“显现”就适时登场了，殿门外的楹联仿佛在提前告知着即将发生的事情：即色即空现慈悲相吾无隐尔，是万是一具手眼人自能辨之（图2-5-44）。

图 2-5-39　大宋西河郡麓台山圣俱寺碑，1046 年

离高耸入云的九层麓台塔不远处，是 6 米多高的宋庆历碑，石碑古塔风雨相伴几近千年。

图 2-5-40　慈相寺大殿及两侧窑殿

慈相寺大殿为面阔五间的金代建筑，殿内主尊三身佛，大殿两壁有壁画残存。殿外东西配殿为窑洞形式的窑殿，颇具地方民居特色。

图 2-5-41　三身佛，金，泥塑，均高 4.9 米

平遥慈相寺大殿

三佛尊安置于长方形佛坛之上，立面为须弥座式，束腰壸门内有各种砖雕人物、花卉等图案，佛坛后砌扇面墙，墙前分别于明间和两次间置须弥座，座中间束腰及上枋部分为新修，无彩绘。佛座上塑仰莲台，尊像结跏趺坐端坐其上。

图 2-5-42 毗卢遮那佛，金，泥塑，高 4.9 米

平遥慈相寺大殿

中央主尊毗卢遮那佛的头部有一部分为后世重妆，其发髻高耸，又盘发于前额，并非习见佛像之螺发。毗卢佛双手合于胸前，有残损，推测应为结智拳印毗卢遮那佛。衣褶线条刻画洗练，在边缘又繁绘贴金缠枝团花纹，给简朴的僧袍增添了细节上的奢华。东、西两侧间尊像皆螺发，发髻低矮。在面部塑造上与中部主尊相类，重点突出了佛祖面相饱满、广颐而阔目的形象。

图 2-5-43　三身佛之一局部，金，泥塑，高 4.9 米

平遥慈相寺大殿

此佛位于毗卢遮那佛的右侧，除手部残缺外，其余保存完好，造像突出圆润饱满这一造型特征。佛为螺发，肉髻低平，五官线条柔和，特别是复杂的嘴部结构的起伏转折，刻画真实生动，从此口中出者必是如莲花般的妙法。佛像眉弓骨与眼球之间形成一个斜面，眉弓骨的细棱之上以石青和墨线勾勒出眼眉。这里有一个小小的细节变化，早期佛像眉弓骨基本就相当于眼眉，此时不仅眼眉另画，而且眉间距十分宽广，表现出金代佛像的一种审美特质。

图 2-5-44　大殿造像，金

平遥慈相寺大殿

从建筑学角度，“彻上露明造”营造出了宽广恢宏的空间感，整个殿堂于殿外观之不甚宏伟，入内则仿佛闯入了佛的须弥世界。刻意靠后的法台所余出的佛前空间更是突出了神秘的空旷感，空寂的殿内，只有三位智者以慈悲的目光居高临下地俯视着众生。古代工匠对空间的利用，也体现出佛教须弥芥子皆为一念的哲学思想，令人折服。古代寺院视觉的和谐呼应，于此得以完美展现。

第六节

南国善见[1]：南宋寺院造像

苏州紫金庵

自唐始，洞庭东山已为佛教圣地，《吴郡县志》载：“翠峰禅院在吴县西南七十里洞庭东山，唐将军席温其所舍宅也；弥勒禅院在吴县西南一百里洞庭东山，乾符年间吴越王建。”[2]（图2–6–1、图2–6–2）紫金庵始建于何时已不可考，庵内乾隆二十六年（1761）邱庚熙所撰《紫金庵净因堂碑记》道“庵创自梁陈时”[3]，《同治苏州府志》载“相传唐时胡僧建，贞元间废，后复建”[4]。但方志、碑记皆说殿中有十八应真像，怪伟陆离，塑出名手。尤其邱氏在《紫金庵净因堂碑记》中写道：“游于苏杭名山诸大刹，见应真象特高以大，未有精神超忽，呼之欲活如金庵者也。”[5]据传这些“精神超忽，呼之欲活”的罗汉像出自宋代民间雕塑家雷潮夫妇之手，至今尽数保存于殿中，颇为珍贵（图2–6–3）。

保存在殿内的十六尊罗汉，分别安置在大殿佛左右壁龛上，均为坐像。明代有僧作诗云：“金庵罗汉形貌雄，慈威嬉笑惊神工。当年制塑出奇巧，支那国中鲜雷同。”[6]该诗将前朝罗汉塑像造型准确、比例适度且容貌各异、姿态生动的特点尽

① “善见”，佛教词语，如《善见律》、善见禅师等。
② [北宋]范成大纂修：《绍定吴郡志》，吴郡志卷第三十四，择是居丛书景宋刻本。
③ 转引自罗叔子：《洞庭东山紫金庵古塑罗汉考察记》，《文物参考资料》，1955年第9期，第12页。
④ [清]李铭皖、谭钧培、冯桂芬纂修：《同治苏州府志》卷三十九，清光绪九年刊本。
⑤ 转引自罗叔子：《洞庭东山紫金庵古塑罗汉考察记》，《文物参考资料》，1955年第9期，第21页。
⑥ [明]朱水生：《诗咏姑苏》，古吴轩出版社，2018年，第182页。

图 2-6-1 紫金庵

“山中幽绝处，当以此居先。绿竹深无暑，清池小有天。笑啼罗汉像，文字道人禅。最好梅花候，高窗借过年。”[1] 明末诗人顾超的《紫金庵》描述的幽绝之禅寺今日尚具其貌。

① [明] 顾超五言诗：《紫金庵》，出自李时人主编：《古今山水名胜诗词辞典》，陕西人民出版社，1991 年，第 454 页。

图 2-6-2　三世佛，明，泥塑

苏州紫金庵（李举创 供图）

主尊三世佛均结跏趺坐于莲台之上，莲台做覆莲，莲叶扁平宽大，莲瓣紧压下方须弥座，座上彩绘图案。高大的台座更加彰显造像的雄健气势。佛像皆面庞方圆，眉眼狭长；身披袈裟，双手施印，庄严而慈祥。三世佛背光则以镂空和高浮雕刻出各式图案，造型优美。

数描绘。大殿后壁前也有罗汉塑像四尊，以及与罗汉相似造型的其他神人塑像四尊（图2-6-4至图 2-6-8）。佛龛后壁是南海观音菩萨像及其侍者若干（图 2-6-9）。他们形神兼备，人物表情被描绘得淋漓尽致（图2-6-10、图2-6-11）。罗汉的服装层次分明，衣褶流转自然。所绘图案纹饰典雅精致，有江南丝、绸、棉、麻的不同质感。服饰的装饰色彩丰富，细腻地渲染出吴地水乡精致、清新、温婉的风格特色。明末邱弥陀于殿内添塑八尊造像，包括岳飞、文昌帝君、梁武帝、关羽等，更增加了殿内群像的世俗意趣（图 2-6-12、图 2-6-13）。

南宋大儒朱熹在《六先生画像赞》中形容濂溪“风月无边，庭草交翠”，词句中高洁磊落的风貌也与洞庭东山寺景暗合。洞庭东山明净清雅的胜景，加之延续千年、代有更新的紫金庵佛教遗迹，充溢着无边风月、境景交融之美。

图 2-6-3 罗汉及诸天群像，南宋，泥塑

苏州紫金庵（李举创 供图）

大殿左右两壁，底层各塑有八尊罗汉像，罗汉上部塑四大天王、二十诸天，神将仙人隐现于山石之间，无不体现出宋代雕塑艺术写实和传神的特点，具有极高的艺术造诣。

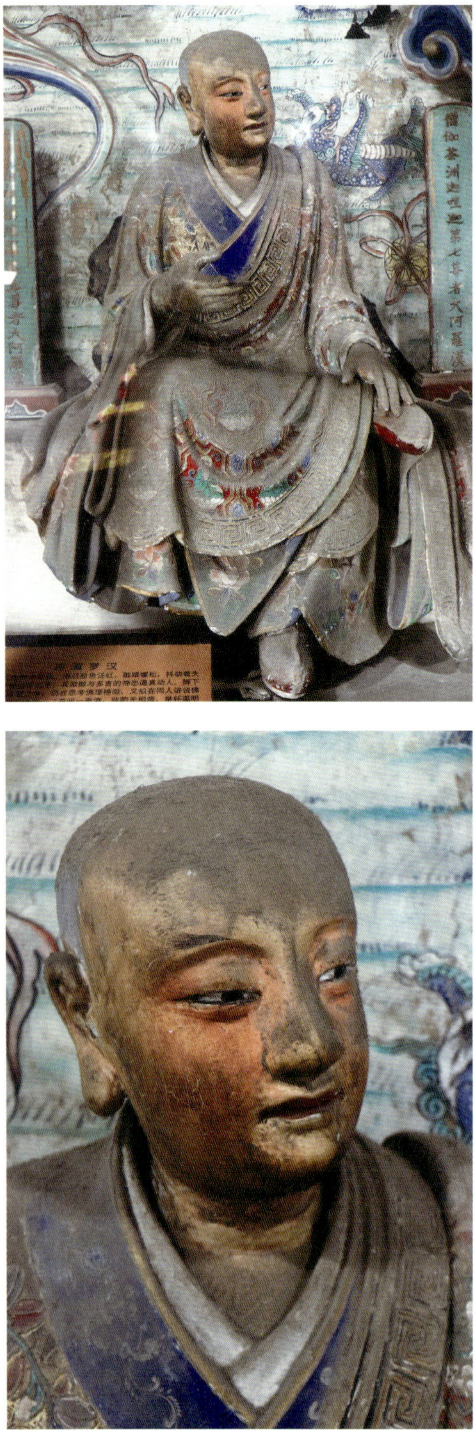

图 2-6-4　第五尊者诺距罗，南宋，泥塑，高 1.15 米

苏州紫金庵（李举创 供图）

尊者为一位年轻僧人形象，面如满月，肤色健康自然，右腿翘起搭在左膝上，神态自若。左手搭于右脚上，右手上抬，姿态颇类北朝的思惟菩萨。

图 2-6-5　第十二尊者那伽犀那，南宋，泥塑，高 1.15 米

苏州紫金庵（李举创 供图）

尊者又称为降龙罗汉，尊像为西域胡人样貌，通身赤红，双手摊开，目光向斜上方逼视，以一副轻蔑的神态瞥向左侧柱上的虬龙。舒展的姿势将身上衣物铺散开。

图 2-6-6 第三尊者迦诺迦跋黎堕阇，南宋，泥塑，高 1.15 米

苏州紫金庵（李举创 供图）

尊者高鼻深目，皂白分明的双目囧囧有神，黝黑的面庞上长满蓝色的胡须，给人一种奇异的威慑感。双手抱一灵兽，它乖巧地伏在尊者臂上，似在窃窃耳语。尊者目光恰好右转望向山门，故又称“看门罗汉”。

图 2-6-7 第十四尊者伐那婆斯，南宋，泥塑，高 1.15 米

苏州紫金庵（李举创 供图）

位于降龙罗汉身侧的第十四尊者，嘴巴紧闭，双手摊开。目光与降龙罗汉造像产生联动，圆瞪的眼睛正意态闲适地旁观着这场降龙伏虎的争斗，不禁流露出欣赏和赞叹的神情。

图 2-6-8　罗汉面部特写，明，泥塑，尺寸不详

苏州紫金庵（李华创 供图）

紫金庵的罗汉所流露出的意态闲适且可爱可亲之韵，多自眉眼中得来，南宋艺术家刀工虽简，但数笔间已然将木胎泥塑赋予了灵性，点活了满堂“真罗汉”。

图 2-6-9　观音菩萨，明，泥塑，尺寸不详

苏州紫金庵（李举创供图）

扇面墙后壁塑渡海观音菩萨及其诸胁侍的场景。观音身姿微曲，似在御风而行，与周遭腾云而起的善财、龙女、力士共同形成一幅静中寓动的视觉效果图。

图 2-6-10　二十诸天之广目天王，明，泥塑彩绘，尺寸不详

苏州紫金庵戎（李举创 供图）

壁塑于罗汉顶部的广目天王赤面怒目，手握张口欲吞之龙。天王面容可怖，身上铠甲却十分精美，黄金长甲，配以花纹繁密的束带等服饰，尽显威容。

图 2-6-11　二十诸天局部，明，泥塑彩绘，尺寸不详

苏州紫金庵（李举创 供图）

天人以左手三指托起经盖，是为紫金三宝之一"经盖如纱"；天人右手微撩一角，拿捏轻柔。经盖自然下垂，飘逸随风，似绸如纱。以泥胎塑出丝绸之飘逸感，可见彼时塑艺之精妙。

图 2-6-12　传为岳飞像局部，明，泥塑彩绘，尺寸不详

苏州紫金庵（李举创供图）

将历史人物塑入罗汉堂，意味着罗汉信仰的世俗化进一步加深。在紫金庵中，另有明代补塑多尊俗世人物，该尊被后世认为是岳飞的造像。其头戴金盔，外披蟒袍，内着锁子甲，足踏船履，右手自然握住袍服一脚，左手持剑（已残），目光如炬，凝视远方。造像虽身穿甲胄、体态健硕，但并未突出武将的威猛，而是展现一个眉清目秀的江南男子，似在有意突出岳飞智勇双全的儒将风范。

图 2-6-13 传为梁武帝像，明，泥塑彩绘，尺寸不详

苏州紫金庵（李举创 供图）

梁武帝时期，官方高度肯定了佛教的地位，他本人亦成为虔诚的佛教徒。梁武帝时期诞生的“三教同源”思想、“立神明成佛”观念，以及其所采取的措施，如严格戒律、大兴佛教音乐等，均对中国佛教发展产生了重要影响，这也正是梁武帝被塑入佛堂的原因。造像头戴金冠，身着盘领窄袖袍；右手抚腰上玉带，左手抚腿；虽为南朝帝王，却身着大明衣冠；面容与岳飞像除胡须外区别不大。造像显示出当时造像程式化的特点。

佛
降
九
拾

中国佛教美学典藏

地面寺院造像（下）

内容简介

设造像陈于殿堂之中，以彰宗教之神圣，这一宗教形式伴随着佛教东传而风行于华夏大地。本卷以历史朝代为轴，以现存寺院为点，结合实例，从美学视角梳理了佛教寺院造像在中国千年来的发展和变化。读者翻阅此书，可一窥我国古代艺匠在依托佛教仪轨的基础上如何一步步将西来诸佛塑作东方哲人，通过感受种种美学的本土化，体察中国佛教美学的独特魅力。

宋伊哲

毕业于中国社会科学院研究生院，文物与博物馆专业，主要从事汉藏佛教艺术史、丝绸之路艺术史的研究工作，曾多次参与中国社会科学院、故宫博物院组织的野外考察活动。参与编撰《香殿梵宗：大昭寺藏珍》《伊犁昭苏圣佑庙遗珍》，发表《大昭寺早期壁画调查报告》等学术论文若干篇。

国家出版基金项目
NATIONAL PUBLICATION FOUNDATION

高建平　尹　佃
－总主编－

中国佛教美学典藏

佛　教　造　像　部

主　编 · 张　总　王敏庆

地面寺院造像 下

宋伊哲 — 著

中国大百科全书出版社

图书在版编目（CIP）数据

中国佛教美学典藏．地面寺院造像／高建平等主编；宋伊哲著．—北京：中国大百科全书出版社，2024.5

ISBN 978-7-5202-1448-3

Ⅰ.①中…　Ⅱ.①高…②宋…　Ⅲ.①佛教—美学—研究—中国　Ⅳ.①B948

中国国家版本馆 CIP 数据核字（2023）第 227383 号

出 版 人　刘祚臣
策 划 人　曾　辉
责任编辑　邬四娟
责任校对　王　廓
责任印制　李宝丰
装帧设计　今亮后声
出版发行　中国大百科全书出版社
地　　址　北京市阜成门北大街 17 号
邮政编码　100037
电　　话　010–88390969
网　　址　http://www.ecph.com.cn
印　　刷　北京雅昌艺术印刷有限公司
开　　本　889 毫米 ×1194 毫米　1/16
印　　张　47.25　拉页 18 面
字　　数　563 千字
印　　次　2024 年 5 月第 1 版
　　　　　2024 年 5 月第 1 次印刷
书　　号　ISBN 978-7-5202-1448-3
定　　价　1200.00 元（全二册）

总序

这部多达十五卷的佛教美学和艺术的总汇，是聚数十名专业研究者，积八年之功完成的一项宏大工程。在过去的这些年里，各位参与者都很辛苦。现在，终于苦尽甘来，欣喜之感油然而生。

当前，我们正处在中国式现代化建设的伟大进程之中。要建设中华民族现代文明，就要将现代理论与优秀传统文化遗产相结合。中国佛教艺术是中国传统文化和美学的一个重要组成部分。古人给我们留下了许多精美的艺术珍品，值得我们花大力气去整理、总结，站在现代的立场进行思考、研究。

在五千年的中华文明史中，最初一千多年，中华美学思想的萌芽可从巫史传统和工艺创造中体现。当时的人留下了丰富的实物，给我们提供了对那个时代文化状况的丰富的想象空间。其后，从商到周，出现了精美的青铜器皿，形成了发达的礼乐文化，在实物、操作和观念这三个层面推动了中华美学思想的形成和发展。佛教是发源于印度的宗教，传入中华大地以后与中国原有的礼乐文明碰撞交融，经历了一次外来思想中国化的过程，由此造就了文明的更新。

中国的礼乐文化在周朝兴盛，历经春秋战国，尽管礼崩乐坏，但还是有人竭力保存，到秦汉时仍有所传承。礼乐文化服务于周王室，通过分封的等级制度，实现以上化下、以夏化夷的政治设计。秦汉以后，分封逐渐消失，大一统的帝国逐步形成。这一时期，社会的上层与下层相距遥远，礼乐仍在上层社会的一些礼仪性活动中施行，这时就需要宗教在下层起到填补审美需求空间的作用。

在欧洲，希腊式的城邦制度解体，原来的希腊－罗马宗教体系只在上层社会被维持；而基督教则从社会的下层开始发展，得到广大民众的支持，最终迫使罗马皇帝改宗，同时也在巨大的罗马帝国范围内流传，成为世界性的宗教。在中国，佛教在一定意义上也起着这样的作用。从汉代到唐代，普通民众的审美需求成为佛教兴盛的土壤。正是由于这一原因，通过满足社会中下层民众的审美需求，佛教的审美理想和艺术创造在文明的深处扎下了根。

中国佛教美学有着一些突出的特点。

第一是理想性。这种理想性与非现实性、虚无和出世的观念结合在一起。这在华严宗和净土宗等宗派的思想中有明显的表现。它们所追求的净土，并非存在于现实的此岸世界，而是在理想的彼岸世界。它们的美，也从属于那个世界。现实的美只是彼岸世界美的影子。

第二是通过悟来感受世界。通过悟获得真美，或是苦修而悟道，或是禅宗所主张的顿悟——机缘触发，瞬间就能得道，即达到真美的境界。

第三是偶像崇拜。各种源于犹太经典的宗教，无论是犹太教、基督教，还是伊斯兰教，都流传逃出埃及的以色列人由于崇拜偶像而引起摩西震怒的故事，从而形成各种反偶像崇拜的传统，有的弃绝一切形象，有的不准造圣像。即使后来最热衷造像的天主教，也是依据一套"愚人的《圣经》"的说辞，即运用图像给不能阅读的人演绎《圣经》故事，提供图像存在的理由。这样一来，天主教的图像只是神圣故事的演绎，其本身不具有神性；圣徒所崇拜的不是偶像，而是通过图像感受神的道理。与此不同，尽管佛教早期也有过一段无佛像时期，但后来很快就有了对佛像的普遍接受。佛教的造像被认为其本身就有神性，是神的化身。

第四是宏阔的时空观。源于犹太经典的各种宗教都具有关于世界起源的传说和关于世界末日的预言。佛教则不同，不认为有起源和末日，而认为世界在时间上是无限的，循环往复，以至无穷；在空间上也是无限的，无所谓中心、边缘。体现在美学和艺术上，佛教就具有一种超越时空、追求无限的美学观念。

第五是和谐圆融的审美境界。美的理想是一种圆，但这不是毕达哥拉斯的数学上的圆，而是圆融的生存境界。佛教讲世界和谐，这又是通过圆的意象得到体现。

本套书共分四部十五卷，涉及书法、绘画 、造像、建筑等。

佛教书法部共有四卷，即《敦煌写经》《佛教碑刻》《禅德墨迹》和《禅意绘画》。

在印刷术流行之前，佛经的流传主要靠人工抄写。在这方面，敦煌藏经洞给我们留下了大批人工抄写的佛经。当时传抄佛经是基于保存和流传的需要，同时佛教徒们也将抄写佛经当成一种修行，通过艰辛的抄写工作以积累功德。这不仅为我们留下了大量的经典，同时也留下了重要的对当时的书写进行研究的材料。绝大多数佛教徒在抄写佛经时，都有一种虔敬的心态，他们书写认真，字迹清楚、容易识读。在字体上，楷、行、草三体均有，但以楷书为主。

佛教碑刻包括佛经碑刻、造像题记及寺塔碑碣。这些碑刻用途不同，风格上也有差异，但大体上是以隶书和楷书为主，风格上庄严静穆，偶有装饰意味。

禅德墨迹包括具有文人趣味的禅僧的书法作品，以及受禅宗思想影响的文人的书法作品。这些作品风格自由活泼，字体多为行书和草书，通过笔墨直抒胸臆，表现内在的情感。

禅意绘画，最初是画者致力于表现禅理，强调直觉性和感悟性，并以此使绘画超越形象的描绘。这种绘画追求推动了中国绘画意识的发展，并且与文人绘画结合，对中国绘画观念的发展和转折起到了关键作用。

佛教绘画部共有三卷，分为《石窟壁画》《绢帛佛画》《经卷佛画》，各有其鲜明的特点。

石窟壁画是指画在石窟壁上的绘画。壁画是人类最为古老的一种绘画形式。中国佛教石窟壁画主要存在于西域地区，以佛像和佛教故事为主要题材，也包括对佛国之境的描绘，其中乐舞飞天的壁画穿越千年，给人以惊艳之感，成为当代众多艺术创作的灵感来源。石窟壁画大多受印度绘画人物造型的影响，又开始具有中原绘画的元素，成为中西艺术风格结合的最早范例。

绢帛佛画以敦煌藏经洞绢画为主，现多藏于英、法、俄、德等国的博物馆中，日本、印度、韩国等国也有保存。这些绢画所画的形象不同，有佛、菩萨、罗汉、武士，以及供养人。从这些画中可看出中国绘画中线条之美的来龙去脉、中国绘画色彩的源与流。宗白华区分了中国艺术的错彩镂金之美与芙蓉出水之美，绢帛画大体属于错彩镂金一类。

经卷佛画，即佛经中的插图或附图，包括佛教经卷的卷首画（也称扉画）、随文插图、卷末的拖尾画。从制作技艺来看，经卷佛画分墨绘佛画和版画，雕版印刷繁盛时代出现了讲述各种佛经故事的版画。对经卷佛画的研究很有价值，但过去研究不多，本卷是对此研究领域的开拓。

佛教造像部内容最为丰富，分为《石窟造像》《地面寺院造像》《出土及传世造像》《造像经典与仪轨》。

《石窟造像》分上、下两卷。上卷讲新疆和中原北方石窟，下卷讲南方和藏传佛教造像。将这些不同地域、不同时代所创作的造像放在一起来对比，可以清晰地看出这些造像的造型和艺术风格在文化交流中留下的痕迹和在时代变迁中的沿革。

地面寺院造像则呈现出多样性和变动性。遍布西域和中原大地的佛寺中的造像，以及在藏区的藏传佛教寺庙中的造像，呈现出各自的地域特点；经过千年变化，又呈现出不同的时代特点。尽管佛像有“千佛一面”的说法，但不同地域、不同时代佛像的差别仍鲜明地体现出来。

出土及传世造像可称为前两种佛教造像的补充。这些造像被发现和保存，具有极大的偶然性。它们不像石窟造像，可系统发掘；也不像现存寺院里的造像，原本就有完整布局，具有系统性。这种出土及传世造像相对零散，其系统性需要研究者构建。

《造像经典与仪轨》是很特别的一卷。该卷对佛教造像特点和主要菩萨、天王等形象的基本框架做了概述，还对佛教活动的空间、所用法器等做了阐释。

佛教建筑部共两卷，一卷讲伽蓝，一卷讲佛塔。

《伽蓝建筑》主要讲历代的中土佛寺及藏传佛教的寺庙。正像欧洲历史上的建筑集中体现于教堂一样，佛教寺庙亦成为中国古代建筑的典范。本卷分朝代展示中国古代的寺庙，并对藏传佛教的寺庙做了专门的论述。

《佛塔建筑》专门论述佛塔。佛塔造型精美，是中国古代建筑精华所在。佛塔近可与寺庙组成一个整体，高耸的塔在建筑群中起画龙点睛的作用；远可装点河山，在自然山水中加上人工点缀。佛塔原本是瘗埋高僧圆寂后遗体和珍藏舍利的地方。它既是死亡之所，又是涅槃和超越之地。生死之事，永远是最大的事，这与僧人生活有密切关联，也使塔有了人情、人性、理想等多种意味。

佛教美学和艺术的内容丰富多彩，包含各个艺术门类。除本套丛书所介绍的之外，还包括诗词、音乐、歌舞等。我们的想法是，在现阶段能做什么，就先做起来。希望这套典藏为更全面地研究中国佛教美学起奠基作用；也希望将来在此基础上，借助新媒体，使中国佛教美学的精华得到更为全面的展示。

在最初组织这一课题组之时，我们的计划是，从几个主要的佛教艺术门类中，选取最有代表性的作品，给予精要的说明，以形成佛教美学的一个总汇。其目的在于，将佛教美学的精华在一个选本系列中汇总起来，将一些平时很难见到、只有专家才掌握的佛教艺术作品的图片加以集中，配以解说，从而使这些作品受到人们的关注。佛教从两千多年前开始传入中国，带来了佛教美学和艺术，在中国大地上生根、开花，与中国原有的传统结合，再经过历代僧俗信众的传承和创新，形成了璀璨多彩的中国佛教文化。中国佛教文化成为中华文化的一个组成部分，在世界文化史上也具有重要意义。在今天，加强佛教美学的学术研究，对佛教艺术的普及，对大众熟悉和了解佛教文化，对传承和弘扬中华优秀传统文化，都是一件功德无量的事。

记得第一次开编纂工作会，任务是明确大脉络的分工，确定各卷的主持人和基本研究队伍，划定各卷内容的边界。各位参编者的热情都很高。大家一方面认为，这件事很重要，编出的书会很宏伟壮观，成为一个大制作；另一方面也认为，这方面的书过去很少，有了一个好的立意，再加上选对了人，编起来不会费多大的劲，不过是将相关领域的专家集中起来，将原本就熟悉的材料以一个新的、对读者更具有亲和力的形式重新组织一遍而已。

到了真正上手去做才发现其中的种种艰难。材料难找，解说不好写。历史事实考证清楚，解说内容正确，这是基本的要求。这方面的要求，说说容易，做起来就有难度。不仅如此，由于这套书冠名美学，在选材时体现美学视角、在解说中体现美学阐释就很重要，对于长期致力于事实考证的专家来说，这种工作也有一定的难度。在撰写过程中，有人畏难退缩，有人赶不上进度要求，但是，这样一个庞大的工程，开弓没有回头箭，再艰难也要做下去，并且要保质保量地完成。

在这几年的工作中，撰稿和编辑人员都付出了巨大的努力。他们不仅研读既有的书籍、史料和画册，还要遍访全国各地的代表性寺院。最让我感动的是，他们跋山涉水，带着沉重的拍摄器材到现场拍摄。为了获得最佳的拍摄角度，课题组还购置了无人机，以便在人无法到达的角度进行拍摄。他们的努力，为这套书提供了大量精美的独家图片。

在此期间，课题组多次在北京召开会议；还远赴广东、山西等地，举行各种工作会议。每次会议都力求实效，解决编写过程中所出现的各种具体问题，包括工作分工、人员配备、文字质量、图片规格和要求、工作进度，以及编撰者与编辑如何相互配合以加快进度，等等。为了深化这套书的美学特色，我们还邀请了几位对中国古代美学有研究的学者对文字内容进行了审阅，提出了许多具体的修改意见。

现在，书稿终于付印了。感谢参加撰写《中国佛教美学典藏》的各位作者，各位均为对佛教美学和艺术有深厚研究基础的专家。他们不辞辛劳，集中精力，终于使这项巨大的工程得以完成。更令我们感动的是，著名佛门高僧尹佃法师自始至终参与我们的策划立项、内容框架研讨和后期编纂工作，多次参加编纂工作会议，提出重要意见。中国大百科全书出版社的郭银星和曾辉两位接力领导的编辑团队，对这项工作极为负责，在编辑出版过程中提供了周到而贴心的服务。本书是各位辛勤劳动的结晶。

佛教艺术和文化是中华美学的一个重要组成部分。中国佛教之美是先人留给我们的一笔宝贵遗产。同时，它又是在当代充满生命力的活的美学。我们带着对文化传统的虔敬之心来整理这份遗产，又以面向当代、面向世界、面向未来的态度，带着责任感和使命感，以激发传统文化在当代的生命力为目的，来审视并引领中国美学的辉煌未来。

总论

《中国佛教美学典藏》以历史上中国佛教美术的遗产为主，表述其美学方面的面貌与特色。佛教造像部是其中的主要部分。因为中国佛教美术的主要遗产是石窟寺，其数量与地域、历史跨度及时代之早等都在世界上居于首位。中国木构寺院当然数量更大，但是现存者多为明、清建构，包括许多始建年代甚早、代有延续的寺庙，唐、宋寺殿之遗构已属很少。石窟寺与木构的地面寺院本身具有建筑、雕塑、绘画浑然一体的性质，但其中皆以造像为崇拜主体。佛教造像部主要侧重于石窟寺、地面寺院之中的造像部分，还包括了石窟寺与地面寺院以外各种材质的佛教造像。这类可移动单体造像（包括造像碑与造像塔）在古代多在寺院之中。但自古以来在寺窟之外的许多环境，如通衢大道、村落集镇、义井池旁、宫殿家宅等，也有很多大小不等的像设。再者，佛教造像都有经典依据，且具种种深浅程度不同的相关仪轨，略加论述会有更好的效果。所以，佛教造像部设为六卷，即《造像经典与仪轨》、《石窟造像》（上、下册）、《地面寺院造像》（上、下册）、《出土及传世造像》。其中后三卷先依时代地域、形式样态或材质等构成框架，再结合美学方面的观念与概念加以列述，以期使读者对佛教造像的美学面貌有较好之了解。

《中国佛教美学典藏》佛教造像部采取这种构成，基本上是依据目前学术界大多认同的现状而做出的。《中国佛教美学典藏》本意重在美学，应以美学的观念与概念来组构，但因佛教美学自身概念和体系上的问题而无法形成可供操作的体系形态。譬如说，用崇高之美、慈悲之美、精巧之美、超然之美等划分是无法构成完备的佛教美学架构的。佛教本身也有不少关涉美学的观念思想，具备很多自成的概念，如庄严、相好、殊胜、妙好等；还有很具体的佛陀相貌，如“三十二相”“八十种好”及《造像量度经》之类的规式。若能以佛教本身的美学概念来构成本书的结构，当然最好不过。但因佛教本身是宗教，自有统摄与延展的哲学体系，其论说之中既有赞颂涉美的部分，也有反对美感观受的部分，若全以佛教美学观念来组构，也确有一定的困难。所以，我们只能就一般学术理论视阈在《石窟造像》《地面寺院造像》《出土及传世造像》的基础上，将现代学术之美学观念与佛教特有的一些观念结合起来，进行陈述；而佛教本身的具体规式，则专设《造像经典与仪轨》阐述、展现。

美学观念与感受既有客观性赋予，也有主观性臆想。同一尊佛陀、菩萨像或天王力士像，在不同的人看来，感受是不同的。就是同一个人，在不同时段以不同心境来观看（想），美学方面的感受也是不同的，甚至差别很大。所以，本书只是给读者提供一种基本的参考，仅为佛教美学在造像方面最基本的脉络依据，绝非佛教美学在造像方面的定论之成果。

关于佛教美学范畴之内的造像，最直接具体的经说就是关于佛陀“三十二相”“八十种好”的论述，即这些庄严相好意蕴具有很强的感化力。不少佛传故事或记传之中，都说是观看到了庄严相好的佛陀，因而生出了敬仰倾慕的心，从而皈依了佛教。关于“大人相好”（指佛陀的庄严相貌），古印度就有相关传统。涉及这一主题的经典文献众多，它们向我们展示了佛教中觉悟者佛陀相貌的美好之处。从丰富多样的佛教造像遗存来看，在不同时段与地域中，采用各种材质和手法创制的佛像，既遵循了佛教经典的规定，又呈现出多姿多彩的样貌。这些不同样貌的佛像，既反映了国家、地区、人种、民族等文化特征的差异与变迁，也体现了时代背景下的传播演变，以及造型艺术手法、材料与技术手段的创新与发展。简而言之，佛像之美具有鲜明的时代特征。

关于佛像之美的论述，除佛教典籍之外，还可见于历史文献的记载。这些资料，有些可以和遗存吻合，有些则没有实物印证。佛教美术的遗产杰作中，有不少由具名有姓的艺术家创制，但更多的由未留下姓名的工匠所为。就其普遍性与多样性，以及历史年代的广泛覆盖而言，佛教美术实际上反映的是自古以来各个国家、地区与民族的审美观念。

佛教造像所展现的美、美学的观感、美学的概念是多方面的。其中，既有某一特定方面或细节，如崇高感，这在大佛的造像中得到了充分体现；也有更为核心的内容，如佛教中“诸恶莫作，众善奉行”的教义，它阐述了佛教最基本的慈悲精神与理念。因此，我们可以从各种各样的佛陀形象，如佛教所尊崇的十方佛、三世佛与三身佛，以及各国各地不同材质、技法雕琢的佛像，如古印度石雕、犍陀罗前期与后期的石刻与灰泥塑像，日本的木雕，中国的泥塑、木雕与石刻造像等中观察到慈悲与智愿等精神的体现。在佛教造像之中，也有很多美学观感可以成龙配套。例如，某些时期和地域流行成铺的造像，如唐代很多佛像都是一佛、二弟子、二菩萨、二天王、二力士，或再加双狮，共九尊或十一件像。其中佛陀的庄严、弟子的谦恭、菩萨的慈悲、天王的威武、力士的孔武、双狮的雄强，恰成一个小世界，或者说小宇宙、小天地。这是就一铺造像而言。就佛教的体系而言，又何尝不是如此？这个成系列的组合与配套，可以更详尽、丰富地展开论述。

从原始佛教到部派佛教，到大乘佛教，再到密教佛教，佛教这四大发展阶段对佛教造像有很大影响。

在原始佛教时期，不允许出现佛陀形象的本身。在佛传故事中应该出现佛陀本身的地方，如佛座上，或空无一物，或以法轮代替，这样处理有象征之美、空灵之美。而在佛传故事的其他部分，则会以不同手法展现丰富而细腻的美学意蕴。

在部派佛教时期，造型艺术中只有释迦牟尼佛，偶有弥勒佛。这一时期，释迦牟尼佛此生的佛传故事、其前世的种种本生故事，以及配合的一些因缘与譬喻故事，都在艺术作品中得到了充分的体现与生动的表达。这一时期的造像还有弟子罗汉、菩萨及伎乐天人。

在大乘佛教时期，佛陀降诞出现于十方与三世，空间与时间上都有，且具无限的可能性。菩萨是大乘佛教的根本特征之一。诸大菩萨已经具有成佛的条件，但却发了大誓愿，留在五浊恶世拯救众生。观世音、文殊、普贤、地藏四大菩萨，具有慈悲、智慧、大行、大愿的抽象象征。弟子罗汉更有发展，十大弟子特别是五百罗汉的表现，与僧侣直接对应，表达出宏阔广大的景象。护法则有天龙八部，其中的乾闼婆（香音神）——飞天，在美学上成为东方美学灵动殊妙的代表形象。龙王摩睺罗伽（大蛇）及天王力士与神兽的威猛、孔武有力，亦大有展现。大乘佛教造像艺术的谱系，可以说是佛教美术中最主要的谱系，在中国、韩国、朝鲜、日本及越南等东亚、东南亚国家和地区有着极大范围的丰富遗存并产生极重要的影响，是佛教美学资源方面最主要的宝藏。

密教，是佛教汲取婆罗门教的内涵及一些要蕴形成的。密教为佛教造像艺术带来了根本性的变化。由于佛法修行的需要，密教形成了极为复杂的佛菩萨体系。成熟的密教有高度组织化的神祇谱系，如金刚界大曼荼罗与胎藏界大曼荼罗。密教经典对佛像谱系有详细规定。诸佛、菩萨、护法等像的相容、姿态、服饰、手印、法器，每个部分的色彩，主像与胁侍的组合，成铺的像设，分系列及大曼荼罗等，都在经典中有详细规定或经典的配合仪轨。所以，密教经典也被称为经轨。密教像设与遗存，在中国唐代长安（今西安）、敦煌，藏传佛教流行的蒙古地区、藏区等，以及印度、尼泊尔、日本等地都有。密教造像，特别是后期密教造像，在表现佛陀、菩萨、天部、明王等形象时，常常化现为凶神恶煞的形貌。所以，密教后期美术确有特别的美学特征，即威猛狞厉之美。

《造像量度经》出现较晚，但其对佛像的比例有相当详密的规定。佛像身体各部分的比例和谐舒展，自然体现出美感，但此经对佛像比例进行规定并不是为了追求美感，而是从宗教的神圣性与功用性出发的。佛教美学在各历史阶段具有不同特质的美。

从佛教自身出发，我们可以从经典与仪轨、历史教派阶段的特征变化上对佛教造像的美学有所认识。当然，从造型艺术或者说空间与手法等方面，也可以对佛教造像的美学特征有所认识。佛教造像安放布列最主要的单元是寺庙殿宇。石窟寺其实也是一种寺庙。寺庙的规模可以有很大差别。大者如名山道场，小者有阿兰若等。“天下名山僧占多”，说明了寺庙与环境的关系。所以从寺院的层级与环境的关系，亦可追寻其中的美学特征。

寺庙之中，从像设的安放主体——大雄宝殿到配合主体殿堂的种种佛菩萨殿，都有各自的美学美感特点。更为普及的阿兰若，或是家庭中的佛堂、神龛，各自有各自供奉佛像的具体环境。

佛教造像都是雕塑而成的，所以要从维度方面简要说明。现代雕塑术语中，有圆雕与浮雕之说。在长、宽、高三维空间中，各维度都等同原状，即相当于人身或物体形状，即为圆雕。在某个维度予以压缩的就是浮雕，压扁程度大者为浅浮雕，程度小者为高浮雕。圆雕一般可以从四周来观看，浮雕则不行。形态上还有雕塑本身独立与雕塑后面连着背光或山岩等物体的。古代雕塑之佛像，背后往往贴连背光或像后衬托。从空间来说，有不可移动的石窟作品，多为大像巨作，近于圆雕的像体，后面连在山体之上。寺庙殿宇之中，通常专设佛坛来安放像设。这些佛像，本身近于圆雕，但后面多设有背光。不过，在现存文物之中，特别是出土的佛像作品中，能从四周观看的圆雕作品也为数不少。

中国的佛像作品往往结合了多种造型手法。除了立体程度不等的圆雕与浮雕手段，还有本质上属于绘画的线刻。线刻有在石面上进行的线刻，也有通过突起或下陷形体轮廓，再施以线条描刻来表达的形式：通过不同形式，达到丰富浑成的艺术表现效果。在材质的选择与处理上，也有很多表现手法。金、铜与石、木等多种材质在体积与重量上各有特色。在色彩施加方面，既有彩塑即泥塑敷彩，也有石雕彩绘。绝大多数佛教造像是具象写实的表达，但也有抽象与象征或装饰图案的辅助表现，如合掌手势、胸前“卍”字、肉髻顶珠、服饰图案等。

总之，我们可以从空间造型艺术手法来观察、理解、感受佛教造像之美，感受佛像与美的种种关联。当然，基于造型手法的感受比较侧重于美术之专业角度。但一般来说，最普通的观者在看到佛教造像时，在进入石窟、寺庙和面对像龛时，都能产生种种的美学感受。因而，我们基于佛教美术本身的时地架构，从中选出精妙美好、殊胜庄严、具有美学情趣的作品，希望能为读者提供丰富妙好的大餐。

2023 年 4 月

目 录

第二章 315—595

汉传佛教寺院造像

第七节 乾元气象：元代寺院造像 …………… 316

第八节 妙创大千：明代寺院造像 …………… 386

第九节 天台遗踪：清代寺院造像 …………… 583

第三章 597—713

藏传佛教寺院造像

引 言 ……………………………………… 598

第一节 莲涌初地：布达拉宫 ………………… 601

第二节 神变法尊：大昭寺 …… 605

第三节 吐蕃灵塑：吉如拉康 … 610

第四节 像我非我：聂塘卓玛拉康 ………… 614

第五节 和通艺像：艾旺寺 …… 620

第六节 绝域溢彩：阿里托林寺 …………… 627

第七节 殊胜神洲：白居寺 …… 632

第八节 出世入世：清代宫廷佛堂——雨花阁与梵华楼 … 650

第九节 潜邸梵像：北京雍和宫 …………… 658

第十节 统合敬诚：承德外八庙 …………… 672

图片目录

317 图 2-7-1 大雄宝殿佛龛，元至明
319 图 2-7-2 三世佛，元至明，干漆夹纻，均高 2.25 米
321 图 2-7-3 韦陀与托塔天王及其局部，元至明，干漆夹纻，均高 2.73 米
323 图 2-7-4 宾头卢颇罗堕与薄拘罗尊者，元至明，干漆夹纻，均高 1.58 米
324 图 2-7-4-1 阿嵬楼陀、准提密多罗与摩诃劫宾那尊者，元至明，干漆夹纻，均高 1.58 米
325 图 2-7-5 十八罗汉妆銮局部，元至明，干漆夹纻
327 图 2-7-6 琉璃塔及琉璃造像，明，砖石琉璃，高 47.31 米
328 图 2-7-6-1 琉璃塔局部细节
330 图 2-7-7 西方三圣，元至明，铜铸、泥塑
331 图 2-7-8 大势至菩萨，元，泥塑，高 4.1 米
331 图 2-7-9 观世音菩萨，元，泥塑，高 4.26 米
333 图 2-7-10 圣像木龛，明，木雕
334 图 2-7-11 释迦牟尼佛，明，木雕，高 4.15 米
335 图 2-7-12 文殊菩萨及局部，明，木雕，高 3.32 米
336 图 2-7-12-1 普贤菩萨及局部，明，木雕，高 3.32 米
337 图 2-7-13 于阗王与文殊老人，明，木雕，高 1.6 米
338 图 2-7-14 三身佛与四大菩萨局部，元，泥塑贴金
340 图 2-7-14-1 毗卢遮那佛及局部，元，泥塑贴金，高 5.1 米
342 图 2-7-15 卢舍那佛局部，元，泥塑贴金
343 图 2-7-16 普贤菩萨局部，元，泥塑贴金，高 3.35 米
344 图 2-7-17 地藏菩萨局部，元，泥塑贴金，高 3.35 米
345 图 2-7-18 毗卢殿门内景，元
345 图 2-7-18-1 金刚力士，元，泥塑，均高 3.05 米
346 图 2-7-19 地藏菩萨与十殿阎王局部，明，泥塑
348 图 2-7-19-1 十殿阎王局部及梁间悬塑，明，泥塑
349 图 2-7-20 三身佛及文殊、普贤菩萨，1309 年，泥塑
350 图 2-7-21 毗卢遮那佛，1309 年，泥塑，高 4.66 米
351 图 2-7-22 卢舍那佛，1309 年，泥塑，高 4.66 米
352 图 2-7-23 普贤菩萨，1309 年，泥塑，高 4.3 米
353 图 2-7-23-1 文殊菩萨，1309 年，泥塑，高 4.3 米
355 图 2-7-24 哼哈二将，清，泥塑，尺寸不详
355 图 2-7-25 玉皇大帝，明，泥塑，尺寸不详
356 图 2-7-26 四大天王，明，泥塑，尺寸不详
358 图 2-7-27 千手观音及二胁侍，明，泥塑，尺寸不详
358 图 2-7-28 十王殿内景，明

359 图 2-7-29 关羽像，清，泥塑，尺寸不详
360 图 2-7-30 一佛二菩萨，元，泥塑，主尊高 4.7 米
361 图 2-7-31 二胁侍菩萨及左胁侍菩萨头部被盗前旧照，元，泥塑，均高 3 米
363 图 2-7-32 一佛二菩萨，元，泥塑
364 图 2-7-33 主尊阿弥陀佛，元，泥塑，高 4 米
365 图 2-7-34 主尊阿弥陀佛头部细节，元，泥塑
366 图 2-7-35 主尊莲座局部细节，元，泥塑
366 图 2-7-36 主尊台座细节，元，泥塑
367 图 2-7-37 观音菩萨及局部，元，泥塑，高 2.9 米
368 图 2-7-38 大势至菩萨及局部，元，泥塑，高 2.9 米
369 图 2-7-39 渡海观音，元，悬塑，整体高 6.1 米
370 图 2-7-40 渡海观音局部细节之一，元，悬塑
371 图 2-7-40-1 渡海观音局部细节之二，元，悬塑
372 图 2-7-41 二明王及细节，元，悬塑
373 图 2-7-42 龙王部众细节，元，悬塑
374 图 2-7-43 十六罗汉（部分），明，泥塑，尺寸不详
374 图 2-7-43-1 十六罗汉局部特写，明，泥塑
376 图 2-7-44 四大天王，明，泥塑，尺寸不详
378 图 2-7-45 大雄宝殿外景，元
379 图 2-7-46 大殿外的经幢，唐，石雕，高 4 米
380 图 2-7-47 大雄宝殿内群像，元，泥塑
382 图 2-7-48 大雄宝殿华严三圣及局部，元，泥塑，尺寸不详
384 图 2-7-49 罗汉，元，泥塑，尺寸不详
384 图 2-7-50 三大士，元，泥塑，尺寸不详
385 图 2-7-51 观音菩萨二胁侍，元，泥塑，尺寸不详
387 图 2-8-1 天王殿金刚，明，泥塑，均高 2.72 米
388 图 2-8-2 天王殿四金刚面部特写，明，泥塑
390 图 2-8-3 天王殿四金刚之一，明，泥塑
391 图 2-8-4 天王殿弥勒佛，明，泥塑，高 5.26 米
392 图 2-8-5 天王殿帝释天，明，泥塑，高 2.12 米
393 图 2-8-6 天王殿梵天，明，泥塑，高 2.11 米
394 图 2-8-7 释迦殿主尊释迦牟尼佛，明，泥塑，高 1.98 米
395 图 2-8-8 释迦殿文殊菩萨与普贤菩萨，明，泥塑，均高 1.85 米
396 图 2-8-9 释迦殿渡海观音群像，明，泥塑
397 图 2-8-10 释迦殿东壁，明，泥塑
397 图 2-8-10-1 释迦殿佛传故事及建筑局部，明，泥塑
398 图 2-8-11 罗汉殿群像局部，明，泥塑，均高 1 米
399 图 2-8-12 罗汉殿罗汉（部分），明，泥塑，均高 1 米

400 图 2-8-12-1 罗汉殿阿氏多罗汉，明，泥塑，高 1 米
401 图 2-8-13 罗汉殿罗汉组合，明，泥塑
402 图 2-8-14 地藏殿地藏菩萨及主尊台座细节，明，泥塑，尺寸不详
403 图 2-8-15 地藏殿闵长者与道明和尚，明，泥塑，尺寸不详
404 图 2-8-16 地藏殿西侧阎君与判官（部分），明，泥塑，尺寸不详
404 图 2-8-16-1 地藏殿东侧判官，明，泥塑，尺寸不详
405 图 2-8-16-2 地藏殿东侧吏曹局部，明，泥塑
406 图 2-8-17 千佛殿自在观音，明，泥塑，高 3.3 米
407 图 2-8-18 千佛殿韦陀，明，泥塑，1.76 米
409 图 2-8-19 千佛殿善财童子，明，泥塑
409 图 2-8-20 千佛殿南壁菩萨众（部分），明，泥塑
410 图 2-8-20-1 千佛殿菩萨众局部之一，明，泥塑
411 图 2-8-20-2 千佛殿菩萨众局部之二，明，泥塑
411 图 2-8-21 千佛殿供养人，明，泥塑
412 图 2-8-22 菩萨殿千手观音，明，泥塑，高 3.3 米
412 图 2-8-23 菩萨殿官服供养菩萨，明，泥塑，高 1.85 米
414 图 2-8-23-1 菩萨殿宫装胁侍菩萨，明，泥塑，高 1.85 米
415 图 2-8-24 菩萨殿内景，明，泥塑
416 图 2-8-25 菩萨殿供养菩萨，明，泥塑
416 图 2-8-26 菩萨殿众菩萨局部，明，泥塑
417 图 2-8-27 娘娘殿娘娘像之一，明至清，泥塑，尺寸不详
418 图 2-8-28 娘娘殿东壁群像及其局部，明至清，泥塑，尺寸不详
420 图 2-8-29 资寿寺廊道
422 图 2-8-30 四天王像，明，泥塑木胎，均高 3 米
424 图 2-8-31 三身佛，1521 年，泥塑，尺寸不详
424 图 2-8-31-1 报身卢舍那佛局部，明，泥塑，尺寸不详
425 图 2-8-32 地藏菩萨，明，泥塑
426 图 2-8-32-1 十殿阎罗局部，明，泥塑
426 图 2-8-33 药师佛及二菩萨，明，泥塑，尺寸不详
427 图 2-8-34 阿弥陀佛及胁侍菩萨，1480 年，泥塑，尺寸不详
428 图 2-8-35 圆觉殿正壁造像，1508 年，泥塑，尺寸不详
429 图 2-8-35-1 十二圆觉菩萨（部分），明，泥塑
430 图 2-8-35-2 普贤及净诸业障菩萨，明，泥塑，尺寸不详
431 图 2-8-36 清源真君，1508 年，泥塑，尺寸不详
432 图 2-8-37 十八罗汉像（部分），1508 年，泥塑，均高 1.4 米
433 图 2-8-38 十八罗汉像局部，1508 年，泥塑
433 图 2-8-38-1 罗汉像局部，1508 年，泥塑，高 1.4 米
435 图 2-8-39 长治观音堂外景
436 图 2-8-40 观音殿正壁储天神佛局部，明，泥塑
439 图 2-8-41 主尊观音菩萨，明，泥塑，尺寸不详
440 图 2-8-42 文殊菩萨，明，泥塑，尺寸不详
441 图 2-8-43 普贤菩萨，明，泥塑，尺寸不详
442 图 2-8-44 北壁及南壁造像，明，泥塑
443 图 2-8-45 十八罗汉（部分），明，泥塑，尺寸不详
444 图 2-8-46 二十四诸天·女相（部分），明，泥塑，尺寸不详
445 图 2-8-47 二十四诸天·男相（部分），明，泥塑，尺寸不详
446 图 2-8-48 十二圆觉菩萨（部分），明，泥塑
447 图 2-8-49 儒道教部众（部分），明，泥塑
448 图 2-8-50 八仙祝寿，明，泥塑
448 图 2-8-51 观音堂正殿悬塑儒、释、道三教教主，明，泥塑
449 图 2-8-52 观音堂壁塑局部，明
450 图 2-8-53 崇善寺大门
452 图 2-8-54 崇善寺大悲殿正面及背面
453 图 2-8-55 大悲殿三大士，明，泥塑贴金，均高 9 米
455 图 2-8-55-1 千钵文殊、普贤与千手观音，明，泥塑贴金，均高 9 米
456 图 2-8-56 千钵文殊局部，明，泥塑贴金
457 图 2-8-56-1 千手观音及普贤局部，明，泥塑贴金
458 图 2-8-57 大悲宝殿外景及殿内千手观音
460 图 2-8-58 大悲宝殿二十八部众西侧（部分），1513 年
462 图 2-8-59 鬼子母及局部，1513 年，泥塑，高 3.8 米

463 图 2-8-60 摩利支天与辩才天，1513 年，泥塑，高 3.8 米
464 图 2-8-61 婆薮仙人及局部，明，泥塑，高 3.8 米
466 图 2-8-62 月天和难陀跋难陀龙王及局部，明，泥塑，均高 3.8 米
468 图 2-8-63 四大天王局部，1513 年，泥塑，高 3.8 米
470 图 2-8-64 密迹金刚与摩呼洛迦及局部，1513 年，泥塑，均高 3.8 米
472 图 2-8-65 彩塑妆銮，1513 年
473 图 2-8-65-1 摩利支天腰裙的织金效果表现，1513 年
473 图 2-8-65-2 彩塑上的妆銮，1513 年
475 图 2-8-66 无量寿佛殿前的千年银杏树
476 图 2-8-67 大雄宝殿，明
477 图 2-8-68 大觉寺三世佛旧貌，1428 年，木胎金漆，尺寸不详
478 图 2-8-68-1 三世佛，明，木胎金漆，尺寸不详
480 图 2-8-69 二十诸天（部分），1428 年，泥塑木胎，高 1.6—1.7 米
481 图 2-8-70 鬼子母，1428 年，泥塑木胎，高 1.6 米
481 图 2-8-71 天王与金刚，1428 年，泥塑木胎，高 1.6—1.7 米
482 图 2-8-72 观音、文殊、普贤三大士像，1428 年，泥塑木胎，尺寸不详
483 图 2-8-73 无量寿佛殿局部及“动静等观”匾额，明
484 图 2-8-74 西方三圣，明，泥塑木胎
486 图 2-8-75 胁侍菩萨，明，泥塑木胎，尺寸不详
487 图 2-8-76 海岛观音及善财童子，明，泥塑
488 图 2-8-77 隰县小西天外景
490 图 2-8-78 大雄宝殿正壁局部，17 世纪，悬塑
492 图 2-8-79 大雄宝殿西壁五佛龛之毗卢遮那佛龛，17 世纪，泥塑
492 图 2-8-80 毗卢遮那佛，17 世纪，泥塑，尺寸不详
493 图 2-8-81 胁侍菩萨像局部，17 世纪，泥塑，尺寸不详
494 图 2-8-82 十大弟子之一，17 世纪，泥塑，尺寸不详
494 图 2-8-83 启门童子局部，17 世纪，泥塑，尺寸不详
495 图 2-8-84 护法神将局部，17 世纪，悬塑
497 图 2-8-85 陕西蓝田水陆庵山门外景及诸胜水陆殿平面图
499 图 2-8-86 三世佛，明，泥塑，通高 5.63 米
499 图 2-8-87 毗卢佛，明，泥塑，高 5.63 米
500 图 2-8-87-1 毗卢佛背光局部及横梁彩塑，明，泥塑
501 图 2-8-88 阿弥陀佛背光局部，明，泥塑
502 图 2-8-88-1 阿弥陀佛背光伎乐天局部，明，泥塑
503 图 2-8-89 毗卢佛金刚座力士，明，泥塑
504 图 2-8-90 应身佛及护法神将，明，泥塑，尺寸不详
505 图 2-8-90-1 应身佛诸天护法（部分），明，泥塑，尺寸不详
506 图 2-8-90-2 应身佛上部的西方三圣，明，泥塑
506 图 2-8-90-3 跪拜的一家，明，泥塑
507 图 2-8-90-4 乞者，明，泥塑
508 图 2-8-91 报身佛及护法神将，明，泥塑，尺寸不详
509 图 2-8-91-1 三教圣像，明，泥塑
510 图 2-8-91-2 护法神将（部分），明，泥塑
511 图 2-8-91-3 报身佛二胁侍菩萨，明，泥塑，尺寸不详
512 图 2-8-92 水陆殿南壁及北壁彩塑局部，明，泥塑
513 图 2-8-93 药师菩萨，明，泥塑，尺寸不详
513 图 2-8-93-1 药师眷属（部分），明，泥塑
514 图 2-8-94 地藏菩萨，明，泥塑，尺寸不详
514 图 2-8-95 二十四尊像（部分），明，泥塑，均高 1.6 米
515 图 2-8-95-1 二十四尊像局部，明，泥塑
517 图 2-8-96 释迦诞生，明，泥塑
518 图 2-8-97 释迦涅槃及局部，明，泥塑
519 图 2-8-98 罗汉渡海场景之一，明，泥塑
520 图 2-8-99 罗汉渡海场景之二，明，泥塑
521 图 2-8-100 吹奏乐器的鬼神，明，泥塑
522 图 2-8-101 交谈的僧人，明，泥塑
522 图 2-8-102 写经，明，泥塑
523 图 2-8-103 赏画，明，泥塑
524 图 2-8-104 击鼓诵经，明，泥塑
524 图 2-8-105 读碑，明，泥塑
524 图 2-8-106 敲钟，明，泥塑
524 图 2-8-107 虔诚的信徒，明，泥塑
525 图 2-8-108 药师菩萨后壁上的“渔樵问答”场景，明，泥塑
525 图 2-8-109 药师菩萨后壁上的故事情节，明，泥塑
526 图 2-8-110 平武报恩寺鸟瞰
528 图 2-8-110-1 天王殿及大雄宝殿，明

529 图 2-8-111 殿额力士，明
530 图 2-8-112 四大天王，明，泥塑
531 图 2-8-113 东方持国天王，明，泥塑，高 4 米
531 图 2-8-113-1 东方持国天王局部，明，泥塑
532 图 2-8-114 南方增长天王，明，泥塑，高 4 米
533 图 2-8-114-1 天王宝冠及铠甲局部，明，泥塑
534 图 2-8-115 十一面千手观音，明，泥塑，高 9.05 米
535 图 2-8-116 千手观音局部，明，泥塑
536 图 2-8-117 大雄宝殿内景，明
536 图 2-8-118 三身佛，明，泥塑，通高 8 米
538 图 2-8-119 三身佛背光上的金翅鸟，明
539 图 2-8-120 普贤菩萨及局部，明，泥塑，尺寸不详
541 图 2-8-121 骑吼观音及局部，明，泥塑，尺寸不详
541 图 2-8-122 万佛阁塑像，明，泥塑
542 图 2-8-123 佛陀及十大弟子像，明，泥塑
542 图 2-8-123-1 十大弟子像（部分），明，泥塑，通高 3.12 米
544 图 2-8-124 殊像寺文殊殿
545 图 2-8-125 文殊殿佛坛塑像群，1496 年，泥塑
545 图 2-8-126 文殊骑青狮像，1496 年，泥塑，高 9.87 米
546 图 2-8-127 文殊骑青狮像旧照（摄于 1934 年），1774 年，泥塑
547 图 2-8-128 丁观鹏绘文殊像，清
547 图 2-8-129 海岛观音，明，泥塑，尺寸不详
548 图 2-8-130 文殊殿五百罗汉像（部分），1496 年，泥塑
549 图 2-8-130-1 文殊殿二十四诸天（部分），1496 年，泥塑，尺寸不详
551 图 2-8-131 铁佛殿，明
552 图 2-8-132 释迦牟尼佛，明，泥塑，高 6.3 米
554 图 2-8-133 胁侍菩萨，明，泥塑，尺寸不详
555 图 2-3-134 供养菩萨壁画，明
556 图 2-8-135 主尊背光及细节，明，综合材质
557 图 2-8-136 海岛观音及《西游记》故事场景，明，泥塑
559 图 2-8-137 两侧诸天群像，明，泥塑，均高 2.3 米
561 图 2-8-137-1 武相诸天，明，泥塑，均高 2.3 米
562 图 2-8-137-2 文相诸天，明，泥塑，均高 2.3 米
563 图 2-8-137-3 女相诸天，明，泥塑，均高 2.3 米
564 图 2-8-138 崇宁真君关羽及妙道真君二郎神，明，泥塑，均高 2.3 米
566 图 2-8-139 诸天细节，明，泥塑
567 图 2-8-140 残损二弟子及菩萨像，明，泥塑
569 图 2-8-141 毗卢遮那佛及二胁侍，明，泥塑
570 图 2-8-142 庆友尊者，明，泥塑，高 1.41 米
570 图 2-8-143 半托迦尊者，明，泥塑，高 1.44 米
571 图 2-8-144 因揭陀尊者，明，泥塑，高 0.9 米
571 图 2-8-145 释迦牟尼佛及其二弟子，明，泥塑，尺寸不详
572 图 2-8-146 阿难与迦叶局部，明，泥塑
574 图 2-8-147 大雄宝殿阿难，17 世纪，泥塑，高 3.32 米
575 图 2-8-148 大雄宝殿东山墙罗汉（部分），17 世纪，泥塑
576 图 2-8-149 伐那婆斯尊者，17 世纪，泥塑，高 2.77 米
576 图 2-8-150 迦诺迦伐蹉尊者，17 世纪，泥塑，高 2.79 米
577 图 2-8-151 罗睺罗尊者，17 世纪，泥塑，高 2.76 米
577 图 2-8-152 伐阇罗弗多罗尊者，17 世纪，泥塑，高 2.78 米
579 图 2-8-153 观音殿内景，明
580 图 2-8-154 观音殿五百罗汉局部，1475 年，泥塑
581 图 2-8-155 供养童子，1475 年，悬塑，高 1 米
582 图 2-8-156 三大士局部，1475 年，泥塑
582 图 2-8-157 渡海观音，1475 年，泥塑，高 2.5 米
585 图 2-9-1 罗汉堂外景，清
586 图 2-9-2 罗汉堂内景，木雕，清
587 图 2-9-3 罗汉堂罗汉青壮年形貌（部分），清，木雕，均高 1.5 米
587 图 2-9-4 罗汉堂罗汉（部分），清，木雕，均高 1.5 米
589 图 2-9-5 永明禅师像，清，木雕，高 1.5 米
589 图 2-9-6 罗汉堂罗汉面部特写，清，

木雕
590 图 2-9-7 五百罗汉局部，1774 年，木雕，高 1.5 米
591 图 2-9-8 捧绢罗汉，1774 年，木雕，高 1.5 米
591 图 2-9-9 罗汉像，1774 年，木雕，高 1.5 米
594 图 2-9-10 五百罗汉（部分），清，泥塑
595 图 2-9-11 五百罗汉局部之一，清，泥塑
595 图 2-9-12 五百罗汉局部之二，清，泥塑

第三章

藏传佛教寺院造像

602 图 3-1-1 法王洞群像，7—9 世纪，泥塑
602 图 3-1-2 松赞干布、吞米桑布扎、禄东赞，7—9 世纪，泥塑，均高 1.5 米
603 图 3-1-3 贡日贡赞，7—9 世纪，泥塑，高 1.5 米
603 图 3-1-4 文成公主与尺尊公主，7—9 世纪，泥塑，前者高 1.5 米，后者高 1.44 米
604 图 3-1-5 帕巴拉康圣观音自在像（两侧为七世、八世达赖喇嘛仿制），7—9 世纪
604 图 3-1-6 强巴佛，18 世纪，镀金铜像，高 3.5 米
607 图 3-2-1 释迦牟尼十二岁等身像（着法衣与未着法衣），铜铸，高 1.5 米
608 图 3-2-2 木门框雕刻局部，7—8 世纪，木雕，尺寸不详
609 图 3-2-3 托柱力士与供养菩萨，7—8 世纪，木雕
611 图 3-3-1 八大菩萨正面（部分），8 世纪，泥塑，均高 1.8 米
612 图 3-3-2 八大菩萨侧面（部分），8 世纪，泥塑
613 图 3-3-3 供养人，8 世纪，泥塑，均高 1.8 米
615 图 3-4-1 无量寿佛，11 世纪，泥塑，高 5 米
616 图 3-4-2 蹲狮，11 世纪，石雕
617 图 3-4-3 八大菩萨（部分），11 世纪，泥塑，高 2 米
618 图 3-4-4 六拏具背光，11 世纪，泥塑，尺寸不详
619 图 3-4-5 四大天王，11 世纪，泥塑，均高 2 米
619 图 3-4-6 妖女，11 世纪，石胎泥塑
621 图 3-5-1 艾旺寺，11 世纪
622 图 3-5-2 图齐摄艾旺寺旧照，11 世纪
622 图 3-5-3 正殿主尊（部分），11 世纪，石胎泥塑，均高 3 米
623 图 3-5-4 正殿单体佛尊（部分），11 世纪，石胎泥塑，均高 3 米
624 图 3-5-5 东配殿菩萨像（部分），11 世纪，石胎泥塑，均高 5 米
624 图 3-5-6 东配殿菩萨头像，11 世纪，石胎泥塑
625 图 3-5-7 东配殿菩萨小袖团窠袍服饰细节，11 世纪，石胎泥塑
625 图 3-5-8 东配殿明王像，11 世纪，石胎泥塑，尺寸不详
626 图 3-5-9 西配殿塔形龛，11 世纪
628 图 3-6-1 残损立姿菩萨，11—12 世纪，泥塑，尺寸不详
629 图 3-6-2 四臂文殊菩萨，11—12 世纪，泥塑，尺寸不详
629 图 3-6-3 释迦牟尼佛像头部，11—12 世纪，泥塑，高 0.15 米
629 图 3-6-4 释迦牟尼佛像头部，11—12 世纪，泥塑，高 0.2 米
630 图 3-6-5 释迦牟尼坐像，11—12 世纪，红陶，高 0.3 米
630 图 3-6-6 大威德金刚足下恶鬼众，13—15 世纪，泥塑，尺寸不详
630 图 3-6-7 供养人头部，13—14 世纪，泥塑，高 0.14 米
631 图 3-6-8 罗汉头部，13—14 世纪，泥塑，高 0.26 米
634 图 3-7-1 白居寺远景
636 图 3-7-2 措钦大殿一层大日如来，15 世纪，铜铸，高 8 米
637 图 3-7-3 措钦大殿一层菩萨群像局部，15 世纪，铜铸，均高 2 米
638 图 3-7-4 措钦大殿左侧金刚界曼荼罗殿五方佛局部，15 世纪，泥塑，尺寸不详
639 图 3-7-5 措钦大殿一层右侧大殿松赞干布像，15 世纪，泥塑，尺寸不详
640 图 3-7-6 措钦大殿二层道果殿金刚持像局部，15 世纪，泥塑，尺寸不详
640 图 3-7-6-1 措钦大殿二层道果殿萨迦上师像（部分），15 世纪，泥塑，尺寸不详
642 图 3-7-7 措钦大殿二层罗汉殿阿氏多尊者，15 世纪，泥塑，高 1.3 米
642 图 3-7-8 吉祥多门塔一层燃灯佛殿燃灯佛及拏具局部，15 世纪，泥塑，通高 1.6 米
643 图 3-7-9 吉祥多门塔一层回遮殿主尊白伞盖佛母，15 世纪，泥塑，高 1.65 米

644 图 3-7-10 吉祥多门塔一层兜率宫观音，15 世纪，泥塑，高 1.1 米
644 图 3-7-11 吉祥多门塔一层怙主殿大黑天宝帐怙主，15 世纪，泥塑，高 1.45 米
645 图 3-7-12 吉祥多门塔二层入大解脱城门殿四大天王，15 世纪，泥塑
646 图 3-7-13 吉祥多门塔三层无量光佛殿胁侍菩萨（部分），15 世纪，泥塑，高 1 米
647 图 3-7-14 吉祥多门塔四层如意宝殿大成就者帝落巴，15 世纪，泥塑，高 1.4 米
647 图 3-7-15 吉祥多门塔四层道果殿八思巴，15 世纪，泥塑，高 1.2 米
648 图 3-7-16 吉祥多门塔五层南无量宫殿释迦牟尼佛，15 世纪，泥塑，高 1.6 米
649 图 3-7-17 吉祥多门塔五层南无量宫殿罗汉（部分），15 世纪，泥塑，均高 1.1 米
649 图 3-7-18 吉祥多门塔五层南无量宫殿罗汉（部分），15 世纪，泥塑
651 图 3-8-1 雨花阁与梵华楼
653 图 3-8-2 雨花阁佛龛题记（部分）
655 图 3-8-3 一层正龛智行品佛（部分）及主尊无量寿佛，清，铜铸
657 图 3-8-4 四层无上品正龛尊像，清，青铜，均高 0.44 米
659 图 3-9-1 雍和宫
661 图 3-9-2 万福阁弥勒大佛及局部，清，木雕，高 18 米（地下部分 8 米）
662 图 3-9-3 法轮殿紫檀木五百罗汉山，清，木雕，高 3.4 米、宽 3.45 米、厚 0.3 米
662 图 3-9-4 法轮殿紫檀木五百罗汉山局部，清，木雕
664 图 3-9-5 主尊释迦牟尼佛，清，木雕，尺寸不详
664 图 3-9-6 永佑殿无量寿佛，清，铜铸，高 2.35 米
667 图 3-9-7 薄拘罗尊者，清，干漆夹纻，高 1.55 米
667 图 3-9-8 军屠钵叹尊者与达玛达拉居士像，清，干漆夹纻，高 1.55 米
668 图 3-9-9 十八罗汉局部，清，干漆夹纻
669 图 3-9-10 照佛楼旃檀佛，清，铜铸，高 2.04 米
670 图 3-9-11 密宗殿大威德金刚及局部，清，铜铸，尺寸不详
673 图 3-10-1 慈云普荫殿，清
674 图 3-10-2 慈云普荫殿内景，清
676 图 3-10-3 三世佛，1713 年，髹漆夹纻，尺寸不详
678 图 3-10-4 十八罗汉（部分），1713 年，髹漆夹纻
679 图 3-10-4-1 摩诃迦旃延尊者像，1713 年，髹漆夹纻，高 1.6 米
680 图 3-10-4-2 罗汉妆銮局部，1713 年，髹漆夹纻
681 图 3-10-5 宝相长新殿内景，1713 年，髹漆夹纻
683 图 3-10-6 无量寿佛及局部，1713 年，髹漆夹纻，高 3.4 米
684 图 3-10-7 大雄宝殿西壁十八罗汉（部分），清，木雕，均高 1.7 米
684 图 3-10-8 十八罗汉局部，清，木雕，均高 1.7 米
686 图 3-10-9 大乘之阁，1759 年
687 图 3-10-10 千手千眼观音菩萨及局部，1759 年，木雕金漆，高 27.21 米
689 图 3-10-11 普度殿绿度母，1764 年，木雕金漆，高 4.09 米
690 图 3-10-12 旭光阁上乐王佛坛城，1766 年，铜鎏金
691 图 3-10-13 权衡三界亭吉祥天母，1771 年，铜鎏金，高 1.16 米
692 图 3-10-14 宝相阁及四角方位的殿宇之一，清
693 图 3-10-15 宝相阁文殊菩萨及侍从，清，泥塑，高 11.6 米
694 图 3-10-16 须弥福寿之庙鸟瞰图
695 图 3-10-17 妙高庄严殿内景，清
697 图 3-10-18 释迦牟尼佛及宗喀巴像，清
697 图 3-10-19 释迦牟尼佛及二弟子，清，木雕，佛高 2.9 米，弟子高 2.2 米
698 图 3-10-20 南楼二层殿内景，清
699 图 3-10-21 药师七佛（第一至四尊），清，木雕，尺寸不详
700 图 3-10-21-1 药师七佛（第五至七尊），清，木雕，尺寸不详
701 图 3-10-22 药师七佛背光局部，清，木雕漆金
702 图 3-10-23 北楼二层殿内景，清
703 图 3-10-24 长寿三尊，清，泥塑，尺寸不详
704 图 3-10-25 “开花献佛”转轮，清，木雕，尺寸不详
705 图 3-10-26 万寿琉璃塔，清
707 图 3-10-27 万寿琉璃塔塔基诸尊像，清，泥塑
708 图 3-10-28 万寿琉璃塔造像局部，清，泥塑
711 图 3-10-29 当代复制的六品佛塔及部分清代残存塔基，木质
712 图 3-10-30 珠源寺六品佛楼，“众香楼”遗址，清

中国
佛教美学
典藏

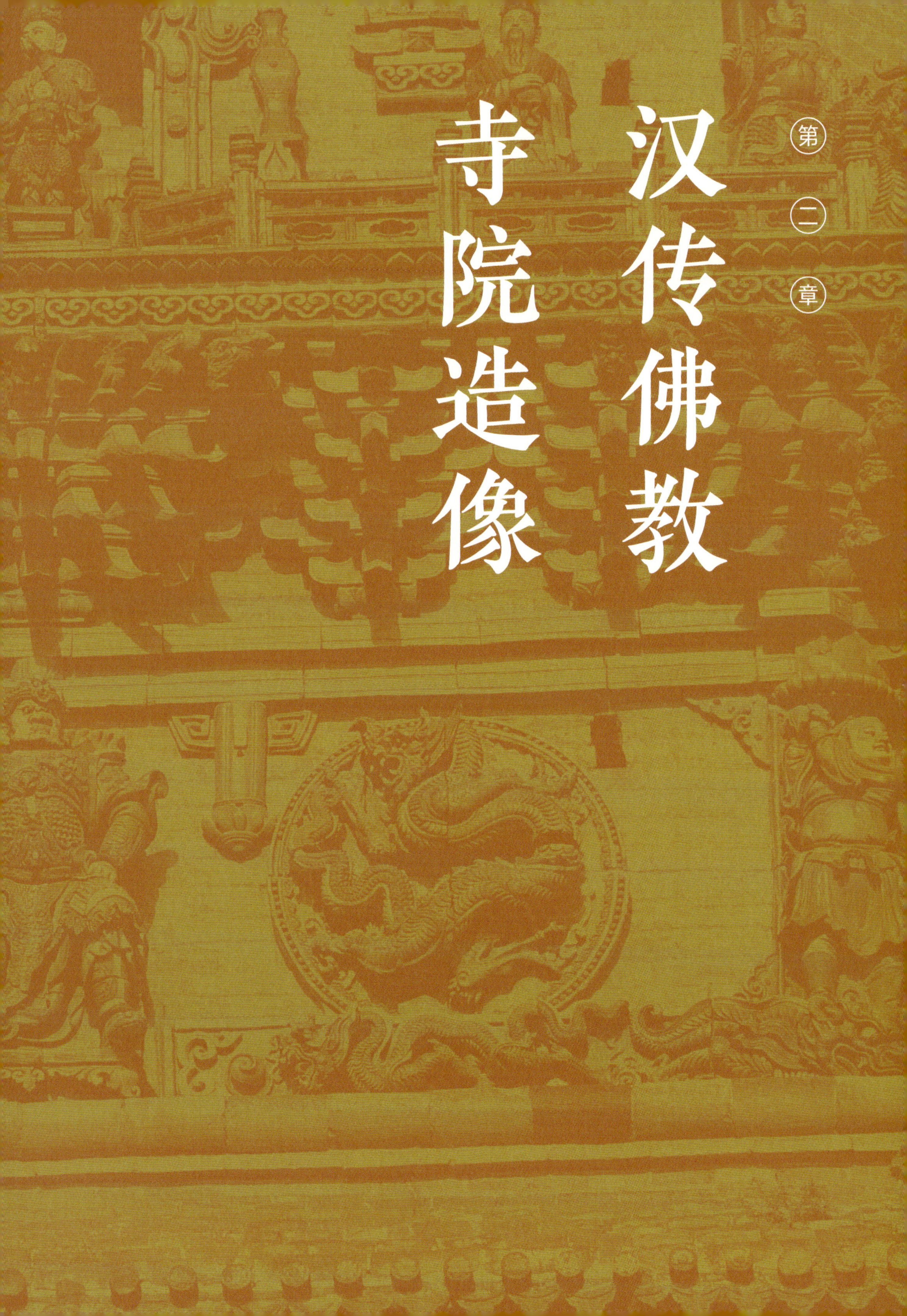

第二章

汉传佛教寺院造像

第七节

乾元气象：元代寺院造像

一、洛阳白马寺（原北京大能仁寺）

东汉明帝永平十一年（68），自西域而来的天竺僧人摄摩腾和竺法兰得帝王所赐，获得了东亚历史上第一座佛教寺院。皇帝以僧人们暂住的“鸿胪寺”的“寺”字称之，为了纪念白马驮经之功，便将这组建筑命名为“白马寺”。一千九百多年的光阴如白驹过隙，这座汉传佛教祖庭迭遭法难，寺中造像、壁画、建筑皆被重修多次，唯有其大雄宝殿内所存之塑像群，传神灵动，古意盎然且雕工细腻，不似今时之物。究其造像缘由，令人不由感叹世间无常，缘法皆在刹那。

1966 年 8 月 26 日，白马寺被村民以“破四旧”为名闯入，寺中所藏千年之经书、文物皆毁于一旦，冲天的烈火焚烧了五万余卷佛教经典，无知的双手砸毁元代以降造像 91 尊，焚烧的经书残灰就高达一米多①。1973 年，柬埔寨国王西哈努克访问中国，笃信佛教的他要求前往白马寺进香，彼时白马寺已一片破败，三宝凋零，为此国务院自故宫博物院调拨佛像、法器填补白马寺之空缺。数十尊来自原慈宁宫大佛堂的彩塑就此安放于白马寺内。

然而这只是它们百年来旅程中的又一处所在，这批慈宁宫造像亦非此处原生，而是乾隆年间（1736—1796）自北京大能仁寺迁来。该寺始建于元延祐六年（1319），为元季维吾尔族僧人官员普觉圆明广照三藏法师必兰纳识里（？—1332）所

① 洛阳市地方史志编纂委员会：《洛阳市志》，中州古籍出版社，1996 年，第 19 页。

图 2-7-1　大雄宝殿佛龛，元至明

白马寺

大雄宝殿是白马寺最大之殿堂，其双层佛龛为清宫内务府造办处组织建造，在龛顶浮雕大鹏金翅鸟，整个木雕全部贴金，状极华美。所主供三世佛皆为夹纻造，三主尊皆结跏趺坐于层叠仰莲之上，中为释迦牟尼佛，释迦左侧为药师佛、右侧为阿弥陀佛，此 3 尊即横三世佛。

兴建。明洪熙元年（1425），明仁宗朱高炽（1378—1425）敕令重修能仁寺并加赐“大能仁寺”额，使其一跃成为明代北京规模最大的藏传佛教寺院，由此朱明历代皇族皆对其礼敬有加，寺内主持多有受封国师者。入清后该寺逐渐衰落，在乾隆年间建设慈宁宫大佛堂时，寺内造像被迁移至宫内。于京中寺院迁移造像入宫礼拜在清代不只此一例，乾隆三十九年（1774）营建的梵华楼主供旃檀佛同样自北京南城圣安寺迁入。关于白马寺这批来自北京的造像的年代问题，学界有元、明两说，但时间总不脱元末明初，其风格有很强的延续性。

几百年辗转，谁曾料这批元明造像最终还是装点了释门祖庭。如今，大雄宝殿正中大型佛龛内安置的三世佛，皆结跏趺坐于莲台之上（图 2-7-1、图 2-7-2），佛龛外塑二护法——韦陀与托塔天王[①]（图2-7-3），大雄宝殿东西神坛上又供干漆夹纻制十八罗汉，皆彩绘描金，神态庄肃，一派高僧大德气象（图2-7-4、图2-7-4-1）。大雄宝殿内23尊造像及安置于天王殿之弥勒便是1973年所安置的全部造像。

白马寺大雄宝殿造像及天王殿弥勒共24尊像皆采用罕见的干漆夹纻技法塑造而成，其上的妆銮精美（图2-7-5）。夹纻技法塑造出的造像重量轻、造型美、色泽鲜艳、耐酸碱、耐高温、防潮防腐、坚固结实[②]，广泛流行于唐宋之际，彼时寺院多以此法塑佛造神。在建造大能仁寺的元代，雕塑家刘元便是夹纻造像名震一时的大匠。明清时期这一技法使用渐少。从艺术成就上来看，白马寺这批北京造像尤以十八罗汉最为神妙。罗汉像在佛教造像世俗化进程中逐渐成为汉地佛教艺术最具生命力的产物，艺匠往往把自身的灵感和对美的观察投射到罗汉的塑造中来。白马寺十八罗汉成功体现了不同年龄、不同经历、不同性格的人物的特质，神韵上摆脱了元代张扬跳动之风，他们或合掌深思，虔诚恬静，或怒目圆睁，降妖除魔，体现出内地造像对内敛含蓄之风的追求。

“中州原善土，白马驮经来。野鹤闻初磬，明霞照古台。疏钟群冢寂，一梦万莲开。劫乱今犹昔，焚香悟佛哀。”[③]1939年7月，作为全国文艺界抗敌代表的作家老舍在前往洛阳劳军时，作五言绝句一首感怀古刹名蓝之多劫与衰败。白马寺的元明造像在历经百年的旅程里身居不同的空间之中，从最早皇室祈福之寺院，到宫廷大内贵妇之私庙，到如今白马寺万姓朝拜，空间的变化是否影响了造像的美学，由于能仁寺消散、大佛堂空寂，我们已经无法还原。唯在凝视它们时，仿佛嗅到了一丝时代的气韵，这种气韵内敛含蓄，章法严谨，时刻保持在一种“度”的范围之内，彼时皇室审美的意趣或可一窥。

① 介绍白马寺的书籍均介绍该尊像为“韦力”。但根据最新研究成果及故宫相关档案记载，应为天王或托塔天王。见谷新春：《洛阳白马寺与洛阳博物馆藏原慈宁宫大佛堂佛教文物研究》，首都师范大学硕士学位论文，2013年，第14页；王子林：《慈宁宫大佛堂考》，《故宫博物院院刊》，2014年第4期，第82页；王家鹏：《慈宁宫大佛堂调查记》，《故宫学刊》，2015年总第14辑，第304页。

② 语见赵一丽：《洛阳白马寺屋顶雕饰艺术研究》，苏州大学硕士论文，2008年，第12页。

③ 老舍所作五言诗《白马寺》，原刊于抗战艺刊《弹花》1939年第3卷第1期，摘自张桂兴编注：《老舍旧体诗辑注》，中国国际广播出版社，2000年，第61页。

图 2-7-2　三世佛，元至明，干漆夹纻，均高 2.25 米

白马寺大雄宝殿

三世佛中的主尊释迦牟尼佛左手托钵，右手抚膝，通体呈红铜色，发髻平缓，面如满月，身披袈裟，衣纹的雕琢刻画十分自然。宝座莲瓣八层，精巧周致。这尊塑造于 14 世纪的造像身量相称，体积匀恰，一改元代雄健壮硕之风，而是更加考量尊像整体的视觉和谐，增之一分则嫌厚壮，减之一分又过清秀。

韦陀

韦陀铠甲局部

托塔天王

天王宝冠

图 2-7-3　韦陀与托塔天王及其局部，元至明，干漆夹纻，均高 2.73 米

白马寺大雄宝殿

韦陀，为佛教知名护法，有天部与菩萨之称；托塔天王，又名多闻天王，经常护持如来道场。以韦陀与托塔天王为组合作为护持法堂的金刚力士在佛教造像组合中颇为少见。创作者利用对衣带的重点塑造，营造出二尊像意气冲天的神将之态。韦陀神态端宁，温文尔雅。托塔天王勇猛刚烈，右手持戟，左手原本托举白塔，然现在白塔已失。两位神将自身的特征被艺术家捕捉得十分到位。同时也可以看到，两尊造像的铠甲、衣饰、宝冠等塑造得十分繁缛，似乎唯恐不精、唯恐不细，折射出时人所好尚的奇巧之风。

宾头卢颇罗堕尊者

宾头卢颇罗堕尊者局部

薄拘罗尊者局部

图 2-7-4　宾头卢颇罗堕与薄拘罗尊者，元至明，干漆夹纻，均高 1.58 米
白马寺大雄宝殿

白马寺所藏之罗汉像在年龄、族群的特征塑造上十分成熟：老人清癯，胡僧怪诡；青年纯真坦率，中年神华内敛，老年深沉含蓄。造像的传神来源于艺术家在生活中的细致观察，再经古代艺匠依托经文等记载之罗汉事迹巧塑出奇变百出又不失禅门庄肃的罗汉群像。一如图中宾头卢颇罗堕尊者与薄拘罗尊者，二者姿态类似，均属倚坐坐姿，但匠师仅用微妙的神态和目光便将两位罗汉一静谧、一作势欲动的状态塑造得惟妙惟肖。

阿嵬楼陀尊者

准提密多罗尊者

图 2-7-4-1　阿嵬楼陀、准提密多罗与摩诃劫宾那尊者，元至明，干漆夹纻，均高 1.58 米

白马寺大雄宝殿

动与静、张扬与内敛，我国美学中意重于形的理念在白马寺十八罗汉中体现颇深。尽管此十八罗汉造型准确、形象生动，属罗汉艺术的上乘之作，不过我们也不难看出其有程式化的倾向，这是明清时期佛教造像发展的一个重大趋势。我国古代最后一个造像高潮（元代）的余晖照耀在白马寺造像之上，随后，造像艺术主体潮流即从高峰渐次走向低谷。

薄拘罗尊者

摩诃劫宾那尊者

图2-7-5　十八罗汉妆銮局部，元至明，干漆夹纻

白马寺大雄宝殿

此堂罗汉的衣纹处理得简净舒朗而灵活，彩绘描金、沥粉贴金乃至拨金等多种技法的运用，使纹样丰富多变又堂皇富丽。但万变不离其宗，其基本形式是锦地上绘云龙或团花，衣领袖口等以缠枝卷叶为边饰，在此框架下穷尽其变。宾头卢颇罗堕尊者领口的缠枝花微微隐起，抚之有凹凸立体感；暗红色的花朵开放正酣，颇具生命力。阿难陀尊者所披当是一件千佛袈裟，每一个福田格内均有一尊五彩祥云环绕的坐佛，绘制精细，犹似唐卡一般。准提密多罗尊者红色僧衣上剔出的金线花卉，犹如织金绸缎，给人以轻柔华贵之感。仔细观察，十八罗汉的衣饰妆銮处处精妙绝伦，高超的技艺令人叹为观止。

宾头卢颇罗堕尊者局部

阿难陀尊者局部

准提密多罗尊者局部

二、洪洞广胜寺

广胜寺位于山西省临汾市洪洞县城东北的霍山南麓，地处河东平原北缘，是河东地区肇建最古的寺院之一。广胜寺经千年积累，如今寺内元明木构建筑、飞虹琉璃塔和稀世珍品《赵城金藏》、元明塑像与壁画等无数佛教艺术瑰宝藏于寺中。

广胜寺创于东汉桓帝建和元年（147），距离永平十一年佛教东传已过七十九年，初创时原名俱卢舍寺，仅有供奉西域慈山法师舍利塔，也称阿育王塔院。入唐以后，广胜寺迎来第一次兴盛，唐肃宗上元元年（760），寺住持无净感于有塔无寺，通过名将郭子仪上奏重建俱卢舍寺，由此得赐寺名“广胜”。此后，广胜寺历经唐宋信徒增建，成为拥有上下双寺、一时晋南无双的河东巨刹。然而，楼阁殿宇、梵宫宝刹、汉唐遗存均终结于1303年9月17日的黄昏。

今日的山西南部地区，东南一侧的长治、晋城谷地保有数量庞大、上可远溯唐宋的各色古建筑遗存，而西南古称河东的临汾、晋城平原却几乎无元以前之建筑存世，其原因便是发生于元成宗大德七年（1303）的这次毁天灭地的自然灾害。经后世测定，这次地震震级达8级，波及整个华北地区，震中就在广胜寺洪洞县，“摧圮一空、荡然无遗”的历史记录，在这一时期的地方志中屡见不鲜，民死者不可数计。死伤巨万的洪洞大地震没有让广胜寺法脉断绝，虔诚的信徒在经历灾难后再次斥资重建，今日广胜寺之雕塑、建筑、壁画，皆是始于震后两年（1305）就开始的重建工作。入明后广胜寺迎来多次大修，其中尤以正德至嘉靖年间达连和尚所营为最巨，彼时广胜寺再复唐宋旧观，成为雄峙太岳、殿阁壮丽的临汾首刹。

如今，广胜寺内的佛教造像有200余尊，大多为元明作品。广胜寺自唐时便分上下双寺，其中元塑存于上寺弥陀殿、毗卢殿和下寺大雄宝殿之中，是山西地区存世数量最多的元代佛教彩塑寺院。其造像按材质可分为铜铸、铁铸、木雕和泥塑四种，其中泥塑最多，有153尊。

上寺以明代琉璃塔为核心，亦是汉时俱卢舍寺之原址。入寺第一进院落便是巍峨壮丽的琉璃浮屠——琉璃塔（图2-7-6、图2-7-6-1）。塔内主供明正德十六年（1521）铸铜佛一尊，体量庞大，是晋南地区少有的明代铜佛佳作。弥陀殿位于飞虹塔北侧，元大德九年（1305）重建，明嘉靖十一年（1532）时修葺。殿内前坛上供阿弥陀佛（图2-7-7）、大势至菩萨（图2-7-8）、观世音菩萨（图2-7-9），阿弥陀佛或为明代铜铸，两侧泥塑胁侍皆为元塑明妆。第二进院落大雄宝殿满

图 2-7-6　琉璃塔及琉璃造像，明，砖石琉璃，高 47.31 米

洪洞广胜寺上寺

琉璃塔共 13 层，是广胜寺上寺中轴线上的第一座宏大建筑，在寺院格局上仍保持着唐之前以佛塔为核心的建筑布局。此塔由达连和尚建于明正德十年（1515），落成于嘉靖六年（1527），前后历时达十二年之久。因“飞虹”为达连和尚的法号，故此塔亦名飞虹塔。佛塔高耸入云，黄、绿、蓝多彩琉璃的建筑构件，以及塔壁上用琉璃制成的各类形象如诸佛菩萨、力士金刚、祥龙瑞兽、奇花异草、亭台楼阁等在阳光的映照下熠熠生辉，栩栩如生。

图 2-7-6-1　琉璃塔局部细节

图 2-7-7　西方三圣，元至明，铜铸、泥塑

广胜寺上寺弥陀殿

弥陀殿西方三圣像创作于两个时代，用两种不同材质。主尊阿弥陀佛为明代铜铸，内着僧祇支，外披袈裟，面相圆润，广眉深目，眼角下垂，鼻尖向前翘出，十分特别。造型亦丰壮，仍具元代遗风。两侧观世音与大势至菩萨为元代遗作，二者形象洒脱，神情大方，直立的姿态端凝，虽经后世重妆，但不减元代彩塑洒脱流畅、浑融典雅的神韵。

图 2-7-8　大势至菩萨，元，泥塑，高 4.1 米

广胜寺上寺弥陀殿

图 2-7-9　观世音菩萨，元，泥塑，高 4.26 米

广胜寺上寺弥陀殿

大势至菩萨足踏异兽，头戴宝冠，颈佩璎珞，身披天衣，双手持莲茎，腰间系玉带，神情似若有所思。元代彩塑艺术上承宋金，相较之后的明清造像，在女尊像的塑造上更具有一种秀丽内敛的宋代美学遗韵，菩萨意态端凝，凛然而立。比之宋代彩塑繁复衣纹的塑造，元代更为洗练，用寥寥数笔表现出衣带飘摇之感。

观世音菩萨神情淡远，头戴花冠，上身裸袒，斜挎络腋，披天衣，腰系玉带，右手下垂，自然握持飘带；左手于胸前做托物状，盖手中持物已失。足下神兽反身仰望，菩萨立姿踏于神兽而非莲台之上的做法在晋南地区的宋金造像中颇为流行。广胜寺弥陀殿二菩萨明显与新绛龙兴寺金代彩塑足踏神兽的模式一脉相承。

堂为明代彩塑（图 2-7-10），明景泰三年（1452）重建，殿内当心间佛坛上塑释迦牟尼佛（图 2-7-11）与二弟子像，两边为文殊菩萨（图 2-7-12）、普贤菩萨（图 2-7-12-1），此外还有文殊侍从于阗王和文殊老人（图 2-7-13），普贤侍从獠蛮与僧侣。最后一进主殿毗卢殿位于寺院北端，始建于元代，明重修。毗卢殿是广胜寺中存有造像最多的一堂殿宇，殿中主供的三身佛及 4 尊胁侍菩萨皆为元代遗塑（图 2-7-14 至图 2-7-18-1），两侧殿墙又设木雕佛龛供明铸铁佛 35 尊。毗卢殿右侧的地藏殿中方形佛龛主供地藏王菩萨及十殿阎罗，并有各类悬塑（图 2-7-19、图 2-7-19-1）。下寺大雄宝殿俗称后大殿，殿中彩塑为 1309 年重建时所塑，长方形佛坛之上供奉“三身佛”，两旁塑文殊、普贤二菩萨（图 2-7-20 至图 2-7-23-1）。

广胜寺上下双寺的造像具有非常强的地域性美学特征，代表了后唐宋时代，佛教美学在晋南地区的二次重构，可以看到，这种整体审美意趣的影响波及整个晋南乃至陕西关中地区。相比晋中、晋北寺院造像，以广胜寺为代表的晋南造像更具有一种一以贯之的传承性，寺中元明两代造像明显具有稳定的继承关系，与屡遭战乱的前二者不同，晋南一带自古是中华文明的核心区，生民富庶，文明兴盛，这种相对富足的环境营造出来的晋南寺院造像美学，带有更多质朴温和的平民情趣，具有浓重的民间色彩，一代代民间艺匠手口相传的技法，塑造出的是朴实无华的“平民佛”。广胜寺中的神祇，是与他们朝夕相处的神灵，是他们内心深处所愿意归属崇拜的偶像。

图 2-7-10 圣像木龛，明，木雕

广胜寺上寺大雄宝殿

上寺主体建筑大雄宝殿中的9尊明代木雕被置于雕饰精美的佛龛之内。造像沿袭了唐代饱满圆润的余韵，但是面部肌肉的塑造缺乏唐代造像肌理细腻、骨肉均匀的流畅感。如果说唐塑是少年人的健美，明塑已经有了中年发福之态。大雄宝殿明代造像陈设的一大特点是在造像外设佛龛，尊像之全貌无法一眼尽望，人为地将神与人相隔开。

图 2-7-11　释迦牟尼佛，明，木雕，高 4.15 米

广胜寺上寺大雄宝殿

“金身佛大胸次间纳地包天总是真如妙体”，大雄宝殿外的楹联描述了这尊明代木雕的雄壮。作为单体木雕塑像，其体量之巨大在整个晋南地区均属稀见。佛头顶螺发，斜披袒右袈裟，衣纹厚重、绵密。背光同头光重叠，与同期明代背光多采用贴塑各类元素不同。上寺主尊的背光以流畅的火焰纹为主体，简练而典雅。

图 2-7-12　文殊菩萨及局部，明，木雕，高 3.32 米

广胜寺上寺大雄宝殿

文殊菩萨头戴花冠，发髻高耸，面容丰腴，颈佩项饰，胸前衣褶密布，腰系软带，结跏趺坐于青狮莲台上。这尊木雕在身材比例上略呈敦厚之貌，其座下青狮与御狮者于阗王的施力关系十分传神，是传承自中唐的新样文殊图像模式在明中期的典范之作。

图2-7-12-1　普贤菩萨及局部，明，木雕，高3.32米

广胜寺上寺大雄宝殿

主尊右侧普贤菩萨只在坐骑及一些细节特征上与左侧文殊有所区别。普贤菩萨座下为伏卧回首的白象，其体量庞大，形象十分生动逼真，身上佩戴的象具刻画细腻。普贤的形体样貌与文殊如同复制，但普贤的着装则是袒裸上身，斜挂络腋，二者服饰差异鲜明。

于阗王

文殊老人

图 2-7-13　于阗王与文殊老人，明，木雕，高 1.6 米

广胜寺上寺大雄宝殿

控御青狮的于阗王与文殊老人是文殊菩萨旁最常见的两位人物配置，也是广胜寺明塑中最为优秀的作品。于阗王胡人相貌，面赤，络腮胡须，身形健硕有力；文殊老人须发皆白，面容清癯，精神矍铄。古代艺匠将正值壮年的于阗王的高傲和文殊老人的睿智塑造得惟妙惟肖，虽经数百年的光阴，这种跃跃欲动的内在生命张力依然鲜活。

图 2-7-14　三身佛与四大菩萨局部，元，泥塑贴金

广胜寺上寺毗卢殿（任啃奇 供图）

毗卢殿坐北朝南，正面佛坛主供三身佛，从东至西依次为报身卢舍那佛、法身毗卢遮那佛、应身释迦牟尼佛。三主尊皆结跏趺坐于束腰须弥座莲台之上，其间穿插观音、地藏、文殊、普贤四大菩萨。施金工艺使得满堂造像华光溢彩，富丽辉煌。

图 2-7-14-1　毗卢遮那佛及局部，元，泥塑贴金，高 5.1 米

广胜寺上寺毗卢殿（任哨奇供图）

主尊毗卢遮那佛外披双领下垂式袈裟，头戴双层五叶宝冠，宝冠极尽繁复之能事，层层叠叠，饰以莲花、牡丹、连珠、卷草等纹样。毗卢佛头部面容丰大方圆、饱满老成，唇边绘须，身材壮硕，但结智拳印于胸前的双手及手臂则显纤细。而形体比例的殊别益显神性非凡，相较下寺元塑佛尊，更具中原汉传佛教佛像稳重淳厚、慈祥可亲的特质。须弥莲座的设计颇为有趣，在莲台底部两侧各塑有一茎莲花伸出，莲茎弯曲如卷草，莲花上各立一尊高不盈尺的童子像，二童子神态不同，天衣、卷云环绕身边，捧杨柳枝与花束侍立（惜被脚手架遮挡）。背光细密悬塑种种细节，明确展现出“六拏具”的元素，这是佛教仪轨定制之体现，背光整体组织严谨、左右对称，两侧拏具和顶部炽盛光佛故事群雕错落有致。

佛
降
九

图 2-7-15　卢舍那佛局部，元，泥塑贴金

广胜寺上寺毗卢殿（任啃奇 供图）

卢舍那佛右手上举，左手结印搭于腿上，双领下垂式袈裟衣褶流畅自然，显示出袈裟质地的柔韧和较好垂感。卢舍那佛体貌特征与毗卢佛除手部姿势外几无二致，其身后的背光上紧挨头部处有祥云承托的圆形镂空“森罗万象”四字，文字的外侧为相同形式制作的吉祥八宝图案。在时人眼中，形象似乎已不能完全满足人们的表达欲望，还需借助以文字。

图 2-7-22　卢舍那佛，1309 年，泥塑，高 4.66 米

广胜寺下寺大雄宝殿

卢舍那佛面方颐润，宽额，眉弓略平，鼻梁高挺，鼻翼宽阔，唇边画有髭须。佛像衣纹圆浑厚重，显示出袈裟材质的柔软厚实，上面图案使用沥粉贴金的手法，更表现出面料的华贵。造像具有典型的元代造像风格，气韵刚健，造型浑厚，有着北国特有的雄浑之韵。社会越动荡、人心越无助时，亦是宗教发挥作用的时候，这批在大灾难后重塑的造像凝聚了人们渴求平安的寄托，佛尊慈悲的目光不知安抚了多少惶然无助的心灵。

图 2-7-23　普贤菩萨，1309 年，泥塑，高 4.3 米

广胜寺下寺大雄宝殿

普贤菩萨半跏坐于白象之上，发髻高耸，头戴花冠，内穿卷领内衣，外披长袍，眉骨突出，双眼细长，下巴微收。广胜寺下寺的普贤、文殊二像最具特色的便是二者的坐骑。坐骑体量庞大，但皆为俯卧之姿，白象巨大的头部回首望向菩萨，形貌传神，静态中蕴藏着跃动的生命力。这是元代彩塑的佳作。

图 2-7-23-1　文殊菩萨，1309 年，泥塑，高 4.3 米

广胜寺下寺大雄宝殿

文殊菩萨坐于狮背，青狮嘴长，俯卧回首。菩萨整体形貌同普贤一致。神态温善可亲，观之心安意平。

三、襄汾普净寺

历来优秀宗教艺术的诞生往往同该地区的经济实力息息相关，普净寺所在的山西省临汾市襄汾地区便是这样一个有着“金襄陵，银太平”美誉的富庶沃土。与众不同、孤矗于旷野之中的普净寺，地理位置极其优越，东、南有汾水环绕，西、北毗邻姑射山麓，因其位于诸村之左近，不附郭于村落，附近又平旷宽广，自古便是四邻八乡集会货卖的场所。每逢佛诞，人们就聚集于此，采买交换之余也要来寺中烧一炷香，或求财运，或禳灾祈福。世俗在山门外的繁荣交流让普净寺在梵宫宝刹的庄严肃穆中多了些许人间的烟火之气，寺中历代碑文充满了对凡尘美好的祈祷。这里的人们在碑文中感激着上苍慷慨的赐予，又盼望着身边的沃土雨顺风调：“上祝一方万安圣祚，下祈四民五谷丰登。”①

普净寺始建于何时已不可考，根据寺内最古的大雄宝殿殿顶平檩上墨书题记记载的“时大元国大德七年闰五月十八日本院直宿前解州僧立明吉祥施中统宝钞壹佰定二住持登老和尚施中统宝钞五定修造院主政远创建”可见至迟在元大德七年，这里便是一座三宝俱全的寺院。据寺中碑文记载，入明之时，普净寺迎来寺史中最兴盛的一段时光，从一座仅有“正殿，东西廊庑俱各七间”②的小寺，很快发展成为拥有多进院落，殿堂巍筜、廊庑邃雄的一方名蓝。仅从寺中碑记就可以看到，在正统十年（1445）、成化元年（1465）、正德二年（1507）、万历三十六年（1608）及康乾时期均有不同程度的修建，如今寺内造像亦以明清时期所塑为多（图2-7-24至图2-7-29）。

普净寺大雄宝殿兴建的年代，正处于元朝的极盛时期，就在这一年，察合台汗国可汗笃哇（？—约1306）以及窝阔台汗国可汗察八儿约和使臣到达元廷。元廷与西北诸王达成和议，西北诸王承认元朝的宗主地位，元朝与诸西道汗国恢复正常的宗藩关系。自从1260年忽必烈（1215—1294）与阿里不哥（？—1266）争位以来，元朝西北边境的战火终于基本平息，这是元朝疆域达到极盛的一刻，彼时四海升平，中国迎来难得的太平时光，普净寺的3尊元塑在这里静静地见证了大哉乾元，却未能敌过七百年后贪婪的人心。普净寺元塑蹩脚的修补或许并不符合美学的要求，但却延续了这里数百年的信仰记忆（图2-7-30、图2-7-31），而这正是宗教在中国人生活中所扮演的角色，在普净寺，玉皇同释迦并尊，关圣与药王同台，塑像无论美丑，满院皆是圣人。

① 参见普净寺内《太平县普净寺塑妆天王碑记》。
② 参见普净寺内《太平县南史普净寺重修殿宇碑铭并序》。

图 2-7-24 哼哈二将，清，泥塑，尺寸不详

普净寺

绕过影壁，第一进山门匾额“普净寺”为乾隆朝名士张玉宾手书，内各塑二怒目狰狞之金刚，金刚皆头梳双髻，肌肉遒结，皆做手舞干戈状，整体风格偏向清代，似应后塑。传统寺院中常于山门处绘塑二护法金刚意以驱散外道邪魔，哼哈二将在《封神演义》中略显滑稽的事迹在明清时期影响颇巨。普净寺的塑匠在塑造他们的时候，赋予了二者更多的人性，他们仿佛身边常见的壮士，虽极力表现出怒目狰狞，下一刻却要走下神坛，展颜而去。宗教艺术的神妙或许就在于这介于怒目和慈眉的一念之意。

图 2-7-25 玉皇大帝，明，泥塑，尺寸不详

普净寺

普净寺的第二进大殿唤作“通明宫”。殿中的主尊往往令普净寺中之人有些诧异，居中者冠冕衮袍，整颜肃目，双手握圭，正襟危坐，一派红尘帝王之相，绝非空门中人。在这一带来来往往的香客们往往并没有太多对佛道的认知，淳朴的中国乡民将宗教祭祀视为一种客观倾诉的仪式，仪式为表象，感情才是其本质。佛教寺庙内塑道教神祇玉皇大帝，均是应求而生之产物。

东方持国天王

南方增长天王

图 2-7-26　四大天王，明，泥塑，尺寸不详

普净寺

通明宫中的玉皇大帝及二胁侍像面容整肃，略失灵动，其塑造风格应晚至清代。两侧魁梧高大、神采飞扬的四大天王则在艺术表现力上远胜前者，在整个晋南地区明代金刚像中都堪称一绝。根据寺内《太平县普净寺塑妆天王碑记》记载，天王像在明正德二年被塑妆，距今已过

西方广目天王

北方多闻天王

五百余个春秋。4尊天王身披金甲，头戴高冠，各持法器。尊像面部虽有重妆，但五官之神采栩栩如生，或沉思，或欲吐真言，或怪目上翻。普净寺天王巨大的体量让古代艺术家可以有充分的空间来塑造他们心目中神将的种种文饰，甲胄上的雕纹，腰带上的带饰，法冠上极尽繁复之能事的缠枝花纹，天王装束的所有细节均被他们精雕细琢地展现出来。

图 2-7-27　千手观音及二胁侍，明，泥塑，尺寸不详

普净寺

图 2-7-28　十王殿内景，明代

普净寺

转过通明宫，进入了另一处世俗精神寄托的所在，正统九年（1444）起在南殿塑造“圣僧十王”，即十六罗汉与十位冥王。罗汉像与十王殿堂在明清各地寺院中极为常见，但结合起来的则十分稀有。在殿南门内，坐北朝南塑造千手观音一尊及二供养小童，观音背后塑悬山及火焰形背光，大部分残毁脱落。千手观音又称大悲观音，救苦救难世间，密宗亦说救拔地狱道众生。

在千手观音背面，佛冠高耸，身佩璎珞，肩披法衣，结跏趺坐于莲台之上的便是“地狱不空，誓不成佛”的地藏菩萨，民间多敬称其为幽冥教主，两侧塑胁侍道明和闵公。十王殿的南北主尊体量并不大，面方阔颐，比例具有一定程式化特点，具有明代中期山西寺院造像的范式特征。在十王殿南门两侧，分塑有十殿阎王，坐南朝北，形态大致一致，均是冠带朝服，多具三绺长髯的中原帝王之相，仅面部分赤与白，赤面者圆睁怒目，白面者斯文和蔼，最外两侧有善恶童子伴侍。十殿阎王这一颇有中国特色的神系是中国佛道诸教的共有神祇，佛寺伽蓝、道观宫庙、城隍庙宇于超拔法会、丧事道场等多用殿堂或悬挂卷轴画作，他们在图像形制上体现了俗世官府的阴间投映。此殿内除了南侧之阎罗，又于东西山墙列塑罗汉 16 尊，自古优异塑匠塑造罗汉时多有创造力爆发，故而多有以罗汉塑像得名于世者。普净寺之十六罗汉皆为坐姿，仅在手势上略有不同，在衣褶塑造上厚重自然。遗憾的是，在 20 世纪 90 年代，大部分罗汉头像被盗取，如今仅存 3 尊罗汉为原貌。总体上，此殿堂中以十殿阎王与十六罗汉同堂成塑，碑记中且铭为“堂”，形态上是相当少见且独具特色。

图 2-7-29　关羽像，清，泥塑，尺寸不详

普净寺

十王殿和大雄宝殿之间尚存一处面阔三间的关帝殿，殿内存乾隆年间彩塑武圣关羽及周仓、关平之偈。清代，关羽一跃成为和孔子相提并论的武圣，之前佛道争其在神系中的地位，汉传佛教封其做伽蓝菩萨，民间尊奉其为财神。普净寺的关圣在面部造型上颇为僵化，同为武将，与前殿四大天王之神采相差甚远，但背后精工雕琢的椅背不失为山西地区清代彩塑之精品。

图 2-7-30　一佛二菩萨，元，泥塑，主尊高 4.7 米

普净寺大雄宝殿

普净寺中现存最古的建筑便是位于最后一进院落的大雄宝殿，这座元大德七年重修的硬山顶建筑具有很多元代殿堂的典型特征。大殿面阔五间，殿内后槽施二金柱，制成佛龛，内塑释迦、文殊、普贤华严三圣。于正殿塑一佛二菩萨，是佛教寺院安置佛像的最基础的形式之一。

法坛中央设须弥座，上置三层仰莲莲台，莲瓣下部塑有祥云，莲瓣侧塑四力士负重，托举之力士常塑于须弥座的叠涩之间，如普净寺这般乘云托莲者颇为少见，可谓匠心独运。莲台上释迦牟尼佛结跏趺坐，满头螺髻，身着袈裟。

右胁侍菩萨

左胁侍菩萨

左胁侍菩萨头部被盗前旧照

图 2-7-31　二胁侍菩萨及左胁侍菩萨头部被盗前旧照，元，泥塑，均高 3 米
普净寺大雄宝殿

两侧分塑之立姿普贤及文殊菩萨的艺术成就本为该寺诸塑之最，惜二者头部在 20 世纪的盗宝狂潮中未能幸免于难，如今补塑之作已全无古风，比例失调。虽为残塑，但尊像之身姿、服饰仍然令人赞叹不已，元代艺术家在对塑像服饰的处理上已臻化境，能够精确地在圆雕中展现出丝织品柔软、飘逸、垂顺的质感和状态。

四、新绛福胜寺

位于山西省运城市新绛县姑射山下的光村，可谓是自远古走来的村落，早在新石器时代就有华夏先人于此地定居，千年来村人筚路蓝缕，繁衍生息。唐时该地已蔚然成为一大聚落，村内城堞巍峨，街巷古朴，寺观林立，又有蔺、薛、赵、王四大姓并立于村中，累世官宦，显赫于绛州。时光荏苒，今日的光村仍旧保留有大量古迹遗存，其中最为珍贵精美的古代艺术杰作福胜寺便屹立于村北乾元门外。

据寺内所存“尚书礼部牒”[①]和金大定二十八年（1188）碑记载，该寺在北齐天统年间（565—569）初成，及至唐贞观年间，唐太宗李世民下诏敕建，以彰蔺氏先祖之功。福胜寺并未被岁月所遗忘，伴随着光村大族的长盛不衰，它依然屹立不倒。她见证了光村的辉煌与繁盛：金大定三年（1163）皇家赐名“福胜院”。元大德年间洪洞大地震后的至治二年（1322）大规模重修，如今大雄宝殿及其内部塑像皆是这一时期塑建。明弘治十六年（1503）年重修福胜寺，清康熙二十四年（1685）重妆弥陀殿彩塑，乾隆二十二年（1757）增建寺前牌坊。历代多次增建修葺下的福胜寺规模雄伟壮观，秩序井然，正殿嵯峨而两廊整肃，俨然一座佛国极乐胜境。

前后层层递进的福胜寺建筑群核心为弥陀殿（中殿），该殿五间见方，重檐歇山顶，为元代遗构，明弘治年间重修。推开弥陀殿的大门，一堂中国彩塑艺术的顶级作品展现于人们面前，二十九尊神态各异的尊像静静地安于殿内，伴随着光线流入，飘摇在空气中的灰尘被扰动着，时光仿佛在殿内并未走远。

殿内中央佛台上塑西方三圣阿弥陀佛、观世音菩萨、大势至菩萨，佛坐于莲台而二胁侍侍立两侧（图 2-7-32、图 2-7-33）。西方三圣的组合长期被佛教净土宗视为修行观想念佛的行仪之一。《观无量寿经》记载，观想西方三圣之身相为重要的往

① 赵顺太主编：《文物景观》，山西人民出版社，2004 年，第 5 页。

图 2-7-32　一佛二菩萨，元，泥塑

福胜寺大雄宝殿

三尊造像与主尊背光极具跃动感的火焰形成了一个完美的等腰三角形，在视觉上带给观者圆转如意的均衡之美及稳定感。

图 2-7-33　主尊阿弥陀佛，元，泥塑，高 4 米
福胜寺大雄宝殿

主尊阿弥陀佛神情庄重，垂目下视，似在沉思。背光中罕见地使用牡丹作为图案的主体部分，而静态的牡丹之外，却是熊熊冲天的烈焰，二者一动一静。动与静的矛盾冲突是艺术的需要，而动静等观、法门不二则是佛教义理的形象展现。

生西方之法。福胜寺西方三圣始塑于元代至治二年，据尊像背后扇面墙上题记来看，在明万历、清康熙年间曾两次重妆。

主尊阿弥陀佛高 4 米，面相方圆，唇厚鼻阔，二目内凹而存“卧蚕”于眼睑下方，肉髻扁平，颈部有蚕节纹（图 2-7-34）。佛像袒胸，外披袈裟，右手掌心向内举于胸前，左手自然抚膝，结跏趺坐于莲台宝座之上。莲瓣宽大肥厚，皆为仰莲，晋地塑画匠多喜在莲瓣上增添细节，福胜寺的莲瓣亦不能免俗，宽大的莲瓣给了艺术家充分的创作空间，他们在每一个莲瓣上遍绘工笔花鸟，这在某种意义上或许暗合了“一花一世界”的佛教哲学观（图 2-7-35、图 2-7-36）。主尊的背光中团花牡丹和火焰纹渐次层叠，展露出外动而内静的气韵，外侧的火焰纹动感十足，若有冲天之势，而内侧的祥云牡丹则守静于内，波澜不

图 2-7-34 主尊阿弥陀佛头部细节，元，泥塑

福胜寺大雄宝殿

尊像面相方颐广额，深沉而威严，目光中映射出洞彻世间一切事物的睿智光芒。眉间刻画棱角分明，相较唐代佛像更加注重对圆润效果的着力塑造不同，元代彩塑更多继承了宋代的塑佛思路。

惊。象征花开富贵的牡丹在中央主尊阿弥陀佛的纹饰中不仅存在于背光中，还存在于台座的叠涩中、莲瓣的瓣叶上，或镂空，或精描，这或许体现了昔年供养人或塑画匠的一种主观审美意趣。

主尊左侧为观世音菩萨（图 2-7-37），右侧为大势至菩萨（图 2-7-38）。此二菩萨像的整体造型大气洗练，比例匀称，身材健硕，塑匠在对塑造人体肌肉的把控上已经达到一个前所未有的高度，古代的艺术家们将菩萨凝神听法的面部细微表情刻画得入木三分。

西方三圣背后扇面墙的后面是福胜寺彩塑中最为知名的悬塑“渡海观音”，这一图像范式历来是塑像中最具动感的一个主题。福胜寺的渡海观音在风格上同正面三尊是一致的，具有元代特有的丰实健硕之气（图 2-7-39、图 2-7-40-1）。

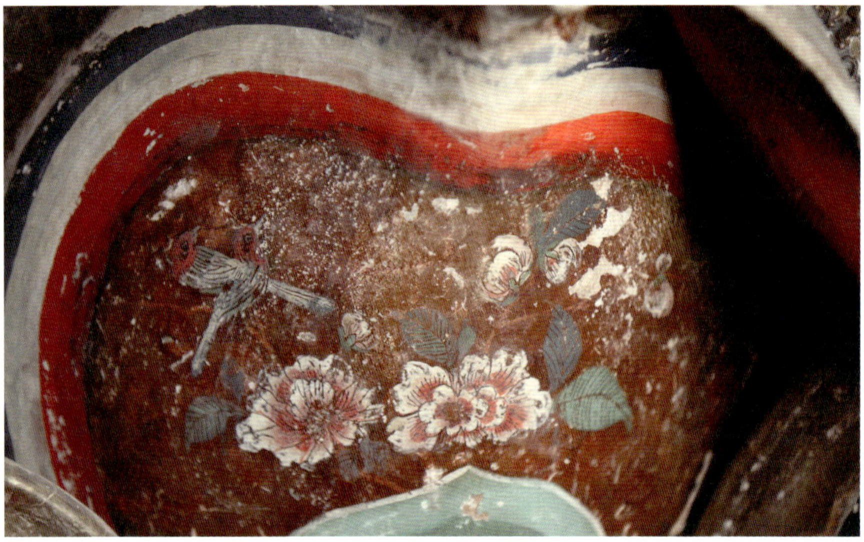

图 2-7-35　主尊莲座局部细节，元，泥塑

福胜寺大雄宝殿

于莲座莲瓣之上绘花鸟的做法似乎是福胜寺建设者们的独特审美，一瓣之中尚存大千世界。莲瓣上牡丹花开正酣，在绿叶的衬托下更显娇艳。牡丹叶分石青墨绿，以表现新叶老枝之别，画面左上角一对红头白羽的雀鸟交叉而立，使原本付诸视觉的画面顿时出现了听觉感受，而退晕的着色技法使牡丹更具有立体感，一个鸟语花香的世界跃然眼前。

图 2-7-36　主尊台座细节，元，泥塑

福胜寺大雄宝殿

托举台座之力士塑造得十分生动喜人，圆胖的身体，无奈的表情，仿佛用尽全力在支撑法座，人物虽小，但其神态的描绘毫不简略。

图 2-7-37　观音菩萨及局部，元，泥塑，高 2.9 米

福胜寺大雄宝殿

观音双手一高一低举于身前，曾经似有持物。其头戴化佛宝冠，挽发髻，面容丰满，修眉凤目，鼻直唇厚，二目微张，低目俯视人间。披天衣，上着短围，下着长裙，身戴项链、臂钏、手镯等饰物，尊像身体微向前倾斜，跣足踏于莲台之上。

图 2-7-38　大势至菩萨及局部，元，泥塑，高 2.9 米

福胜寺大雄宝殿

大势至菩萨一手自然下垂，一手于胸前做托举状，头戴摩尼珠宝冠，发髻高挽，面相丰满，肩披天衣，上身裸袒，下身带系印花罗裙，神态若有所思。下垂的右手轻捻天衣，造型优美；手指纤长，整个手掌柔润饱满，似若无骨，精湛的塑像技艺可见一斑。福胜寺的两尊菩萨，身着之衣袍皆是俗世之风，观者所见更多的是菩萨人性的一面，神性的一面则被深深隐藏在了眉宇之间，这种高超的塑像技艺完美贴合了宗教对塑像的观感需求。着重塑造尊像健美之躯体的风潮流行于元代，元时尼泊尔大匠阿尼哥来到中原，他所带来的次大陆美学深深影响了这一时期的塑画。彼时尼泊尔艺术追求对尊像青春健美之躯体的塑造，这正迎合了蒙元统治者的审美，福胜寺中央佛坛的三尊同时具有的这种健康有力的气息，体现出那个时代特有的美学思想。

图 2-7-39　渡海观音，元，悬塑，整体高 6.1 米

福胜寺大雄宝殿

整个构图观音居中，身躯形如拉满弓的弓背微微弯曲，显得挺拔昂扬，足下赤龙含烟带云，被白色云朵缠裹，回首仰望观音圣容，云朵尾端甩出长长的 S 形，连接画面最高处的海岛。菩萨左下方一朵白云托起善财童子。菩萨两侧海岛耸峙，红色祥云穿梭其间，两侧下方有二愤怒明王像。整幅画的背景是碧波万顷的海面，以线造型，生动传神，堪与马远《水图》中的“层波叠浪”相媲美，想来匠师亦是一位丹青圣手。

福胜寺塑造的观音渡海图带给观者的是前所未见的动态场景，整个图像中每一尊造像都有着独立的视觉焦点，各视觉元素呈等腰三角形分布，让立姿观音并不显突兀。略显疏阔的背景和后部大面积的“留白”（海面）明显受到了宋元之际流行美学的影响。宋元时期在绘画美学上以北宋郭熙为代表兴起了“萧散简远”[①]的审美思潮，通过构图和留白的双重作用，来实现非视觉空间的景象，形成“横墨数尺，体百里之远”的视觉体验。入元之后，利用留白来体现简淡之贵的风潮仍然在元代文人画坛流行，如倪瓒作画就时常在画面正上方留白，以示远处天宇和湖泊渺茫，观之顿生旷远之感。福胜寺的观音渡海悬塑用立体的手段体现了这种简远疏阔的美学思路。

---

① 徐复观：《中国艺术精神》，商务印书馆，2010 年，第 332 页。

图 2-7-40 渡海观音局部细节之一，元，悬塑

福胜寺大雄宝殿

尽管这幅渡海观音是一个静态的画面，但却处处充满了动态的因素，特别是带有时间性的叙事情节。观音所踏白色祥云的尾部一直甩到观音头顶画面最上部的一座海岛，海岛祥云缭绕，一座白色高层宝塔隐现其中。很显然，这朵白色祥云尾部的路径，暗示着观音的来处，而那座海岛也不言而喻正是观音的普陀洛迦山。另一处相同的处理手法是观音下方参拜观音的龙王及侍从。在云龙的下方，碧浪滚滚的海面上有一个漩涡，漩涡两边一边是海怪，或为巡海夜叉之属；另一边则是身着红袍的龙王及身后着绿袍的书吏侍从。他们脚下踏一段白色祥云，细长的云尾直通漩涡，表明龙王从海中漩涡而来。将这些场景连接，整个情节是：观音脚踏赤龙，出普陀洛迦山，身旁有善财童子跟随，更有二明王护法。渡海之时龙王感知，于是急忙前往海面参拜观音，在即将浮出海面时，波浪翻滚形成巨大的漩涡，龙王及侍者从中而出。工匠巧妙地在二维空间中讲述着三维空间的故事，更用观音与龙王之间巨大的体量差，突出了观音的无边神力和崇高地位。

图 2-7-40-1 渡海观音局部细节之二，元，悬塑

福胜寺大雄宝殿

观音身体微侧，视线看向左上方，目光深邃悠远。其面庞丰腴；双眉细长，形如远山；眉宇处眉根相连，或有藏传佛教造像的些许影响。其嘴部的结构表现生动细腻，不仅复杂的结构刻画准确，嘴唇上细微的褶皱及柔软的肉质感均表现得十分到位。高度写实的再现手法，似乎能令人感觉到其鼻端轻微的呼吸。

与传统渡海观音多以游戏坐姿坐于云端渡海不同，这里的渡海观音为了突出渡海中之“渡”字，头戴风帽的渡海观音以立姿形象出现。中心构图两侧为图整体观感平衡，又于左右下角塑三头六臂之明王两尊。二明王身形似自上而扑，皆是单足站立，面呈愤怒相，一身色白，一身色红（图 2-7-41）。海中波涛滚滚，隐现越海而出，仰首朝拜的龙王部众，面带惶恐的神情颇为传神（图 2-7-42）。

福胜寺佛坛前后两组塑像在美学上实现了完美的对立统一，正面一佛二菩萨以等腰三角形构图，整体向中心收拢，以火焰背光为轴，呈现出静态的炎焰冲天的气概；而背面悬塑渡海观音反其道行之，重点突出海水广大平远、烟波浩渺。菩萨、明王曲身前行的气氛，在扇面墙后狭窄的空间内带给信众以海洋倒倾、观音似从天而降的视觉感。这样两组动静分明的塑像，在我国古代雕塑史上虽非殊见，但此寺两座均有着极高的艺术价值。透过这两组构图，我们看到元代塑匠不仅在单体塑像上有着对躯体的熟练把控能力，在对殿堂内部整体的空间利用、视觉体会上也有着独到的审美观，难能可贵。

殿内中央佛坛东西两侧砖台上，于明代增塑了十六罗汉和四大天王，每侧十尊，皆与人等高（图 2-7-43、图 2-7-44）。①

福胜寺自北齐初建至今，已过一千四百多个春秋，大雄宝殿中的元明彩塑展露的是古代艺术家活跃的创造欲望和对视觉美感的深入体会。此时我们看到在中国古代社会中，佛教艺术开始突破“佛教”的藩篱。

① 这批造像在 1993 年曾遭到盗取，有十尊罗汉像头部被盗。

图 2-7-41　二明王及细节，元，悬塑

福胜寺大雄宝殿

象征菩萨愤怒相的明王多于密宗图像中出现，福胜寺二尊明王作势欲扑的神态和勇悍愤怒的神情相应是受到了同期元代密宗艺术的影响。二明王虽多头多臂，结构复杂，但却被塑造得准确生动，天衣飞扬，脱壁欲出。背后还衬以海边的山石岩块等，与海面形成了丰富的石与水之效果。

图 2-7-42　龙王部众细节，元，悬塑

福胜寺大雄宝殿

元代匠师对细节的塑造表现出惊人的执着，无论大小均赋予每一尊塑像以灵魂。在观音的下方是前来参拜观音的龙王及其随从，龙王躬身行礼，毕恭毕敬。而这尊龙王背后的侍从高不过掌，面部、眼睛等若有鱼鳖之特征，但在神态上却表现出面对菩萨时那种既崇敬又畏惧的惶恐之情，唯仅仅抱住怀内的一卷文书，就连文书层层卷起的纸张细节也被匠师精心地刻画出来。这组龙王与海中神怪拜观音的小像细节不含糊，对理解河西地区水月观音壁画也有帮助。如瓜州东千佛洞石窟第二窟中亦绘水月观音，其下同样有抱文书的官吏形象出没海上，与福胜寺十分相似。学界曾有推测东千佛洞这一官吏可能为度亡冥像，但根据福胜寺这组造像的相互关系来看，仍旧是龙王及其眷属礼拜观音的图像组合。

图 2-7-43　十六罗汉（部分），明，泥塑，尺寸不详

福胜寺大雄宝殿

作为明代补塑的造像，可以明显从罗汉的体态、衣着和气韵上将两侧砖台同中央佛坛的元代塑像区分开来，明代雕塑手法日趋程式化，也更趋于现实中人的形象，罗汉像本身就是两宋佛教世俗化后兴起的图式，其“人性”远大于“神性”。这16尊明塑罗汉造型写实，但服饰衣纹的处理又不似宋代那般细腻繁复，而是经过概括与提炼，不失简净之风。

图 2-7-43-1　十六罗汉局部特写，明，泥塑

福胜寺大雄宝殿

福胜寺的十六罗汉真实反映了明代匠师已经对如何写实地呈现塑像有了熟练的把控。尽管明代塑像程式化特征明显，但并不妨碍高明的匠师对人物形象的传情达意。此十六罗汉个性鲜明，每个人都具有自己独特的面貌和性格特征，俨然寺院中十六位僧侣的肖像，瞳仁中使用黑色琉璃，在光线的作用下，使塑像的双目充满神采，为人物形象注入了灵魂。

东方持国天王

南方增长天王

图 2-7-44 四大天王，明，泥塑，尺寸不详

福胜寺大雄宝殿

或许是出于某种考虑，福胜寺四大天王并没有被独立安置于天王殿，而是同十六罗汉一同排列在大殿两侧，这一组合颇为罕见。四大天王的体量与十六罗汉相似，但身形要明显魁梧。在天王的装束上，其头上的天王冠格外高大，高度超过了天王的头长。宝冠雕饰繁缛华美，还饰有禅定佛，这在早期的天王宝冠中十分少见，而在明代，特别是山西地区较为多见。

西方广目天王

北方多闻天王

五、五台广济寺

山西省忻州市五台县城的闹市中，广济寺隐身其间。昔日的广济寺规模宏大，殿宇巍峨，而如今仅存一座大雄宝殿（图 2–7–45），殿内塑于元至正年间的三十二尊彩塑是晋北地区少有的保存完整、技艺精湛的元代作品。殿外院中，尚存一座唐代陀罗尼石经幢，堪称国宝（图 2–7–46）。

大雄宝殿正面方形佛坛上塑华严三圣及二弟子。佛台之下，左右两端各塑二敦厚质朴之天王，在山墙两侧环塑十八罗汉（图 2–7–47）。佛坛上华严三圣造像法度严谨（图 2–7–48），而两壁的十八尊罗汉则意态飘逸，有仰有俯，有喜有怒，极其传神，其风格可谓上承两宋之细腻多变，下启明代之法度规制（图 2–7–49）。因遭长期风化损毁，罗汉下身特别是小腿部位多漫漶，形体结构已模糊不清，由此反而生出一种独特的遗憾之美。在主尊华严三圣隔墙的背后塑有三大士及胁侍像（图 2–7–50、图 2–7–51）。

五台县广济寺的元代罗汉充分展现出自宋以来罗汉造像艺术的兴盛，即使在元时经济基础相对薄弱、礼佛能力不足的晋北，当地艺匠仍旧能将一尊尊生动鲜活的罗汉创塑而出。与后世明代罗汉相比，它们更具写意感，虽然残损较为严重，其意蕴仍旧能准确传达给观者。

图 2–7–45 大雄宝殿外景，元

五台县广济寺（王建新 供图）

广济寺大雄宝殿为歇山顶，面阔五间，进深三间，气势浑厚凝重，殿前有宽广的月台。唐代的石经幢便位于月台的左侧，著名的元塑居于殿内。

图 2-7-46　大殿外的经幢，唐，石雕，高 4 米

五台县广济寺（王建新供图）

大殿外有一高达 4 米的石经幢，上刻“为国敬造佛顶尊胜陀罗尼经幢一石”。此经幢为八棱柱形，下为八角形雕有石兽的基座，中为幢身，幢身上部刻有双排禅定坐佛、倚坐佛、骑青狮白象的文殊和普贤菩萨等像，上雕伞盖，伞盖上为莲花及宝珠。此石经幢浑厚古雅，雕刻精细，从幢上造像的风格样式特征判断，此为唐物。

图 2-7-47　大雄宝殿内群像，元，泥塑

五台县广济寺（王建新 供图）

元代减柱造令佛坛前的空间颇为疏阔，进深不过三间的殿堂反而有着空旷的深邃感。广济寺佛坛已经从中古时代“凹”字形转化为方形，群像亦受藏传佛教仪轨造型的影响，趋于“一”字排列，但两边侧立于佛坛下的天王仍然流露出一丝唐宋群像的遗风。这种以中心主尊为核心、呈扇形放射式分布的群像排布模式充分考虑到信众的观想体验，形成一种无论诸天几许，皆集中焦点于一隅的特质。但自元代开始，“一”字形排列、分散核心视角的模式开始流行后，信众需要“移步换景”一一朝拜。广济寺这种介于二者之间排布的过渡模式殊为难得。

大雄宝殿内这一堂完整的元塑十分珍贵。方形佛坛上并置华严三圣，造像风格明显有着藏传佛教的影响。二天王像立于佛坛前两侧单独堆砌的基台之上，一面白，一面赤，二者皆身形敦厚壮实，既不狰狞凶恶，亦不庄严肃穆，在整个殿堂气氛显得十分奇异，即使是赤面者努力营造的愤怒之相亦无分毫畏怖气韵，倒是具有一种莫名的喜感。大殿两侧山墙下塑十八罗汉，约等人大小。由于年深日久，罗汉的膝盖以下部分大多风化漫漶、露出里面的粗泥稻草，上身则基本保存完好。其整体设色清雅，衣纹洗练成熟，以面部肌肉的微妙变化来表露尊像的内心世界。元代山西地区罗汉仅于该寺幸存，相较大都宫廷、杭州官僧遗塑之罗汉，它们更具有元代彩塑任运洒脱之特有的生命力。

华严三圣

图 2-7-48 大雄宝殿华严三圣及局部，元，泥塑，尺寸不详

五台县广济寺（王建新供图）

中心佛坛上供奉华严三圣，释迦牟尼佛居中，两侧侍立迦叶和阿难。释迦牟尼佛周身呈铜红色，结跏趺坐于五层八角束腰须弥座上，佛发为螺发，脸形圆润，鼻梁突出，鼻翼丰阔，上身着袒右袈裟，衣纹简洁柔和。左手掌心朝上于腹间，右手抬起结说法印。衣服下摆自然敷搭于莲台之上，仍可见唐代袈裟衣摆的处理方式，但具体形式已然改变。背光棱角分明，外缘塑升腾的火焰，内塑缠枝牡丹花及大鹏金翅鸟等形象。两侧的文殊与普贤菩萨在着装与面貌形象特征上与释迦佛都极为相似，以至有时被误认为是三世佛，然仔细辨别便不难看出，二菩萨项挂璎珞、头戴五叶宝冠，而更重要的是菩萨的头发为根根发丝，而佛的则是螺发。此外，二菩萨座下须弥座的束腰处，还绘制着青狮白象，这正是二菩萨身份的重要标识。

三尊造像壮硕的胸肌和丰腴的面庞是典型的元代造像特质，广济寺佛像在身躯的塑造上更具一种壮年男子的力量感，相较明代部分佛尊流行以上身偏长来增强体量的巨大感，元代塑匠对身体的把控更加合理，从视觉上观感更为悦目。

普贤菩萨局部

文殊菩萨局部

图2-7-49 罗汉，元，泥塑，尺寸不详

五台县广济寺（陈吉吉供图）

广济寺十八罗汉已然呈现出日后明清两代华北地区罗汉像的一些特质，如衣袍细节刻画精工严谨，身躯大多安坐法台，面容和形态已脱离梵僧怪奇诡谲之姿。这尊罗汉状如老僧，面部苍老，耄耋之态十分明显。颇具细节的是，将张开嘴中牙齿的脱落情况亦塑造而出，十分传神。

图2-7-50 三大士，元，泥塑，尺寸不详

五台县广济寺（陈吉吉供图）

扇面墙后三大士游戏坐于坐骑之上，坐骑皆俯首帖耳，状极温顺。尊像并无背光，而仅以墙面绘制山林树石为背景，颇为独特。更具时代特质的是，它们均无头冠，皆披发，没有了宝冠的烘托，似乎菩萨的“神性”更淡，赤脚散发，安居于山林之中的三大士疏懒之趣远大于宗教之谨严，这或许与元代大量儒士无法入仕，进而形成的隐逸之风有关联。

图 2-7-51　观音菩萨二胁侍，元，泥塑，尺寸不详

五台县广济寺（陈吉吉 供图）

三大士主尊观音菩萨两侧塑造一面黑、一面白两尊武士为护法。面白武士披挂俱全，神情似具笑意；面黑武士几乎裸袒上身，仅斜披披帛，虽似在呼号，但却并无凶恶之情，反有几分质朴，二者虽为武臣，但在扇面墙后塑画共同营造的祥和气氛中亦有了“放下屠刀，立地成佛”的意味。由于持物皆遗失或损毁，仅可猜测他们或许为韦陀及夜叉，二者早在宋朝便有与观音菩萨组合出现的情况。

第八节 妙创大千：明代寺院造像

一、平遥双林寺

山西省晋中市的平遥古城西南桥头村中的双林寺古称中都寺，根据寺中现存最古碑文北宋大中祥符四年（1011）《大宋姑姑之碑》记载，双林寺“重修于大齐武平二年”，可知寺院兴建年代应早于此时。双林寺所处的平遥地区自古便是山西较为富庶的地区，历朝均不乏僧众信徒斥资营造该寺，即使经历宋金鼎革、元明战火，仍旧屡废屡建，乡人对无上佛国的向往没有因为一次次的灾祸而终结。入明之后，自景泰元年（1450）至万历三年（1575），一百二十多年间集数代信众之力重建双林寺，现存寺中彩塑便是这一百二十年间所塑。今人进入寺中，仿佛翻开了一本明代鼎盛时期的造像艺术百科全书，这些造像静默地在殿堂中存在了五百余年，看着周遭云卷云舒、此兴彼伏，太平的香火萦绕于供案前，乱世的悲欢亦在其眼前流过。

双林寺坐北朝南，共有三进院落，诸殿大小彩塑井然安座。位于中轴线上的天王殿为第一进院落的入口，天王殿一改传统明清寺院仅塑天王的情况，将四尊高达 3 米的金刚力士塑于殿外（图 2-8-1 至图 2-8-3），而殿内则主供弥勒菩萨（图 2-8-4），两旁胁侍帝释天、梵天（图 2-8-5、图 2-8-6），周遭环侍四大天王、八大菩萨、诸天等形象。天王殿后为释迦殿，主供释迦牟尼佛（图 2-8-7）；两侧胁侍之文殊、普贤秀美灵动，观之可亲（图 2-8-8）。扇面墙后壁塑渡海观音，为双林寺群塑中顶级塑艺之一，静坐于波涛之中的观音八风不动，唯有侍从在浪中起伏（图 2-8-9）。释迦殿的四壁利用壁塑手法，

图 2-8-1　天王殿金刚，明，泥塑，均高 2.72 米

双林寺

天王殿 4 尊近 3 米高的护法金刚成“一”字形排列于殿前廊下两次间和两梢间，形成对称呼应的格局。金刚力士责在保卫佛教、护持正法，双林寺于天王殿外屋檐下塑出横眉怒目、手持兵刃的四金刚力士，相较传统寺院在天王殿内单塑四大金刚的模式，是十分罕见的。他们双目炯炯有神，身躯强健有力，以排山倒海的威猛气势镇守山门，审慎地扫视着来来往往的凡间众生。

图 2-8-2　天王殿四金刚面部特写，明，泥塑

双林寺

古人云“画龙点睛”，对双目的塑造决定着人物气韵的生动与否，二目的焦点又决定着人们对塑像的直观观感。双林寺四大金刚神采飞扬的双目为它们健壮之躯体、雄阔之姿态添上了最重要的一笔。如电的双目将他们那震撼山岳、气吞星斗的奔腾大势导引出来，使观者强烈地感受到金刚形体中迸发而出的超人的巨大力量，仿佛能听到他们怒声呼喝。

精巧绝伦地塑出200多尊造像，描绘佛传故事，将本应四壁绘影图形的壁画空间完全让渡给了立体塑像，生动的故事情节仿若令人身临其境（图2-8-10、图2-8-10-1）。第一进院落的东西两侧，即释迦殿前的东西配殿分别为罗汉殿、伽蓝殿、阎王殿、土地殿。罗汉殿内十八应真罗汉（图2-8-11至图2-8-13）、地藏殿内的地藏菩萨及十殿阎君群像（图2-8-14至图2-8-16-2）及伽蓝殿中武圣群像等，这些配殿中的塑像整体上感觉更为生动活泼。它们体现出明代世俗信仰对佛教的影响，西天世界中此时已然充满了东土生气。

释迦殿后为第二进院落，正殿大雄宝殿，东西配殿为千佛殿和菩萨殿。其中东侧千佛殿群神云集，为全寺尊像最多的一堂，达500余尊，主供自在观音，其神情恬淡（图2-8-17）。左右两侧韦陀、夜叉端容肃立。韦陀身姿微侧，虽披甲顶盔，但却沉静内敛，动势中存了如岳临渊的气度（图2-8-18）。在主尊四周，善财（图2-8-19）、龙女、诸天菩萨及供养人（图2-8-20至图2-8-21）共同构成了庞大的塑像群，这些人物形象隐逸于山石之间，神态不一，令观者眼花缭乱、目不暇接。西侧为菩萨殿，殿内主供千手千眼观音（图2-8-22），两侧有男女二胁侍供养菩萨（图2-8-23、图2-8-23-1）。观音周遭满壁风动，悬塑有400余尊足踏祥云之菩萨，盖为欲赴法会的菩萨正在四壁似随风而动（图2-8-24至图2-8-26）。大雄宝殿后为第三进也是最后一进院落，正殿为佛母殿，亦称娘娘殿，无东西配殿。娘娘殿内主供送子娘娘（图2-8-27），由于婴孩形象的出现，活跃了殿内气氛，颇具市井生活情趣（图2-8-28）。

双林寺原有各种彩塑像2054尊，今各殿内实存彩塑1566尊，佛像大小不一，造型生动，技艺高超，简繁适度，排列有序，在艺术风格上部分沿袭宋、元丰盈俊秀的传统，具有高度写实的风格，艺术价值极高。

在双林寺最后一进院落的娘娘殿中，佛教得到了世俗的最终释读，人们在这里焚香祷念，对生老病死、福禄寿喜的祈愿在这里均可以得到回响。双林寺的东方“万神殿”以天王、释迦、大雄三殿中的象征真理、正法的诸天大佛为轴心，两侧配殿中象征中阴的地藏殿、代表忠义的伽蓝殿、司职土壤的土地殿、意味人间百态的罗汉殿诠释着当下，千佛、菩萨二殿西天胜境描绘着极乐未来，而位于最后的娘娘殿则代表着人间之新生。

图 2-8-3　天王殿四金刚之一，明，泥塑

双林寺

图中的金刚手拄降魔杵，骨骼雄健，肌肉遒劲有力、起伏鲜明，面相威严。艺匠用夸张、舒展的躯体变化营造出极强的动势和力量感，一腿屈而一腿伸，呈弓步状；扭腰侧首，竖杵挺胸，身体的姿态和积蓄的力量使整个身躯宛如一张弓，随时迸发而出，似乎下一刻就要冲出神台，然这身体中所蕴含的动势之下，似乎又存了一丝克制的内敛。

图 2-8-4　天王殿弥勒佛，明，泥塑，高 5.26 米

双林寺

主尊弥勒像是双林寺天王殿有别于传统汉式寺院天王殿塑大肚弥勒的造像规制的另一个特质，由于天王殿建筑体量不大，跨步入殿，便可直面体量巨大的弥勒。其神情空灵，俯瞰众生，凝视着每一位出现在其面前的观者，额外增添了一重宗教特有的威仪。弥勒身后火焰背光皆以铁丝盘塑，繁密灵动、层次丰富，于背光中有出自《大般涅槃经》“诸恶莫作，众善奉行”的字样，教化众生之意于初入寺时便可品见。

图 2-8-5　天王殿帝释天，明，泥塑，高 2.12 米

双林寺

帝释天细眼修眉，神情端凝，内敛守中，双手合十，一副贵妇进香之态。其头戴的卷云宝冠用寥寥数条铁线镂空勾勒，形成一种精妙轻快的气氛，似乎随着尊像的移动而微微摇晃。

图 2-8-6　天王殿梵天，明，泥塑，高 2.11 米

双林寺

梵天在这片佛国天地中已经彻底脱去了他来自南亚的外衣，从里到外完成中国化。尊像双手拱于胸前，头戴梁冠，精致修剪的美髯飘摇而下，眉眼细长，神光内敛，仿若一位立身持正的传统士大夫，与另一侧的贵妇状帝释天共同组合成了明中期士大夫阶层的真实写照。

图 2-8-7　释迦殿主尊释迦牟尼佛，明，泥塑，高 1.98 米

双林寺

释迦殿为双林寺第一进院落之正殿，主尊释迦牟尼佛安坐法台，着袒右袈裟，背后卵形背光外周细密塑出火焰纹路，内层则以龙、牡丹、麒麟等形象凸显释迦佛在佛教中之地位。整尊造像巍峨庄严，世尊深沉悠远的目光，充满对众生的不尽慈悯。

文殊菩萨

普贤菩萨

文殊菩萨局部

图 2-8-8　释迦殿文殊菩萨与普贤菩萨，明，泥塑，均高 1.85 米

双林寺

“丰肌胜艳骨，菩萨似宫娥”，释迦殿二菩萨肌肤微丰，鸭蛋脸面，合中身材。一捧书卷，一捧莲花，佛教中地位尊崇的文殊同普贤在这里显得清丽无俦，宛若二八佳人。

图 2-8-9　释迦殿渡海观音群像，明，泥塑

双林寺

释迦殿扇面墙后所塑渡海观音堪称明代同类型彩塑中的翘楚，观音侧坐抱膝安坐于一叶赤色莲瓣之上，波涛汹涌的浪潮似乎打扰不了她的悠闲清宁。渡海观音在宋代开始流行，明显融合了彼时文人士大夫对佛教禅宗的喜爱及进而产生的禅悦美学。释迦殿渡海观音面容俊朗，气度雍容，流露出来的更多的是儒家闭门归隐，俯仰山林，自省修身的文人审美。

现今，出于文物保护的考虑，观音群像前以铁栏杆围之，在参观者的眼中似乎观音被困于樊笼。在樊笼者，究竟观音欤？众生欤？一道本出于防护目的安装的栏杆，似乎引出人们更多的哲思。

图 2-8-10　释迦殿东壁，明，泥塑

双林寺

广泛流行于明代山西的壁塑、悬塑艺术在双林寺这样的“雕塑艺术博物馆”中自然没有缺席。释迦殿在东西两壁壁塑而成的佛传故事让这一传统绘制于壁画之上的主题生动了起来。双林寺建筑群普遍并不高巨，但艺匠合理利用了殿堂中的空间，利用下大上小的多层分隔空间的方式增加了殿堂中的层次感。

释迦殿佛传故事

释迦殿建筑局部

图 2-8-10-1　释迦殿佛传故事及建筑局部，明，泥塑

双林寺

佛传故事题材最初皆绘制于墙面，旨在劝导信众，理解佛之本源。自宋代开始，壁塑、悬塑这一新的艺术表现形式改变了佛传故事题材的呈现方法，三维的视觉体验明显更动人心魄。明代中叶，山西地区开始大规模地流行在殿堂中以塑叙事，出现了包括隰县小西天、长治观音堂在内的顶级悬塑作品。相较前二者悬塑重塑诸神，设色浓艳不同，晋中地区的塑匠明显更为偏爱清新淡雅的色彩体验，于释迦殿来看，满堂的清淡色调营造出视觉体验中独有的“高级感”。

图 2-8-11 罗汉殿群像局部，明，泥塑，均高 1 米

双林寺

罗汉殿十八罗汉像形态各异、姿势健美，有的胖，有的瘦，有的结跏趺坐，有的出门欲行，有的微笑，有的怒斥，变化多端，自然真切，可谓写实性的佳作。

明代营建的双林寺，正是承平日久、商品经济迅猛发展、市民文化兴盛的时代，繁华多元的社会风气让佛教艺术在这一时期出现了与前代截然不同的变化，人们对佛教的信仰已经从舍家为寺、举国供法的中古时期流变为生活中常需敬拜的“日常佛神”，法尊佛祖伴随着繁盛的民俗艺术盛行。双林寺中的数千尊彩塑，均是五百年前生息于此地的、朴素的人民的化身，他们慈和、沉稳、敬畏、秀丽，由此可见，明代艺匠在宗教美学上已经将世俗与神性共融于一身。人本在佛教艺术创立两千余年后，于这里回归了智者的初心，正如马克思所说：“宗教本身是没有内容的，它的根源不是在天上，而是在人间。”①

① ［德］马克思：《马克思恩格斯全集》第 27 卷，人民出版社，2016 年，第 436 页。

那伽犀那

苏频陀

罗睺罗

降龙罗汉

迦哩迦尊者

诺讵罗

图 2-8-12　罗汉殿罗汉（部分），明，泥塑，均高 1 米

双林寺

在中国塑匠心中，西天诸神中的罗汉一贯扮演着更为“人性”的形象。双林寺十八罗汉环列于殿堂四周的佛龛之中，他们嬉笑怒骂，大喜大悲。双林寺的塑匠将凡俗中的七情六欲赋予在这些大成就者、哲人和智叟身上，将神祇人性的一面淋漓地展现。这批造像的灵韵仿佛天成，是明代罗汉造像中的佼佼者。

图 2-8-12-1　罗汉殿阿氏多罗汉，明，泥塑，高 1 米

双林寺

此罗汉利用夸张的双目扩大了作品深层次的意向，令其造型突出了意识中的“神气”。看似自然单纯但又意味无穷的阿氏多罗汉，用一双引人注目的大眼睛表露出他郁积于心的言语；而对于身体的塑造则仅用寥寥数笔便准确地刻画出尊者如山岳般沉稳和厚实的身形。身体塑造手法的简括，使观者的视线将重点放在了尊像面部，更加突出了双眼的神韵。

图 2-8-13　罗汉殿罗汉组合，明，泥塑

双林寺

对于罗汉间的互动是自宋代以来十八罗汉群像所常有的表现形式。双林寺罗汉殿所不同的是，更多利用了堆塑之山石、建筑结构，以及罗汉之间的大小关系来增强这种互动的多样性，寓人物于景中。左图一侧罗汉神态迷醉、意态飞扬，手指另一侧手持经卷、启门而出的少年僧人；右图长幼罗汉正自门中而出，一天真，一老迈。两组罗汉均用门作为背景，以一动一静两种形态的罗汉做对比，营造了出全新的互动感。

地藏菩萨

主尊台座细节

图 2-8-14　地藏殿地藏菩萨及主尊台座细节，明，泥塑，尺寸不详

双林寺

主尊地藏菩萨以菩萨装呈现，头戴华丽宝冠，手戴腕饰，周身贴金，衣服上有微微隐起的龙纹。其神情庄肃，不苟言笑，似乎非如此不可震慑九幽地府。身下鬼卒费力托起法台，叠涩中塑出谛听的形象，以明示地藏菩萨的图像学特征。

闵长者

道明和尚

图 2-8-15 地藏殿闵长者与道明和尚，明，泥塑，尺寸不详

双林寺

闵长者作为传说中道明和尚之父，神态洒脱自然，丝毫没有与子共师侍于地藏菩萨的窘迫，仿佛在笑世人看不穿那层凡俗的枷锁。另一侧的道明和尚身披绚丽福田衣，神情自信、洒脱，蕴含着对佛教真理的无穷自信，其衣纹多以直线刻画，洗练而不失写实。光明俊朗、少年得道的道明尊像在满堂阴森的地藏殿中显得如此温暖和阳光。

图 2-8-16　地藏殿西侧阎君与判官（部分），明，泥塑，尺寸不详

双林寺

地藏殿周遭环座十殿阎王及判官于仿建筑形龛中，阎罗判官面目狰狞凶恶，令人畏惧，虽无更多气氛渲染，但地府中的阴寒恐怖于他们的神貌间已一一具现。龛外则悬塑山石，以示阴曹所处的九幽之地。

图 2-8-16-1　地藏殿东侧判官，明，泥塑，尺寸不详

双林寺

判官，为协助阎罗爕理地府阴阳政务的地府官员。3 尊判官的塑造，形体结构准确，刀工洗练，将三种不同形态的地府官像展示而出，他们状貌各异，或怒目批判，或如文士明断，或凝神思考。中国传统地狱观中辅佐之神在明代道藏《道法会元》中一度多达二十一位，民间信仰对人死后世界的臆想在明代已经极其完备。

图 2-8-16-2　地藏殿东侧吏曹局部，明，泥塑

双林寺

两位吏曹狮鼻深目，神情间似乎蕴含着无尽阴曹怒火，所别者不过是二者一静一动、一收一放而已。尽管深处殿堂棂窗之侧，时有阳光洒落入内，却驱不尽殿堂中幽冥之寒。双林寺地藏殿内中阴阶段审断用刑、愤怒恶吏，以及层层叠压的山石，共同将地府这一极具主题色彩的宗教场所营造得动人心魄。上图中的吏曹与罗汉殿阿氏多罗汉的形貌、眼神何其相似，或出自同一匠师之手。

图 2-8-17　千佛殿自在观音，明，泥塑，高 3.3 米

双林寺

自在观音为千佛殿主尊，尊像游戏坐于堆塑山林之间，体态颀长，面颊丰润，长眉修目，头戴火焰状宝冠，金步摇垂于面前。这尊自在观音身材比例的塑造非常精巧，因是坐像，为体现观音雅致颀长之体貌，塑匠刻意将尊像上身拉长，并将手臂塑造得圆润修长，用多种手段突出了尊像的特点。自宋明以降，中国佛教造像艺术就开始日渐内敛化，这与彼时士大夫倾向于睿智、平和、稳健和淡泊的美学体验息息相关，中唐始创的“水月观音”图式与宋代自在观音续演流行，契合了这一社会顶层群体之审美。在双林寺，自在观音便是这一图像模式优秀而真实的表达。

图 2-8-18　千佛殿韦陀，明，泥塑，1.76 米

双林寺

千佛殿中之韦陀体格魁梧，武中蕴文，身披山纹甲，头戴虎首盔，神光侧视，面容俊朗，是体现双林寺造像，甚或为明代造像艺术精华的代表之作。相较一般立姿肃立的韦陀尊像，双林寺之韦陀别出心裁地利用对人体构造的熟练掌握，塑造了一尊极具动势的韦陀像。他以左脚为重心，从腰部开始，以中身为轴，整个上身向右侧做夸张的水平扭转，极大地拓展了自上而下的空间感，整个身体蓄势待发，凝结了更多力量于其中，萦绕周边的飘带加强了这种曲线的流动感。东方塑像素来重神多于形，但在这尊韦陀身上，气韵同写实得到了完美的结合，韦陀双目之焦点与整体身躯呈现相反一侧，延伸了尊像气场的空间。韦陀整体素色的设色让甲胄在身的尊像少了几分武悍，多了一些清正之气，雕塑家对古代将领的理想状态于此显露无遗。在佛教进一步普世化的明代，朴素的中国人希望他们心中的英雄既是温文尔雅、救大众于苦难的儒将，又是千军万马避白袍、不教胡马度阴山的勇者。因而，此尊造像得到中央美术学院雕塑家司徒兆光的高度评价，他认为其是可比肩敦煌杰作的佳品。可见，历朝历代造像多有创作，各有不可替代的美感与美术价值，不能仅以唐宋为楷模，其前其后也都有水准不在其下的绝品。

图 2-8-19　千佛殿善财童子，明，泥塑

双林寺

善财童子位于自在观音一侧，头大身小，珠圆玉润的天真稚拙中带着早慧的严肃，不应呈现在他这般年纪的精明之感告诉观者，善财并非“蓬头稚子学垂纶”的凡人，而是那位《华严经·入法界品》之主人公，是修菩萨道行者的光辉榜样。

图 2-8-20　千佛殿南壁菩萨众（部分），明，泥塑

双林寺

千佛殿的墙壁上壁塑五百尊神态各异、情节多变、空间层次感极强的菩萨。它们造型无一雷同，行走坐卧于堆塑的山水云气、房屋建筑之间。五百菩萨共分六层，皆水平分布，形成了独具特色的平体式构图，所有的尊像均在自己的空间内形成独立的焦点，避免了人物重叠造成的视觉上的混乱，在规制齐整的前提下，整体求同、局部存异。同时，五百尊菩萨同殿堂主尊自在观音形成一个明显的中心与地方的向心关系，每尊尊像由内向外身体均向自在观音倾斜，整体的内收感突出了主尊至高无上的地位，令信徒仿佛“入境”一般，使其完全融入作品所营造的氛围之中。

图 2-8-20-1 千佛殿菩萨众局部之一，明，泥塑
双林寺

图中右侧两尊菩萨一者立姿双手合十，头部微侧，似在侧耳聆听；一者仪态自如，游戏坐，正侧身望向前者。两位尊像高不过50厘米，在漫天菩萨中形成了一个独立的、排他的空间。其中不惟诸像与背景山石结合得妙，菩萨身躯也因拉长了很多而感自然。古代艺匠将菩萨传经教导、神女侧首敬听的一瞬间凝固在了这里，虚掩的山门、周边的云气让二者似在须弥洞府，当观者视线离开他们的时候，方恍然大悟，周边尚有如此之多的三千世界、五百菩萨。

图 2-8-20-2　千佛殿菩萨众局部之二，明，泥塑

双林寺

五百尊菩萨纵横变化发于毫端，精美绝伦有不可形容之妙。她们面容饱满白皙、柔和圆浑，造型具有东方审美所追求的内敛柔和、端庄文雅女性的特征，令人生出温和可亲之感，她们或坐或卧，或立或行，身体洋溢着音乐般的节奏和韵律，令千佛殿满堂动感似破壁而出。

图 2-8-21　千佛殿供养人，明，泥塑

双林寺

双林寺中唯有千佛殿中塑有三十一尊供养人的彩塑。对于凡俗人物的塑造最为考验塑工的艺术表现能力，图中二尊造像，肌肉松弛的老者和脖子前倾的垂老妇人，两种不同性别的人物形象特征捕捉得十分到位，展示了艺匠对人物骨骼、肌肉特征的理解十分明晰，明代雕塑艺术在写实塑造的水平于此可见一斑。供养人造像不受宗教仪轨法式规范的束缚，展现出生动鲜活的一面，在佛教造像总体趋向衰落的明代，佛教造像艺术展现了新的创造力。

图 2-8-22　菩萨殿千手观音，明，泥塑，高 3.3 米

双林寺

千手观音位于菩萨殿正中，是殿内主尊。千手观音是密教中最流行的观音之一，《千眼千臂观世音菩萨陀罗尼神咒经序》云："千手千眼菩萨者，即观世音之变现、伏魔怨之神迹也。"[①]此尊千手观音只有一面，以二十六臂表现千手，胸前二手结说法印，其余各手以不同的姿态手持宝珠、法轮、弓箭、剑、戟等多种法器。整尊造像典雅安详，神情略显高冷，持有各种法器的千只手臂，表现着千手观音利益众生、安乐众生的功德。

图 2-8-23　菩萨殿官服供养菩萨，明，泥塑，高 1.85 米

双林寺

谢赫《古画品录》提出的著名"六法"论，"气韵生动"被列为第一。菩萨殿中这尊供养菩萨头戴梁冠，身着朝服，双手于胸前拱手而立，面容饱满，眉眼修长，双唇微张。古时士大夫守内自持、温文尔雅的气韵迎面而来。

① ［唐］智通译：《千眼千臂观世音菩萨陀罗尼神咒经序》，《大正藏》第 20 册，第 83 页。

图 2-8-23-1　菩萨殿宫装胁侍菩萨，明，泥塑，高 1.85 米

双林寺

胁侍菩萨身着宫装，恭敬站立在侧。其衣着富丽，纹案精美，袖口可见刺绣式样的团花，长袖下垂，而底端随风微扬，不仅为造像增加了动势，又兼具造型与装饰之美。红色与青色的搭配，辅以项链、手镯等华贵配饰，塑造者将极致的华美付于菩萨之身，世俗与神圣在此融通。

图 2-8-24 菩萨殿内景，明，泥塑

双林寺

以形写形，以色貌色，天衣飞扬，满壁风动，菩萨殿群像相比千佛殿，更着重表露云层间流动飞扬的动态形象。

图 2-8-25　菩萨殿供养菩萨，明，泥塑

双林寺

菩萨殿的菩萨们肌肤微丰，合中身材。腮凝新荔，鼻腻鹅脂，温柔沉默，整体青绿色的设色增添了这种东方女性特有的内秀之美。东土俗世的秀美温雅与西来宗教的圆融无碍于此已然混同于一身。

图 2-8-26　菩萨殿众菩萨局部，明，泥塑

双林寺

菩萨殿中每身菩萨各有不同，有立于异兽背上者，有站立静思者，有手持提篮似要施予者……展现着菩萨的不同法相。图中的两幅菩萨像看似独立，然彼此之间又有着一定的关联。上图中以碧浪滚滚的海面为背景，一菩萨立于兽背，行于碧波之上，神兽仰头上望、阔口大张，与菩萨产生互动；菩萨左侧有一形体较小的骑马人物，看上去与菩萨无任何关联，然需注意的是马腿只塑出一半，显然是在涉水而行，这便与菩萨产生联系，二者同处于一个水域环境，似乎是渡水行路之人受菩萨护佑，具有一定的叙事情节。下图中二菩萨对面而立，似在说着什么；身后朱门半启，一女官模样的人将身探出，似乎此女官是闻声而出，启门的举动无形中将三人联系在一起，同样构成一组叙事性的画面。

图 2-8-27　娘娘殿娘娘像之一，明至清，泥塑，尺寸不详

双林寺

娘娘殿内共有娘娘像 5 尊，是依据民间传说而塑。娘娘身着世俗服饰，端坐于台座之上，目光下视。娘娘所戴冠饰精美，正中为灵动的凤鸟，外侧为卷起的枝蔓与火焰纹，虽略有残损然依旧精美。娘娘殿建于明正德年间，此尊娘娘像为典型明代造像风格，虽经清代重妆，但基本风貌不失。

图 2-8-28 娘娘殿东壁群像及其局部，明至清，泥塑，尺寸不详

双林寺

东壁群像为明代塑造，清代重妆敷彩。主尊为怀抱婴孩的送子娘娘，身着民间服饰，端正而坐。娘娘背后的屏风精美，雕刻团花与枝蔓，与佛教造像的背光相似。除主尊外，其余侍从也多怀抱婴孩，尤其是靠近窗边的男侍从，怀抱一个婴儿筐，里面有两三个婴孩，柔软白皙，稚嫩可爱。筐子的下部还有圆孔，婴儿的胖腿从孔中伸出，可见此筐是专为盛放婴儿而设计，可能是当时民间养育孩子的日常器物，市井生活可见一斑。

二、灵石资寿寺

资寿寺位于山西省晋中市灵石县苏溪村，地处晋中谷地最南端，俯瞰即将冲开霍山的滔滔汾河，东望巍峨层叠之绵山，虽为村中古寺，却气势非凡。该寺之形胜在三晋古刹中均属上乘，“苏溪夜月”是为灵石八景之一。根据寺中明成化三年（1467）《重修资寿寺记》所载，资寿寺创建于唐咸通十一年（870），宋代重修，因意“祝帝道以遐昌，资群生于寿域”而更名曰“资寿”。金代该寺因林火而废，元泰定三年（1326），行脚僧法海发愿重建伽蓝。资寿寺所在之地自古为商道往来之要冲，民众皆颇有余财，故而一时景从捐助，资寿寺得以重建（图 2-8-29）。

明代，晋中商业日趋繁荣，静升镇王氏便是衮衮晋商中的佼佼者，资寿寺明代得以多次重修皆依赖王氏之助力。碑文记载，仅在成化年间就有四次大规模的维修活动：成化三年重建山门及天王殿；成化十五年（1479）又建药师殿；成化十六年（1480）建弥陀殿；成化十七年（1481）又绘水陆壁画。值得一提的是，绵延十余年的造寺活动中主塑者被碑文记录了下来，为孝义县（今山西省孝义市）塑工郭吉祥父子。正德三年（1508）寺中东西两廊兴建弥勒殿（即圆觉殿）、地藏殿、三大士殿、清源真君殿，名动中外的资寿寺十八罗汉彩塑便是这一时期所塑。正德十六年资寿寺再次增塑造像，今日寺中之造像多为明代所塑。明清鼎革，清中前期晋中商帮依托口外贸易达到鼎盛。得赖于此，资寿寺更是重妆再造不断，现仅据寺碑记载就知在“康熙十三年（1674）、雍正四年（1726）、乾隆五十六年（1791）、道光二十一年（1841）对寺内进行过 4 次大的修葺，金妆佛像，重绘壁画”[①]。

资寿寺造像有 140 余尊，而今这些造像保存在寺内各主体建筑中，数量之多，状态之完好在晋中地区少有。天

图 2-8-29 资寿寺廊道

资寿寺建筑群结构颇具机巧，入门有一条长达 20 余米的甬道，由低向高渐次而上，信众仰身上行，颇有攀登佛教七山七海之中之须弥山的意味。穿过此道，方才进入资寿寺主体建筑群。

① 雨晴：《灵石资寿寺》，《五台山研究》，2013 年第 2 期，第 61 页。

王殿内的四大天王（图 2-8-30）、大雄雷音殿内的三身佛（图 2-8-31、图 2-8-31-1）、三大士殿中的三大士及十八罗汉、地藏殿中的地藏菩萨和十殿阎君（图 2-8-32、图 2-8-32-1）、药师殿内的药师佛及二菩萨（图 2-8-33）、弥陀殿内的西方三圣（图 2-8-34）、圆觉殿中的释迦佛及圆觉菩萨（图 2-8-35 至图 2-8-35-2），以及清源真君殿中的清源真君（图 2-8-36）等，整个寺院构成了一个庞大的塑像群，佛尊、菩萨、罗汉、阎君、真君、侍从等，人物众多且等级森严。而这其中唯一令人感到些许轻松、带有几分人间烟火气的，则是堪称寺内造像绝品的、三大士殿内正德三年塑造之十八罗汉像（图 2-8-37 至图 2-8-38-1），其姿态各异，表情丰富，展现出造像本身蓬勃的生命力。然这 18 尊造像却另有一劫。1993 年 12 月，18 尊罗汉被盗割头像并走私出境，后来又被震旦集团重金购回并重新修复。

东方持国天王

南方增长天王

图 2-8-30　四天王像，明，泥塑木胎，均高 3 米

资寿寺天王殿

天王殿额“山林野趣”为明代书法大家傅山墨宝，相传此额是这位晋中地区的传奇人物应邀在灵石豪绅何家讲学期间慕名访寺时所题。殿中 4 尊天王长方面型，粗眉环目，面部结构准确，肌肉起伏明显，法冠高耸，其身材魁梧，身上襟带飞扬，威风凛凛。尽管天王造像程式化，但在细节刻画上仍可圈可点，特别是在天王的服饰衣纹的处理上，简明扼要而不乏结构的准确性，颇有小写意之风。

西方广目天王

北方多闻天王

除了三大士殿，资寿寺其余各殿亦颇多亮点，难得的是相对完整的造像体系让今人可以全览明代晋中地区佛教的神系世界。明代是山西地区寺观造像的最后一个高峰，资寿寺的彩塑群虽然具明代造像程式化、内敛化的特征，但在此框架之中塑出了新意，其造像群气韵守静、身材匀称、衣纹刀工成熟、施色清雅朴素，不愧为晋中明清彩塑的博物馆。寺中另有壁画 200 多平方米，画塑双存，十分珍贵。

资寿寺所在的灵石县地处三晋南北交通要道，自古经商者众多，明清两代该地更是发展出灵石商帮，距资寿寺不远的静升镇王家大院便是由灵石商帮的佼佼者所兴建，这个庞大的家族同时也是资寿寺长期的供养人。山西由于地理优势，在明清两代都避开了大规模战乱，繁盛的经济促使这里的世家大户纷纷投资于宗教建筑。静升王氏家族之于郭吉祥父子，正如同文艺复兴时期的美第奇家族之于达·芬奇一样，他们借助艺术家的双手，将各自心中的精神世界具象化于建筑之中，留下了流传至今的佳作，使后人得以一窥当时社会的审美意趣。

图 2-8-31 三身佛，1521 年，泥塑，尺寸不详

资寿寺大雄雷音殿

大雄雷音殿为明成化十二年（1476）建，明正德十六年重建，内部主供报身卢舍那、法身毗卢遮那、应身释迦牟尼三佛，周遭墙壁环绘色泽鲜艳之壁画。“身”为聚集之义，聚集诸法而成身。此三身之关系，如月之体、光、影，故而又称一月三身。根据成化重修寺院碑文记载，大雄雷音殿与天王殿之塑像皆为塑工郭吉祥父子二人之作品。殿中三佛造像风格严谨，法度森严，为典型的成熟期明代佛尊造像。三尊像均双跏趺坐于莲台之上，莲台下为束腰金刚座。三者的装束样貌大致相似，唯各自的手印不同，其中中间的法身佛头戴毗卢冠，而另外两尊佛则螺发无冠。该殿塑像因康熙十三年重妆金身，致使其神韵略失。

报身卢舍那佛

图 2-8-31-1 报身卢舍那佛局部，明，泥塑，尺寸不详

资寿寺大雄雷音殿

尊像螺发，面相端肃方圆，双手于身前结印，背光略为简单，仅用铁线营造火焰云气之效果。资寿寺佛尊在面部皆重点展现佛的圆融之美，五官深刻、厚重。程式化的造像往往体现在对空间、视觉上的忽略，大雄雷音殿中的三身佛视线均朝向缥缈之远方，此或为清代重妆所制，但其结果则是同建筑及参拜者已无互动，远不及唐宋之时塑像与殿堂空间结合之紧密。

法身毗卢遮那佛

应身释迦牟尼佛

图 2-8-32　地藏菩萨，明，泥塑

资寿寺地藏殿

地藏殿内的主尊地藏菩萨，形象与早期比丘相地藏有所不同，此地藏头戴硕大花冠，身着菩萨装，形貌与弥陀殿的观音、大势至菩萨相类。地藏的两侧分别是道明和尚与闵长者，环拱地藏两边的是十殿阎君。在地藏菩萨上方房梁部位，悬塑有祥云环绕的日月及“地藏菩萨”四字，其中间三个伞盖下原应有 9 尊小像，现唯存中间一尊，或为骑乘于谛听神兽上的地藏菩萨。

图 2-8-32-1　十殿阎罗局部，明，泥塑
资寿寺地藏殿

地藏殿为营造地府十殿阎罗过堂之形貌，为资寿寺彩塑数量最多的一殿。群像中阎罗、判官皆高大，而审过之罪魂则在前下，渺小异常，身不过尺。冥府中一片忙碌景象，图中的属吏文官，头戴展脚幞头，白面短须样貌，身穿圆领红袍，端坐于桌案之后，头微微右侧，看向前面的罪魂。其两侧各有一鬼吏，容貌诡谲，一个蓝面，袖口高挽，以手捶桌，似在高声呵斥；另一个红面，正将写好的卷册放置于阁架之上。三人前面是被鬼卒押解的罪魂。此组塑像颇为传神，虽为阴曹景象，但呈现却似古时人间官府衙门的情状。地府形象是自唐代以来佛教寺院中最具感染渡化作用的图像范式。相传唐代画圣吴道子所绘之地狱变相图、鬼神仿佛脱壁而出，令长安两市之屠户观之胆寒而不乏改业者。

图 2-8-33　药师佛及二菩萨，明，泥塑，尺寸不详
资寿寺药师殿

药师殿造像为成化年间郭吉祥父子之作品。造像以悬塑同圆雕相结合，营造药师之形态，主尊背光顶部别出心裁地塑出儒、释、道三教祖师，这一细节反映了彼时主流文化的影响，也是三教融合的一种体现。佛教寺院在入华之后往往承担了多种角色，资寿寺作为苏溪村民的精神家园，往往体现了很多文化意旨，它们暗藏在背光中、造像上，表明佛教艺术本土化后的独特意趣。

图 2-8-34　阿弥陀佛及胁侍菩萨，1480 年，泥塑，尺寸不详

资寿寺弥陀殿

药师殿对面的弥陀殿主供阿弥陀 3 尊，亦称西方三圣，中间为阿弥陀佛，佛之左侧为观音菩萨，右侧为大势至菩萨，亦为郭氏父子之作品。形制规整，佛像身姿挺拔，着袒右袈裟，其背光繁密，正上方为大鹏金翅鸟。此阿弥陀佛风格样式与药师佛同。在二佛身上可以看到很多同期山西地区造像的特征。二菩萨婉约秀丽，身体比例上身略长，衣饰雕琢精细，微风轻举，襟带飞扬。

图 2-8-35　圆觉殿正壁造像，1508 年，泥塑，尺寸不详

资寿寺圆觉殿

圆觉殿当地人称弥勒殿，其造像群为正德三年塑造，主尊释迦牟尼，旁有迦叶、阿难二弟子胁侍，身后两侧及山墙下有十二圆觉菩萨环拱。主尊释迦佛所处位置最高，佛陀身下为仰莲莲台，莲台之下还有一个双层须弥座，再加上身后华丽的背光，衬托出释迦佛至高无上的地位。十二圆觉菩萨典出唐代罽宾沙门佛陀多罗所译之《大方广圆觉修多罗了义经》，简称《圆觉经》。十二菩萨分别为文殊菩萨、普贤菩萨、普眼菩萨、金刚藏菩萨、弥勒菩萨、清静慧菩萨、威德自在菩萨、辨音菩萨、净诸业障菩萨、普觉菩萨、圆觉菩萨、贤善首菩萨。

图 2-8-35-1　十二圆觉菩萨（部分），明，泥塑

资寿寺圆觉殿

十二圆觉菩萨造型雅致、闲适，身姿比例匀称，但面部皆千篇一律，或本意有菩萨万法皆一的佛教思想。独特的是每尊皆坐于各类异兽之上，为同期十二圆觉菩萨造像所罕见。该殿圆觉菩萨背光绘制于墙壁之上，为明代塑画结合的造像手法之一。该手法的运用，在视觉上取得了与实造略近似的效果，同时也大大节省了人力、物力和财力。

普贤菩萨及局部

净诸业障菩萨及局部

图 2-8-35-2　普贤及净诸业障菩萨，明，泥塑，尺寸不详

资寿寺圆觉殿

十二圆觉菩萨除了坐骑和姿态不同外，装束及体貌特征几乎完全相同，例如图中普贤菩萨和净诸业障菩萨，样貌完全一样，骑乘白象、手持经卷者为普贤，骑乘白马者为净诸业障菩萨。高度的程式化表现使这些造像缺乏生动的个性，但若抛开这一因素，单独欣赏某一尊造像的话，亦不失为一件雕塑佳作。菩萨形体结构比例准确、姿态自然；肌肤丰腴，体量感及质感俱佳。身上披挂的璎珞雕琢细腻，衣纹线条流转自如，依体姿及结构而变化。菩萨面容温和清丽，目光深沉悠远，气度淡然闲适，别有一种情思绵邈的意蕴。

图 2-8-36　清源真君，1508 年，泥塑，尺寸不详

资寿寺二郎殿

清源真君为道教神祇，又称清源妙道真君，俗称二郎神。资寿寺二郎殿内的二郎神是赵昱。据元代《新编连相搜神广记》所载，赵昱为隋唐时人，因斩蛟除民害而受人崇奉。殿内正壁中央，赵二郎倚坐于须弥座上，身后是雕饰着华贵牡丹图形的高大椅背。二郎真君头戴三山帽，面容白皙，细眉长目，唇上留八字断梁胡，身穿圆领绿色长袍，一手持玉带当胸，一手抚膝，一派儒将气度。其两侧分立穿红、绿长袍的女官，双手捧物。在神坛前方的两侧还塑有两尊神将，神坛正前方塑有一条卧伏于地的猎犬。严整的对称布局和稳定的三角形构图，将焦点锁定在二郎真君的身上，同时也显现出神系中森严的等级制度。

中国二郎神信仰的发展源流是一个复杂的过程，两宋之时流行的是李姓二郎，即秦时蜀地太守李冰的次子，元以后为赵姓二郎，至明清更广为人知者为杨二郎。资寿寺中的赵二郎形象，在整个二郎神信仰的发展历程中占据了举足轻重的地位。神坛前的猎犬正是其显著标志之一，据元代文献记载，赵昱身边确实有一条猎犬相伴。资寿寺二郎殿的设立，不仅体现了明代三教合流的文化现象，也反映了二郎神信仰在晋中地区的广泛流行，更是这一信仰演变过程中的关键节点，具有极高的形象史料价值。

图 2-8-37　十八罗汉像（部分），1508 年，泥塑，均高 1.4 米

资寿寺三大士殿

罗汉形象盛于宋代，是佛教造像艺术世俗化的一个标志性符号，艺术家们在世俗化的浪潮中开始对具有范式的菩萨和罗汉的精神面貌进行解构。三大士殿中的十八罗汉是资寿寺造像中艺术水平最高之作品，其既有写真灵动的一面，观之可见很多明代平民之衣着、感受鲜活的人间气，又具质朴空禅之哲思，诸像无一不深具佛理法相。尤其是罗汉身边童僧的出现，他们当是初入释门的沙弥，童稚未脱，天真可爱。在罗汉群塑中塑造童子像，是明代中期开始对罗汉群塑布列上的一种创举，它突破了宋金以降罗汉阵列严谨、坐姿单一的模式，用小童打破了原本严肃的空间结构，让满堂造像充满了更加活泼的气氛。

图 2-8-38　十八罗汉像局部，1508 年，泥塑

资寿寺三大士殿

无声的喜怒哀乐是罗汉神韵高度凝结的关键，经历宋代艺术勃兴，罗汉造像在明代已经高度成熟。对于这批介于人神之间的神祇，明代艺匠们得心应手，用夸张表禅意，用质朴表世俗，用写实表僧伽，用怒目示神通。而资寿寺罗汉之精妙，就在于其对面部表情的把握极其精准和细腻，观之不似泥塑木胎，反而如真僧临凡。

图 2-8-38-1　罗汉像局部，1508 年，泥塑，高 1.4 米

资寿寺三大士殿

赞誉资寿寺罗汉如高僧写真，毫不为过，其生动而具有个性的形貌、准确的比例结构，使一尊尊塑像宛如真人一般。此尊窗前罗汉，右手抬起，正凝神欲语，专注的目光中折射出的是一个充满智慧的灵魂。屋外的光线，透过格子窗柔和地洒向室内，落在罗汉的身上。五百年的光阴于他而言犹如弹指，而凝神欲语的瞬间，则在匠师的手中化作了永恒。

三、长治观音堂

山西省长治市西北郊梁家庄村之正中建有观音堂一座，整座寺院坐东朝西。观音堂始建于明万历九年（1581），现存的建筑、塑像皆为明万历年间遗物。观音堂主要建筑自西向东依次为山门（戏楼）、天王殿、钟鼓二楼、南北配殿、献亭及最后的正殿即观音殿（图 2-8-39）。寺中尚存的万历十年（1582）《创建观音堂宝殿记》碑文记载了建寺的缘由："伏以 / 神天遥远诚悃即通 / 神盟感格黍米珠化衾 / 圣维广无极 / 说极奇菩萨之至圣者能救八难之苦 / 善广四海之谜因创 / □□立将打斋施主花名于后……"[1]说明当时观音堂宝殿创建的缘由，是相信神、天、人之间的交感通灵，若人能虔诚崇拜，就能得到观音的救苦救难之因缘。五百多年前，梁家庄的乡民常朝润或为祈福延年，或为还愿告神，从另一位村民梁永保手中购买了这片土地并牵头募捐，组织工匠，寻求当地名士题词，历时一年，在籍籍无名之村建成一堂精绝超妙，机巧无双的悬塑群。

长治观音堂素有海内第一悬塑之称，虽仅有两进院落，在村中紧密的院落群中似乎毫不起眼，但殊不知芥子纳于须弥，寺内正殿也即观音殿中却"暗藏"着 881 尊诸天神佛，其中"已残坏而有遗迹者 228 尊，现存各种塑像 593 尊"[2]。（图 2-8-40）

观音殿面阔三间，佛坛上主奉观音、文殊、普贤三大菩萨像。明间正面佛龛内观音菩萨坐于朝天吼（狮吼）背上，狮吼做卧式，呈仰天嘶吼状，座前二弟子恭候，左边为善财童子，右边为婆薮天，护法、韦陀立于两侧（图 2-8-41）。龛前为文殊、普贤二菩萨分别驾狮、象二坐骑，龛后依壁悬塑造像及宗教故事（图 2-8-42、图 2-8-43）。

① 录文参见黄吉宏：《长治观音堂金石碑记的宗教社会学考察》，《五台山研究》，2015 年第 2 期，第 55 页。
② 柴泽俊、柴玉敏：《山西古代彩塑》，文物出版社，2008 年，第 148 页。

图 2-8-39 长治观音堂外景

图 2-8-40　观音殿正壁储天神佛局部，明，泥塑

长治观音堂（马豪杰 供图）

倘若天气晴好，轻轻推开观音殿布满尘埃的大门，光影扫动下，殿中漫天神佛，诸仙列圣在云雾楼阁间或隐或显，甫一入殿的信徒完全被这种铺天盖地的冲击力填满了双眼，三维立体的壁塑艺术在表现形式上体现出比壁画更加直击人心的视觉效果。

北次间佛龛内主供文殊菩萨像，文殊座前有弟子和老者侍奉，一位沙弥蹲跪其旁。后壁腰间两座龛内塑圣僧和菩萨像，后壁上部楼阁内供玉皇大帝，四周有仙伯、真人、太乙等做朝拜状。东次间文殊菩萨像顶部悬塑儒、释、道三教始祖像，主像两侧各有侍者 2 尊或 4 尊。梁栿两侧塑 53 尊佛像，少部分残损。东次间道教神祇占了大半部分（图 2–8–44），使佛道二教诸神和谐共处一室。观音堂塑像以观音、文殊、普贤三大士为主体，以佛、菩萨、天王、罗汉、诸天及其侍从为重点，儒、道神祇穿插其间，三教信仰同堂祀奉，形成观音堂彩塑的独特体例，也正是佛教本土化的一个例证。

南次间佛龛内主供普贤菩萨，菩萨左侧有弟子和护法金刚。后壁悬塑山石峰峦及佛教故事。后壁上部两楼阁佛龛内分别供奉一高僧坐像和一菩萨像。西次间梁栿上，塑诸天、仙伯和三十二天帝君等佛道神祇。

南北两山墙上，悬塑满壁，上下分作四列。最下一列为十八罗汉像（图 2–8–45），每面 9 尊。第二列为二十四诸天像（图 2–8–46、图 2–8–47），每面 12 尊。第三列为十二圆觉菩萨像（图 2–8–48），每面 6 尊。各塑像的装束为头戴花冠，佩璎珞，置天衣披帛等，为一般的菩萨装，并乘卧式的各种坐骑，如狮、象、麟、天马等。最后一列为楼阁洞龛。阁内多奉道门神祇（图 2–8–49、图 2–8–50）。北壁三阁，左间奉南极星君老寿星坐像；中间奉南极长生大帝；右间所奉神祇不详。南壁三阁，左间奉三元像，即上元一品天官赐福大帝，中元二品地官赦罪大帝，下元三品水官解厄大帝；中间奉中宫紫微北极大帝；右间内奉不详。南壁上部依壁悬塑《唐王接经图》故事。

当地百姓对这座小庙有着别样的称呼——“全神庙”。从观音堂的造像内容来看，它在村中扮演的角色远远不止佛教一宗之数。古代中国人的精神世界是繁复而多变的，他们朝奉观世音，暮尊灶王爷，及至应举赶考，又要去拜一拜孔夫子或文昌帝君，倘若来了洋教师，也要合掌敬一敬。观音殿殿堂虽不大，但三教并立，五法同归，传统中国乡村宗教场所独有的多元并存的特质显露无遗。自中唐以降，佛教世俗化的一大特征就是佛教艺术逐渐由修行观想、朝拜礼敬的神圣法坛转变为中国人日常生活的聚集地，寺院成为社会中的美术馆、剧院、学校、许愿池、开导室，甚至是交易市场。单从观音堂来看，一香以供三教诸天这样一种思路是其塑造如此众多尊像的主要需求，宗教艺术被社会的需求驱赶着诞生出繁丽富贵的壁塑艺术体系。在这一体系下，儒家身居庙堂，道家渡游仙山，佛家静思禅意，三教皆归于一体。观音堂是微小的，但又是宏大的，它是梁家庄人的须弥山，是他们的三十三重天，是他们的无量洞府（图 2–8–51、图 2–8–52）。

图 2-8-41　主尊观音菩萨，明，泥塑，尺寸不详

观音堂

游戏坐于山林中的观音意态闲适，似于珞珈山中休憩，胯下神兽回首抬头，似有起身欲动之意，顶部和周遭的风云似乎吹动不了观音大士分毫。动静之间的起承转合是观音堂悬塑塑造者们对宗教美学的深刻领悟，风动还是心动，由此可观。

观音菩萨背后壁塑善财童子五十三参图，亭台楼阁，人物造型细密自然，善财童子五十三参这一图像形式多见于壁画之中，于壁塑作如此技巧者世所罕见。

图 2-8-42　文殊菩萨，明，泥塑，尺寸不详

观音堂

文殊菩萨半跏坐在青狮莲台之上，左右眷属及背后楼阁仙众层叠往复，抬头望去，一时竟有无穷无尽之感。中心人物文殊菩萨在面部的塑造上略显僵化，他头戴铁线缠塑之宝冠，面颊丰腴，以至于略显臃肿。其同另一侧的普贤菩萨相类，表明了明代寺观造像整体呈现的模块化特质。

图 2-8-43　普贤菩萨，明，泥塑，尺寸不详

观音堂

相较中世纪超越平凡之上的宗教激情，明代的神祇已经返璞归真，融入世俗。三大士均仪态闲适，面容可亲。图中的普贤菩萨端丽仿若贵族妇女，她的白象同样不再具有动势，而是安静地蛰伏于主人之下，仿佛已接受训导。

北壁

南壁

（马豪杰 供图）

图 2-8-44　北壁及南壁造像，明，泥塑

观音堂

“释门则有善巧方便之颜；道像必具修真度世之范；儒贤即见忠信礼义之风。”[①]在观音堂，多教建构的美学形式在两侧壁塑之上体现最为突出，古代匠人用五彩云气分隔出四层数百尊造像，他们仿佛一本打开的中国神谱，为我们最大限度地展示了各类宗教的独特审美特质。

南北两壁造像均分四层：一层塑十八罗汉；二层塑二十四诸天；三层塑十二圆觉菩萨；四层南壁塑道教诸仙，北壁塑孔门七十二贤。他们不仅阵列于两壁，还在门窗之上塑道教故事八仙拜寿、佛教故事唐王接经，乃至发生在明英宗朝的土木堡之变这样的国家大事，在梁架上塑出三十五佛、三教之祖这样的智者法尊。每个单元造像都处于一条水平之上，层次分明，且所有造型无一雷同，在规整的法度之上增加了艺术的独特性。

① ［宋］郭若虚：《图画见闻志》，湖南美术出版社，2000 年，第 20 页。

图 2-8-45　十八罗汉（部分），明，泥塑，尺寸不详

观音堂

第一层的十八罗汉是明代彩塑的精品之作，每一尊神态各异的尊像都体现出彼时晋地工匠在塑造罗汉上的成熟手法。这批罗汉形貌各异，老少皆有，番汉并存，每尊塑像均有着令人过目不忘的特征。此外，罗汉们并非独立的尊像，他们仿佛正聚首谈经论道，共同笑看世间百态。这种寓静于动的手法，将尊像整体构图巧妙结合，形成浑然一体的风貌，是优秀的寺观塑工所特有的艺术表现形式。它跳出了单尊造像的局限，充分考虑到尊像在殿堂空间中的角色定位，从而更加生动地展现了这些智者的神韵。入清以后，这种尊像间的互动最终消失。

图 2-8-46　二十四诸天·女相（部分），明，泥塑，尺寸不详

观音堂

二十四诸天分列于南北两壁的二层，其中的 8 尊女相顾盼生姿，衣带飘摇，仿若天宫仙子，不过 10 厘米的高度，细节刻画却一丝不苟。图中 3 尊女相，上图左侧者辩才天四臂，手持双剑交叉头顶，金色身，动感的身姿似在舞动剑器；上图右侧者凤冠霞帔，着广口袖袍，长裙及地，脚着云头鞋，相貌丰润端丽，一派大家闺秀之貌，疑为鬼子母；下图尊像同为贵妇人形貌，双手当胸结印，与身旁的另一位贵妇面侧向主尊，似在听经说法，或为紫那罗之女相形貌。世俗化的影响在诸天女相之上表露得十分明显，紫那罗同鬼子母头戴的凤冠明显来自明代宫廷贵女的凤冠头饰，其衣着袖袍亦同彼时贵族妇女流行的服饰相类。

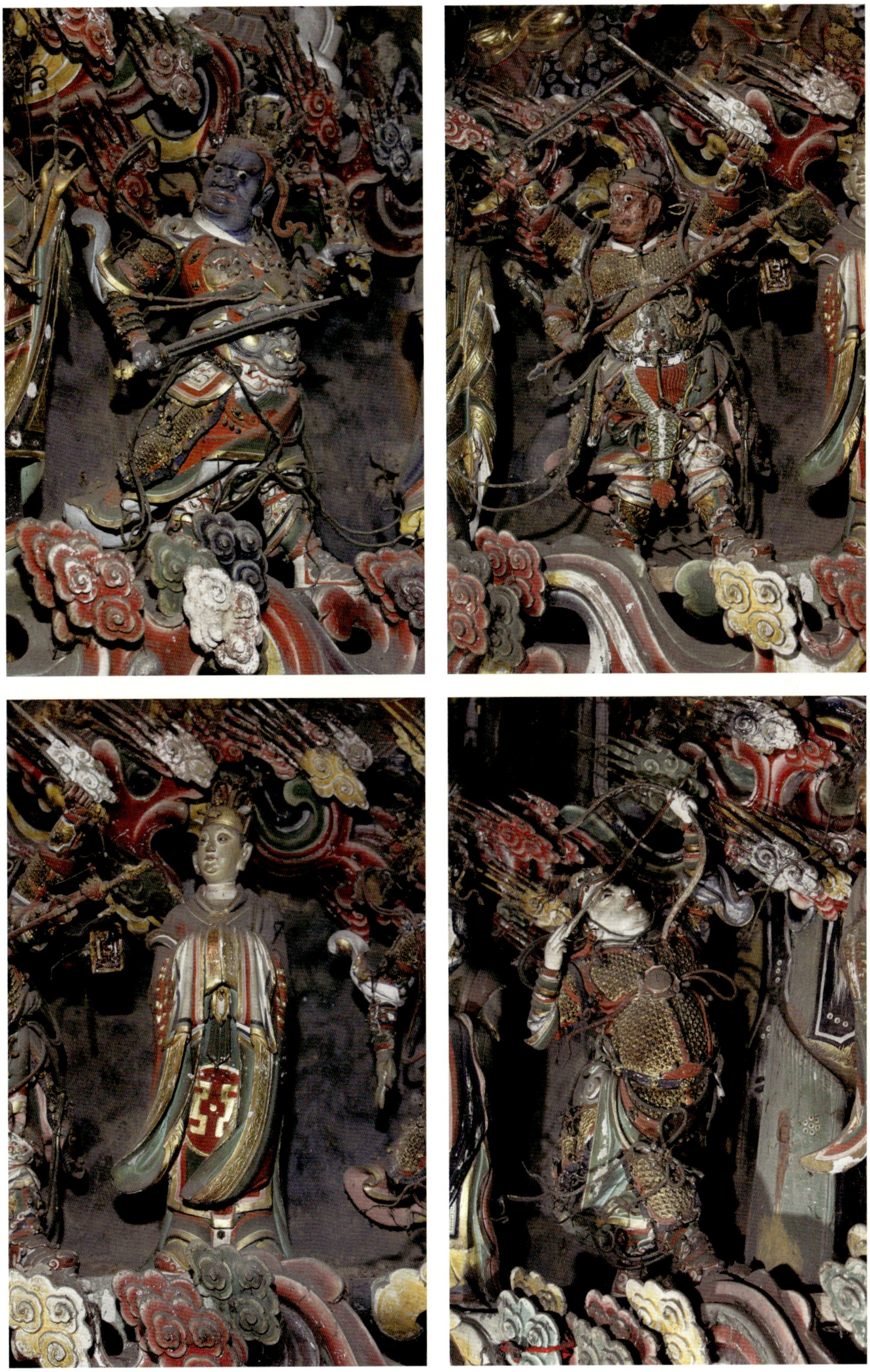

图 2-8-47　二十四诸天·男相（部分），明，泥塑，尺寸不详

观音堂

二十四诸天中有16尊男相诸天，职分文武，在形貌神采上均呈现模块化色彩。武者凶恶，文者儒雅，他们同女相诸天错落排列，并没有呈现枯燥的同质化。

图 2-8-48　十二圆觉菩萨（部分），明，泥塑

观音堂

第三层塑造的十二圆觉菩萨神态闲适，相较流传数百年的“周家样”浓丽丰肥的审美风格，观音堂的菩萨群展现出更多姿态圆转、飘逸流畅、面容秀丽的特质。圆觉菩萨们更多展露出这些高高在上的尊神人性化的一面。

玄天上帝

三官大帝

孔门七十二贤局部

图 2-8-49　儒道教部众（部分），明，泥塑

观音堂

第四层南壁皆为道教仙众，玉帝、西王母、雷部诸神、玄天上帝、三官大帝、八仙等道教传统形象，皆群列于其上。相较下部三层佛教神系的线型排列，顶层的道教仙众在塑造构图上更为活跃，他们穿云纵雾，宫观楼阁间于其间，三十六天之得道者的畅意呼之欲出。而对面的北壁则为恭敬庄肃、手持笏板、头戴官帽的儒门七十二贤人，三教合一的理念在这里得到了具象化的实现。

图 2-8-50　八仙祝寿，明，泥塑

观音堂

创造观音堂的作者没有错过殿中每一寸空间，在南侧门窗之上的寿星和前来祝寿的八仙居高临下地看着无意间抬头观望的人们，形成一组相对独立的图像。其下部的云纹装饰浮翠流丹，五色齐备，作为中国传统装饰纹样中最常用的一种纹样，观音堂的云纹承担了分隔画面主题，增强画面动感的角色。五种鲜艳明快的色调直观呈现出明中期市民文化兴盛之后重装饰、重华艳的时代趣味。

图 2-8-51　观音堂正殿悬塑儒、释、道三教教主，明，泥塑

观音堂

正殿观音菩萨像之横梁上端悬塑释迦牟尼佛、太上老君、孔子尊像，三位“轴心时代”的智者皆安坐于五彩祥云之中。三教合流是明代颇为流行的一种图像模式，融合地方的习俗与自身对于祭祀神灵、祈福、赐福的信仰要求，尽可能地将三教信仰的神仙安置在同一场所供奉的模式在晋东南地区更是广为流传。

图 2-8-52　观音堂壁塑局部，明

观音堂

天衣飞扬，满壁风动，壁塑艺术所特有的视觉冲击力弥补了明代造像在塑像气韵上缺乏的灵动，无数形态各异的祥云赋予了相对静态化的造像飞翔跃动的气氛。层叠反复、艳丽无俦的观音堂壁塑在精巧细密上达到了匪夷所思的地步，但堂皇富丽似乎并没有带来更多宗教艺术所需求的一种神思高妙的哲思性阐述，而这种形而上内涵的缺乏亦是明代佛教造像美学的通病。他们缺乏像唐塑的神圣、宋塑的哲思那样直指人心的触动。

四、太原崇善寺

明洪武元年（1368）十二月初一，北伐的明军攻克太原城，此时元朝虽已失中原，但仍然拥有完备的职官制度和行政体系，并多次派兵袭扰山西。都城远在南京的明太祖朱元璋（1328—1398）为加强对元作战能力，在洪武二年（1369）设定九边“塞王”制度（镇守边塞的藩王），并给予了这些塞王强大的属兵和所在地最高行政管理权，九边中以山西地区为首。洪武三年（1370）以其三子朱㭎（1358—1398）为晋王，封藩太原；洪武十一年（1378）四月，二十岁的年轻晋王正式入主太原，开始了明朝两百多年抚绥全晋的晋藩时代。这位青年皇子在位期间多次奉命同其他塞王一起出塞扫北，在朱元璋诸子中颇以善战著称，太原崇善寺便是这位晋王斥资兴建的。

洪武十五年（1382）八月初十日，明太祖朱元璋发妻孝慈高皇后马氏（1332—1382）因病逝世。马皇后的故去对于明初政坛震动颇大，朱㭎身为马皇后亲子，为故去母亲祈福，上奏请求在太原为补报母亲厚恩兴建新寺一座。素以孝治国的朱元璋很快批准了晋藩的申请。洪武十六年（1383），由晋王府官修的崇善寺破土动工，该寺营建期间耗费极大，用万余工匠，历时八年，终于建成一座“规模宣序，俨若仙宫，不惟甲于太原，诚盖晋国第一之伟观”①的巨大建筑群，金刚、天王、毗卢、大悲、金灵六座大殿纵列排布，左右分布十八座禅院，占地达二百四十五亩。朱㭎亲自为该寺赐名曰“崇善禅寺”。终明一世，崇善寺长期是晋地最为尊崇的寺院，它同时承担着明代晋藩王室私庙和太原僧纲司驻地两类角色。历代晋王

图 2-8-53　崇善寺大门

① 山西崇善寺、北京佛教文化研究所编：《释迦世尊应化事迹、善财童子五十三参图》，北京佛教文化研究所，2006 年。

皆有维修，根据寺内碑刻记载，成化十六年、正德十二年（1517）、嘉靖三十九年（1560），百年间就有三次大规模的修建行动。入清后，崇善寺虽然失去了王室资助，但仍旧为太原第一大寺，直至同治三年（1864）十月十五日大火一场，将崇善寺六重宫殿焚烧几近，唯有大悲殿幸存。光绪八年（1882），山西巡抚张之洞（1837—1909）见废墟残破，动议将文庙迁至该处，从此寺庙一分为二。故而今日崇善寺之山门并非当年之山门（图 2-8-53），寺内原始建筑仅以幸存之大悲殿为核心（图 2-8-54）。

今天的崇善寺大门为一座砖拱门楼，下有三个拱形大门，上覆绿色琉璃瓦，中间门额上书“大悲胜境”四字，道出院内主尊的身份。门前一对铁狮为明代洪武年间之物。

正面

背面

图 2-8-54　崇善寺大悲殿正面及背面

大悲殿外形高大雄伟，形制古朴，是现存明初木构建筑等级最高、营造法式最标准、保存最完整的珍贵实例。大殿面阔七间，进深四间，重檐歇山顶，通高达 20 米。

图 2-8-55 大悲殿三大士，明，泥塑贴金，均高 9 米
崇善寺大悲殿

大悲殿中 9 米之巨的三大士，令人观之目眩神驰，成功地形成佛教美学所需要的进可以击心、退可以招劝的视觉冲击力。居中者为千手千眼观世音菩萨，观音右侧为普贤菩萨，左侧为千手千钵千释迦文殊师利菩萨（千钵文殊）。晋王历时八年之宏举于此可见其壮。3 尊造像比例适度，大而不悍，身姿秀美，又处处体现出尊者健康、雍容的气质。其衣着繁复细丽，纹饰丰富，展现出皇家特有的华贵之气。像作千手千眼之形始于密宗图像体系，明虽称上承唐宋，但在美学思想上与前朝一脉相承。朱明皇室对藏传佛教仍旧给予宗教优待，并信重有加，多有敕封国师的举措，在艺术上更是有依托藏传佛教艺术诞生的永宣造像体系。

虽十仅存一，但大悲殿中 3 尊巨大的造像仍旧是今日太原地区单体最大、时代最久远的寺观造像，于此我们可以一窥明初内地皇家寺院造像的形貌，它们既继承了元代“西天梵相”的藏传佛教造像之余韵，又明显在美学风格上有了新的、汉式的探索（图 2-8-55 至图 2-8-56-1）。

崇善寺 3 尊巨型菩萨尊像营建于明代洪武年间，彼时明代造像艺术尚未形成独立的风格和美学体系，日后在佛教艺术史中名动一时的“永宣造像”尚未诞生。从崇善寺造像中，我们可以看到前永宣造像时代的明代官方的佛教美学思路，造像艺术家们在此时正处于探索期，在务尽雍容华贵、姿态雄伟的前提下，一种更新的美学形式即将脱颖而出。

千钵文殊

普贤

千手观音

图 2-8-55-1　千钵文殊、普贤与千手观音，明，泥塑贴金，均高 9 米

崇善寺大悲殿

明初造像对草原民族审美风格有些继承，尊像面部宽圆，额阔眉疏，凝目望向虚空，身材壮硕，一改宋代塑像秀丽妩媚之风，更多呈现出饱满丰润之态。但在面部神韵的营造上仍去唐甚远，工丽有余而神采略逊，明清造像重仪轨法度而轻神韵丽质的做法，已经在此明初三大士中初露端倪。

主尊左侧千手千钵千释迦文殊师利菩萨三面六臂，身后又以圆轮形式组成千条臂膀，手上皆有金钵，内坐释迦佛像。其经典依据不空三藏法师在唐开元年间所译之《千臂千钵曼殊室利经》，由其叙述文殊菩萨现千臂、每臂持一钵、每钵中现千释迦等叙述，可知本经是密教观念与《梵网经》的“卢舍那莲华台藏世界海”学说结合而成。

主尊右侧普贤菩萨与文殊、观音极尽繁复形成鲜明对比，虽同后者等身，但既无观音之千臂，亦无文殊之三首，呈标准的汉式风格。普贤造像体系更多地流传于显教之中，明初造像风格上的杂糅之风于此可见。

图 2-8-56　千钵文殊局部，明，泥塑贴金

崇善寺大悲殿

千手观音手持器物（部分）

千手观音手臂（部分）

普贤局部

图 2-8-56-1 千手观音及普贤局部，明，泥塑贴金

崇善寺大悲殿

“若我当来，堪能利益、安乐一切众生者，令我即时，身生千手、千眼具足。发是愿已，应时身上，千手千眼，悉皆具足。”①近9米高的千手观音巨像左右各二十只手臂，四十只大手之手心皆有一眼，且持轮、螺、伞、幢、花、鱼、瓶、结等法器，各有寓意与指代。造像虽巨，但事无巨细，极尽机巧，营造出密宗系造像所特有的奇诡繁丽之感。

① ［唐］伽梵达摩译：《千手千眼观世音菩萨广大圆满无碍大悲心陀罗尼经》，《大正新修大藏经》，第 20 册，第 106 页。

五、北京大慧寺

大慧寺，位于今北京市海淀区大慧寺路 11 号。曾经的大慧寺风景清幽，为士子佳人踏青寻春的好去处。因建寺之初，原有范金而铸、高达 15 米的铜观音像，故当地人又俗称之为大佛寺。大慧寺于明正德八年（1513），由司礼监太监张雄兴建，经明万历、清乾隆及宣统三次重修。据《光绪顺天府志》记载，从正德八年初建至嘉靖期间，共有殿宇 183 间，占地 421 亩，[①] 其规模之宏大可想而知。如今迭遭损毁的大慧寺只余大悲宝殿一座殿宇。殿中有保存完好的彩塑及描绘观音出家成道的《妙善公主传》壁画，是北京地区佛教艺术的珍品。北京地区明代地面寺院的佛教艺术遗存数量有限，且有的是有壁画无塑像，或有塑像无壁画，而像大慧寺这样塑绘并存于殿内，建筑、雕塑、绘画三种艺术形式在时间、空间上完整共存的情况则更少，是研究明代京城佛教艺术不可多得的珍贵实物资料。大悲宝殿是一座高级别的重檐庑殿顶建筑，现今殿内中央的主尊千手观音为民国时期重塑的泥塑彩绘造像（图 2-8-57），原铜铸观音大像不知所踪。

千手观音周边，即东西山墙及北墙的东西两侧环拱矗立着 28 尊明代塑像，即千手观音的二十八部众（图 2-8-58）。此“二十八部众”典出《千手千眼观世音菩萨广大圆满无碍大悲心陀罗尼经》，由唐西天竺沙门伽梵达摩所译。大慧寺 28 尊像均为泥塑彩绘，东西各 14 尊，分别为：帝释天、梵天、摩呼洛迦、阿修罗、紫微大帝、迦楼罗、乾达婆、婆薮仙人、紧那罗、阎摩罗、摩醯首罗天、吉祥天女、北方多闻天王、东方持国天王、西方广目天王、南方增长天王、月天、日天、韦陀、密迹金刚、摩利支天、辩才天、散脂大将、鬼子母、菩提树神、坚牢地神、东岳大帝、难陀跋难陀龙王。大慧寺二十八部众塑像并非与经典一一对应，而是在明代已成熟的二十四诸天的基础

外景

图 2-8-57　大悲宝殿外景及殿内千手观音

北京大慧寺（王楠供图）

① ［清］周家楣、缪荃孙等编纂：《光绪顺天府志》，北京古籍出版社，1987 年，第 527 页。

千手观音

大悲宝殿，建于明正德八年，大殿中央供奉民国时期所造的1尊高达15米的千手观音。观音实为二十四臂、三目，木雕，两侧有高12米的胁侍菩萨各1尊；腿部右侧为龙女，左侧为善财童子，体积较小。据民国时期周肇祥先生《琉璃厂杂记》所载，他于民国初年曾亲游大慧寺，所见的这尊观音像虽也是“木雕”“像高五丈”，但却是“三首六臂，累人头为冠”[①]。可见大慧寺从建寺之初直至现在，曾先后出现过3尊高达15米的观音像，一为铜铸，另两尊为木雕。如此巨大的体量，更换不易，但前两尊雕像何时消失，后两尊又于何时被替换，目前尚未见有任何资料记载，且关于大慧寺本身的史料也很少，这一切无疑给这座雄伟的大悲宝殿蒙上了一层神秘的面纱。或者某一天新的资料被发现，将使人得见其庐山真面目；也或者她的秘密将被永远尘封于历史之中。

① 周肇祥：《琉璃厂杂记》，北京燕山出版社，1995年，第105页。

图 2-8-58　大悲宝殿二十八部众西侧（部分），1513 年

北京大慧寺（王祎供图）

大慧寺 28 尊彩塑风格统一，但细细品味，其中又极富变化。其风格样式既有辽金遗绪，又具中原的一贯风貌，无处不彩画，无处不雕饰，可谓将金代彩塑讲求华美精致之风发挥到极致。雕者有意强化天衣临风的感觉，使观者领略到“吴带当风”的余韵，人物蕴藉典雅的气度，更多让人感受到的是汉文化的深沉底蕴。

上，再加上婆薮仙人、迦楼罗、乾达婆、摩呼洛迦而构成。[①] 此 28 尊彩塑形体高大，或威武庄严，或怪异诡谲，或静穆持重，或贞静娴雅。人物面庞生动饱满，服饰发冠更是精美洒脱，装饰华贵，人物姿态于统一中求变化，既稳重又不失动感。塑像的色彩也相当细腻丰富，至今仍明丽鲜艳。

大殿两侧的二十八部众，初看之下，让人只觉形态各异、纷繁复杂，而细看时又觉有的塑像似是重复，但又有差异，总之令人眼花缭乱。然而这正是匠师着力用心之处，使这组群像统一而不呆板，个性鲜明而又不至凌乱，即将人物的个性特征蕴含于整体的统一之中。众所周知，佛教造像艺术到了明代有着高度的程式化特征，缺点是容易使造像雷同，缺乏个性和生气；而优点则在于它容易使造像，尤其是群像达到统一和谐的视觉效果。当然，在程式化的前提

① 王敏庆：《明代北京大慧寺彩塑内容考辨》，《文博》，2010 年第 2 期，第 71—72 页；王敏庆：《明代北京大慧寺彩塑研究》，首都师范大学硕士论文，2007 年，第 25 页。

下，欲将个性特征完美地蕴含于统一之中，这仍然需要匠心独运，而非简单重复。

这 28 尊彩塑，首先可分为女相神祇和男相神祇。女相神祇又可大致分为两类，一类是服装、发型均为汉式的青年后妃形象，如坚牢地神、鬼子母、菩提树神等；另一类则是服饰与中原迥异，头戴高宝冠、身披天衣瓔珞的天神形象，而且有的是多头多臂、赤足，如摩醯首罗天、摩利支天和辩才天等。其实女相神祇的面部表现基本雷同，均是面庞方圆略长，额部稍宽，眉似新月一笔画出，目长，目光下视，鼻直，双唇饱满，嘴角微翘，结构起伏转折明显，下颏隆起似半个球体，更衬出面部饱满圆润。塑像都是立姿，差异也不大，但汉式的宫装和天衣瓔珞的菩萨装及其多头多臂的形象将两类人物鲜明地区分开。鬼子母等宫装神祇更注重突出女性高贵、柔和、慈善的一面（图 2-8-59）。摩利支天与辩才天等则更突出此类塑像神性的一面（图 2-8-60）。此外，在同类女性神祇的性格表达上也会有微妙的差异，如摩利支天表情高冷，而辩才天则更具亲和力。鲜明的造型差异弱化了因相貌的近似而形成的雷同感。

男相诸神基本可分为文臣、武将两种类型。文臣类型的神祇如帝释天、梵天、日天、月天、婆薮仙人、阎君、娑竭罗龙王等，均是冠袍带履、文质彬彬，这些形象的冠帽服饰及衣服纹样，会根据其各自的神格特征而有所不同，其中婆薮仙人的形象最为特别。婆薮仙人为一长者形貌，须发皆白，发髻高梳，头缠红白条相间的头巾。其下身着及地长裙，然上身袒裸，外披大氅。这种衣着形象显然非中土习俗，特别是他头上的条文头巾更非中原之物（图 2-8-61）。

图 2-8-59　鬼子母及局部，1513 年，泥塑，高 3.8 米

北京大慧寺

鬼子母也称九子母，在佛教中是儿童的守护神。鬼子母的左手下有一个小鬼，其肩头上骑坐着一个小童，但头部已失。鬼子母一袭宫装雍容华贵，尽管大慧寺彩塑女性神祇五官特征相似，但个体之间仍有细微差别。例如眉眼，鬼子母的眼眉略向两边描画，眉心较宽，因此显得性格开朗。其眼睑轻抬，落落大方地凝视前方，朱唇轻启似有所语。在性格特征的表现上，鬼子母相比其他女性神祇，多了几分少妇的明媚与开朗。

摩利支天

辩才天

图 2-8-60　摩利支天与辩才天，1513 年，泥塑，高 3.8 米

北京大慧寺

摩利支天与辩才天在外形上十分相似，均是多臂、戴宝冠、着菩萨装。摩利支天虽有三面，但其余两面位于头的侧后方，并不明显。为尽量拉开二者的距离，塑匠在最显眼的位置——宝冠的设计上进行了区分：摩利支天的宝冠边缘呈波浪状，轮廓平和；而辩才天的宝冠则中间高起，整体轮廓呈三角形。一个显得方正敦厚，一个纤巧灵动，不同的形状，给人以不同的视觉感受。此外在面部性格的刻画上，摩利支天双眉以黛色画就，神情冷峻，目光中透出凌厉与威严。辩才天的神情性格犹如少女般贞静贤淑，其双眉由石青绘就，更显青春活力，双眼低垂，目不斜视，目光柔和，双唇紧闭，保持着少女特有的矜持。二者神态表情的差异形成了各自的性格特征，而这种特征被高明的匠师巧妙地寄寓在人物的“眼角眉梢”之间。

图 2-8-61　婆薮仙人及局部，明，泥塑，高 3.8 米

北京大慧寺

婆薮仙人头缠条纹头巾，裸上身，外披无袖大氅，穿着虽不同于中国传统样式，但依旧保留着婆罗门的某些特征，颇有几分“异域风情”。大慧寺婆薮仙人的形象与五代及更早时期的婆薮仙人形象似乎有着更多的渊源，他没有像金元壁画上的婆薮仙人形象那样完全汉化，而是在一定程度上保持了他的原始特征。

婆薮仙人为古印度婆罗门种姓，其衣着带有古印度特色，在敦煌壁画中就有着婆罗门形象的婆薮仙人。在千余年的佛教艺术汉化过程中，婆薮仙人的形象也在不断发生变化。从造型上可以看出，大慧寺明代彩塑的婆薮仙人，其人物形象样貌虽已汉化，但在衣着服饰上仍保留一定的异域特色。月天及难陀跋难陀龙王（图 2-8-62）属于文臣类型造像中面貌差异较大的形象，二者袍服样式基本相似，仅冠帽及衣服纹样有异，但月天肌肤白皙、五官清俊；龙王则是一副半人半龙的样貌，环目獠牙、令人畏惧。武将的形象以四天王的气势最为撼人，相类的形貌下有着不同的精神气质和表现手法（图 2-8-63）。密迹金刚和摩呼洛迦（图 2-8-64）也是两尊武将类型的形象，但摩呼洛迦深蓝的肤色及诡异的样貌弱化了这种相似性。其实详加审视就会发现二者均是赤裸上身，腰间系一长及膝盖的裙子，裙中间较长，呈三角形，垂及地面；此外二像不仅都有着粗壮的身躯，程式化表现的肌肉构造也是相似的。匠师们在对待不同的人物时会采用不同的处理手法，于同中求变，而又保持整体和谐，是大慧寺彩塑创作的指导思想。这也反映出这一堂大型彩塑在雕塑之前就有一个整体规划。

28 尊彩塑除了造型讲究，其彩绘亦格外精彩。宋代刘道醇曾在《五代名画补遗》中写道："夫妆銮，塑像之羽翼。"[①]可见一件雕塑作品最后是否成功，妆銮起了很大作用。大慧寺彩塑的妆銮可谓精美绝伦，现存明代彩塑能与之比肩者不多，这主要体现在对衣饰纹样的彩画上。虽然一些彩塑的妆銮不可谓不华丽精美，但给人的感觉多是一种装饰纹案，而大慧寺彩塑的妆銮则将图案纹饰与衣料的质感完美地结合，充分表现出织物的质地（图 2-8-65 至图 2-8-65-2）。再好的妆銮也要以优良的胎底为依托，彩画只有随衣褶的自然起伏而起伏，最终才能达到尽善尽美的表现衣料质感的目的。大慧寺彩塑的雕塑技法，将绘与塑完美结合，令观者只感到那是一件制造精美的衣物，而忘记它竟然是施彩画于泥胎上的雕塑，正如敦煌遗书中所形容的"罗绮分明塑匠裁"！

北京大慧寺虽仅剩一座大悲宝殿，但却是北京现存不多的集建筑、壁画、雕塑于一身，完整保留下来的明代文物，其中尤以彩塑体积大、数量多、规模完整而著称。大慧寺为司礼监太监张雄所建，而张雄则是明武宗所宠信的人，他与另外两名张姓太监时号"豹房三张"，权倾一时。除了建造者，从大慧寺大悲宝殿庑殿顶的建筑规制、造像的精美程度及壁画的风格特点等方面来看，这绝不是一座普通的寺院，而是与宫廷艺术有着密切关联的寺院，其艺术成就堪称明中叶皇家佛教造像艺术的代表。

---

① ［宋］刘道醇：《五代名画补遗》，《中国书画全书》，上海书画出版社，1993 年，第 461 页。

月天

月天局部

图 2-8-62　月天和难陀跋难陀龙王及局部，明，泥塑，均高 3.8 米

北京大慧寺

月天头戴梁冠，面如美玉，温文儒雅；难陀跋难陀龙王头戴黑色扁圆形宝冠，面容半龙半人，形貌怪异。然二者除头部差异之外，形体特征却是高度一致：双手当胸持笏板的立姿；肩膀平而宽；衣袖宽大且长及膝盖，袖口处由里到外的着衣层次和样式清晰可见；下身衣裙修长，形似鱼尾，同时蔽膝衣褶的处理方法也完全相同。匠师对彩塑人物衣饰的塑造一丝不苟，衣服的穿着顺序，绅带的环绕穿插系结方式等交代得清清楚楚，没有半点含混。彩塑在对衣纹佩饰的处理上遵循“对称”原则，但这种对称不是平面构成中分毫不差的绝对对称，而是在对称的原则下任运变化，既不失衣饰的自然之态，又强调了塑像的整体感。

难陀跋难陀龙王局部

难陀跋难陀龙王

西方广目天王

北方多闻天王

图 2-8-63　四大天王局部，1513 年，泥塑，高 3.8 米

北京大慧寺

四天王是二十八诸天中塑造得非常精彩的一组。四尊像身形魁梧、器宇轩昂，虽体形、装束类似，但却气质性格各异，这主要体现在面部形象的刻画上。尽管此四天王均是粗眉、环眼、狮鼻、阔口，但面色红白蓝青各不相同。或胡须铺洒于前胸，或虬髯贴面，或八字短须，胡须的颜色更有红黑之别。对于男性而言，胡须的样式颇能显示其自身的性格特征。天王冠的设计亦是如此，四顶天王冠大体看上去无论样式还是色彩，都很近似。但细观其各种装饰元素及表现手法，却是交错互用，任运变化。匠师的高明与否，往往展示在细节之处。

东方持国天王

南方增长天王

密迹金刚及局部

图 2-8-64　密迹金刚与摩呼洛迦及局部，1513 年，泥塑，均高 3.8 米

北京大慧寺

密迹金刚与摩呼洛迦也是两尊看似迥异，但实则形体塑造雷同的造像。密迹金刚面容为一典型强悍武夫，眉骨粗壮明显，环眼圆睁，上下眼睑厚而结实，眼珠突出框外，鼻翼宽大肥厚，四方阔口半张，似在张口呵斥。其左手托金刚杵，右手横于胸前，上身赤裸，下身着短裙，浑身肌肉劲健、发达，一个孔武有力的金刚形象被塑造得栩栩如生。

摩呼洛迦汉译为大蟒蛇，其颈部缠绕着一条蛇，蛇头握于摩呼洛迦手中，掌中之蛇便是他身份的鲜明标识。塑像通身深蓝色，发竖于顶，头戴以红绸串起的骷髅

摩呼洛迦及局部

冠，面部特征怪异诡谲，眉为似火焰状黄白色浮雕贴塑。眼窝深陷，环眼圆睁，眼球突出，惜黑色的瞳仁已失，无眼睑，鼻短而宽大，红色的大口半张，嘴角有白色的鱼鳍状物，其体貌特征无不显示着蟒蛇的属性。摩呼洛迦的身形与密迹金刚一样粗壮有力，上身袒裸，下身着短裙，肌肉表现手法类似，只是块状肌肉不像密迹金刚那般多。两尊造像在基础形体相似的情况下，给人以巨大的差异感，若非细察，很难注意到二者的相同之处。个性化特征表现与程式化处理的手法，在大慧寺二十八诸天造像上得以完美结合，呈现给人的是一场丰富多彩、纷繁且有秩的视觉盛宴。

图 2-8-65　彩塑妆銮，1513 年

北京大慧寺

传统彩塑的妆銮按其繁简难易程度由低到高大致可分为五种，即下五彩、下中五彩、中五彩、上中五彩、上五彩，[①]大慧寺彩塑的妆銮基本定格在上中五彩和上五彩的范围内。摩呼洛迦腰裙上龙的表现方法采用了沥粉贴金，苍龙形象古谲，龙爪苍劲有力，鳞、爪等处施以贴金，加强了龙游于天，鳞甲灿然之感。精湛的技术、准确生动的形象，再加上衣纹的柔和起伏，面料质地使人觉得柔软而又厚重。紧那罗衣裙彩绘上的以四方连续图案排列的雪花纹样，以金色成之，从其规整的表现效果上来看，当是运用了一种可以筛漏的模具，以保证花朵的规整性，从而更接近织物的效果，它使人感觉这是一种织金丝织物，柔软而光滑。这种方法几乎不见于唐宋，此法或可称为漏金法。

① 下五彩：在佛像的满身出白素地上，用大面积的单色平涂方法，按所需的颜色和需施色的部位刷上颜色。下中五彩：使用传统技法。大片色地上画团花或其他花纹的轮廓，用白粉勾描。中五彩：在素地上满身施以彩绘，并有沥粉金线为饰。上中五彩：素胎完成以后先在素底上起稿，确定花纹部位、形式；根据画稿沥粉，在粉线上贴以金箔，周围再施以“退晕”各色。上五彩：在佛像出白的素地上起稿，按画稿施以沥粉、金线、彩绘，并且还有“开金堆彩”，又单称“开金”或“拨金”。（曹厚德、杨古城编著：《中国佛像艺术》，中国世界语出版社，1994 年，第 230 页）。

图 2-8-65-1 摩利支天腰裙的织金效果表现，1513 年

北京大慧寺

摩利支天腰裙的图案使用的是拨金手法表现的“缠枝莲织金锦”的面料效果，深底金花，内敛含蓄而又华贵典雅。拨金属上五彩，是妆銮彩画中比较复杂、技术要求也比较高的一种手法。此法先贴金，再着色，最后根据图案所需剔除多余颜色。在大慧寺人物的彩绘上，沥粉、贴金、拨金的手法运用较多，其显著特点是着力表现各类高档纺织品，效果达到了乱真的程度。

图 2-8-65-2 彩塑上的妆銮，1513 年

北京大慧寺

大慧寺彩塑有些图案是直接绘于塑像上，如婆薮仙人袍服边缘绘制的折枝菊花、石榴花纹样，以及帝释天袖口边缘的缠枝牡丹、莲花纹样，这表现的正是明代衣物上的刺绣工艺。花卉色彩明艳、彩绘栩栩如生，固然是表现衣服上的刺绣，但也是明代工笔花卉艺术水平的一个侧面展示。此外，明代的刺绣工艺追求书画艺术效果成为一种时尚，出现了以名家手稿为粉本的“绣画”与“绣字”，这或许就是当时明代社会时尚在彩塑上的一种体现。另外，需要注意的是，帝释天袖口纹样上的牡丹与莲花同生于一种枝茎上，一个繁华茂盛，一个花瓣凋零，结合得如此自然，明人这种“移花接木”的大胆创造本领着实令人赞叹。

六、北京大觉寺

北京西山，自辽天显十三年（938）耶律阿保机定南京于幽州后便因其山色幽静、风光绮丽，成为该地区王公贵族、达官富商们游乐休憩、参禅论道的主要区域。山中寺院由历朝兴建，不知凡几，位于西山山麓阳台山南麓的大觉寺便是其中的一员。其始建年虽已不可考，但其建筑群坐西向东，正面东升之日出，暗合辽契丹族崇拜太阳，以东为尊的朝日之俗，可推测寺院大兴应是在辽（图 2–8–66）。

寺内最早之碑刻为辽咸雍四年（1068）由沙门志延撰写的《阳台山清水院创造藏经记》，碑中记载了一次募集捐资八十万钱用以修葺僧舍和印刷大藏经即《契丹藏》的佛事活动。时为辽道宗耶律洪基（1032—1101）在位时期，彼时宋辽息兵已久，辽国外无强敌，一派太平盛世之景。正是在耶律洪基的推动下，其国君臣上下，所得之钱财不论数额，皆大力供给释门，“帝、后见像设皆梵拜，公卿诣寺，则僧坐上座”[①]。宋臣苏辙（1039—1112）在道宗朝访问辽国，曾形容“北朝皇帝好佛法……所在修盖寺院，度僧甚众”[②]，僧人多得高品爵禄，社会地位和政治地位空前提高，他们所享有的某些特权，只有以后元代僧人可以相比[③]。大觉寺辽碑中就有道宗朝高僧觉苑的官职和荣禄：燕京右街检校太保大卿大师赐紫。

金代大觉寺仍旧香火旺盛，金章宗完颜璟（1168—1208）时，大觉寺甚至成为金朝皇室在西山的八大离宫之一，如今寺内尚存金代石质遗物，形制精美，皇室气象十足。好景不长，金章宗的太平梦不过持续了十余年，随着成吉思汗崛起于漠北，北京地区成为两国反复拉锯的战场，西山诸寺大多毁于这残酷的战争，大觉寺亦不能幸免。终元一代，该寺皆无有关史料记载。元明鼎革，大觉寺迎来了寺史上的又一个建设高峰，从明宣德三年

① ［北宋］洪皓：《松漠纪闻》卷上，《中国野史集成》第十册，巴蜀书社，1993年，第 15 页。
② ［北宋］苏辙：《栾城集》第 41 卷，《北使还论北边札子五之二·论北朝政事大略》，上海古籍出版社，1987 年，第 940 页。
③ 魏道儒：《辽代佛教的基本情况和特点》，《佛学研究》，2008 年 12 月刊，第 232 页。

图 2-8-66　无量寿佛殿前的千年银杏树

大觉寺

“阳台山者，蓟壤之名峰；清水院者，幽都之胜概。跨燕蓟而独颖，侔东林而秀出。”① 大觉寺优美的风光和佛教艺文相辅相成，沉醉了不知多少帝王将相、才子佳人。每当秋高时节，辽代种植的银杏将寺院点缀得金光堂堂，此为京西之名景。冰心、朱自清、俞平伯、季羡林、郭沫若等文坛名士皆曾流连于这篆香清梵、天花散幽之地。

① 为寺中明宣德三年《御制大觉寺碑》文中所载。

图 2-8-67　大雄宝殿，明

大觉寺

大觉寺大雄宝殿面阔五间，为寺中最大之佛殿，殿堂前之石基为金代遗物，整体建筑端方大气，气势宏伟，殿内存明代彩塑三世佛及二十诸天，扇面墙后为明代贴金彩塑观音、文殊、普贤三大士。

（1428）至成化十四年（1478），短短半个世纪的时间，朱明皇室动用内帑对大觉寺进行了三次大规模的重修和扩建，宣宗、英宗、宪宗、孝宗四代皇帝多次驾临大觉寺，其皇家引领下的佛事活动已远超辽、金、元三代（图 2-8-67）。

清代，大觉寺仍旧同皇室关系紧密，康熙末年，雍正帝胤禛（1678—1735）雅爱释教，对大觉寺颇为偏爱，将自己在空门中的至交迦陵禅师（？—1726）推荐为大觉寺主持。寺中有堂曰四宜堂，而雍正帝斋号便为四宜堂，将斋名赐予大觉寺院内精舍，足以证明其喜爱的程度。大觉寺山深林密，幽静殊胜的风光颇为雍正帝所喜，他曾作诗赞美该寺："翠微尘外境，峰壑画图成。寺向云边出，人从树杪行。"[1] 自雍正帝始，乾隆帝、慈禧太后等清朝统治者均对其寺垂青有加。自金章宗选大觉寺为离宫至清末，八百年间大觉寺长期承担着皇家寺院的职责。大觉

① ［清］胤禛作五言诗《御制大觉寺诗》，冯术林、冯春江编著：《雍正诗词集注》，团结出版社，2014 年，第 173 页。

图 2-8-68　大觉寺三世佛旧貌，1428 年，木胎金漆，尺寸不详

大觉寺大雄宝殿
图源：赫达·莫里森的摄影集，哈佛大学图书馆藏

因京城内广济寺的三世佛被毁，大觉寺大雄宝殿内的三世佛在 1972 年被移至广济寺，现广济寺大殿内的三世佛为大觉寺之三佛。而三世佛置于大觉寺内的原貌唯有 20 世纪 30 年代德国女摄影家赫达·莫里森（Morrison Hedda）拍摄的一张照片。清末，大觉寺的部分房舍曾租借给外国人使用。从光绪初年起，德国大使馆工作人员为避暑消夏，就曾租借了大觉寺憩云轩作为办公场所。通过照片我们不难看到，在体量上大觉寺三世佛较大，与整个宏伟的殿堂比例相谐，形体饱满、气势巍峨，背光更为繁丽，饰有繁复的团花纹，尊像本身秉承了永宣时期“西天梵像”的造像特征，肌肉健美、形体流畅、刀工洗练，不过多刻画衣饰纹路，整体造型简净。

寺明代造像主要位于大雄宝殿和弥勒殿中，如大雄宝殿的三世佛、二十诸天、三大士及无量寿佛殿西方三圣像等。大觉寺的造像、建筑、石刻皆为京西诸寺之冠（图 2-8-68 至图 2-8-76）。

大觉寺明代造像躯体雄健，装饰华贵，工艺机巧，体现了明初永乐至宣德年间皇室造像艺术的审美意趣。这些造像身形间仍具有元代造像的昂然大气，但汉家工艺的细节已然遍布全身。

图 2-8-68-1　三世佛，明，木胎金漆，尺寸不详

大觉寺大雄宝殿

今大觉寺大雄宝殿内的三佛本位于京城智化寺大殿内，当年大觉寺三佛补广济寺之缺后，大觉寺大殿的空缺以智化寺三佛补之。此三佛相较大觉寺原有之三世佛体量较小，汉风更加浓郁。此造像塑造于明天顺初年，由来自山西的僧人集资建寺时塑造。背光为莲瓣形，纹饰较为简单。造像螺发整齐排列，头顶肉髻高隆成塔形，宝珠顶严。佛像眉眼平直，慈颜垂视，薄唇微笑，高鼻，五官深刻，并在上眼皮、鼻翼、唇围处刻画细纹，突显细腻立体感。耳轮肥厚，耳舟与耳甲深刻，耳垂下坠，福相圆满。其衣纹深刻，呈现出更多的厚重感。三佛气质端严，在整个身体的塑造上，较大觉寺三世佛更显灵动、细腻。

图 2-8-69　二十诸天（部分），1428 年，泥塑木胎，高 1.6—1.7 米

大觉寺大雄宝殿

二十诸天又名二十天，为佛教二十位护法神总称。其大多来源于婆罗门教天神，最早源自婆罗门教的八方天，又添作十二，后增作十六天，再增加四位，凡二十，称为二十诸天。诸天造像于寺院中多见于壁画之中，如今传世造像者仅有大同善化寺金塑二十四诸天、华严寺明塑二十诸天、高平铁佛寺明塑二十四诸天、蓝田水陆庵二十四诸天、长治观音堂诸天等几处。形制齐整、尚保留木质佛龛的大觉寺诸天在其间显得弥足珍贵。这批彩塑皆于宣德三年（1428）由明宣宗朱瞻基（1398—1435）拨内帑修建。作为皇家工程，这批造像是北京地区现存最早的明代诸天，在风格上具有明代早期皇家造像典雅庄重之风。二十天高度皆与人齐，各具神态，表情丰富，造型传神，具有一种内敛的生命力。诸天形象中，有文臣、武将、后妃及宫女，他们身着明人衣冠，栩栩如生；明初之风采神韵，溢于言表。

图 2-8-70　鬼子母，1428 年，泥塑木胎，高 1.6 米

大觉寺大雄宝殿

鬼子母头戴宝冠，身披大袖圆领袍，身着明代宫装，气质温柔；身旁的小童束发，着富贵紫袍，仰头望母。鬼子母在这里已丝毫不具宗教传说中专吃人间小孩的狰狞，而是仿若一位生活在明初宫廷中正携子散步的妃嫔。大觉寺在宣德年间的营造离不开宣宗帝本人事母极孝的性格，《明史·仁宗诚孝张皇后传》记载，宣宗“入奉起居，出奉游宴，四方贡献，虽微物必先上皇太后”[①]。帝王之审美影响着古代艺术家们创作的风格，温仁是大觉寺诸天造像的一个主旋律。

天王

金刚

图 2-8-71　天王与金刚，1428 年，泥塑木胎，高 1.6—1.7 米

大觉寺大雄宝殿

大觉寺的天王及金刚在气韵上颇具收敛之气，存威而去恶。或许是源于明仁宗诚孝皇后张氏（？—1442）的个人审美旨趣。史料记载，这是一位孝谨温顺的皇太后，在她的神殿中，力士敛眉收势，似已沉入到佛法的无尽慈悲之中。

① ［清］张廷玉等撰：《明史》，中华书局，1974 年，第 3512 页。

观音

图 2-8-72　观音、文殊、普贤三大士像，1428 年，泥塑木胎，尺寸不详

大觉寺大雄宝殿

“像设俨然，世尊在中，三宝以序，诸天参列。鹿苑鹫山，如睹西土，万参仰瞻，欢喜赞叹”，明宣宗朱瞻基在《御制大觉寺碑》文中满怀着对这次造像活动的满意之情。明宣宗是一位个人审美水平颇高、对艺术品的要求精益求精的帝王，造像艺术史上的“永宣造像”正是在他手上发扬光大。大雄宝殿观音、文殊、普贤 3 尊像位于主尊扇面墙后，塑工精湛，雕刻细腻。其神态安详，背光华丽繁复，身躯健壮，可以看到其受“永宣造”金铜造像影响的痕迹，例如宽肩细腰、饱满的胸膛、小腿部的衣纹呈圆形衣纹等。其风格兼具汉、藏之风，样式更体现出藏式特征，如观音四臂之造型等，亦可谓是“永宣造”的上乘之作。

文殊

普贤

图 2-8-73　无量寿佛殿局部及“动静等观”匾额，明

北京大觉寺

无量寿佛殿面阔五间，殿内存明代彩塑无量寿佛及观音、大势至及二胁侍菩萨，扇面墙后为海岛观音壁塑。无量寿佛殿外，门额正中悬挂“动静等观”匾额，字体浑厚温和，周边以透雕金龙环绕，庄重华贵，彰显出寺院与皇家的关联。殿前不远处就是被称为“西山之冠”、寺内八景之一的“银杏树王”。

图 2-8-74　西方三圣，明，泥塑木胎

大觉寺无量寿佛殿

明初时期的造像上承元代阿尼哥“西天梵像”风格，在融合了内地机巧精致的细节后诞生出造像史上颇有盛名的“永宣造像”风格。大觉寺无量寿佛殿一佛二菩萨造像胸腹健硕、肢体比例准确、面容俊美，与同时期内地雕

塑硕首短颈、肢端纤弱的形体有很大差异。三躯造像工艺精湛，装饰繁复。尤为令人赞叹的是主尊无量寿佛的背光，金翅鸟张目，摩羯鱼昂首，团花繁复，其美学风格同现存永乐年间南京大报恩寺六拏具琉璃构建几无二致。

图 2-8-75　胁侍菩萨，明，泥塑木胎，尺寸不详

大觉寺无量寿佛殿

无量寿佛两侧的胁侍菩萨形象完全相同。菩萨立姿，头戴五叶宝冠，身披天衣、挂璎珞，双手当胸结转法轮印。菩萨面方，神情端肃、静穆，目光清澈、慈和，给人一种智慧明见千里、看穿凡间一切名利贪妄之感。衣饰方面，下端“U”字形上扬的冠带与“S”字形上扬的天衣，在保持造像整体和谐的同时，同中存异，寓变化于统一之中。菩萨身形壮实敦厚，然细巧的璎珞无疑为造像增添了灵秀之气；其背光为透雕手法，纹饰繁密，内层为缠枝莲花，外层为火焰，背光的“虚”与菩萨像的“实”形成对比，更突出了造像的视觉效果。

海岛观音

善财童子

图 2-8-76 海岛观音及善财童子，明，泥塑

大觉寺无量寿佛殿

海岛观音，又称渡海观音，在宋代开始被塑匠安排于大殿扇面墙后。大觉寺渡海观音游戏坐于海中升起的海岛之上，意态闲适，超然脱俗。右手持白色鹦哥，鸟口中衔果食，杨柳净瓶随意摆放于身体一侧。尊像尚存元代崇尚健硕之风的特征。观音周围碧浪翻滚，现出龙女、善财、韦陀等观音眷属。悬塑立体感强，有些部位几为圆雕，例如观音身侧的善财童子，整个像就是一件圆雕作品。童子体型虽小但雕塑生动、形象可爱，施金错彩，无不精细。

七、隰县小西天

古隰州所在的山西省临汾市隰县，地处吕梁山脉南麓谷地，隰，古意为“低平之地”。在县城西侧凤凰山上存一精巧建筑群，古称千佛庵，后因重门额题“道入西天”，又为区别隰县城南另一所明代寺院“大西天”（已被毁）而更名为小西天。寺院三面环山，庵前临河，古木参天，清流涓涓。寺所在之峰并不高大，百步即可登顶，精巧致奇是这座西天梵宫的一大特征，无论是外部的建筑群落，还是内部被誉为海内第一悬塑的造像，均在细微处见真法。相对拥有庞山大宇的名都大寺，隰县小西天便如同纳入须弥山的芥子一般，虽貌似低矮狭窄，但内中精妙举世无双（图 2-8-77）。

图 2-8-77　隰县小西天外景

因地布景，钟灵毓秀的小西天并不宏大，建筑群依山而建。山顶虽不大，但高低错落，竟也建有殿堂屋宇二十余处，从山脚望去，建筑群好似飘摇在须弥山外七海之中的一叶孤舟。清人在寺内碑记中称赞这里“绀宇嵯峨，若对流霞之阙；灵幢飘扬，似开梵率之宫”，“一时观美者咸谓如来不在天竺，而此处天竺皆如来”。[①]

隰县小西天自古有“负郭之第一胜刹”的美誉。寺中顺治七年（1650）《千佛庵碑记》记载，该寺由来自五台山的东明法师募资建成，动工于明崇祯二年（1629），其营建颇为缓慢，直到崇祯十七年（1644）七月方才建成大雄宝殿。大殿建成的年代颇令后人感慨，1644 年正是明王朝终结的一年，就在隰县人将殿成之墨书题写于梁上的前三个月，崇祯十七年三月十七日李自成的军队进入北京，得国二百七十六年的朱明王朝在法理上宣布终结，随后顺清更替，就在这一年的时光里，紫禁城中就更换了三位来自不同背景的主人，史称“甲申之变”。自崇祯继位，明王朝就以极快的速度坠向灭亡，民变、天灾、外敌，噩耗接连不断。仅在山西地区，自崇祯继位以之后，年年遭遇特大旱灾，原本富庶的山西农村在旱灾的打击下几至崩溃。崇祯六年（1633），晋东南

① 参见寺内乾隆十八年（1753）《重修千佛庵记》、光绪二十六年（1900）《重修小西天千佛寺记》。

地区又爆发大规模鼠疫，一度令华北地区十室九空，人鬼错杂，日暮人不敢行。顺治五年（1648）爆发的山西全境反清复明起义更是摧毁了原本就摇摇欲坠的山西经济，清军在获胜后大规模展开报复，隰县所在的周边各大都会均遭到毁灭性屠城。在这样的末世，营建于王朝最后一息的小西天仿佛是人们在现世绝望后对西天极乐世界的向往：西天者，其国众生无有众苦，但受诸乐。[①]

小西天大雄宝殿悬塑用工极久，从崇祯二年建寺，到崇祯十七年大殿建成，又跨明清鼎革，直至顺治十三年（1656）方才大功告成，历时达二十七年。其彩塑在视觉空间的营造上繁复又不失仪轨，满殿神佛繁密却不失法度，宗教神系的森严等级并未因此散乱，将我国传统建筑艺术的空间利用得淋漓尽致。中国佛教美学发展到明末，从敦煌之富丽堂皇的平面经变图走向了小西天这一破壁而出的立体佛国塑像（图 2-8-78）。

在整体构图上，古代匠人将殿堂中的梁架间隔及墙面窗栏渐次考虑，将诸天神佛安置其间。大殿正壁主供 5 尊佛像，以高层塔间隔，由南向北依次为“药师”“弥陀”“释迦”“毗卢”和“弥勒”。此五佛并非密宗五方佛体系，居正中者为释迦佛，毗卢佛则位于释迦的左侧（图 2-8-79、图 2-8-80），此堂造像处处显示出西方净土思想，在南壁上部便有一整铺悬塑的“西方净土变”。从主尊到胁侍，再到两壁的十大弟子，均是或坐或立于莲花台座上，莲花下碧波荡漾、涟漪重重，俨然西方净土的七宝池。小西天的整堂雕塑构图大致分为上下两层，下层为正壁主尊及其左右的胁侍菩萨（图 2-8-81）、南北两壁的十大弟子（图 2-8-82、图 2-8-83）；上层则为楼阁建筑及诸佛、伎乐、护法神将等像，人物形象小巧精致（图 2-8-84）。小西天大雄宝殿自外观之，颇为窄小，但若入内，则并无闭塞之感，反觉光华灿然、目不暇接。大殿内空间的限制并没有阻碍小西天的创造者，不同于常规的内部结构反而催生出艺术家创新的思路：匠师对殿内空间进行了精巧的分配，既不失满堂华彩、琳琅满目，又充分保留了僧俗信众的礼佛空间。在视觉效果上，小西天的悬塑群下层疏阔且造像形体较大；上层楼阁繁密绵延直至屋顶，斗拱飞檐的微型楼阁建筑几乎将殿内屋顶完全遮盖，其上仙禽飞舞、祥云缭绕，将观者的视野引向无限延展的空间。此外在造像之间隙，也不忘增塑楼阁亭台，在视觉上同样拓展了观者的视觉空间。这种虚实相生的精细的构图布局之法，展现出中国造像艺术在明清时期逐渐同社会大潮一致的趋势，体现出追求机巧、精致的内卷式审美。在小西天彩塑建成后，终清一世，再无能与其相提并论之悬塑，堪称中国佛教造像艺术中的“悬塑绝唱”。

---

① ［后秦］鸠摩罗什译：《佛说阿弥陀经》，《大正新修大藏经》第 12 册，第 346 页。

图 2-8-78　大雄宝殿正壁局部，17 世纪，悬塑

隰县小西天

正殿佛坛上设有五个塔柱以相隔断，内部有相互连通的五佛龛，尊像端坐于龛内，身后并无背光，而是层叠高耸之梵宫楼宇。据这些微型楼宇上悬挂之匾额可知，由南向北依次为“三大师宫”“弥陀内院”“七佛宝宫”“毗卢内院”“弥勒内院”，下面一一对应的便是大殿的 5 尊主佛：药师佛、阿弥陀佛、释迦佛、毗卢遮那佛及弥勒佛。五佛龛顶至殿顶间又塑三层楼阁，皆意表现佛国梵宫之壮丽，暗晦的光线往往让观者不知其尽头何处，形成了视觉上的无尽之感。

小西天的悬塑在层级设计上达到了极致，信众在这里仿佛已入西天极乐世界：骋目四观，诸天神佛皆目集于观者，伎乐天在梁架间宛转起舞、异兽神鸟于墙壁中此起彼伏；仰目抬望，三十三重天楼阁壮丽，直至天际。间坐其中的佛尊皆距人不过数尺，宛如真仙，神态端凝，各尽其妙。其生动处往往令观者不敢直视法尊，正如赵朴初在大殿前所题之楹联：东土西方微尘不隔，人间天上万旬庄严。

悬空立体，流畅大气，简繁结合，物品繁多，隰县小西天这一堂彩塑展现出中国佛教造像艺术在衰落时期最强的一抹余晖。塑造它的艺术家在立意、题材、构图、技法上均表现出明清时期所罕见的创作欲望。若深究其创作时之历史背景，不由感叹或许正因大劫难方促成大美诞生。小西天的作者最令人称道的便是在塑造繁密之主题时考虑到的空间的整体和谐性，数不胜数的装饰物并没有显得混乱，而是姿态彼此协调、互相支撑，壁塑这一独特的、具有中国特色的造像艺术语言在此处展现出了其最为完美的形貌，从视觉空间上大大丰富了佛教造像艺术的呈现模式。全晋造像两万余尊，小西天就大小共计 1000 余尊，而这 1000 余尊形形色色，皆塑于不过百余平方米的大雄宝殿内，可谓奇景。

图 2-8-79　大雄宝殿西壁五佛龛之毗卢遮那佛龛，17 世纪，泥塑

隰县小西天

毗卢佛双手当胸结最上菩提印，结跏趺坐于莲台之上，两旁立二胁侍菩萨。主佛身后悬塑天宫楼阁各有不同，大致呈“凸”字形，上、下、两侧、顶部皆塑若干坐佛。

图 2-8-80　毗卢遮那佛，17 世纪，泥塑，尺寸不详

隰县小西天

佛像面庞圆润，慈眉善目，绀青色螺发，凸起的肉髻前有红色髻珠。就身体比例而言，佛像上身偏长，但如加上身下的莲花台座则整体比例适当，毫无违和感。小西天整体雕塑堪称“奢华”，一个细节可见一斑。毗卢佛衣着边缘的缠枝花及腿部的团花图案，即便使用沥粉贴金手法亦可足显华贵，然匠师们却不怕费时费工，用浮雕的形式表现纹饰，以此来烘托佛的高贵。殿内 5 尊主佛除手印与毗卢佛有异外，余者均同。

图 2-8-81 胁侍菩萨像局部，17 世纪，泥塑，尺寸不详

隰县小西天（闫鑫 供图）

小西天胁侍菩萨造像之技艺在整个晋西南地区均属上乘。尊像娴静温婉，二目微启，欲闭还睁。菩萨袒上身、披天衣璎珞，下身着红色长裙。其宝冠呈扇面状展开，精美别致，冠带飞扬披撒于肩头。体态丰腴，肌肤细腻似吹弹欲破，天衣及系于项饰璎珞上的丝带随身而动，为菩萨更添几分华美慵懒的意态。

图 2-8-82　十大弟子之一，17 世纪，泥塑，尺寸不详

隰县小西天

大雄宝殿南北二壁佛坛各塑 5 尊僧人像，为释迦牟尼十大弟子。图中弟子淡蓝衣衫，外披织金纹样的袈裟，粗眉环目，前额鼓起，显得相貌不凡。其右手持一柄芭蕉小扇，左手提袍襟隐于袖中。他二目圆睁，表情严肃，似在审视众生。十大弟子皆立于莲台之上，莲下水波旋转，层层荡漾开去。有趣的是，弟子像背后还塑有比例远小于前者的侍者启门的形象。大小相制，主次有序是小西天造像的一个特质，沙弥小像在形态上打破了弟子像的呆板严肃，赋予更多生活气息，寓静于动，增添了群像整体的生命力。

图 2-8-83　启门童子局部，17 世纪，泥塑，尺寸不详

隰县小西天

启门形象在山西地区颇为流行，自宋代就开始频繁出现在墓葬壁画和砖雕之中。塑造富于生命力而处于动态瞬间的人物形象，让整个图像变得灵动。如果说小西天大殿雕塑群是一首交响乐，那么这些动态性质的人物便是交响乐中的小变奏，打破常规而又不添纷乱。

图 2-8-84　护法神将局部，17 世纪，悬塑

隰县小西天

大雄宝殿正可谓雕梁画栋，缠枝牡丹青绿色的花叶层层叠叠布满梁枋，紫色、蓝色的牡丹穿插其间。以青绿为主的冷色背景衬托着前方金色的佛像及金盔金甲的护法神将；神将脚下一抹红色祥云，与青绿色形成鲜明的冷暖对比，金色则极好地平衡了二者的矛盾，使画面显得格外明快亮丽。护法神将体量虽小，但塑造精致，飘举的衣袂、飞舞的丝绦、森然的甲叶，无一不精雕细琢。护法或趾高气扬，或内敛恭谨，十分生动。

八、蓝田水陆庵

位于陕西省西安市蓝田县普化镇河湾口村的水陆庵旧称“蓝渚庵水陆殿”，原是悟真寺的一部分。悟真寺是关中地区的著名寺院，创建于隋开皇年间（581—600），唐代时，以上、下悟真寺为中心的殿宇林立、香火鼎盛，宋以后逐渐败落。至明代，秦宣王朱怀埢（1524—1566）出资修葺，后水陆庵成为秦宣王之母的礼佛之地。

现在的水陆庵基本保存了明代的规模，坐西面东，有三进院落，依次为前殿、弥勒殿和水陆殿，南北两侧为对称的配殿。水陆殿位于整座水陆庵的最西端，殿内保存有国内最大的壁塑群，有壁塑造像3700余尊，素有“天下第一彩色连环壁塑”之称。根据殿内中梁上的墨书题记，水陆殿是明嘉靖四十二年（1563）修建，隆庆元年（1567）重修，所以水陆庵内的彩塑即为明代遗存。水陆殿的格局十分特别，与普通的佛殿相比，它在殿堂的后部即西部近三分之一处，多出了两段隔墙，两段隔墙分别与南北两壁相接，且与西墙平行，即西部北侧隔墙和西部南侧隔墙。这两段隔墙的增加，不仅使殿内墙壁面积加大，也使得殿内的空间布局更加繁复（图2-8-85）。

进入水陆殿，首先映入眼帘的是中心佛坛上的三世佛像（图2-8-86），正中为毗卢佛（图2-8-87），北侧为阿弥陀佛，南侧为药师佛，3尊佛像容貌相同，唯手印有异。毗卢佛左右侍立着迦叶和阿难两大弟子，药师佛和阿弥陀佛左右两侧也各有双手合十的胁侍。3尊佛像的背光精美繁复，不同的主尊背光上的神祇人物亦不相同。更有趣的是，在3尊主像上部屋顶的横梁上还各有一组整体轮廓略成三角形的悬塑，内中各有不同的人物，这三组塑像正好位于背光的顶部，远望之，犹如莲瓣形背光的火焰尖部。三佛背光上人物复杂，如毗卢佛背光上有六拏具、八大菩萨、各类护法神将等，其上部的横梁上所塑为鬼子母揭钵的故事（图2-8-87-1）；阿弥陀佛背光上有西方三圣和各种伎乐天（图2-8-88、图2-8-88-1），内容丰富，令人目不暇接。三世佛的台座同样精美，威猛的力士托起台座四角，更显出佛的庄严与威神（图2-8-89）。

水陆殿以殿中心佛坛上的三世佛为核心布局，四周环绕通道，方便礼佛。三世佛扇面墙的背后，塑有观世音、文殊和普贤三大菩萨。除中心佛坛外，殿内几乎所有的壁面上皆塑满各类形象。水陆殿坐西朝东，进入殿门，东壁的南北两侧分塑坐佛及其眷属、护法诸神或相关图像（图2-8-90至图2-8-91-3）。南北两壁分别塑十二神将、罗汉及释迦佛降生和涅槃像（图2-8-92）。南隔墙

水陆庵山门外景

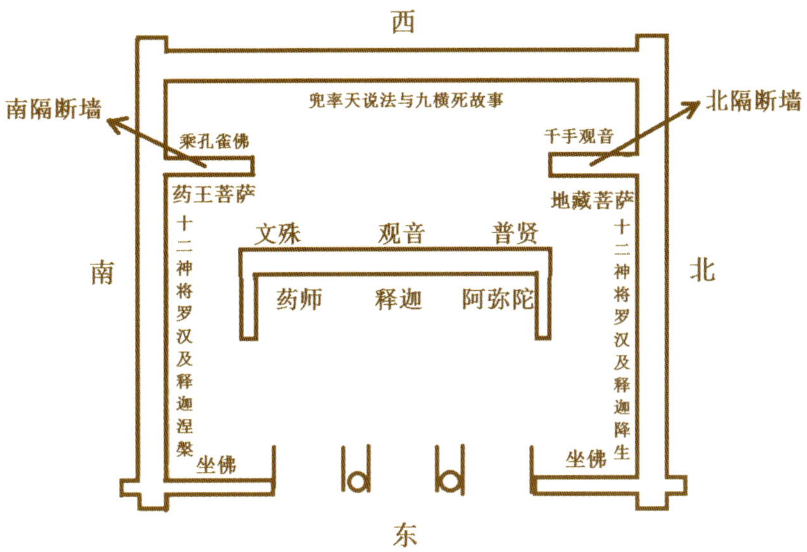

诸胜水陆殿平面图

图 2-8-85　陕西蓝田水陆庵山门外景及诸胜水陆殿平面图

平面图底图引自黄宗贤、崔苗苗：《对陕西蓝田水陆庵骑孔雀佛像身份的再认识》，《艺术工作》，2017 年第 1 期，第 61 页

水陆庵青山环绕、烟雨空蒙，山门为 20 世纪 90 年代复建，悬挂的“水陆庵”匾额为著名佛学家、书法家赵朴初先生所题。水陆庵最后一座殿宇诸胜水陆殿，由于在殿内偏后的位置多出两段隔墙，使殿内墙体面积增加。诸胜水陆殿的 13 个墙面上密密麻麻布满了各种彩塑，令人目不暇接。

及北隔墙的东向面分塑药王菩萨（图 2-8-93、图 2-8-93-1）和地藏菩萨（图 2-8-94），二隔墙的西向面、西壁及隔墙内的东西两壁分别塑乘孔雀佛、千手观音及兜率天说法与九横死故事。东壁南北两侧的二坐佛，南侧为应身佛，北侧为报身佛，二佛与对面佛坛主尊毗卢佛相呼应，共同构成“三身佛”的布局。

南墙和北墙的最下层塑有几乎同等大小的 24 尊像（图 2-8-95），对于其身份，有药师十二神将之说，有二十四诸天之说，也有明王二十四尊之说。他们多为愤怒尊，身穿质地厚重的铠甲，有的张嘴龇牙，有的怒目而视，威风凛凛地守护着这座神圣的殿堂（图 2-8-95-1）。

北壁以释迦牟尼的诞生为中心（图 2-8-96），南壁以释迦涅槃为中心（图 2-8-97），采用连环画的形式，讲述了佛祖的一生。四周环绕罗汉渡海场景（图 2-8-98、图 2-8-99），众罗汉造型各异，或交头接耳，或腾云驾雾，或静心读书，或独自思考。其间也夹杂有世俗人物，展现世俗生活的场景，还有山水桥梁、园林瀑布、亭台楼阁和殿堂宝塔，将画面自然分隔为多个部分。群像人物栩栩如生，整体布局严谨，以栏杆和祥云对画面层次进行分割，和谐统一，在有限的空间内表现出万千气象，充分显示了我国古代巨匠丰富的想象力和高超的雕塑技巧。

整体而言，水陆殿内的壁塑错落有致、布局严密，在令人目不暇接的场景中细细观察，可以发现很多细节之美。例如，五百罗汉渡海画面中，有小鬼手持唢呐、横笛、铜锣等各种乐器（图 2-8-100），安静的场景中似有热闹的乐声传来。壁上的僧人也是情态各异，有的高声谈论着，有的静静聆听着，有的持笔写经，有的欢快品画……林林总总、形形色色，这些场景非常贴近生活，把僧人的日常表现得淋漓尽致（图 2-8-101 至图 2-8-106）。

壁塑中除了诸佛菩萨、罗汉护法等佛教人物形象，还有不少世俗百姓的生活形象。有虔诚听法的信众（图 2-8-107），有水边渔猎的场景（图 2-8-108），还有似是海外行商及路上行人遭遇的种种奇遇（图 2-8-109）。

一直以来，人们对于水陆庵的雕塑匠人十分好奇。直至 20 世纪末，研究人员在水陆殿主尊毗卢佛的莲花座上发现了一行阴刻的蝇头小楷“佛像士乔仲超等山西四人造”，由此方了解这些造像为来自山西的塑画匠群体所塑。难以想象，工匠花费了多少日夜、耗费了多少心血才完成了 3700 余尊造像的塑造，并赋予每一尊造像以生命，正是因为他们，才让四百余年后的我们仍能感受到当年塑造者的虔诚与美好。

图 2-8-86 三世佛，明，泥塑，通高 5.63 米

水陆庵水陆殿

三世佛虽是佛教殿堂中的基本像设，但有种种变化。此殿正中为毗卢佛，北侧为阿弥陀佛，南侧为药师佛。三世佛两侧各有胁侍。水陆殿布局繁密是其一大特点，在不大的佛坛上就塑造了大小 9 尊像。其背光及背光上方的房梁部位雕饰精致，塑造了菩萨、弟子、明王乃至各类鬼卒等形象。

图 2-8-87 毗卢佛，明，泥塑，高 5.63 米

水陆庵水陆殿

毗卢佛位于三世佛的正中，亦是整个水陆殿的中心位置。佛陀面容方正，头部螺发密布，白毫位置的宝珠已脱落，微睁的双眼俯瞰世间。在双层仰莲莲台之上佛结跏趺坐，四身金刚力士托起台座。佛两侧有二位弟子侍立，左为迦叶，右为阿难。毗卢佛两侧的药师佛与阿弥陀佛同样是一佛二胁侍的组合，整齐统一，使得水陆殿的布局更显严整。

图 2-8-87-1　毗卢佛背光局部及横梁彩塑，明，泥塑

水陆庵水陆殿

这尊彩塑背光精美富丽，制作十分繁缛。整体布局采用分层设计，最外层为火焰纹；背光正中最上方为金翅鸟（迦楼罗），它的两只脚爪牢牢抓住左右两侧两个人的脚踝，此二人为六拏具中的蛇族那伽（Naga），汉译常称之为龙子。以金翅鸟为对称中心，两侧的各类形象基本对称分布：如鬼神控御金龙，于云海中穿梭；佛、菩萨、护法诸天神将等或坐或立，间错分布在背光的弧形线上。背光的最内层是娇艳的牡丹与西番莲等花卉纹饰，花瓣层层堆叠。毗卢佛背光正上方的房梁上有一组人物悬塑，大致呈三角形，从正面远远看去，如背光的火焰尖部。这组人物以毗卢佛坐像为中心，上有正面金龙，张牙舞爪，其头上坐有一六臂明王。毗卢佛之下有一佛钵，钵下扣着一个正欲向外爬出的婴孩。佛钵的两侧是夜叉鬼神类的各类形象，或用力向上抬钵，或用兵器砸钵，或用木杆向上翘起。毗卢佛并非正襟危坐，而是身体微微向右倾侧。这气氛紧张而又热闹的画面，便是著名的《揭钵图》。画中展现的是佛陀将食人间婴孩的鬼子母的最小最钟爱的孩子扣在佛钵下，任凭鬼子母动用多少鬼神力量都无法揭开佛钵的场景。佛陀左手边最外侧着红衣绿裙的女子形象，便是鬼子母。画面上最生动的形象是正在龇牙用力揭钵的夜叉鬼。

图 2-8-88　阿弥陀佛背光局部，明，泥塑

水陆庵水陆殿

背光设计精巧，富丽华美。上部横梁处悬塑塑像六身，正中为结跏趺坐的佛尊，佛两侧各有胁侍、力士两身，佛的左前方有一跪姿的供养人，众人皆朝向佛，双手合十，表达着虔诚的敬奉与供养。横梁之下的部分雕有一座汉式楼阁，楼阁之内塑一佛二菩萨，佛前跪有一位身着袈裟的僧人，似在接受佛的传法。背光之上花团锦簇，头部两侧各有一根从龙嘴中吐出的莲枝，莲枝上莲花绽放，花瓣堆叠，立体感强，更显生动。

图 2-8-88-1　阿弥陀佛背光伎乐天局部，明，泥塑

水陆庵水陆殿

阿弥陀佛背光两侧各有手持各式乐器的伎乐天六身。图中双手抚琴伎乐天身姿优美。静心聆听，仿佛仙乐缓缓飘来。吹箫伎乐天是阿弥陀佛背光两侧十二伎乐天之一，其双手持萧，缓缓吹奏。十二伎乐天的衣裙在风中翩飞，各种乐器配合，试图给安静的环境带来灵动的声响，将西方极乐世界呈现在人们面前。

图 2-8-89　毗卢佛金刚座力士，明，泥塑

水陆庵水陆殿

每个台座各有力士四身，是台座的重要组成部分。力士托起台座的一角，双腿呈弓步，左手张掌，右手握拳，撑于腿部，十分威猛有力。头发竖起，粗壮的身体、狰狞的面目更加突显整体的力量感。

图 2-8-90　应身佛及护法神将，明，泥塑，尺寸不详

水陆殿东壁南侧

水陆殿布局紧凑而有规律，位于水陆殿东壁南北两侧的应身佛与报身佛及佛坛正中的毗卢佛共同构成三身佛的组合。应身佛手结说法印，结跏趺坐于双层仰莲莲台之上，头顶有一伞盖。应身佛周围诸天护法环绕，最上部雕有西方三圣，设计精心，错落有致。

图 2-8-90-1　应身佛诸天护法（部分），明，泥塑，尺寸不详

水陆殿东壁南侧

应身佛周围有诸天护法围绕，左右两侧共有 12 身，分为两排，每排 3 身。诸天护法脚踏祥云，一些护法身穿典型的明代服饰，下裳较长，褶纹讲究，流畅的线条一气呵成，沥粉彩绘华美绚丽，展现佛境庄严的同时又拉近了与观者之间的距离。

图 2-8-90-2　应身佛上部的西方三圣，明，泥塑

水陆殿东壁南侧

应身佛上部悬塑西方三圣像，结禅定印的阿弥陀佛位居正中，佛左侧为手托净瓶的观音菩萨，右侧为手持莲花的大势至菩萨。西方三圣普度众生，接引众生往生极乐，表达着民众对于西方净土的美好向往。三尊像的背光较为别致，外侧为火焰纹，内侧为卷草纹，二者组成一个个突出的尖角向外伸展，具有强烈的装饰意味。

图 2-8-90-3　跪拜的一家，明，泥塑

水陆殿东壁南侧

桌子右侧跪着一家四口，夫妻二人及两个孩子。位于最前的丈夫，头戴黑冠，身着长袍，腰系红带；其后是妻子，头发高高束起；第三人是女孩，头上梳髻；第四人是男童，头留长发，双手藏于袖内。一家四口双手合十，肃穆跪拜红桌另一边的一个人物。人物形象虽小，但栩栩如生。整幅画面表现出由衷的虔诚与恭谨。

图 2-8-90-4　乞者，明，泥塑

水陆殿东壁南侧

一位衣着褴褛的老妇乞者与一位身着明代常服的男子在交谈，乞者脑后结髻，瘦骨嶙峋，左手抬起，右手执杖撑地；男子身着华贵的长袍，右手抬起，左手垂于体侧。逼真的情境和形象塑造，给人以强烈的代入感，明代贫者与富者的形象在眼前鲜活起来。

图 2-8-91　报身佛及护法神将，明，泥塑，尺寸不详

水陆殿东壁北侧

报身佛为三身佛之一，与东壁南侧的应身佛和佛坛中央的毗卢佛共同组成三世佛的题材。报身佛的塑造与应身佛基本一致，手结说法印，结跏趺坐。身后壁塑十二护法神将，皆为男性，左右各两排，每排三人，布局严密，设计考究。

图 2-8-91-1　三教圣像，明，泥塑

水陆殿东壁北侧

报身佛上部塑有三教圣像，中间为释迦，右边为孔子，左边为老子。随着三教合一思想的流行，儒教与道教题材的造像，特别是孔子像与老子像越来越多地出现在佛教场所之中。三教合一促进了文化融合，也推动了宗教走入社会生活，明代的三教圣像为后人了解当时的思想文化变迁提供了珍贵的形象资料。

图 2-8-91-2 护法神将（部分），明，泥塑

水陆殿东壁北侧

报身佛身后墙壁之上塑有十二护法神将，有双手合十、躬身向佛者；有手持剑戟，威武护卫者，众神将各司其职，护持着佛法。神将身穿铠甲，甲片呈鱼鳞状，扎制整齐，色彩鲜明，代表着明代甲胄的典型样式，观者往往能够从神像之中捕捉到当时的时代气息。

图 2-8-91-3 报身佛二胁侍菩萨，明，泥塑，尺寸不详

水陆殿东壁北侧

二胁侍菩萨位于报身佛的两侧，体量虽小，却不失精美。菩萨发髻高高束起，面色如玉，眉眼下视，情思绵邈，温婉可人。菩萨胸前佩戴莲花坠饰，省略了其他配饰，简洁大方，精巧别致。

北壁

南壁

图 2-8-92　水陆殿南壁及北壁彩塑局部，明，泥塑

水陆庵

水陆殿南北墙上的泥塑内容丰富，主要包括佛传故事、五百罗汉渡海、二十四神将等内容，珍禽神兽、山水景物、天宫楼阁等琳琅满目，犹如一幅幅连环画。

北壁现存人物塑像 317 尊，南壁现存人物塑像 277 尊，[①] 主要分为上、中、下三层，上层为佛传故事，中间层为五百罗汉渡海，下层为二十四明王像。北壁佛传“释迦降生”位于中心，南壁“佛陀涅槃”位于中心位置，在有限的空间内全面地展现了释迦从出世到涅槃的过程。南北两壁构图基本对称，每个故事单元通过山石、栏杆、流水等自然分开，人物众多但秩序井然，充分体现了匠心的精巧绝伦。

① 卢攀攀：《水陆庵彩塑造型艺术研究》，西安美术学院博士学位论文，2018 年，第 36 页。

图 2-8-93　药师菩萨，明，泥塑，尺寸不详

水陆殿中隔墙南壁

药师菩萨头戴华丽宝冠，左手托葫芦，右手当胸结手印，结跏趺坐于台座之上。在药师菩萨身体两侧各塑四身世俗人物立像，他们被认为是中国历史上的名医。在八位侍者之上，左右各有一小殿，分别供奉药王孙思邈和神医华佗。

图 2-8-93-1　药师眷属（部分），明，泥塑

水陆殿中隔墙南壁

药师菩萨两侧各有四身世俗装人物塑像，有的为老者形象，有的为中年形象，均头束高髻，身着明人典型的宽袖长袍，拱手而立，表现出对药师菩萨崇奉的同时，又富有明代社会生活气息。

图 2-8-94　地藏菩萨，明，泥塑，尺寸不详

水陆殿中隔北壁间

地藏菩萨是汉传佛教中的四大菩萨之一，具有渡罪苦众生的功德。地藏菩萨身着菩萨装，头戴宝冠，端坐于台座之上，两侧的胁侍为道明和尚及闵公长者。微微扬起的嘴角表现着“地狱未空，誓不成佛”的慈悲。

图 2-8-95　二十四尊像（部分），明，泥塑，均高 1.6 米

水陆殿南壁

相比其他壁塑，落地的尊像体量较大。整体造型十分相似，多为多臂、身穿甲胄，勇猛地护卫着殿堂；然仔细观察又可以发现尊像神情各异，手持兵器也各有不同。匠人既注重塑像整体的和谐，又注重个体的活力，这是明代高超雕塑艺术的突出体现。

图 2-8-95-1 二十四尊像局部，明，泥塑

水陆殿南壁

尊像头发竖起，眼窝深陷，或眼睛圆睁，或凝眉注视，面部呈现出神圣不可侵犯的威仪。有的尊像嘴部闭合，腮部和嘴部突出，充满着力量，肌肉的膨胀感带有一种隐忍、聚积的气势，仿佛下一瞬力量便要爆发；有的明王嘴部大张，似发出怒不可遏的吼声，眉毛竖起，呈“V”字形，更突显愤怒之相。众位明王或持刀剑，或握长枪，身着厚重坚硬的铠甲，神威凛凛，令妖魔胆战心惊。

图 2-8-96　释迦诞生，明，泥塑

水陆殿北壁

正中为十字脊重檐建筑，各层建筑分别塑造了“乘象人胎”“树下诞生”和“成道”等场景，人物丰富，场面宏大。殿阁第二层清晰可见一个左手指天、右手指地的孩童形象，形象生动地表现了佛陀诞生的场景。

图 2-8-97　释迦涅槃及局部，明，泥塑

水陆殿南壁

据佛经记载，佛陀于八十岁在拘尸那迦附近的娑罗树林中入灭。壁塑中的佛陀侧卧于榻上，神情安详。众弟子围绕在其身边，神情肃穆、面露哀色，一位弟子俯身，似在试探佛的鼻息；一位弟子侧耳向前，似要聆听佛陀最后的教诲。外侧的两位力士双手展开，仰天而叹，表达着自身的悲戚之情。涅槃图与北壁的诞生图相对应，塑造出佛陀从诞生到涅槃的过程，以此体悟生命的过程，体悟佛陀的教化。

图 2-8-98　罗汉渡海场景之一，明，泥塑

水陆殿南壁

南墙塑五百罗汉渡海图，罗汉各有特点。图中的三位罗汉乘坐由三位鬼神力士托起的小舟，中为老者，两侧为青年。年老者神情凝重，双手合十，似乎在惊涛骇浪中祈愿路途顺利。两位青年罗汉神情稍显轻松，一人手捧经书，一人手掌抬起，似在讨论经文的内容。小舟下部的鬼神力士，有面对舟楫双手托举者，有背向而立、以肩背扛起者，奋力护卫着众罗汉。

图 2-8-99　罗汉渡海场景之二，明，泥塑

水陆殿南壁

一位罗汉在莲瓣上结跏趺坐，双手相握，神态安然，似在祈愿。莲瓣由两位鬼神力士小心承托着。罗汉虽身处波涛汹涌之中，却镇定自若。另一位年龄较长的罗汉由鬼神力士背起，力士的臂膀粗壮有力，罗汉的双手置于力士肩颈部。

图 2-8-100　吹奏乐器的鬼神，明，泥塑

水陆殿南壁

鬼神上身赤裸，出没于波涛之中，撅起厚重的双唇，吹奏着乐器。乐器的使用为肃穆的场景增添了热闹，也更加渲染了罗汉渡海的宏大场面。

图 2-8-101　交谈的僧人，明，泥塑

水陆殿南壁

四位僧人在亭子之内围桌而坐，正中二人为一青年与一老者，年轻的僧人手捧经书，似在向老者请教着什么，其余二僧人静静坐着。亭外有一俗人被僧人的讨论所吸引，安静地倚柱聆听。

图 2-8-102　写经，明，泥塑

水陆殿南壁

两位僧人立于桌子的两端，手执纸卷，位于中间的僧人执笔，郑重地书写着经卷。僧人的袈裟色彩丰富、贴金灿然，经过时间的洗礼依然艳丽。方形桌案是明代家具的典型样式之一，镂空的雕刻富有装饰意味，工匠对于细节的把握可见一斑。

图 2-8-103　赏画，明，泥塑

水陆殿北壁

正中的僧人似在高谈阔论地品鉴，两侧的僧人展开画卷，神情专注、静静聆听。左侧展卷僧人的身后还有一僧探身观看，凝神赏析的情态格外生动传神。

图 2-8-104　击鼓诵经，明，泥塑

水陆殿南壁

亭子内竖着一面鼓，一名僧人手持鼓槌，正要击打。另一僧人立于亭外手捧经书，虔诚地诵读。击鼓极具动势，诵经又具静势，一动一静的展现，使观者感到虽然画面静止，但仔细聆听，仿佛有鼓声和诵经声远远传来。

图 2-8-105　读碑，明，泥塑

水陆殿北壁

几个僧人围绕着一座石碑，一位正在品读碑文，其他人似在交谈。碑文清晰可见："憍尸曰：'天人之中，谁人系缚？'世尊曰：'悭贪嫉妒。'又曰：'悭贪嫉妒，如复同何'。"碑文原出《大般涅槃经》："（憍尸迦）白佛言：'世尊！天人之中谁为系缚？''憍尸迦！悭贪嫉妒。'又言：'悭贪嫉妒，因何而生？'答言：'因无明生。'"[1] 体量如此小的壁塑、石碑，碑文竟清晰可读，不得不慨叹古代工匠的雕塑水平。

图 2-8-106　敲钟，明，泥塑

水陆殿北壁

攒顶的钟楼内，两个小沙弥相对而立于大钟两侧。一个持经书似在说些什么，另一个敲钟的沙弥在安静地听同伴诉说。画面虽是静态，但我们仔细观察，仿佛可以听到小沙弥的呼吸声和敲钟声，立体的壁塑艺术表现形式比壁画更具真实感。

图 2-8-107　虔诚的信徒，明，泥塑

水陆殿南壁

佛陀端坐于台上，一信徒跪拜在台座下，两侧还各有一位信徒，他们双手合十，静静地聆听佛陀的教诲。现实生活中信众于寺院佛前祈福许愿的情景活灵活现地展现在观者面前。

① 北凉昙无忏译：《大般涅槃经》卷十七，《大正藏》第 12 册，第 721 页。

图 2-8-108　药师菩萨后壁上的“渔樵问答”场景，明，泥塑

水陆殿南隔断墙东向面

碧波荡漾的池塘内有数只鱼鳖，画面左侧一位樵夫头戴幞头，两腿分立，长裤为防被水打湿而挽至膝盖之处，背上背负木柴。画面右侧有一树，树上骑坐一人，似手持斧头，呈砍柴状。树下之人着红色上衣，双手紧握一根树枝，躬身而立，做捉鱼状。整个画面层次分明，展现出明代生产与生活的场景，似传统古曲与画题中“渔樵问答”之情景。

图 2-8-109　药师菩萨后壁上的故事情节，明，泥塑

水陆殿南隔断墙东向面

画面中池塘左侧有一位身着长袍的男子，头微右倾，手持木鱼，做击打状。男子前方跪有一人，双手合十。画面右侧一位童子立于白象之后，象背之上驮着满满的物品，童子一手伸向白象，一手伸向后方由侍女承托的盘内，盘内似放着点心等供品。有研究者将此场景命名为“童子施食”[1]。

① 杨冰华：《陕西蓝田水陆庵所见明代社会生活》，《文博》，2017 年第 6 期，第 84—85 页。

九、平武报恩寺

平武县，旧称龙州、龙安府，位于四川省绵阳市，其北接甘陕、西连青藏、南达巴蜀的特殊地理位置使其成为“蜀北之重镇”，历来羌、藏、回、汉杂居。由于平武县特殊的地缘位置，自南宋起便采取了土司制度[①]，且延续至元明时期。报恩寺即为土司王玺、王鉴父子所建。明正统五年（1440）时任龙州第十代土司、土官佥事的王玺发起了寺院的修造，他故去后其子王鉴继续了这项事业，历经20年，至明英宗天顺四年（1460）竣工。这座偏居西南的古寺，外表呈现为典型的汉式宫殿建筑样式，是中国现存结构最完整的明代寺院，也是唯一一座纯金丝楠木营造的寺院（图2-8-110、图2-8-110-1）。因金丝楠木有不朽不蛀且幽香的特性，虽明清皇家建筑中常有使用，但由于太过珍贵而多用于梁、柱，全用楠木打造的建筑也在少数。这座华丽的建筑内部满布的壁画、造像、法器，与殿宇的雕梁画栋相得益彰，或刻或绘，或塑或铸，皆工艺精巧，装饰繁复，精美卓绝、令人叹服。

报恩寺坐西向东，三进院落，中轴建筑主要为山门、天王殿、大雄宝殿及万佛阁，中轴两侧主要建筑分别有钟鼓二楼、大悲殿、华严藏、碑亭等，完整呈现了明代早期建筑群的风貌。明代以后，在寺院天王殿塑四大天王成为一般寺院定制。据《长阿含经》所载：“四天王随其方面，

图2-8-110　平武报恩寺鸟瞰

寺院原本四周树木成林。如今被钢筋水泥的丛林所包围，成为尘世中的一方净土。

① 土司制度是中央王朝授予边疆民族地区大小首领“世袭官职”的制度，元代建立，明代臻于鼎盛，延续至清。土司率领土兵，对内保卫辖区安宁和维护生产；对外抗击外来侵略。详见龚荫：《关于土司制度研究问题》，《西南民族大学学报（人文社会科学版）》，2015年第36卷，第1—4页。

天王殿

大雄宝殿

图 2-8-110-1　天王殿及大雄宝殿，明

平武报恩寺

三座单孔拱桥将山门与天王殿衔接，石桥的弧线造型优美，大雄宝殿前宽阔的平地和苍劲的古木更加衬托出这座重檐歇山顶、面阔五间殿堂的雄伟与庄严。整个建筑群的气质颇与京城皇宫神似。

图 2-8-111　殿额力士，明

平武报恩寺天王殿

天王殿匾额两侧各有一尊力士。力士内着铠甲，外系短裙，手臂和小腿塑出暴起的肌肉，脚踏祥云，身上斜挎固定匾额的铁链。二力士皆是环眼暴突，阔口大张，似是在发出吆喝声，可见其用力程度；亦可见天王殿匾额的沉重，连神鬼力士都要大费气力。此二力士一个全神贯注拉动铁索，另一个回头反顾朝向匾额。巨大的匾额悬在横梁让人有恐其坠落的不安，但因两尊力士的牵引和固定，不仅增强了稳固感，还增加了天王殿的神圣性。

各当坐位，守护正法，不使魔挠。"[①]报恩寺天王殿为明构，内设4尊泥塑彩绘天王像，与当时的寺院建制相符。殿门上有殿额"天王殿"三字，殿额做工精美，两侧还各有一尊情态生动的牵引铁链的力士（图2-8-111）。殿内4尊天王分东西两侧各守其位，皆头戴镂空宝冠，横眉怒目，身着铠甲。个别天王像局部经后世修补或彩绘，但整体保持明塑特征。天王铠甲衣饰繁缛精致，庞大的体量和衣袂飞舞的姿态，营造出了四大天王的威猛气势和不凡神力（图2-8-112至图2-8-114-1）。

由天王殿至大雄宝殿，再至万佛阁，构成报恩寺中轴建筑，大悲阁、华严藏、碑亭等分置中轴两侧。大悲阁内主尊为千手观音，由金丝楠木精雕而成。观音头戴宝冠，赤裸的上身饰满璎珞；下身着长裙，立于仰覆莲座上。观音有十一面，第一层与脖项正常相连的有四面，正面、两侧及背面，其中"大笑"面在背后不现。第一层上再两层分别有三面，最上层有一面，共十一面。十一面中十面为慈相，最上一面为愤怒相。观音的千手中有两只手臂高举于十一面之上，双手捧一尊火焰光环中的化佛在最顶端（图2-8-115、图2-8-116）。观音的十一面与佛像纵向排列，"这种纵向的造像思维，可能源于印度原有的印度传统宗教造像习惯"[②]。内地千手观音造像多为一面千手，或有十一面观音，诸面如花蕾般排列于主面之上，宋代以后不再流行十一面观音像；藏传佛教中十一面观音像的供养更为盛行。

① ［后秦］佛陀耶舍、竺佛念译：《长阿含经》，《大正藏》第1册，第3页。
② 李翎：《十一面观音像式研究》，《敦煌学辑刊》，2004年第2期，第77页。

图 2-8-112　四大天王，明，泥塑

平武报恩寺天王殿

天王殿面阔五间，进深两间。四大天王两个一组分列在殿宇的东西两壁。四位天王分别是持剑的南方增长天王、握琵琶的东方持国天王、执伞的西方广目天王及托塔执戟的北方多闻天王。天王皆头戴天王宝冠，身披铠甲，皆为坐姿，或双腿着地，或一腿盘于身前、一腿着地，粗壮的肢体和巍然的山座，有着不可撼动的坚实感，再加之高近 4 米的庞大身形，更增添了天王的神武和磅礴气势。

图 2-8-113　东方持国天王，明，泥塑，高 4 米

平武报恩寺天王殿

持国天王居于须弥山东方的黄金埵，誓愿守护东方的有情众生、护持国土，故称“东方持国天王”。天王方形大脸，粗眉环目，双眼炯炯有神，半长的墨髯铺洒胸前。天王身着甲胄，挺胸凸腹，双腿叉开呈剑拔弩张之势，两臂衣袖凌空而起，显得威风凛凛、气势逼人，雕刻匠师捕捉到了天王动态的瞬间。天王左手握的琵琶是乐器亦是法器，但体量小而单薄，可能是经后世损坏和简单修补的缘故。

图 2-8-113-1　东方持国天王局部，明，泥塑

平武报恩寺天王殿

明代，因为经济、气候等原因，布面甲取代传统铁甲成为主流。天王所着布面甲与铁甲结合的战袍反映了这一变化趋势。天王衣甲的胸部及战裙皆为柔软的织物材质，其上凸起的纹样采用沥粉贴金工艺制作而成。衣纹褶皱柔和自然，处理手法写实，上面沥粉贴金手法制作的各类图案，无一不是在模仿现实生活中华贵的带有织金的面料。

图 2-8-114 南方增长天王，明，泥塑，高 4 米

平武报恩寺天王殿

增长天王剑眉虎目，眉梢眼角上挑，眼神凌厉，略带愠怒之色。天王身体向左微微侧身而坐，左手撑于左腿之上，右手按住位于身体左侧的宝剑的剑柄。整个身体呈向左扭动的趋势，然头部却猛然回首向右，形成极强的动感。其庞大的形体、如炬的目光，给人以强烈的压迫感，使一切魑魅魍魉均无所遁形。

图 2-8-114-1 天王宝冠及铠甲局部，明，泥塑

平武报恩寺天王殿

四大天王身上繁复的衣着、冠饰颇能显示出匠师的细心及匠心独运之处。四天王宝冠均为镂空形式，样式看上去大体相似，却无一雷同，有的是灵芝云头纹，有的则是二方连续的卷草纹样……既有整体的统一，又有个性的差异。如此，在视觉上才会既整齐又不呆板枯燥。匠师的细致和用心还体现在天王铠甲的塑造上。天王的山纹铠甲，纹路清晰，排列整齐；腹甲整片塑造，更显坚实；兽头鼻环连接革带的细节十分精致；腰间的革带和带铐塑造也无一不精。天王脚下战靴紧裹小腿，其穿着方式更是交代得一清二楚。整体而言，天王彩塑以塑绘结合、沥粉贴金等形式成功表现了布帛、丝绸、宝石、金属、皮革等不同材料的质感。天王装束无一不塑造精细、装饰富丽、色彩对比强烈，同时从功能上看又无一丝多余，整体结构清晰。

图 2-8-115　十一面千手观音，明，泥塑，高 9.05 米

平武报恩寺大悲阁

观音通体贴金，上身袒裸，璎珞蔽体，跣足立于宝座之上，体态平直端庄。头顶看似是高宝冠，实则为观音之面，从下至上第一排的三面比例与身体谐调，而上各头体积自下而上递减，如尖塔累于主面之上。最上面的双手托举一尊佛像于头部之上。身后千手如背光绽放，颇为震撼。主像两侧还立有一男一女，二人皆衣着华贵，呈中年之像，应为供养人。

图 2-8-116 千手观音局部，明，泥塑

平武报恩寺大悲阁

观音身躯凡露出肌肤处皆为浅褐色，但头光、耳铛、璎珞、臂钏、手镯、衣裙等衣饰上则敷金，显得熠熠生辉。观音端严周正，身体结实健壮，最令人叹为观止的是观音身后的千臂千手。千臂千手以虚实相生的手法塑造，除观音两只正臂之外，紧挨身体的前面三四层手臂制作精细写实，每只手分持不同法器。而后面的三四层手臂则明显比前面的细小，且手掌平伸无法器，形成千手意象。观音菩萨闻声救苦，千手的形象更显观音神通广大、法力无边。

图 2-8-117　大雄宝殿内景，明

平武报恩寺

大雄宝殿是寺院的核心所在，供奉三身佛，像前还供有金丝楠木所制“当今皇帝万万岁”的牌位；侧有木鱼，为清道光年间由整块原木雕琢，从布局到雕饰，到法器饰物，皆一丝不苟。视线随被涂以红漆的圆柱而上，屋顶上重檐叠栋，与近乎通顶的佛像背光融为一位，高大又密不透风的设计给观者以华贵崇高之美。

图 2-8-118　三身佛，明，泥塑，通高 8 米

平武报恩寺大雄宝殿

三身佛中尊为毗卢遮那佛，头戴双层宝冠，螺发排列紧密规整。面庞上宽，下部略窄，圆润饱满。双目下视，神态安然。双手于胸前结最上菩提印。左右两尊分别为卢舍那佛和释迦牟尼佛，皆头顶螺髻，呈禅定坐姿。卢舍那佛双手平放于腿上结禅定印；释迦佛左手平伸腹前结禅定印，右手下垂结触地印。三佛面相相似，着金色袒右袈裟，身躯粗圆浑厚。背光形似马蹄，雕饰繁缛，上有金翅鸟及龙纹的高浮雕组合。三佛造像整体造型简洁优美，严慈静穆，相好具足。

大雄宝殿内供奉三身佛，佛像皆体态端严，造型简约流畅，身后硕大的背光彰显气派（图 2-8-117 至图 2-8-119）。全殿布满壁画、塑像，如三身佛佛像后壁就有观音、普贤、文殊三大士悬塑，绘、塑结合，不失为明代寺院精品（图 2-8-120、图 2-8-121）。

万佛阁在大雄宝殿之后，建筑相较前者更为旷阔宏伟，内分两层，一层为坐佛及弟子、供养人群像，二层则供七世佛造像，全殿内壁壁画密布（图 2-8-122、图 2-8-123-1）。

图 2-8-119　三身佛背光上的金翅鸟，明

平武报恩寺大雄宝殿

金翅鸟即天龙八部中的迦楼罗，为一种巨型神鸟，以龙［实为 Naga（那伽）蛇族］为食。作为佛教的护法，金翅鸟常出现在佛像的背光上。报恩寺三身佛的背光雕饰极为繁复华美，每一尊佛上部正中均有一只金翅鸟，其人面、鸟喙、人身，但双足又为鸟爪，背后有羽翼。3 尊佛像背光上金翅鸟的造型组合各不相同，中间毗卢佛背光中的金翅鸟，以两只鸟爪抓住两侧龙子的脚踝，二龙子虽是人形，但身下多了一条龙尾。毗卢佛两侧佛像背光上的金翅鸟与双龙的组合相同，只是龙的姿势一升一降，有所差别。特别是升龙，龙头朝上，金翅鸟的两只脚爪分别抓住两条龙的前足，双手控御二龙的龙须。龙须紧绷，可见其用力程度。两条本可翻江倒海的巨龙，在金翅鸟凌厉威势之下，似有胆怯之色。

图 2-8-120 普贤菩萨及局部，明，泥塑，尺寸不详

平武报恩寺大雄宝殿

三身佛背后另有一堂三大士壁塑。观音、文殊、普贤三大士像凌空高悬，金身彩衣，置于梵宫佛地之中。普贤菩萨头戴花蔓冠，肩披璎珞轻纱，左手抚膝，右手平举。身上冠带天衣皆随风扬起，塑出菩萨身在云端的飘逸洒脱。普贤菩萨坐于多层仰莲莲座上，座下有白象承托。塑像整体悬于壁上，身后祥云环绕，塑与画融为一体。

图 2-8-121 骑吼观音及局部，明，泥塑，尺寸不详

平武报恩寺大雄宝殿

观音菩萨与普贤菩萨形象类似，只是莲台下的坐骑不同，观音坐骑为一只狮吼。狮吼也是观音的化身之一，具有使众生脱离苦海的强大力量。壁上狮吼脚踏祥云行于碧波之上。其阔口长颈，头上有独角，身为红色，似犬似马又似狮，形象颇为怪异。在观音的两侧还有善财童子及一老者，右上部为韦陀菩萨，均以高浮雕形式塑出。

图 2-8-122 万佛阁塑像，明，泥塑

平武报恩寺

万佛阁位于中轴线末端，是报恩寺高度最高、面积最大的一处建筑。阁分两层，下层佛坛彩塑如来佛坐像，像下设莲台及须弥座，高近5米。如来身侧立十大弟子，最近的身侧分别为迦叶和阿难。佛前有相对而立的两官员像，传为王玺、王鉴父子。整个殿内的彩塑和壁画皆因年代久远而有不同程度的剥落和褪色，尽管曾经颜色鲜丽，而今也都统摄在沉稳的高级灰色调中，唯有释迦牟尼佛头后的白色头光，在整个殿堂内格外显眼，如一轮皓月，瞬间突出了释迦佛的核心地位，也为整个佛殿加上了一束精彩的“高光”。

图 2-8-123 佛陀及十大弟子像，明，泥塑

平武报恩寺万佛阁

释迦牟尼在世时，追随他弘法的十位出家弟子皆证得阿罗汉果，各有神通，称为“十大弟子”。他们分别为舍利弗、大目犍连、大迦叶、须菩提、富楼那、阿那律、迦旃延、优波离、罗睺罗、阿难。万佛阁中，正壁佛坛上，释迦牟尼像于莲台上居中而坐，两侧侍立十大弟子。十僧体量较大，表情神态各不相同，以突出人物个性。此种排布模式在明代仅于报恩寺可见。

报恩寺内现存《敕修大报恩寺继葺碑》载：“（王玺）知佛法慈悲，普化颛蒙而砻贱暴。其五戒十善，可以辅行王化，可以祝延圣寿，但未有壮丽梵刹兴像教，而启昏昧，使一州州人无所信向，靡沾佛道之利益。因旧有大藏全文一部，无所收贮。乃以己资之园地一区，深广如度。”王玺舍宅为寺的目的：一为佛教对当地百姓之教化；二为皇帝祝寿；三为安置太祖所赐大藏经。但寺院

图 2-8-123-1　十大弟子像（部分），明，泥塑，通高 3.12 米

平武报恩寺万佛阁

10 尊弟子像通高 3 米余，比例合度，仍具写实之感。弟子像皆为立姿，外披袈裟，下着长裙，仅露出僧鞋。立于佛两侧的十尊造像，体量及姿态看似雷同，实则各有变化。如图中 4 尊像眉眼刻画差异不大，然工匠却以蓄发、留须，或左顾或右盼的神情展示他们各自的情态性格；四位弟子双手都举在胸前，却有双手合十者、握拳者、结最上菩提印者；袈裟之内有着交领长衫者，也有衣襟散落袒胸者；弟子所着袈裟的色彩及纹案图样也无一雷同。

殿宇以北方官式建筑为蓝本，导致众口一词，称其为王氏“建宫谋反”的证据。但史籍并无记载，寺内碑铭也可为其正名。诸种纷争已成往事之后，王玺主导下修建的大报恩寺显得更为珍贵。其庄严恢宏，布局严谨，又地处西南山区，故被称为“深山故宫”。寺院殿宇融建筑、雕塑、绘画艺术为一体，集众家妙手之大成，是留给后世的珍贵财富。

十、五台山殊像寺

结寺山阿的五台山殊像寺地处山西省五台山怀慎风林谷北口，背靠海拔 2894 米的中台翠岩峰，左临般若泉，面对梵仙山，康熙帝曾盛赞这里的环境“环千岩之紫翠，俯万壑之烟霞”[①]。在千寺万殿的五台山寺庙群中，殊像寺在规模上并非大寺，根据五台山万历三十一年（1603）万佛阁《诸山大小寺》碑记载，彼时台内十二大寺、三十九中小寺，殊像寺位列中小。但因其为台内藏有文殊大圣真容的唯一一座寺庙，地位颇为尊崇（图 2-8-124）。

寺内明万历三十六年《重修殊像寺碑记》记载了该寺的源流，殊像寺在西晋之时就已存世，殿高九丈，后毁于战乱，但殿中巨像仍在，得长安施主修复殿阁。元代，殊像寺首次得到皇室的青睐。元泰定帝为其母祈福，于即位第二年（1325）敕建殊像寺，自此该寺大兴。元末天下大乱，殊像寺毁于战火。明弘治九年（1496），大德铁林果法师延请保定塑匠在寺中大文殊殿塑文殊与五百罗汉像并重建殊像寺，历时四年完工，今日大殿中之文殊巨像便是那时所建（图 2-8-125、图 2-8-126）。隆庆四年（1570）、万历三十三年（1605）相继重修，

图 2-8-124　殊像寺文殊殿

文殊殿为殊像寺主体建筑，面阔五间，进深三间，为明代弘治二年（1489）重建。殿内主供文殊骑青狮像，寺因像名。

① 寺内御制殊像寺碑文（1680）。

图 2-8-125　文殊殿佛坛塑像群，1496 年，泥塑

殊像寺

图 2-8-126　文殊骑青狮像，1496 年，泥塑，高 9.87 米

殊像寺（杨小勇 供图）

明代《清凉山志》记载：殊像寺主尊文殊菩萨“神人所造，见者肃然，生难有想”[①]。佛台之上中央主尊文殊骑青狮巨像，身后塑 4 尊胁侍菩萨，身右为善财童子，左为修罗天，另有佛陀波利、文殊老人、于阗王环伺。半跏坐、手持如意的文殊形象自晚唐以来便流行于中国北方地区，其图像学源流便来自五台山地区，台外唐代佛光寺、宋代慧济寺之文殊在形制上皆与殊像寺明代文殊相类，可谓一脉相承。

① ［明］释镇澄撰：《清凉山志》，山西人民出版社，1989 年，第 42 页。

高大的文殊像在五台山乃至整个中原均属少见，佛台上仅青狮就高达 3 米。文殊菩萨面容端严饱满，眉眼清秀，头戴五佛冠，身披天衣，手持如意，右腿屈，左腿舒。青狮昂首怒号，精神抖擞，似在震慑邪魔。背光上饰有吉祥花卉、珍禽异兽及三层细密的火焰纹，颇具气势。该像自 1496 年起塑，至 1499 年塑成，至今多有重妆，但其神韵仍不失初塑之意态。“宝像巍巍，俨然生气。瞻之仰之，虽顽夫稚子，莫不颂倒。至悚然而悲慈，更为诚秉虔信者也。其真慈妙利，洋洋乎入于众生之心矣”，明代镇澄法师在《重修殊像寺碑记》中饱怀深情的描述，充分展现了佛教造像美学的意义和动人之处。

并更名为殊像寺。信奉释教的清朝建立后，康乾两代帝王均对殊像寺青睐有加，常自诩为文殊帝的乾隆帝更是多次在殊像寺沾香点礼，又于北京香山仿殊像寺形制建宝相寺、承德避暑山庄建殊像寺（图 2–8–127），并命宫廷画师丁观鹏摹绘殊像寺文殊，悬供于宫中（图 2–8–128）。累世帝王信重，殊像寺便由明代的中小寺院一跃成为五台山五大禅林之一。殿中除文殊群像外，还有文殊身后扇面墙背后的海岛观音（图 2–8–129）及两侧山墙的壁塑五百罗汉（图 2–8–130、图 2–8–130–1）。罗汉造像与文殊像为同时之作，寺中弘治年碑记可兹为证，而扇面墙后的海岛观音则无直接证据表明其塑成时间，但是根据其风格及寺里碑刻综合判断，亦当为明代。

殊像寺之所以名重天下，皆因其寺中文殊殿内所供奉之文殊巨像。尊像近 10 米之巨，在彼时堪称奇观，康熙帝来此礼拜时就颇为惊异，专门书就《殊像寺法相最异》赞颂其伟岸；其孙乾隆帝更是为该巨像连作四首诗。古代塑匠绝艺所成，即使是帝王亦不免见之肃然。为体现君权之神圣，加强大一统王朝统治的合理性，乾隆朝在宗教意识形态上开始重点推崇文殊信仰，暗指帝王为文殊化身。殊像寺的堂皇巨像便因此成为乾隆朝推广文殊图像的重要范本，一时天下文殊皆为此形制，影响甚巨。

“五髻瞻殊像，千花聚法筵。经营思哲匠，仿佛见初禅。继马明霞外，燃灯画壁前。不须仙梵放，清磬已怜然。”此为康熙帝《殊像寺法相最异》诗的全文，他对殊像寺之文殊像赞叹有加，在诗中感叹塑匠为“哲匠”。优秀的雕塑家赋予尊像思想，而当一件创作完成时，便是一个生命的诞生。殊像寺的明代文殊像所营造的尊神法相的庄肃和严整可折服两代清朝君主，影响终清一世的宫廷文殊图像体系，足可见其神妙。

图 2–8–127　文殊骑青狮像旧照（摄于 1934 年），1774 年，泥塑

承德殊像寺

乾隆三十九年，乾隆帝命内务府仿五台山殊像寺规制在热河（今承德）兴建殊像寺，按香山宝相寺文殊菩萨相貌制作文殊菩萨像供奉在寺内。于北京、承德重叠复制尊像，殊像寺之造像在乾隆朝宫廷文殊图像体系中之影响颇为深远。旧照中的承德殊像寺主尊与五台山殊像寺主尊颇为类似，从中可以看出是以丁观鹏画殊像寺文殊为蓝本的。

图 2-8-128　丁观鹏绘文殊像，清

藏于台北故宫博物院

此画作于乾隆二十六年（1761）四月，彼时乾隆第三次巡礼五台山，并亲至殊像寺瞻礼，着御前画师丁观鹏摹绘殊像寺文殊，并作诗“是像即非像，文殊特地殊。毫端宝王刹，镜里焰光珠。法雨沧桑润，梵云朝暮图。高山仰止近，屏气步霄衢”[①]赞其宏壮。此画采用西洋光影法入画，令尊像栩栩如生，我们可以于此画一窥乾隆年间殊像寺主尊之形貌。彼时文殊手持之如意尚无，应是独立塑造的持物已经失落，今日所见之如意，应是乾隆朝下旨重修后所加。其中图右文殊着藏式菩萨装，为乾隆亲笔摹绘，丁观鹏设色，其面部颇类乾隆帝本人之面貌，个中深意，耐人寻味。

图 2-8-129　海岛观音，明，泥塑，尺寸不详

殊像寺（杨小勇 供图）

文殊巨像之后亦依明代寺院殿堂造像惯例塑造了以“海岛观音”为母题的群像，皆悬塑于扇面墙背后。观音居中戏坐于山石之间，其背后有舟状火焰背光，头戴高冠，姿容端丽，二目微暝，身披天衣，璎珞臂钏环绕上身，下身贴体长裙自然垂搭于座上，线条柔婉，衣裙婆娑，更显风姿绰约。观音周边在善财、龙女、夜叉的传统图像组合之外，别出心裁于观音两侧塑出二祖师像，十分罕见。

① ［清］张照、王杰、英和等编：《秘殿珠林、钦定秘殿珠林续编、钦定秘殿珠林三编》，海南出版社，2001 年，第 288 页。

图 2-8-130　文殊殿五百罗汉像（部分），1496 年，泥塑

殊像寺（杨小勇 供图）

文殊殿两山墙及后壁细密悬塑了总面积达 326 平方米的五百罗汉群像，其同样为塑造主尊文殊的保定府工匠王章等人所塑，意在营造文殊一会五百罗汉与其讲经的情境。[1] 整个悬塑层次交错，屋宇殿阁星布其间，罗汉动态、形貌、表情各异，颇为生动，整个景观复杂，工艺超群，1995 年曾予以修补。

① 在东山墙悬塑中存泥碑一座，上书“修造文殊一会五百罗汉”等字样。

图 2-8-130-1　文殊殿二十四诸天（部分），1496 年，泥塑，尺寸不详

殊像寺（杨小勇 供图）

文殊殿山岩间的五百罗汉群像并非仅有五百罗汉，也包括诸天等护法神祇。图中的二位尊神当是二十四诸天中的两位。一个通体黑褐色，四臂，面目凶恶，环眼獠牙，头戴骷髅头饰，毛发上竖，一条赤蛇绕于上左臂及颈部，此神当是摩呼洛迦。其身前立一位女性神祇，头戴宝冠，面庞娟秀，双掌合十于胸前。其衣袖襟带整体向身侧飘举，似有清风袭来。两尊塑像体量虽小，但却塑造得格外精致，头饰宝冠、衣褶、衣带的系结方式等，无不细巧、自然。

十一、高平铁佛寺

铁佛寺位于山西省高平市米山镇米西村。优美的地理环境是人类得以繁衍生息的基础，在此基础上产生的宗教艺术往往更具想象力和生命力。铁佛寺所在的高平、泽州一带便是这样一个人口密集、商贸频繁、勾连代北与中原的富庶之地。明代沈思孝《晋录》中描述这里“平阳、泽、潞，豪商大贾甲天下，非数十万不称富”[①]，此地中人依托盐、铁、丝绸起家，形成了明代颇为有名的泽潞商帮。

铁佛寺因铁佛而得名，如今铁佛已渺，宝刹亦香火早熄，仅有一殿存世，然而就在这貌不惊人的镇中小庙里，隐藏着一堂动人心魄的明代彩塑佳作。该寺建于金世宗大定七年（1167），铁佛于建寺时铸造。入明以后，该寺在嘉靖元年（1522）、嘉靖十五年（1536）、嘉靖二十六年（1547）、万历五年（1577）的五十余年间四次翻修，如今殿中彩塑便是这一时期的作品。

旧日繁盛抵不过岁月消磨，铁佛寺如今仅存铁佛殿（图2-8-131）。佛殿坐北朝南，殿内中心佛坛塑释迦牟尼佛（图2-8-132）；佛斜前方两侧造二胁侍菩萨像（图2-8-133），二菩萨造像头部残损，然殿门内两侧各有一幅供养菩萨像壁画或可作为参考（图2-8-134）。佛像背后的背光高大华丽，上面的人物及各类图像雕饰繁复（图2-8-135）；背光的背后为一铺壁塑倒坐观音，上面还有西游故事情节（图2-8-136）。在中心佛坛的两侧，二十四诸天依墙壁环拱。根据学者的最新研究，这二十四诸天西侧由南向北依次为崇宁真君关羽、广目天王、阎摩罗王、散脂大将、鬼子母、伊舍那天、功德天、韦陀天、月天、多闻天王、大辩才天、帝释天；东侧由南向北依次为妙道真君二郎神、增长天王、东岳大帝、金毗罗王、菩提树神、摩醯首罗天、紫微大帝、密迹金刚、日天、持国天王、摩利支天、梵天[②]（图2-8-137至图2-8-139）。除佛坛造像及二十四

① ［明］沈思孝：《晋录》，中华书局，1985年，第3页。
② 黄文智：《高平铁佛寺二十四诸天考辨》，《中国美术研究》，2020年第1期，第64页。

图 2-8-131　铁佛殿，明

铁佛寺

铁佛殿面阔三间，悬山顶，坐北朝南，有一定金代遗构之风。殿外青石门墩上存题记“金大定二年七月十三日铸造铁佛，修铁佛寺”字样。殿右侧存万历五年《重修铁佛寺》碑，碑文记载了该寺建寺历史及嘉靖年间的多次扩建和捐资活动，由铁佛寺所在的米山镇三位进士及第的士大夫撰文书丹。嘉靖年间米山镇频出进士，碑中位列第一的刘崇文更是嘉靖二十六年丁未科进士，这一科在明代堪称群星云集，李春芳、杨继盛、张居正、王世贞、徐光启皆出自此科，刘崇文位列其中，可见其才学。

诸天外，在佛坛旁边或个别诸天脚下还有一些造像残件，但即便是从残存的部分来看，依旧可见造像技艺的精湛（图 2-8-140）。

大殿面阔仅三间，从外观之，颇为平凡朴素，但推开殿门，满堂的高大尊神顿时令人如坠灵山法会，每一尊造像皆以远大于殿堂比例的体量安放于殿内四墙，人物紧挨，衣带、配饰交错，高大的尊像占据了整个殿堂的空间，仿佛这渺小的房屋已经容不下里面的众神，直欲破殿而出，真可谓“风云将逼人，鬼神若脱壁”。

明代中期是塑神造佛的鼎盛时期，丰富的实践经验使晋东南地区的塑匠在艺术把控能力上达到了一个新的高度。虽然铁佛寺的二十四诸天在该地周边没有其他类似的造像存世，但位于陕西蓝田水陆庵的明嘉靖年间的二十四诸天塑像，在风格形式上与其十分相似，唯一的区别在于后者体量略小，且更为精致严谨。根据水陆庵中工匠题记“佛像士山西四人作像人乔仲节”来看，至少在嘉靖年间，晋东南铁佛寺风格在山西工匠群体中颇为流行。

相比于明代造像整体所流行的程式化及内敛特征，铁佛寺的诸天造像风格极其“突出”。它摒弃了明代造像特有的含蓄特征，而是展现出令人意外的、如戏剧般的效果。鲜明的色彩、夸张的空间比例和人物表情，尊像无处不在，充盈着参拜者的视觉空间，对殿堂空间的利用可谓是明代造像艺术中的一朵奇葩。

图 2-8-132　释迦牟尼佛，明，泥塑，高 6.3 米
铁佛寺

铁佛殿内主供释迦牟尼佛，两侧塑立姿胁侍菩萨，当为文殊和普贤，但头部均已缺失。佛尊面宽额广，发髻略低，衣纹刻画细密，结跏趺坐于双层仰莲莲台之上，为典型明中期佛尊风格。只可惜佛像面部的敷金被刮掉，露出下面的细泥。佛像身后的莲瓣形背光高大，直通殿顶。背光可分为上、下两部分，下部主要映衬在佛像的背后，以牡丹、西番莲等花卉纹饰为主，主要施以彩绘，娇艳生动；上部主要是佛陀、菩萨、明王等人物形象，以敷金为主。上下交相辉映，背光的边沿为细密的金色火焰纹。

图 2-8-133　胁侍菩萨，明，泥塑，尺寸不详

铁佛寺

胁侍菩萨头部均已损毁，其中释迦右侧菩萨像身体残损较为严重，露出里面的粗泥和稻草，然依然可见其身姿优雅，曲线婀娜，衣纹厚重。塑像莲台很小，仅能容菩萨双足站立于上，但莲瓣却宽大肥厚，这种构图方法令尊像形成一种中宽、上下细的形态，凸显了菩萨婀娜雅致的身躯。

图 2-8-134　供养菩萨壁画，明

铁佛寺

尽管释迦佛两侧的菩萨残损，面貌无由得见，但在铁佛殿内殿门两侧的墙壁上各绘有一幅供养菩萨像，或可资参考。然不同的是，壁画供养菩萨覆云肩、披天衣，而释迦佛两侧的菩萨则是披袒右式袈裟，只袈裟一边搭在右肩上，可见释迦佛边上的菩萨身份非比寻常，并非普通胁侍，而是宋元以来常与释迦佛组合的文殊菩萨与普贤菩萨，即华严三圣。壁画中的两尊供养菩萨形体高大、匀称，双手托琉璃盘，盘内或盛鲜花，或盛珊瑚砗磲等佛家宝物。凡所佩戴的饰物均用沥粉贴金工艺，以增加画面的华贵和立体效果。菩萨面相方正，眉宇宽广，双目修长，鼻直口小，是典型的明代道释人物形象特征。

图 2-8-135 主尊背光及细节，明，综合材质

铁佛寺

铁佛寺内的背光与其殿堂中整体繁密的气氛相融合，在莲瓣形背光上精细周密地悬塑了多种神佛形象及花卉纹样。背光自释迦佛的头顶以上为对称式布局，中线从上至下依次分布着金翅鸟、龙头及立佛。金翅鸟两足的鸟爪分别抓住两侧人身蛇尾的二龙子的尾部。二龙子扬起衣袖，似在跳舞。其下龙头的鼻子部位带有鼻环，鼻环上拴铁索，分别由两侧的神鬼力士控御。龙头下是躬身微微向前的佛立像。佛之两侧各有四位菩萨（佛右手边有 3 尊菩萨已残损），或立或坐，其身份或为八大菩萨。在背光上部的外缘为八大明王，分列两侧，一侧 4 尊，多头多臂，手持各种法器，形貌各异，体色也多有不同，虽做令人畏怖之状，但表情神态却有几分可爱。除了这些主要人物形象，背光还有云龙穿梭其间，火焰纹饰则填补了人物形象之间的空隙。背光上半部的塑造以敷金为主，兼施彩色。背光上人物如此众多，八大菩萨、八大明王齐聚，似是人物太多，将神祇浓缩在了这略显狭小的殿堂之间。

图 2-8-136 海岛观音及《西游记》故事场景，明，泥塑

铁佛寺

释迦佛背光的后面是一尊坐于海岛间的观音菩萨。观音游戏坐姿，头部残损，衣袍舒适宽大，衣纹舒朗，线条圆润流畅。身旁有立于碧波祥云之上的善财童子，以及通身白色、面目狰狞的护法鬼神。观音背后山岩嶙峋，然最有趣的是在山岩的最上部，有一组《西游记》故事场景雕塑。悟空疾行于前，身后白马相随，马后是一只手提着禅杖的光头僧人，可能是沙和尚。再其后有一着蓝袍戴帽的僧人形象，袖手而立，衣袂随风，或为唐僧。唐僧身旁有两只白色山羊上下窜动；身后不远处是一座黄瓦红墙的殿宇，大门紧闭，鸱吻、瓦垄、门钉、铺首衔环无一不备。师徒众人似刚从此深山殿宇中出来，在山间匆忙赶路，此情景被匠师表现得十分生动。

图 2-8-137　两侧诸天群像，明，泥塑，均高 2.3 米

铁佛寺

佛教的护法诸天主要源自古印度的婆罗门教及印度民间信仰，婆罗门教的神祇组成了印度佛教的护法尊神，如大梵天、帝释天源自婆罗门教，日神、月神源自印度神话，夜叉、鬼子母源自印度民间信仰。在传入中土后，护法诸天中陆续增加了中国特色的本土神。颇为有趣的是，在铁佛寺的二十四诸天组合中出现了崇宁真君关羽和妙道真君二郎神两位尊神。关羽在中国的佛教寺庙中被尊为伽蓝菩萨，往往有自己单独的殿堂，位列二十四诸天十分罕见。而二郎神属道教神祇，出现在佛教的二十四诸天中更是稀有。这两位尊神的出现显然与当地的民间信仰有着密切的关联。铁佛殿整堂二十四诸天布局紧凑，配饰琳琅，襟带飘摇，于琐碎中不失秩序。

散脂大将

金毗罗王

伊舍那天

密迹金刚

图 2-8-137-1 武相诸天，明，泥塑，均高 2.3 米

铁佛寺

铁佛寺的武人形象集中体现了夸张、浪漫、激情的特点，同时也展现了非理性、幻觉、幻想的艺术元素。工匠们运用头冠、缯带、战袍等装饰尊像，极尽繁复之能事，使用各种对比鲜明、鲜艳、热烈的颜色描绘细节。种种巧思使得群像在幽暗逼仄的小庙中倍增视觉冲击力，令观者不由自主地两股战栗，为宗教艺术的感染力所震撼。

这一时期的金刚力士等武人形象多表现为内敛谦和、内观恭敬，威而不怖的气韵。然而，铁佛寺的诸天造像，除了韦陀及文中提及的妙道真君二郎神和崇宁真君关羽之外，那些张扬狰狞的铁佛寺武相诸天，突破了这种传统的造像范式对武人形象的束缚，极具视觉冲击力。

摩醯首罗天

韦陀

北方毗沙门天

南方增长天

西方广目天

东方持国天

日天局部特写

阎摩罗天

紫微大帝

大梵天

日天

图 2-8-137-2 文相诸天，明，泥塑，均高2.3米

铁佛寺

铁佛寺的文相诸天统一表现出儒家士大夫所推崇的睿智、平和、稳健和淡泊的风貌。相对于武相诸天张扬狂放、立马横刀的气势，铁佛寺的文相诸天是明代造像的一种类型，如图中所示。其衣饰繁缛，线条犹如绘画中的铁线描，劲健有力，不禁令人联想起永乐宫元代壁画中的神祇。文相诸天，面容沉静，目光具有穿透力，展现了文臣胸怀天下、运筹帷幄的睿智。其厚重的衣纹，头光上飞扬的云气或火焰均非常惹人注目，跃动的火焰为静态的人物增添了动感。

功德天

帝释天

鬼子母

图 2-8-137-3　女相诸天，明，泥塑，均高 2.3 米

铁佛寺

铁佛寺诸天头塑曾经在 20 世纪遭盗取，部分尊像被毁，仅余身躯，例如图中的帝释天头部已失，保存完好的女相诸天并不多。明代匠师在塑造这些女性样貌的神祇时，重点展现了她们雍容庄重的一面，但对于女性魅力的表达几乎没有描绘。明代中后期，女性的社会地位逐渐下降，具体体现在女性神祇的塑造上，呈现出“存天理，灭人欲”的儒家审美思路。女性诸天皆面圆广颐，低眉端正，身材平直，神态平静淡泊。这均符合儒家所倡导的妇容、妇德的要求，也符合当时社会礼教的规范。

菩提树神

崇宁真君关羽整体及局部

图 2-8-138　崇宁真君关羽及妙道真君二郎神，明，泥塑，均高 2.3 米

铁佛寺

关羽及二郎神分立于殿内南壁两端，二者一面黄、一面赤，均为武将装束，但神韵气质却完全不同。尽管明代造像已然程式化，但在程式化的表现形式下，匠师依然在努力探寻着人物的个性特征。

将二郎神与关羽放入二十四诸天的行列，或许为明代晋东南地区独特的诸天体系，二者本身为中国神祇中偏向民间的一类。二郎神民间多认为他是一位与水利、农耕有关，防止水

妙道真君二郎神整体及局部

灾、旱灾的神，甚至是水神。关羽则是自明代开始盛行，成为最为尊崇的尊神，万历四十二年（1614）年更是被钦赐为“三界伏魔大帝神威远镇天尊关圣帝君”，民间亦开始赋予他更多神力。二者的出现表明佛教造像与民间及道教诸神有了更多的关联，道教与民间信仰也同样运用佛教神系甚至更多。

摩醯首罗

金毗罗王

密迹金刚

散脂大将

西方广目天王

东方持国天王

图 2-8-139　诸天细节，明，泥塑

铁佛寺

诸天作为佛教护法神的一类，其职能主要为保佑信众免受妖魔鬼怪侵扰，守护着信徒平安顺利地生活，令他们可以参与修行。在佛教中护法神还会跟随侍奉佛、菩萨，作为佛陀说法时的“观众”和“保镖”形象出现，故也称护法鬼神。

在铁佛寺的诸天中，以这类黝然若夷獠异类的尊像为该寺中艺术表达最为生动传神、最能体现艺术家表现欲之作。如摩醯首罗、金毗罗王、密迹金刚、散脂大将等，他们的面部形象夸张，似人而非人；在眼睛的表现上有一个共同特点，即黑眼球突出，镶嵌在同样鲜明且更大的白眼球上。诸天中的四天王除了北方多闻天王外，其余面部表现也受这类形象的影响，或者说也用这类手法，特别是西方广目天王咧嘴憨笑的表情，更令人感觉滑稽，忍俊不禁。中国社会文化在明代嘉靖至万历年间达到了市民文化的顶峰，其中描述神鬼玄异的小说层出不穷。猎奇是市民文化的一个典型特征，殿堂中诸天神鬼之貌突兀、夸张、狰狞，强烈刺激着观者的视觉，从另一个角度透露出佛教造像趋向社会化的一面。

二弟子　　　　　　　　　　　　菩萨

图 2-8-140　残损二弟子及菩萨像，明，泥塑

铁佛寺

“虽醇儒哲士，一切以禅寂为宗。”铁佛寺唯一的碑文体现了明代士大夫对佛教禅理的追求，但在整体张扬而繁密的铁佛寺造像中，却很难看到对禅意的解读，仅能从殿中残缺的尊像中找到一丝禅寂之意。残缺的尊像脱离了眷属，静静地躺在佛坛边、尊像旁，似在倾诉着曾经的沧桑和诸法无常。所谓“留得残荷听雨声”，这残损的造像似乎也让我们“听”到了一段不寻常的史事。

十二、繁峙公主寺

静处于山西省忻州市繁峙县东胜村的公主寺已在滹沱河谷地屹立了数百年，如今寺院虽略显破败、僧众已无，但万籁俱寂的寺中老松苍遒、殿宇森严，仍有着旧日梵宫宝刹的庄严气象。

公主寺始建年代已不详，据寺中元代《德公道行碑铭》记载，寺名“公主”缘于旧日有北魏信诚公主在此出家建寺。虽史料无记载北魏有公主自此出家，但根据相关史料，北魏时期五台山地区寺院的建设顺序的确存在自外而内的趋势，如今的台内并非北魏时期核心区域，公主寺所在五台山北麓地近北魏都城平城，更易于其王公贵族往来朝拜，其公主之名虽渺渺，但始建之事或确为北魏所为。

今日之公主寺为明中期公主寺与空如村文殊寺合并而成，原寺位于山中，寺中尚存明正德元年（1506）铁磬，其上仍书为“空如村文殊寺”字样，证明在正德时期该寺乃以“文殊”传名。该寺现有三进院落，彩塑、壁画皆存，均为文殊寺旧物，明代彩塑主要位于毗卢殿和大雄殿中。其中毗卢殿彩塑十八罗汉以其塑工精湛、写意传神而名动一方，堪称晋北地区明塑十八罗汉的经典之作，遗憾的是寺中 21 尊造像头部在 1996 年被盗取，补塑后已失去了旧日神韵。

第一进正殿毗卢殿重修于正德元年，其塑像为同时期塑造。殿中主供毗卢遮那佛，两侧有梵天、帝释天胁侍；文殊、普贤菩萨及十八罗汉秩序井然地分布于殿中东西两侧山墙，皆等人高，一侧 9 尊，皆为坐姿；尊像四周皆环塑山林水草。毗卢殿殿堂不甚宏阔高巨，面阔进深皆为三间，但古代塑匠完美利用了殿堂内每一寸空间，将壁面悬塑同造像紧密结合，神佛尊者皆安置于山石奇峰、清泉小溪、亭台楼阁的洞天福地之中，置身其间，如在仙灵洞府（图 2-8-141 至图 2-8-144）。

第二进正殿大雄殿，主供横三世佛——释迦牟尼佛、药师佛、阿弥陀佛。释迦佛两侧有阿难、迦叶二弟子（图 2-8-145、图 2-8-146）。四壁皆编绘壁画，法相庄严的尊像与色彩绚烂的壁画相映生辉，在东壁右上方保留了昔日塑画匠的题记：“真定府塑匠任林、李钦、孟祥、张学、李珠、赵士学、敬升、陈义……”由此可知其殿堂中的塑、画均为真定（今河北正定县）的匠人群体所为。

图 2-8-141　毗卢遮那佛及二胁侍，明，泥塑

公主寺毗卢殿

毗卢殿未做壁画于四壁，而是悬塑大量山石、云气环绕造像，由于该殿无窗，幽暗的殿堂空间与山石奇峰共同营造出一种似若洞天福地的气氛。主尊毗卢遮那佛及梵天、帝释天一反常态，并无背光、莲台，而是安置于一面山石之中。毗卢佛结跏趺坐于青石岩座上。在明代塑匠的巧妙搭配下，佛与罗汉、天神在山林之间修行参禅，少了几分法界的森严和凝重，多了几分野趣闲适。

图 2-8-142　庆友尊者，明，泥塑，高 1.41 米

公主寺毗卢殿

庆友尊者即降龙罗汉，尊者做愤怒相，胡貌，着袒右团龙赤袍。尊者右手上扬、捏宝珠；左手抚膝、握短刀；右腿抬起，与上翘的右手相呼应，使尊像形成一种动势呼应。身下塑虎皮毯，十分写实。公主寺塑造的庆友尊者无论是小腿的绑腿，还是身上的团龙袍、手持的象牙柄短刀，都突出了一位赳赳武夫的形象。庆友尊者的这一形象特征在民间颇具影响力。

图 2-8-143　半托迦尊者，明，泥塑，高 1.44 米

公主寺毗卢殿

面白微须、神态闲适，身着红色僧袍的半托迦尊者右膝上抬，右脚踏于座上；右手支腮，手肘架于膝头，姿态闲散洒脱，如山林高士。造像抬膝托腮的姿态使整个身体动中蕴静，缠枝绿叶的衣领和足下豹皮坐垫等细节的描绘、质感的表达均细致入微。从群像整体而言，半托迦尊者侧身的举动打破了正襟危坐的群像的整体性，在视觉上形成了一定的节奏变化。

图 2-8-144　因揭陀尊者，明，泥塑，高 0.9 米

公主寺毗卢殿

因揭陀尊者深藏于两尊者之后的山石之中，袒胸露腹，憨态可掬。传说其为印度捕蛇人成道，手持布袋以擒蛇，故而在内地又被称为“布袋罗汉”。因揭陀高不过 1 米，明代塑匠对远近透视的有意控制由此可见，在平均身高 1.5 米的罗汉群像中，由于他身处两尊者之后，距离观者较远，故其体积有明显缩减，在壁面这个有限的纵深空间中，营造出深远的视觉效果。

图 2-8-145　释迦牟尼佛及其二弟子，明，泥塑，尺寸不详

公主寺大雄殿

大雄殿群像均为真定府塑匠群体所作，其尊像体量匀称，雕塑手法洗练简净。主尊释迦佛卵形背光中采用堆塑、铁丝圈塑等手法塑造出缠枝牡丹、金翅鸟等形象。颇为独特的是，该背光内侧又一反常态地增添了佛座靠背，形成了背光中另有法座的模式。

阿难局部

图 2-8-146　阿难与迦叶局部，明，泥塑

公主寺大雄殿

阿难和迦叶，仅从肌肤的表现上便可轻易辨出二者的年龄差距。阿难面白，肌肤细腻，肌肉丰盈；二目微张，神情端肃；僧袍外斜披袈裟，为一青年比丘。年长的迦叶面容带着岁月留下的痕迹：眉骨颧骨高耸，两腮肌肉塌陷，筋骨显现，二目下视，带悲悯之色。初观时，二尊者似身边普通比丘，而其蕴含的慈悲、智慧等种种特质则隐于其外表之下，令观者虽可感知，但却难以用语言描绘。

迦叶局部

十三、阳高云林寺

云林寺位于明代边关重镇山西省大同市阳高县城西街，此地自明代创立九边重镇后就成为宣大长城防线枢纽，宣大总督长期驻节于此。依托军事上的地位，阳高县在明代发展迅速；进入清代，又依托地处北向旅蒙商路孔道得到进一步发展。清初大同姜瓖反乱，清军摧毁了这一地区的大多数城寨，由此阳高一度被清廷考虑设为这一地区的新首府。

晋北地区的佛教发展自辽金之后由于战争渐失活力，明清时代几无优秀的佛教艺术存世，作为在明清时期晋北地区少见的繁华之地，阳高的云林寺成为暗淡的晋北造像中的一抹亮色。云林寺大雄宝殿中的满堂华彩，令今人可一窥九边要塞中人的审美世界。

云林寺的始建年代已然失考，据史料记载，云林寺之名最早出现于清雍正七年（1792）修的《阳高县志》之中，在此之前顺治九年（1652）刊印的《云中郡志》中尚无云林寺之记载[1]。寺中仅存的宣统元年（1909）木碑《重修碑记》亦未记录该寺何时始建，这令寺中遗存的彩塑、壁画创造年代成了悬案，仅从碑中探知，如今大雄宝殿中设色鲜艳明亮的十八罗汉应是在清末重妆。

大雄宝殿是云林寺唯一幸存的原始

图 2-8-147　大雄宝殿阿难，17 世纪，泥塑，高 3.32 米

阳高云林寺（孙峰 供图）

年轻的阿难长圆脸型，五官俊朗，双眉疏阔，垂目似在沉思，两手合十于胸前。身着之僧衣在清代的重妆下呈现出绮丽的华贵感，僧衣上绘有沥粉缠枝莲花，沿袖缘塑牡丹卷草纹。外披红、黑、青相间之袈裟，古代艺匠成功将两种衣袍的材质通过对纹路的塑造区别开来。袈裟厚重，衣褶则深；僧衣轻柔，衣纹则洗练轻盈。

① 刘兴利：《山西阳高县云林寺考述》，《文物世界》，2019 年 1 月，第 4 页。

图 2-8-148 大雄宝殿东山墙罗汉（部分），17 世纪，泥塑

阳高云林寺（孙峰 供图）

东山墙群塑九尊罗汉皆安坐于台座上，对于台座的塑造同样颇为细致，铺盖其上的坐垫花纹以青蓝为主。群像同背后的水陆壁画相配合，成为大雄宝殿的标配。

建筑，殿中有 25 尊彩塑，佛坛主塑三世佛、二弟子（图 2-8-147），两侧塑天王胁侍，东西山墙佛台上各塑十八罗汉（图 2-8-148）。其中十八罗汉造型饱满，姿容自然，色彩鲜明。其造型模式同明中期塑造的公主寺十八罗汉有明显渊源，这组十八罗汉都有着晋北地区特有的风格，在姿态形貌上大体一致，重点展现尊像面部特征。十八罗汉身体皆安坐于泥台（图 2-8-149），他们的衣纹处理挺直而简洁（图 2-8-150）。相比公主寺正德时期所塑十八罗汉，云林寺之罗汉体量更大，更能突出罗汉的性格特征，但彩塑面部同公主寺相比有一定区别，青年罗汉的眉眼间隔较宽（图 2-8-151），胡貌罗汉面部肌肉更为夸张（图 2-8-152）。虽然已无法准确判断云林寺群像的始塑时间，但通过其与公主寺造像相近的风格来看，其应在明中期至清前期，晋北地区的造像存在着一脉相承的审美体系，它并没有因为明清鼎革而消失，而是长期存在于塑匠群体的手口相传之中。

图 2-8-149　伐那婆斯尊者，17 世纪，
泥塑，高 2.77 米

阳高云林寺大雄宝殿（孙峰 供图）

“梦里明明有六趣，觉后空空无大千”。大梦方醒的伐那婆斯尊者位于东山墙由北向南之第六尊。尊像身色为棕红，方面大耳，络腮胡须，身披袒胸蓝色团花僧袍，袍袖的卷边处理得自然随性。左腿半跏坐，右腿屈膝、竖起，双手叠搭于右膝上，身体弓背前探，蹙眉凝目，沉郁的中年男子形象跃然眼前，是云林寺群像中颇为传神的一尊罗汉。

图 2-8-150　迦诺迦伐蹉尊者，17 世纪，
泥塑，高 2.79 米

阳高云林寺大雄宝殿（孙峰 供图）

迦诺迦伐蹉尊者又称喜庆罗汉，位于西山墙由北向南第八尊，老者形貌，面容清癯，露出的前胸显得瘦骨嶙峋，左腿盘于右腿之上，双手抱左膝，整体身形微向右侧。尊者虽为老者相，但精神矍铄昂扬，目光中透出阅尽世事的犀利，身体内隐含着一种蓄而不发之势。

图 2-8-151　罗睺罗尊者，17 世纪，泥塑，高 2.76 米

阳高云林寺大雄宝殿（孙峰 供图）

罗睺罗尊者，又名沉思罗汉，释迦牟尼佛十大弟子之一，青年男子形貌。其皮肤白皙，面容丰满，头裹布巾，盘膝而坐，双手双脚覆盖于宽大的袍服之下，似已入定。罗睺罗尊者面庞清秀朗润，修眉小口的五官中隐含着贵气，眉宇间蕴含英气，虽静实厉，在满堂胡貌梵像的尊像中颇为突出，这或许是塑匠为了展示其作为释迦独子的形象而特意加强了面部的勾勒。

图 2-8-152　伐阇罗弗多罗尊者，17 世纪，泥塑，高 2.78 米

阳高云林寺大雄宝殿（孙峰 供图）

云林寺十八罗汉中面黑者仅伐阇罗弗多罗，其位于东山墙由北向南第八尊，为中年胡人男子形象，皮肤黝黑，双目圆睁，双手于胸前托抱一幼狮，左手似在抚背安抚。昂藏大汉与待哺幼兽的微妙关系，暗示出这位猎狮人放下屠刀，得成阿罗汉果的根由。其袈裟衣袍褶皱繁复细密，厚重外袍与轻薄内衣的材质之别泾渭分明，飘飘然似随时会被风卷动。

十四、新津观音寺

深隐于四川省成都市新津县九莲山莲心之中的观音寺以其山光悦人、水色清丽而自古为修行参道者所看重。相传东汉末年道家仙客崔孝通在此羽化登仙，开启了这座洞天福地与宗教的渊源。历经汉唐沉寂，九莲山麓在宋代有了大规模的建寺兴观活动，观音寺亦于此时而兴，彼时该寺殿宇一百〇八重，重楼交错，一时为川西名蓝。[①] 南宋末年，宋与蒙古在四川盆地反复交战，全川寺院十不存一，观音寺未能幸免。及至明宣德年间，碧峰、福宾二僧于此募集善款，重建禅宫，历时四帝，至弘治三年（1490）时观音寺已是殿堂十二重、禅房百余间的新津第一禅林。明末清初，巴蜀地区再遭战争破坏，十二重梵林宝刹仅有天王、毗卢、观音三殿幸存；入清后天王殿亦遭损毁。然而五百年的沧桑洗礼，没有彻底泯灭古代艺匠置于古寺中的作品，如今观音寺幸存的明代壁画、雕塑、建筑已成为成都平原保存最为完善的明代寺院遗存。

由于后世的天灾人祸，今日观音寺仅有毗卢与观音二殿为成化年初创之物，其中观音殿开阔宏大，殿堂内存有塑于明成化十一年（1475）的650余尊大小不一、姿容各异、传神生动的各类尊像（图2-8-153）。殿中主塑三大士，两侧群塑五百罗汉（图2-8-154），梁柱间还塑有多尊童子像（图2-8-155），三大士扇面墙后壁塑了罕见的观音、文殊、普贤各居于三山道场中的情景（图2-8-156至图2-8-157）。整铺壁塑面积达80平方米，共有尊者、罗汉、童子、菩萨、天王等形象120尊，气势磅礴，构图宏伟，相较明代北方地区壁塑，其于山石细节之处更见匠心独运之机巧。

成化年间，明朝逐渐自土木堡之变的乱局中恢复过来，社会生活日趋稳定，良好的经济条件和相对宽松的社会氛围让天府之中的塑匠有了极好的创作环境。纵观观音寺之塑像艺术，其成就丝毫不逊色于同期华北地区，殿堂尊像体系布局独特和谐，更具独到的地方特色。由于明末清初战争对成都平原造成的毁灭性打击，如今该地明代遗存极其稀少，更突显了观音寺彩塑的弥足珍贵，今人透过观音寺这扇窗可一窥明代蜀中大寺的繁华富丽。

① 庄裕光：《观音寺史略》，《四川建筑》，1999年第19卷第2期，第20页。

图 2-8-153　观音殿内景，明

新津观音寺（刘拓供图）

观音殿主供观音、文殊、普贤三大士，其中观音独乘异兽而文殊、普贤安座法台，似有意凸显该殿殿主的独特性。由于殿内面积较小，塑匠将殿堂空间多元利用，如观音胁侍善财童子、龙女等就以腾云形象、悬塑模式安置于立柱之上；而两侧山墙层叠悬塑五百罗汉、靠近地面者略大于高居上部者，也有紧凑利用之意。转过群神密布的正堂，扇面墙后悬塑了一面规模庞大、气势磅礴的观音及诸弟子渡海的壁画。

图 2-8-154　观音殿五百罗汉局部，1475 年，泥塑

新津观音寺（刘拓供图）

由于空间有限，塑匠采用了悬塑同圆雕相结合的方式排布五百罗汉，安置 46 尊等人高罗汉于月台之上，其余数百位罗汉皆高不过 50 厘米，三两相间于山石丛林之中。下部 46 尊罗汉的佛教地位与山中之悬塑罗汉并无等级差距，以大、小体量相差极大的排布模式陈列，在重法度秩序的北地则颇为少见。

在大型构图中人物之间的互动最能考量塑匠的创作能力：尊像间安置着亭台楼阁、山石流水、奇峰怪窟等，罗汉们在这方天地中参禅修行，他们三五成群，或下棋于山林，或悠游于峡谷，这样的意态气韵明显有着明代文人的影子。平面绘画对于整铺悬塑构图的影响极大，最初的悬塑本有立体化呈现经变画的意图，而在川西观音寺，盛行于明代的文人、山水被具象化地堆塑在了佛教殿堂之中。

图 2-8-155　供养童子，1475 年，悬塑，高 1 米

新津观音寺观音殿（刘拓供图）

在观音殿中塑匠对殿堂空间的利用非常巧妙，以粗壮高大的堂柱为视觉基础，顶端悬塑了踏云于上的 24 尊童子。离地 3 米的童子们背靠堂柱，无形中增加了视觉的延展性，同时塑像有意前倾，多做嬉闹游戏状，与飞扬的天衣、五彩流云一同为殿堂增添了一抹欢乐的气氛。塑工将飞舞在童子身后的天衣塑造得奔放而自由，生动形象地将仙人御风于九天的传说呈现在了殿堂之中。

图 2-8-156　三大士局部，1475 年，泥塑

新津观音寺观音殿（刘拓 供图）

渡海观音壁塑于扇面墙后，是宋代开始流行于内地寺院的一个模式。然而观音殿不仅在中部塑渡海观音，还于两侧群塑文殊、普贤于五台山、峨眉山道场中修行的场景。观者若自殿前转至此处，定会被整铺壁塑那扑面而来的排山倒海的气势所震撼。画面以三大士为主尊，山岩耸峙、楼台林立，眷属人物密布其间，十分壮观。三组画面为二根柱子所隔开，居中者为渡海观音，左为文殊，右为普贤，均半跏坐于山石中。塑匠巧思妙构，在立柱间塑四大金刚遮挡木柱本身，顶部以山石相连，沟通三铺悬塑，最大限度地削减了立柱切割构图造成的视觉影响。

图 2-8-157　渡海观音，1475 年，泥塑，高 2.5 米

观音寺观音殿（刘拓 供图）

"立足跨鳌头，堤防沧桑横流日。以手援天下，实现金刚不坏身。"① 观音寺彩塑中最为精彩的便是这铺观音渡海图。主尊观音手持净瓶，足踏自海中探出的鳌头之上，面容秀美温厚，体态匀称，身姿前倾，襟带飞扬，临风而立，似即将向观者飘来。身后的海浪呈现了碧浪翻滚、波涛汹涌的普陀之景，更加烘托了整体的动势。海浪中随之起伏翻涌的是渡海十八罗汉，他们各乘法宝，破浪前行。

相比北方双林寺、福胜寺的渡海观音，观音寺的渡海观音无论在尊像数量和体量幅阔上都远超前二者。此外，观音殿渡海观音立于怒海狂涛中，视觉冲击力强烈，飘摇的衣带、探海而出的巨鳌更突出了这铺壁塑"动"的一面。渡海观音巨大的体量也在客观上增添了菩萨的神性，观者需要仰头方能观瞻，保持了神圣与凡俗的距离感。在整体形象塑造上，观音殿观音更加文秀，与福胜寺观音、双林寺观音之清俊相比，增添了更多女性元素，展现出独特的地方性审美特质。

① 出自观音寺观音殿外楹联。

第九节

天台遗踪：清代寺院造像

一、清代“净慈式”五百罗汉堂

我国内地佛教寺观造像在进入清代以后逐渐呈现造像严重僵化、程式化的特点，整体艺术成就远逊于唐宋鼎盛时期。清廷官方营建的寺院大多严格按照规制铸佛塑神，批量化的造像体系束缚了工匠的创作欲望，造像大多华贵繁丽但失之灵动。此外，清代历任皇帝均同藏传佛教关系密切，且对其尊崇有加，这也在一定程度上影响了皇室工匠们塑造汉传佛教造像的积极性。

在清代内地寺院造像中，唯有五百罗汉造像体系独树一帜，以其神态多样、角色丰富、能够更好地体现凡尘中人的形形色色而被民间塑匠所偏爱，妙创出许多传世名作。这一时期的五百罗汉造像主题多变，以罗汉之名塑造了社会各阶层、各职业、各年龄段的多种形象，以至于信众在林立的尊者中能找到面容类己的罗汉，成为寺中一景。

五百罗汉图像体系的肇始，在中国最早可追溯到五代十国时期，吴越灵隐寺便设有五百罗汉院。从目前遗存文物及史料记载来看，为五百罗汉专设的罗汉堂流行于宋、清两朝，元、明时期寥寥无几。清代罗汉堂的大量兴建始自乾隆年间，结束于清末宣统时期。建于1158年的杭州净慈寺五百罗汉堂是清乾隆时期流行的五百罗汉的造像范本。净慈寺五百罗汉堂为“田”字结构，五百尊像环列其中，这种格局有效地利用了空间，同时充分考虑到环绕礼拜时的参拜路线。净慈寺落成后影响极大，“四方观者莫不赞叹，规制雄伟，像与法称，大江而南得未曾有，宜为行都（杭州）道场之冠”[①]。一时间江南寺院多仿建五百罗汉，形成了“净慈寺范式”。

清乾隆帝本人一生数下江南，对浙江海宁安国寺罗汉堂造像赞不绝口，安国寺罗汉堂便是继承净慈寺的范式，乾隆回京后下旨在北京、承德等地仿建罗汉堂，甚至将自己的形象亦塑入其中。始创于宋代的罗汉堂五百罗汉造像规制在清中期因得赖帝王的青睐而再次复兴，中原各地，大江南北，五百罗汉堂盛行一时。但这些造像历经兵火劫难，如今“净慈寺范式”罗汉堂大多泯灭，全国仅有数处寺院尚存，其中始造于乾隆十三年（1748）的北京碧云寺罗汉堂、咸丰元年（1851）的新都宝光寺罗汉堂、光绪二十六年的苏州西园寺罗汉堂及光绪二十八年（1902）的武汉归元寺罗汉堂并称“四大罗汉堂”。其中碧云寺、宝光寺塑造年代较早，相较后二者，塑艺更为高妙传神，可为清代内地造像绝品。

北京碧云寺罗汉堂位于寺院中轴线一侧，在禅房和藏经阁之间（图 2-9-1）。罗汉堂的始建或许与寺后的金刚宝座塔同时，约在乾隆十三年。而堂内的罗汉等造像，根据清宫档案资料则是雕造于乾隆二十九年（1764），且为方便就近摹塑，尊像皆在海宁雇佣工匠制造，随后北上送至碧云寺装金彩画。乾隆帝作诗赞曰“应真参五百，飞渡大江来”（图 2-9-2 至图 2-9-6）。碧云寺罗汉堂完塑后八年，乾隆三十七年（1772）乾隆帝下旨在承德狮子林附近择地兴建罗汉堂。其蓝本即以北京碧云寺为例，并再度敕令浙江海宁塑匠在当地造五百罗汉像。乾隆三十八年（1773）造像工程完毕，由浙江送往承德安装。[②] 由于两次罗汉造像为同一批工匠所制，且尺寸等均按碧云寺，故而这两堂罗汉的样式风格保持着高度的一致性（图 2-9-7 至图 2-9-9）。承德的罗汉原存罗汉堂应真普现殿，后罗汉堂毁，罗汉移至普佑寺东、西顺山房，现仅存罗汉 175 尊。在南方，四川新都宝光寺罗汉堂同碧云寺罗汉堂一样建置于寺内中轴线一侧，位于净土院内。将禅宗特色的罗汉塑于净土宗院内，体现了四川地区独特的两宗双修的特色。此堂罗汉为主持妙胜禅师参照京城大寺及江南灵隐寺、净慈寺、天宁寺等寺罗汉后仿作。堂内同样为“田”字形布局，共木雕 573 尊罗汉，坐立皆有，是四大罗汉堂中数量最多、图像学构成最为复杂的一堂。二寺罗汉一南一北，皆摹写于净慈寺范式，一为皇室督办，一为比丘发愿，相隔千里却在形制上保持了大体一致。

五百罗汉图像体系在清代的流行，离不开教化人心的目的，其形象生动鲜活，情态丰富，可令观者“即事起相，因相起信”，于刹那间化诸恶念为善心。而“田”字形净慈寺模式提高了这种观想教化的成效。在这里，罗汉虽多，但利用独特的回环往复结构，信众只要依序参拜，可以保证不遗漏任何一尊罗汉，亦不多废一尺脚步，可谓是殿堂布局与塑像的完美结合。

---

① ［明］释大壑撰：《南屏净慈寺志》卷二，北京大学图书馆影印版。
② 中国第一历史档案馆、承德市文物局：《清宫热河档案》卷二，中国档案出版社，2003 年，第 494 页。

图 2-9-1　罗汉堂外景，清

北京碧云寺

罗汉堂建筑格局呈“田”字形，正门前有一座小型天王殿，内有清代所塑四大天王，天王殿后有一段过廊与主殿相连。此罗汉堂是国内四座罗汉堂中保存最好的一座，内奉五百罗汉、三世佛、地藏、疯僧及韦陀等造像，共508尊，皆为木质金漆。

图 2-9-2　罗汉堂内景，木雕，清

北京碧云寺

碧云寺罗汉体量略与人相当，平均高度 1.5 米，均安放于石雕须弥台座之上，或坐或立，面对过道。在视觉空间的处理上，信众同罗汉极为接近，增强了尊像的似幻还真的写实性。作为史料记载的第一套“乾隆造”五百罗汉，碧云寺罗汉堂的群像对日后清代各地之五百罗汉堂有着引领性作用，其刀工娴熟，面部表情和躯体姿态被雕造得惟妙惟肖。据清宫档案资料记载，这批造像均是在海宁当地聘请匠师塑造，其精湛的技艺表明乾隆时期南方民间雕塑工匠仍旧保持着创造力和观察力。

图 2-9-3　罗汉堂罗汉青壮年形貌（部分），清，木雕，均高 1.5 米

北京碧云寺

五百罗汉样貌尊尊不同，可以说是现实主义在佛教造像艺术中最具象的表现。图中的三尊者皆为青壮年形貌，如何去展示他们的特性，是对古代艺术家创作能力和观察能力的多重考验。从图中来看，此 3 尊罗汉大体外观近似，然却并未给观者以乏味的重复之感。在主体动态上，匠师以交脚、倚坐及结跏趺坐姿将三者加以区别；在细节上，眼睛的形状、头骨的轮廓及领口的样式等均有所不同，从而使 3 尊形貌十分相近的罗汉体现出微妙的性格差异，令人叹服。五百尊形貌各异的罗汉虽不如元魏、李唐造像中高僧、罗汉之像那般宏伟雄壮，但大批量像作中这些细节的流露亦可称得上是“于无声处听惊雷”。

图 2-9-4　罗汉堂罗汉（部分），清，木雕，均高 1.5 米

北京碧云寺

罗汉造像的显著特点是对人物神情、个性的准确捕捉。在世俗化对佛教艺术的影响下，展现世人风貌的罗汉成为最容易诞生优秀雕塑作品的题材。图中二罗汉不论是肢体语言还是面部表情都非常丰富，尤其是面部表情，因笑意而牵动了整个脸部肌肉：涌起的颧骨，深深的法令纹，微合的双目，舒展的浓眉……每一个元素都在精准地传达着这一表情的特征。现实社会的工匠们对身边的同胞进行观察，并对罗汉进行艺术创作，熟练地将他们的所见所观用最准确的技法在罗汉身上表现了出来。

图 2-9-5　永明禅师像，清，木雕，高 1.5 米

北京碧云寺

五百罗汉，皆是灵山上成道者，唯有永明禅师单独立于一隅。这位五代吴越净慈寺的开山祖师得立于此，是因净慈寺在南宋年间首创五百罗汉堂，子孙后人不忘其业，建罗汉堂亦塑其像。碧云寺全然仿净慈寺而来，永明禅师亦塑于其间。塑匠将永明得道高僧的形象塑造得十分恰当，背光大放光芒，似正如当年他在天台山所作偈语“山河并大地，全露法王身”。

图 2-9-6　罗汉堂罗汉面部特写，清，木雕

北京碧云寺

笑，是五百罗汉造像中最为多见的一种表情，他们用各种笑为彼时在红尘中备受磨难的信众传递着生命的力量。在世俗化、功利化的时代，罗汉仍旧在努力地承担信众精神港湾的角色，抚慰众生。

图 2-9-7　五百罗汉局部，1774 年，木雕，高 1.5 米

原位于承德罗汉堂应真普现殿，现存普佑寺东顺山房

承德罗汉堂同为安国寺罗汉堂之“摹本”，塑造于海宁，不远千里送至承德。

由于其为江南工匠所作，承德罗汉堂造像在风格上具有浓郁的汉传佛教审美特色。相较乾隆朝造办处等机构工艺精湛但呆板的模块化造像，他们带着一种浓郁的民间艺术造像的生命力，一尊尊造像与其说是正果阿罗汉，不如说是现实中的芸芸众生。或可说，罗汉正是要以此世间百相化度群迷。

图 2-9-8 捧绢罗汉，1774 年，木雕，高 1.5 米

原位于承德罗汉堂应真普现殿，现存普佑寺东顺山房

罗汉堂罗汉选用香樟木雕塑，表面贴金，充满了皇家造像的奢靡华贵，尽管经历了 1933 年日军将之搬迁至普佑寺，1964 年火灾等劫难，仍然富丽不减当年。图中立姿罗汉二目下垂，面容苍老，手捧丝绢，袈裟衣纹流畅洗练，鹤立于诸坐姿罗汉中，略显突兀，犹如一个响亮的高音符号，打破了原有的寂静。

图 2-9-9 罗汉像，1774 年，木雕，高 1.5 米

原位于承德罗汉堂应真普现殿，现存普佑寺东顺山房

由于承德罗汉堂罗汉皆为浙江海宁地方工匠在当地塑造，令其造像风格明显与外八庙他处皇家工匠创作的罗汉大相径庭。与后者不同，地方塑匠的罗汉喜重点刻画面部的喜怒及身姿的灵动。如图中这尊罗汉，头戴发箍，手舞足蹈，似讲经至妙处而不能自已，眉眼口都在夸张呈现心情。地方塑匠用出色的观察力赋予了这些造像以灵魂。

二、昆明筇竹寺

云贵高原自古以来是虔信释教的佛门妙地，诸族混居的文化背景让这里的佛教艺术呈现出浓厚的多元化特质。来自西藏的密宗、东南亚的南传佛教、汉传佛教于此交织融合数百年，孕育出有别于他处、自由而独特的西南佛教艺术。

宗派繁杂、审美各异的云南地区，其寺观造像也异彩纷呈，塑于清光绪九年（1883）的筇竹寺503尊罗汉可谓其中之翘楚。在四川艺匠黎广修的率领下，来自蜀中隆昌县的工匠们用时八年，在国家丧乱、地方不靖的环境下营造出了他们心目中的西天胜境。在这里，尊者们在万顷波涛中恣意飞腾着、跃动着，有的施展神通，改天换地；有的交流着生活，乐享山林，他们既是五百应真阿罗汉，又是大千世界凡俗大众，仔细观瞧，仿佛观者身边的你我他。

筇竹寺位于昆明西郊玉案山中，相传建寺之始可以溯至南诏国时期。岁月流转，进入19世纪末期，大清帝国大厦将倾，1856年至1873年波及西南全境的杜文秀起义重创了云南地区，十年战乱令全省人口锐减百分之五十，滇省佛寺十不存一，[①]筇竹寺亦未能幸免。战乱平息后，百姓更需要来自宗教的慰藉，新任云贵总督岑毓英亦大力推动了全滇的佛寺建设活动。在这样的浪潮中，光绪九年，六十八岁的四川雕塑大师黎广修应筇竹寺主持梦佛和尚的邀请，来到昆明，开始了五百罗汉的塑造工作。

黎广修本人曾在道光三十年（1850）参与了四川新都宝光寺五百罗汉的塑造工作，彼时梦佛和尚正在宝光寺修行，他与这位释门高僧的友情在那时便已结下。筇竹寺的五百罗汉明显有着宝光寺的影子，但三十年的时光打磨让黎广修这位艺术家有了更丰富的阅历和更成熟的审美观念，相较流行于清代的净慈寺模式五百罗汉体系，筇竹寺的五百罗汉在造型、面部塑造、排列、彩绘等方面均有所突破，堪称这位艺匠的集大成之作。

① 参见中国大百科全书总编辑委员会：《中国大百科全书·中国历史卷》，中国大百科全书出版社，1998年，第1469页。

筇竹寺五百罗汉分塑于寺中大雄宝殿、梵音阁及天台阁中，其并未沿袭彼时流行的“田”字形罗汉堂结构，而是依托建筑格局，匠心独具地创制了“四”字形布局。大雄宝殿的罗汉主要塑于两壁，采用悬塑与圆雕相结合的模式，塑造了68尊出没于风波之中的渡海罗汉。在碧浪翻滚的海面，自上而下汹涌而来的水浪仿佛裹挟了千军万马，每尊罗汉像都有着自己的身形姿态和延展空间，但在构图上又彼此环顾、和谐统一。所谓“四”字形布局则体现在梵音与天台二阁中，如汉字“四”一般分塑尊像于北、中、南三堂，堂中罗汉分三层环列四壁。分层陈设的思路似乎借鉴了重庆大足北山168窟的方法，这一新模式让尊像在设计上拥有了更多的创作余地，可以让艺匠更为充分地展示其形态（图2-9-10至2-9-12）。二阁罗汉共塑435尊。筇竹寺五百罗汉与净慈寺范式下的五百罗汉最显著的一个区别是，黎氏一改金身罗汉的做法，大胆地将五彩纯色应用在罗汉身上，产生了扑面而来的明快感和爽朗之气。

中国帝制时代佛教艺术的世俗化进程在筇竹寺可谓画上了一个圆满的句号。这些宗教造像并未失宗教之禅心教义，塑匠用极其现实主义的手法将尊像“拉”入人群之中，神的人化过程在西风东渐、蒸汽机的汽笛声已然震动东方的19世纪，完成了最终的一步。两千年来几回落叶抽枝，西来的宗教在这一刻已经彻底地融进了中华民族之中。

图 2-9-10　五百罗汉（部分），清，泥塑

筇竹寺（李玉良 供图）

梵音、天台二阁中分层塑造的方法从视线上由传统五百罗汉堂的平视观瞻，转变为以墙壁为整体，平视、仰视皆有的多样化视觉体验。艺匠准确地操控了参拜者的视线，形成一种渐入佳境的效果。

五百罗汉二层为站姿，一、三层为坐姿，千姿百态，三教九流无所不包。这其中有创作者黎广修本人，有寺主梦佛和尚，有茶马古道上的商客，有捐资的云南乡民，甚至还有正襟危坐的康熙帝和披发赤足的耶稣基督。塑造他们的黎广修在离开云南时，曾书楹联赠予梦佛："大道无私，玄机妙语传灯录；仙缘有分，胜地同登选佛场。"这或许是这位古稀老者对自己佛学思想的一次总结，济济一堂的圣人正是其"同登选佛场"、人人皆平等之哲思的真实体现。

图 2-9-11　五百罗汉局部之一，清，泥塑

筇竹寺（李玉良 供图）

筇竹寺五百罗汉在群像互动方面的描绘生动自然，如图中这两位阿罗汉，梵像胡貌者身姿舒张，整体随着头部转向一侧；面容略老者拄杖低头，身躯前探，神情专注地看着胡貌罗汉的手中持物，二者姿态一开一合，使整个构图充满张力。艺术家在塑造筇竹寺罗汉时，已然完全根据视觉观感需求而随机创作群像形态，佛教造像艺术在清末借此题材已经突破了宗教图像学规制的严格樊笼。

图 2-9-12　五百罗汉局部之二，清，泥塑

筇竹寺（李玉良 供图）

罗汉所具有的世俗性特质在明清两代得到了进一步加强，他们从唐宋原本相貌奇古、行为乖张的胡僧、怪僧形象，开始大量“转型”为内地俗世中人。如图中三位罗汉，居中年纪略长罗汉头戴风帽，右手抚须微笑，左手收于衣袍之中，这一形象不禁令人想起绘画中常见的踏雪寻梅之诗人陆游。两侧僧人一为瘦骨嶙峋的老者，一为双手合十、神色从容的小僧，这些罗汉早已脱去西域特质。同时可以看到，筇竹寺罗汉的视觉焦点已不再顾及朝拜者，而是依托整体，各行各法。此 3 尊塑像，就有三种视线朝向。

中国
佛教美学
典藏

第三章

藏传佛教寺院造像

引言

相较2世纪便已浮屠林立的西域，6世纪伽蓝宏伟的中原，佛教进入西藏地区并开始繁盛的时间要晚到7世纪。虽然藏族史料记载，在4世纪便有僧侣入藏传法，但在邦国林立的雪域高原并未引起广泛影响。7世纪中叶，雅砻河谷崛起的吐蕃部落统一全藏，在英主松赞干布（？—649/650）的有意推动下，佛教伴随着他迎娶的两位公主大规模地进入雪域高原。史料与传说均记载，来自尼泊尔的尺尊公主（生卒年不详）带来了不动金刚佛像（即释迦牟尼八岁等身像）、弥勒像、度母像；而唐朝文成公主（？—680）带来了觉沃佛像（即释迦牟尼十二岁等身像）。为了安置这些佛像，雪域高原的第一批寺院开始于吐蕃王朝的首都逻些城（今西藏拉萨）营建，彼时松赞干布的五位妃子均于城中舍金造寺。地近尼泊尔、印度的吐蕃人在营建寺庙上更多地依托了佛教发源地北印度那烂陀寺的形制，即于殿堂中环设僧房，于后壁居中配置佛堂。这一时期兴建的拉萨大昭寺便是这一模板的标准写照。

由于吐蕃王朝经朗达玛灭佛及其末年农奴大起义，今日藏区寺院大多已非吐蕃时期遗存，其间造像亦多为后世假托先朝，唯有大昭寺、小昭寺中两尊等身像相传为7世纪遗物。此外，位于乃东县的吉如拉康相传为8世纪吐蕃赞普赤德祖赞（704—755）斥资兴建，其殿堂中之造像确具后世所稀见的神采和气度。虽然吐蕃寺观造像大多湮灭在历史当中，但我们仍旧可以通过在藏东发现的摩崖石刻及部分吐蕃时期的石窟造像（如查拉鲁普石窟、布达拉宫法王洞，新发现有日喀则的拉孜、查耶巴及朗玛石窟[1]）了解那个时代寺院造像的风韵。可以看到，吐蕃时期造像明显受到东北印度波罗王朝艺术的影响，这或许与彼时大多数寺院的营建均有尼泊尔塑匠的身影有关。《西藏王统记》亦记载了松赞干布曾自天竺、尼泊尔等地迎奉佛像的传说。同时，随着8世纪以后吐蕃控制西域，来自西域和河西走廊的佛教美学思想亦开始潜移默化地影响藏区的审美风向，这些不同区域的风格在后弘初期均于寺院之中以不同的方式一一呈现出来，并最终完成了藏传佛教艺术的构建。

后弘初期藏区的寺院造像开始日渐将9世纪西藏灭佛时期所失去的美学思想进行重新解构，两路弘法的僧人将不同风格的造像艺术带入卫藏。这一时期卫藏地区出现了艾旺寺（11—12世纪）、扎塘寺（1093）、聂塘卓玛拉康（1055）等或有照片传世，或今日仍幸存的寺院造像。其中以艾旺寺、江浦寺为首的寺院，还形成了所谓的萨玛达造像风格，其面容方正、头戴吐蕃桶型佛冠、身着粟特胡服，被学界认为是于阗与印度样式在西藏融合后的产物，与吐蕃时期造像一脉相承。在藏西地区，赞普的子孙避开了奴隶起义的怒火，保存了更多传承自吐蕃时期的佛教法统。仁钦桑布（958—1055）在10—11世纪于此地兴建了一批寺院：塔波寺（996）、托林寺（996）、阿基寺（11世纪）、科迦寺（996）等。这些寺院造像呈现出藏西－克什米尔造像艺术的独特魅力，多面容长圆，喜用白银与红铜点缀眼、唇及白毫。

元代，藏传佛教寺院造像艺术得到了爆发式的发展。元代帝王尊奉萨迦派僧侣为国师，多次赏赐金银以兴伽蓝，此时萨迦寺成为全藏核心。然而屡遭天灾人祸的萨迦寺今日并未保存那一时期的造像，仅能通过元代金铜造像管窥其鼎盛时之形貌。入明之后，藏传佛教造像艺术日渐成熟，出现了白居寺（1418）、丹萨梯寺（14世纪）、江浦寺（14世纪）、楚普寺（15世纪）等融合中国（汉藏）、尼泊尔、印度艺术特色且尊像林立的“万神殿”。在拉萨河谷，格鲁派三大寺在此时建成，哲蚌寺（1417年）措钦大殿之巨型强巴佛，色拉寺（1420）之中原木雕十六罗汉皆为当时佳作。

清代是藏传寺院造像风格的定型期。在拉萨，1648年营建的白宫和1693年建成的红宫组成了名震天下的布达拉宫，其造像瑰丽、技艺精湛，专事塑神造佛的机构“雪堆白”亦在红山之下由甘丹颇章政府设立。值得一提的是，营建红宫时第巴·桑结嘉措（1653—1705）在《南瞻部洲唯一庄严目录》中，对

---

① 西藏中部新发现有日喀则的三处石窟为吐蕃时期开凿，但尚未得到完整的调查。

造像尺度做了几种归纳，其归纳后的造像尺度成为之后推广全藏的标准，藏传佛教造像的标准在随后的一百年得到了彻底的完善。1742年，工布查布译《造像量度经》，随后在乾隆帝的支持下将之推广全国，此可谓是清代藏传佛教模式化的蓝本。

清高宗乾隆帝统治时期，朝廷大力推广并完善了藏传佛教造像体系，紫禁城中已有专门司职塑造佛像的机构。乾隆帝个人审美观点对藏传佛教造像的影响极其巨大，他本人多次过问彼时大寺造像的塑造情况，并精准指出其需求。具体到寺院造像本身，1744年宫改寺的雍和宫、1750年殿改楼的雨花阁、1755年大规模兴建的承德外八庙、1758年开始创制的六品佛楼可谓是完整地记录了这位多才帝王对藏传佛教造像从初步了解到深入学习，再到重新对这一艺术形式进行构建的全过程。藏传佛教寺院造像在中原亦从传统寺院中衍生出独特的宫廷佛堂造像体系，乾隆造像的风格和美学思路影响深远，至今藏区寺院造像仍深受其影响。

第一节

莲涌初地：布达拉宫

菩提之圣地，雪域之宗山，屹立在红山之上的布达拉宫自7世纪初松赞干布自雅隆河谷迁都而来已屹立了13个世纪，其中有7个世纪的时间这里是全藏的政治、宗教中心，千年的积淀让这座亦寺亦宫的建筑群拥有着全藏都无可比拟的造像数量，堪称雪域艺术的终极宝库。

布达拉宫保存的造像伴随着政治中心的迁移而主要分为两个时期。一为吐蕃时期作为王朝首都而留下的遗存，由于王朝末期的大规模战乱，如今仅有两座佛堂为吐蕃时期所遗留，分别是供奉松赞干布、文成公主、尺尊公主及其臣属的法王洞（图3-1-1至图3-1-4），以及保存有布达拉宫镇宫之宝圣观音自在像的帕巴拉康（图3-1-5）。二为17世纪40年代开始，控制拉萨的格鲁派甘丹颇章政权对布达拉宫的营建。我们今日看到的布达拉宫建筑群大多为这一时期所陆续建设而成，1648年建成白宫、1693年建成红宫，红、白二宫便是如今布达拉宫的主体建筑。

布达拉宫早期造像体现出吐蕃造像艺术重视写实的特点，法王洞中诸尊同日后千篇一律的造型不同，塑匠把每一尊造像的神态都塑造得惟妙惟肖，对身体比例的把控亦十分合理。而17世纪以后塑造的尊像，材质奢华、富丽，身姿高大、雄壮，重点表现宗教的神秘和庄肃气氛。此外，甘丹颇章统治下的政教合一王朝对造像的体例和法度要求极高（图3-1-6）。

图 3-1-1　法王洞群像，7—9 世纪，泥塑

布达拉宫

法王洞是布达拉宫唯一一处完整保留下来的吐蕃时期遗存，被认为是松赞干布曾经修行之地。法王洞内塑吐蕃赞普松赞干布、赞普贡日贡赞、文成公主、尺尊公主、大臣禄东赞、吞米桑布扎 6 尊造像，皆为 7 世纪初吐蕃王朝的核心人物。这一人物组合与拉萨查拉鲁普石窟中的组合几乎一致，唯独多出了英年早逝的赞普贡日贡赞。

松赞干布

吞米桑布扎

禄东赞

图 3-1-2　松赞干布、吞米桑布扎、禄东赞，7—9 世纪，泥塑，均高 1.5 米

布达拉宫法王洞
吞米桑布扎图源：金维诺主编：《中国藏传佛教雕塑全集》第 1 卷，北京美术摄影出版社，2002 年，第 13 页，图一五
禄东赞图源：同上，第 14 页，图一六

3 尊造像皆头戴吐蕃贵族特有塔式缠头，留八字胡。其在雕刻手法上非常成熟，衣纹线条灵活，依托身体变化而刻画或厚重或轻柔的纹路，但后世造像渐渐失去了这种技艺。松赞干布于缠头顶部露出化佛，寓意其为观世音菩萨转世。这种头冠是辨别吐蕃贵族的重要依据，在敦煌、藏东、青海棺版画中均能看到吐蕃贵族以这种形貌礼佛。匠师准确表现出了这三位在藏族历史上赫赫有名的英雄人物各自所特有的特征，松赞干布姿态闲适优雅，久居上位者的洋洋贵气扑面而来；吞米桑布扎为立姿，面相中正平和，手捧经卷象征其发明藏文之功勋；禄东赞目光内敛，似在谋算国家大事，一派名臣风骨。3 尊中尤其以松赞干布尊像塑造得最为优美，堪称吐蕃造像的顶尖之作。其身姿微微斜靠，打破了造像固有的端严平正，从而营造出掌控生杀大权的一代英主坦荡而从容的一面。

图 3-1-3 贡日贡赞，7—9 世纪，泥塑，高 1.5 米

布达拉宫法王洞

贡日贡赞是藏文史料记载中松赞干布唯一的儿子，根据《红史》《贤者喜宴》《西藏王统记》等藏文文献记载，松赞干布曾将王位传给贡日贡赞，但贡日贡赞仅仅执政五年就在布达拉宫逝世了，享年十八岁。此后松赞干布复位，并最终传位于贡日贡赞之子芒松芒赞（？—676）。青年早逝的贡日贡赞传世造像极少，法王洞中他被塑于松赞干布身侧，面容清朗，五官端秀，一派贵气，塑匠准确把握了被塑者的年龄和精神风貌。

文成公主优雅，尺尊公主虔诚，两位来自不同文化区域的女性在风格上呈现出明显的差异。文成公主头部有唐代特色的菱形顶簪，五官精巧，鹅蛋脸庞，身披蓝底素花对襟外衣，结跏趺坐，尊像整体营造出端庄娴静、温文尔雅的唐代宫廷贵族女性形象。尺尊公主南亚民族的特征非常明显，面容秀美，略微收紧的双眉仿佛流露出一丝忧愁，双手合十，状极虔诚。对两位不同民族公主的传神塑造表明吐蕃时期顶级塑匠的非凡观察力。

文成公主

尺尊公主

图 3-1-4 文成公主与尺尊公主，7—9 世纪，泥塑，前者高 1.5 米，后者高 1.44 米

布达拉宫法王洞

图 3-1-5　帕巴拉康圣观音自在像（两侧为七世、八世达赖喇嘛仿制），7—9 世纪

布达拉宫

“布达拉”或译“普陀珞珈”，为梵文“Potalaka”之音译，松赞干布和达赖喇嘛均以观世音菩萨转世自居。布达拉宫中塑像不知凡几，唯有帕巴拉康中这尊圣观音自在像地位最为神圣，在拉萨同两尊释迦牟尼佛等身像齐名，为布达拉宫镇宫之宝。

尊像相传是天然成形檀香木化成，体积不大，被认为是松赞干布的本尊化身，藏语称为“鲁格夏热”，作为藏传佛教圣物。尊像曾在 1608 年因战乱被和硕特蒙古部落取至青海数年。1645 年，固始汗妃子达拉贡吉自东科尔寺用重金赎回，献给五世达赖喇嘛，时恰逢白宫奠基，尊像被格鲁派迎入宫中，成为布达拉宫主供佛，达赖喇嘛九世、十世、十一世“转世灵童”曾在它面前金瓶掣签。

图 3-1-6　强巴佛，18 世纪，镀金铜像，高 3.5 米

布达拉宫

强巴佛，即汉传佛教之弥勒佛。强巴佛五官秀丽端庄，清瘦的面庞上带无尽的慈祥与高贵，俨然一位宫廷里的俊美王子。这尊镀金弥勒佛像是八世达赖喇嘛（1758—1804）时期所造，是藏传佛教艺术在 17 世纪以后标准化的典型范例。

第二节

神变法尊：大昭寺

始建于7世纪的拉萨大昭寺在藏传佛教中拥有至高无上的地位，建寺的目的据传说是为了供奉一尊不动金刚佛像，即释迦牟尼八岁等身像，该佛像据传是松赞干布迎娶的尼泊尔尺尊公主从家乡携来的。同期唐朝文成公主亦携来释迦牟尼十二岁等身像，为安尊像，赞普选址于红山东侧建寺。此二寺是为后世大昭寺、小昭寺，二者是西藏历史上最早的一批佛教寺院。二寺建成之后吐蕃历代赞普均增建补修。7世纪中叶，吐蕃与唐朝发生了大规模战争。唐总章三年（670），唐高宗（628—683）以薛仁贵为逻娑道行军大总管，阿史那道真、郭待封为副手，领军5万人进入吐蕃控制的青海，以图与吐蕃军决战。[①]据传就在此时芒松芒赞赞普下令将文成公主携带来的十二岁等身像藏于大昭寺泥墙之中。[②]景龙四年（710），金城公主（约698—740）嫁入吐蕃，她将泥墙中十二岁等身像取出放置于大昭寺中，将尼泊尔之八岁等身像转移到了小昭寺，至此千年未变。

由于吐蕃王朝末年的农奴大起义对吐蕃遗存的破坏，大昭寺内的早期造像基本无存，唯有正殿之十二岁等身像据传为7世纪原物（图3-2-1），此外寺中木雕是至迟在8世纪雕琢的作品（图3-2-2、图3-2-3）。后弘期，大昭寺展开新一轮营建活动，除了其中十二岁等身像周边环绕的菩萨群像为11世纪桑嘎大译师所塑造外，其余大多造像皆为五世达赖在17世纪以后所增塑。

① ［北宋］欧阳修、宋祁撰：《新唐书》，中华书局，1975年，第6076页。

② 五世达赖喇嘛著，郭和卿译：《西藏王臣记》，民族出版社，2000年，第46—47页。大昭寺、小昭寺佛像交换之事另有《拔协》《西藏王统记》记载，仅在在细节上有所区别。

作为雪域高原最为重要的寺院，大昭寺内造像包含了自早期到现代的大量尊像。尤其是寺中保存的前弘期造像遗存，更是弥足珍贵，为藏传佛教造像艺术研究提供了重要的素材。

图 3-2-1 释迦牟尼十二岁等身像（着法衣与未着法衣），铜铸，高 1.5 米

大昭寺（王彦嘉供图）

大昭寺所供之十二岁等身像在藏语中敬称为“觉沃佛”，意为“至尊、至贵、至圣”。他的造像范式影响了今日藏区大部分释迦牟尼佛的塑造，堪称藏区佛尊之祖。相传该尊像为释迦牟尼在世时亲自开光加持塑造，共塑 3 尊等身像，体现了佛祖八岁、十二岁、二十五岁三个年龄段的样貌。

释迦牟尼十二岁等身像在佛教界地位极高，堪称圣物。据传该像为文成公主自唐地携来。坐像铜铸，通体敷金；神色慈和亲切；眉眼显然累经后世描画，色彩明丽如新。造像身体比例匀称、优美、劲健，表现出了少年肌体应有的朝气。身体几乎没有刻画线条，几乎不施衣纹的做法明显受到北印度萨尔那特造像的影响。萨尔那特为佛陀初转法轮之地，又称鹿野苑，其造像风格在 5 世纪始盛行于笈多王朝，其造像多做贴体袈裟，仅在衣领、袖口等处勾画线条以示袍服边缘，这种手法可以凸显塑像的身躯，彰示神佛的雄健体魄。

图 3-2-2　木门框雕刻局部，7—8 世纪，木雕，尺寸不详

大昭寺

大昭寺的营建传说不约而同地提及了松赞干布请尼泊尔工匠雕琢寺内建筑的故事。目前大昭寺中心佛殿一、二层遗存的门框和立柱木雕在艺术风格上确实具有浓郁的南亚次大陆气息，宿白先生在《藏传佛教寺院考古》中便认为，图中门框木雕中的造型与印度阿旃陀石窟的雕刻具有相似性。从内容上看，大昭寺门框木雕主题多为佛传故事，其构图疏密得当，人物姿态婀娜巧曲，可谓吐蕃时期木雕艺术的精品。

图 3-2-3　托柱力士与供养菩萨，7—8 世纪，木雕

大昭寺木雕门框（王彦嘉 供图）

大昭寺能够被确认为吐蕃遗存的便是殿堂中的木雕门框，其主题丰富，有菩萨、飞天、猛兽、托柱力士及经变等，排布密集。其中对供养菩萨的塑造尤具南亚次大陆美学之神韵，其造型优美，姿态婀娜，衣物单薄，明显模仿了印度阿旃陀石窟和那烂陀佛寺内的雕刻风格，意态是更加印度化的。托柱力士裸袒上身，膀大腰圆，鼻宽额阔，发辫披散于两肩，似又融合一些吐蕃人的样貌特性。史料记载，大昭寺的营建工程使用了大量尺尊公主带来的尼泊尔工匠，这些南亚气息的造像便应是 7 世纪尼泊尔艺术家的作品。

第三节

吐蕃灵塑：吉如拉康

8 世纪的西域，是唐王朝与吐蕃王朝反复拉锯争夺的角斗场。8 世纪 30 年代，一群于阗僧人因被于阗王排斥而逃亡至逻些城（今拉萨），彼时正欲在西域同唐朝一较雄长的吐蕃赞普赤德祖赞对他们礼奉有加，在逻些城周边建七座大寺供养这批于阗僧侣。吉如拉康便是在这时营建。

寺院坐西朝东，坐落在乃东县一山水形胜之处，其地林木繁茂，是一处福地。寺中吐蕃时期造像位于寺中南部靠后的释迦佛堂，殿中塑像现存 13 尊，皆为泥塑。主尊为释迦牟尼，周围沿山墙环塑八大菩萨、二力士、二供养人（图 3-3-1 至图 3-3-3）。吉如拉康造像虽然数量不多，但其风格古雅质朴，面部具有汉传佛教造像面部之清癯秀骨的特征；衣纹则有中亚地区衣纹勾画深刻的特点，体现出吐蕃艺术错综复杂的来源。吉如拉康兴建的时代，正是金城公主与赤德祖赞和亲的时期，新一轮的唐代艺术被融入西藏的文化体系中。吉如拉康造像的这种风格对于领略曾经称霸青藏高原亚六十余年、东败大唐、西进中亚的吐蕃王朝艺术颇有助益。吉如拉康作为当时高原政权中的一座小寺，提醒了我们在藏传佛教造像艺术的形成中，除了南亚次大陆之外，敦煌、于阗等地在其间所扮演的角色也非常重要。

图 3-3-1　八大菩萨正面（部分），8 世纪，泥塑，均高 1.8 米

吉如拉康（刘拓供图）

八大菩萨与二供养人皆沿山墙而造，几乎与人等高，上体稍向前倾，五官清秀，神态虔诚。菩萨均戴手镯、臂钏，佩瓔珞，花冠高髻，袒胸露臂，身披绿色或蓝色天衣，红色长裙曳地。八大菩萨的组合在藏传佛教中最为常见，多环侍于释迦牟尼佛旁。八大菩萨为：文殊菩萨、普贤菩萨、观世音菩萨、金刚手菩萨、虚空藏菩萨、地藏王菩萨、弥勒菩萨、除盖障菩萨。吉如拉康的群像融合早期波罗艺术的一些特质，如桶状叶冠、凸雕细刻衣纹及对年轻健康躯体的呈现。但是这种南亚风格并不纯粹，其间尚杂糅来自西域于阗的特征。

图 3-3-2　八大菩萨侧面（部分），8 世纪，泥塑

吉如拉康（刘拓 供图）

吉如拉康造像对面部的塑造非常独特。造像凤目长眉，嘴角微微扬起，面容生动宛如年轻吐蕃贵妇。

图 3-3-3 供养人，8 世纪，泥塑，均高 1.8 米

吉如拉康（刘拓 供图）

吉如拉康整体维修后造像变化较大，其男女供养人皆低眉垂目、眉眼狭长，神态虔穆恭敬；外披后世新制的色彩艳丽的锦绣佛衣，与八大菩萨着装相似。其中男供养人（靠近木门者）略高于女供养人，金面、头戴佛冠，面容娴静、气质文雅，展现出吐蕃造像艺术别样的风格。

第四节

像我非我：聂塘卓玛拉康

拉萨城西南，堆龙河同拉萨河相汇的地方，江面宏阔，夏季这里绿意盎然，仿佛雪域江南。在西藏历史上颇具盛名的聂塘寺便隐于此。

聂塘寺，又名聂塘卓玛拉康，对西藏后弘期佛教的传播贡献最大的古印度高僧阿底峡（982—1054）就圆寂于此。这位大德在聂塘地区讲经传法了六个春秋。在他圆寂后，1055年，阿底峡的大弟子仲敦巴（1005—1064）集合众人，在聂塘为其举办周年供，并且集资兴建了古朋寺作为纪念，这便是后世俗称的聂塘卓玛拉康。因正殿主供卓玛佛像，故取名“卓玛拉康”，意为“度母佛堂”；又因位于聂塘，故又称“聂塘寺”。

在历史上留下浓墨重彩一笔的聂塘寺建筑规模并不大。建筑群坐西朝东，仅有一进院落，珍贵的11世纪造像皆位于寺中无量寿佛殿内。或许是得赖于阿底峡的护佑，在历经了九百年的战火和动乱之后，造像依旧神采飞扬。殿中主塑3尊高大的佛像，周边环侍八大菩萨及二金刚，与众不同的是在殿外门两侧又塑四大天王，且此四大天王的中原气韵颇为浓郁，在环绕的藏传佛教造像中十分惹人注目。（图3-4-1至图3-4-6）

聂塘寺无量寿佛殿中的泥塑在风格上明显有正统帕拉王朝佛像艺术遗风，作为后弘初期遗存中最具波罗艺术特征的造像，这组泥塑的存世在藏传佛教造像史中具有特殊的意义。

图 3-4-1　无量寿佛，11 世纪，泥塑，高 5 米

聂塘卓玛拉康（刘拓 供图）

聂塘卓玛拉康的无量寿佛殿主供 3 尊长寿佛，菩萨装无量寿佛居中，白度母、尊胜佛母分坐左右，该殿被认为是聂塘寺最为古老的一座殿堂。主尊无量寿佛头戴桶型三叶冠。发髻高耸，手捧代表无量寿佛的宝瓶，结跏趺坐于“工”字形狮子座莲台上。尊像面部多次施金，头戴的桶型宝冠及眉眼彩画如新，神情淡远宁静，整体具有一定的吐蕃时期的遗风，背光中完整的六拏具彩绘鲜明。

图 3-4-2　蹲狮，11 世纪，石雕

聂塘卓玛拉康（刘拓供图）

聂塘寺的青狮造型生动灵巧，比例匀称，姿态威猛，是同一时期僵化的青狮造型中的一抹亮色。其上身挺直，头部高昂，尾部卷入后腿，这一风格明显上承唐季遗韵。

图 3-4-3　八大菩萨（部分），11 世纪，泥塑，高 2 米

聂塘卓玛拉康（刘拓 供图）

菩萨沿山墙塑造，头戴桶型三叶宝冠。冠叶为立式长条形，内饰卷草纹，每尊造像的每只冠叶花纹迥异。菩萨面容清朗、高鼻狭目，意态庄严而不乏尊贵之气。尽管塑像外罩后世所加的纺织材质的云肩法衣，但从领口、手臂等处仍可知其原有衣着样式。菩萨身着长袖对襟袍，有的袍袖的袖口绘有大型团花纹。其造像风格明显同艾旺寺的“萨玛达样式”一脉相承，只不过在此基础上增添了更多西藏本土化的特质。

图 3-4-4　六拏具背光，11 世纪，泥塑，尺寸不详

聂塘卓玛拉康

藏传佛教造像的背光上多做六种瑞兽，因其梵文字尾均有“拏”音而被称为六拏具。清代《造像量度经》记载，六拏具分别为大鹏金翅鸟、鲸鱼、龙子/龙女、童男、狮子（兽王）、象王。聂塘卓玛拉康的早期背光明显有所不同，背光造像分别是象王、凤凰、飞马、摩羯鱼（其上骑有小童）、金翅鸟。

图 3-4-5 四大天王，11 世纪，泥塑，均高 2 米

聂塘卓玛拉康

聂塘寺四大天王被塑造在无量寿佛殿门外，四大天王的身色、持物各有不同，相比殿中塑像之精，四天王在姿态和神情上略显粗简和僵化。但是这 4 尊造像皆身着宋代铠甲，衣纹、头盔、姿态的塑造上均明显能看到汉传佛教造像的艺术特征。同时，立姿四大天王在西藏后弘初期仅此地 4 尊，堪称孤品。可以看到彼时虽然藏区四分五裂，但仍然同内地有着密切的交流。

图 3-4-6 妖女，11 世纪，石胎泥塑

聂塘卓玛拉康（刘拓 供图）

四大天王皆足踏女性伏地者，这是内地所无，此女便是“罗刹女”，藏语叫作森嫫。相传西藏旧日龙王、妖魔频频作乱，人民苦不堪言，而藏区地形犹如罗刹仰卧，故而松赞干布造寺以镇之。这种传说影响了聂塘寺塑像者的创作。

第五节

和通艺像：艾旺寺

自西藏自治区日喀则市江孜县一路向南，跨过河流，攀上雪山，沿着年楚河谷一路向南，过康马县后年楚河在群山的挤压下愈发狭窄，艾旺寺就位于年楚河支流，仲巴涌曲河畔谷地中（图 3–5–1）。这条线路虽然穿越雪山，但相对低的海拔仍然使其成为古代印藏的重要通道，千年来帕里及亚东的骡夫商人络绎不绝地通过这里前往南亚次大陆。便利的交通条件让这里较早地被入藏传法的僧人所重视，这里是 10 世纪末至 13 世纪中叶各路高僧云集的地区。江布寺、艾旺寺、古琼寺、曼隆寺、色顶寺等，均是大师们驻锡传教的场所。

吐蕃王朝灭亡后，佛教在西藏地区衰亡，吐蕃僧人皆逃亡到藏西阿里地区或青海、甘肃地区。公元 975 年，青海僧人鲁梅等人自青海前往藏中传教，轰轰烈烈的上路弘法自此开始。他们星散于卫藏各地弘法传教。其中冲尊·喜饶僧格来到江孜、康马等地，这位雄心勃勃的僧人在短时间内于此地创建了大量寺院，曾在同一天为四十处僧团与道场奠基，喜饶僧格的努力和天然的地理环境使这一地区迅速成为藏传佛教的一个区域性中心。《后藏记》记载，艾旺寺为后弘初期僧人拉吉曲绛所建[①]，这位在史料中仅留下只言片语的神秘僧人指出这片河谷是总摄密宗功德的海洋，故在此建寺。这便是艾旺寺的开端。

艾旺寺造像的风格特殊性在 20 世纪 40 年代被意大利藏学家图奇（Giuseppe Tucci）发现（图 3–5–2），他在考察了艾旺寺后对寺中造像的风格感到颇为惊异。它们体型高大，造型俊

① 觉囊·达热那特著，余万治译，阿旺校：《后藏志》，西藏人民出版社，1994 年，第 39 页。

美。这里的造像拥有印度和于阗两种风格。观察艾旺寺造像，其巨大的团花纹、高大的宝冠、厚重的长袍、足下的长靴都展现出中亚地区的风格特色。图奇在这里发现了壁画工匠的题记，言其采用了印度之法和来自“李域”的风格。李域正是藏族对于阗地区的称呼，彼时于阗国王被李唐王朝赐李姓，故而得名。艾旺寺造像的珍贵之处便在于此，融合了西域、印度、中原和吐蕃原生的造像，展现出了一种迥异于如今常见的西藏艺术的美。这表明在10—11世纪的后弘初期，藏传佛教美学在重构时期的艺术多样性（图3-5-3至图3-5-9）。

图3-5-1 艾旺寺，11世纪

“宿世您是光辉的曲绛，热忱之光照耀江若地，极力扩展妙法之教区，所化之蜂满足致敬意。”艾旺寺所在的区域古称江若，这首赞颂其建寺者拉吉曲绛的赞词被记录在了《后藏志》中[①]。艾旺寺今日建筑群为“品”字形，该寺坐南朝北分为中心主殿和东配殿、西配殿。1966年，佛殿的屋顶全部被拆毁，20世纪90年代西藏自治区政府重修加固为现状。

① 觉囊·达热那特著，余万治译，阿旺校：《后藏志》，西藏人民出版社，1994年，第39页。

图 3-5-2　图齐摄艾旺寺旧照，11 世纪

图源：［意］图齐著，萨尔吉、魏正中等译：《梵天佛地》第 4 卷，上海古籍出版社，2009 年，图版四一、四三、五〇

“我一进入中殿，就为富丽堂皇的装饰和宏伟庄严的塑像所震惊：壁画中的禅定诸佛以其优美的线条和流光溢彩的颜色构成鎏金大塑像的背景，后者金光闪耀，衣着华丽。”①20 世纪初，图齐抵达艾旺寺时，这里仍然是殿堂井然、造像完整的一座寺院。他对艾旺寺的造像艺术印象极为深刻。

图 3-5-3　正殿主尊（部分），11 世纪，石胎泥塑，均高 3 米

艾旺寺（王彦嘉 供图）

正殿内墙砌一圈石砌台座，正面的台座上残存有 7 尊释迦牟尼佛，皆结跏趺坐，衣纹厚重，面容古雅。①

① ［意］图齐著，萨尔吉、魏正中等译：《梵天佛地》第 4 卷，上海古籍出版社，2009 年，第 93 页。

图3-5-4　正殿单体佛尊（部分），11世纪，石胎泥塑，均高3米

艾旺寺

正殿各尊释迦牟尼佛造型基本一致，面型椭圆、修眉细目、双眼微暝、鼻梁高挺、双唇较薄，双手置于胸前，手掌已残缺。身着通肩袈裟，然“U”字形领口下垂较深，衣褶轻盈匀净，但形成的袈裟质感却很厚重。匠师塑造衣纹的技艺非常娴熟，具有明显的中亚造像特征，但宽袖、长面、五官较平又流露出浓郁的汉传佛教艺术韵味。

图 3-5-5　东配殿菩萨像（部分），11 世纪，石胎泥塑，均高 5 米

艾旺寺

根据图齐在 20 世纪 30 年代考察艾旺寺时记载，艾旺寺东配殿此类立姿于阗风格造像共 10 身，皆着菩萨装。这些造像皆以木桩为基，由草泥、细泥逐步塑造而成。今日造像的头饰、双臂及背光大多残损，背后饰有桃形头光。窄袖翻领对襟袍与云纹的长靴被认为是中世纪中亚地区粟特人所常用的民族服饰。粟特商人在丝绸之路繁盛时是东西方文化交流的重要传递者，从敦煌及吐蕃遗存图像来看，彼时吐蕃贵族多喜着这类对襟长袍。艾旺寺出现的这种中亚样式长袍证明，虽然吐蕃王朝灭亡，但其审美体系和造像风格仍然在后弘初期被艺术家所继承。

图 3-5-6　东配殿菩萨头像，11 世纪，石胎泥塑

艾旺寺

尊像眉眼细长，眼角上挑，额头宽阔，鼻子略小，双唇凸起且厚重，扁平的眉弓和鼻子似乎有着东亚蒙古人种的特征，玄思高妙的微笑颇有魏晋谈玄的神韵。

图 3-5-7　东配殿菩萨小袖团窠袍服饰细节，11 世纪，石胎泥塑

艾旺寺（王彦嘉供图）

连珠纹或连珠圈纹是典型的西来纹样，在粟特地区、萨珊波斯地区的织物上盛行，其中多描绘鸟兽。艾旺寺东配殿团窠袍的纹饰同阎立本《步辇图》中之禄东赞的衣着纹饰颇为相似。菩萨所系腰带与西藏地区出土的吐蕃时期腰带颇类，卡扣处镂空雕花，装饰丰富的高浮雕兽面、鱼、鸟、龙等形象，十分写实。

图 3-5-8　东配殿明王像，11 世纪，石胎泥塑，尺寸不详

艾旺寺

安置明王的台基已基本残破，但仅存的躯体其动势仍然带给人强烈的动势。强健的筋骨、饱满的胸膛无不显示出生命的张力。

图 3-5-9　西配殿塔形龛，11 世纪

艾旺寺

西配殿中塑像基本已经损毁殆尽，唯有正面残存一座石砌泥塑的塔形神龛。神龛宽 2 米，高 3 米，龛上雕有 S 形卷草纹及菱形花朵。龛内原供奉泥塑佛像，现已毁灭，今为重塑。塔形龛风格同印度笈多时期造像后的塔形龛颇为相似。

第六节

绝域溢彩：阿里托林寺

自吐蕃王朝崩溃之后，佛教在藏区消沉了近二百年，这一时期虽然被称为失去佛法的黑暗时代，但同样也是藏区文化再次走向复兴前的文化反思时代。如同敦煌出土的一份古藏文史料所言“向神叩拜，不是为了个人，是为了天下苍生的利益而献供叩拜。我们祈愿坏时代过去，祈愿神的好时代快快到来”①。

10 世纪初，吐蕃末代赞普后裔俄松之孙吉德尼玛衮自卫藏携臣工部族逃至藏西阿里地区，娶当地头人女儿为妻，延续了吐蕃王朝的统续。吉德尼玛衮去世后其地一分为三，幼子得今阿里一带，是为古格王朝之肇始。在休养生息数十年后，古格王朝逐渐趋于强盛。在第二代古格统治者松艾时期，古格王室开始大力复兴佛法，松艾本人更是选择自行出家，以“拉喇嘛益西沃”传名于世。他作为后弘初期上路弘法最早的倡导者和实行者，在其统治境内兴建了不下一百座佛寺，可见其工程之浩大。其中，奠基于公元 996 年的托林寺是这一时期古格王国佛教寺院建造运动的高潮事件，包括仁钦桑布在内的上路弘法重要僧侣均出自该寺。初建的托林寺仿吐蕃时代第一大寺桑耶寺所建，以迦萨大殿做须弥山，四周环绕四大部洲、八中州。迦萨大殿以中心五殿为核心，周环十九座配殿，平面呈极其复杂的双重“亚”字形，每殿皆塑绘齐全。1036 年，高僧阿底峡被迎至该寺，为弘法与译经的需要，托林寺住持拉尊江久堆进一步扩建了托林寺。及至 1076 年，在古格王赞德的赞助下，托

① 郑炳林：《敦煌吐蕃文献选辑文化卷》，民族出版社，2011 年，第 53 页。

林寺为去世二十二周年的阿底峡尊者举行了盛大的纪念法会。这是自吐蕃王朝灭亡以来，藏区佛教徒第一次大型结集法会，远自康区和卫藏的佛教徒均前来参加。这次法会因年得名“火龙年大法会”，托林寺由此名震全藏。

作为藏西首刹，托林寺造像理应成为集古格佛教造像美学之大成的艺术圣殿。遗憾的是，自 17 世纪拉达克攻灭古格以来，阿里地区大多寺院均遭到战乱破坏，十不存一。19 世纪中叶，印度旁遮普地区的锡克王国攻入此地，藏西地区再次遭到战争破坏，托林寺成为军营，被掠走大量贵重造像。20 世纪 80 年代开始，我国考古学家对托林寺进行了系统发掘调查，出土了大量泥塑、铜铸、木雕造像。通过这些出土造像可以看到，由于地处文明十字路口的藏西，托林寺造像明显有着博采域外诸长的特点。在 11—13 世纪，由于克什米尔地区仍旧有佛教传播，其佛教造像艺术对托林寺影响最为深远，仁钦桑布自克什米尔学成归来时就带来了三十二名当地塑匠。克什米尔造像风格继承了北印度犍陀罗及秣菟罗两大佛教造像体系的神韵，在此基础上又融合了部分中亚元素，其为藏西佛教造像最终诞生迥异于卫藏地区造像的别样风格打下了基础（图 3-6-1 至图 3-6-5）。12 世纪开始，密教金刚乘盛行于古格，由于造像在密教修行体系中的重要作用，古格造像迎来鼎盛时期，其尊像逐渐摆脱了初期的模仿之风，日渐走向本土化。同时，由于克什米尔地区佛教日趋衰落，东印度波罗艺术的元素开始出现在托林寺造像之中（图 3-6-6 至图 3-6-8）。

抵不过时光消磨的托林寺如今仅存建于 15—16 世纪的红殿、白殿，其余皆作残垣断壁，唯有四周的两百多座佛塔似乎在默默地叙述着千百年前高僧云集、佛事昌隆的故事。相传这些佛塔中都有一颗仁钦桑布的念珠，默默护持着此地一丝法脉，幸延至今。

图 3-6-1　残损立姿菩萨，11—12 世纪，泥塑，尺寸不详

托林寺

图源：金维诺主编：《中国藏传佛教雕塑全集》第 1 卷，北京美术摄影出版社，2002 年，第 41 页，图四三

设色鲜艳的菩萨立于莲台之上，周边皆绘护法，此为托林寺少数保存在原址上的造像。尊像长圆形身光与圆形头光相叠，上身残毁，青色身，右腿支撑，左腿微向侧伸出。尽管残毁如此之多，但仍旧可以呈现出其优美闲适的身姿。保存完好的贴体裹裙边缘红色，内绘细密斑纹，这是藏西造像十分流行的做法，明显受到克什米尔地区造像风格影响。

图 3-6-2 四臂文殊菩萨，11—12 世纪，泥塑，尺寸不详

阿济寺

建于拉达克地区的阿济寺是阿里三围（又称阿里三部）中与托林寺同期所建之寺，其主尊下身繁华富丽之贴体裹裙与托林寺立姿菩萨像一脉相承。相较崇尚简洁的萨尔纳特造像，这种对衣裙的繁丽描绘明显受到来自中亚的影响。

图 3-6-3 释迦牟尼佛像头部，11—12 世纪，泥塑，高 0.15 米

托林寺

图源：金维诺主编：《中国藏传佛教雕塑全集》第 1 卷，北京美术摄影出版社，2002 年，第 24 页，图二六

佛尊面型长圆，肉髻硕大，眼细长，眉弓如新月。上唇薄而下唇厚，似笑非笑。佛祖面容圆长是克什米尔地区造像的一大特征，尊像虽残，但五官舒展且比例得宜，神情恬淡自若，是藏西寺院造像的佳作。

图 3-6-4 释迦牟尼佛像头部，11—12 世纪，泥塑，高 0.2 米

托林寺

图源：金维诺主编：《中国藏传佛教雕塑全集》第 1 卷，北京美术摄影出版社，2002 年，第 26 页，图二八

释迦佛螺发，头顶肉髻已失。眉骨与鼻梁一体贯通，鼻梁弓起挺拔。二目微瞑，眼睛狭长，眼睑厚重。双唇赤色仍鲜艳如初。尽管造像有着笈多艺术的余韵，但也更具本土特色，最明显的如上薄下厚的菱角小口，几与鼻翼同宽。

图 3-6-5　释迦牟尼坐像，11—12 世纪，红陶，高 0.3 米

托林寺
图源：金维诺主编：《中国藏传佛教雕塑全集》第 1 卷，北京美术摄影出版社，2002 年，第 15 页，图一七

佛像虽然残损，但仍可看出形体线条流畅。塑匠将佛祖挺拔之躯体，宽大之胸肌，修长之腰身一一呈现，给人以青春昂扬之态。佛之上身几乎不着片缕，仅刻自左肩而下之线条以做袈裟与肌肤之分野，这是北印度萨尔纳特造像所特有的风格。

图 3-6-6　大威德金刚足下恶鬼众，13—15 世纪，泥塑，尺寸不详

托林寺
图源：金维诺主编：《中国藏传佛教雕塑全集》第 1 卷，北京美术摄影出版社，2002 年，第 50 页，图五三

大威德金刚足下所踏之群魔表情生动，或圆睁二目抿嘴抵御；或失口呼叫，不忍压迫，双臂姿态生动，挣扎之状意欲脱出。匠师将群魔被镇而不服的煞气和怨念塑造得惟妙惟肖，彼时塑匠技艺之精妙于此可见。

图 3-6-7　供养人头部，13—14 世纪，泥塑，高 0.14 米

托林寺
图源：金维诺主编：《中国藏传佛教雕塑全集》第 1 卷，北京美术摄影出版社，2002 年，第 83 页，图八八、图八九

女供养人眉骨与鼻梁交汇，长长的眉梢斜插入鬓，鼻翼宽大，下颚丰腴圆润，小口。男供养人头部尖状小帽为古格地区特有的冠帽；长眉挑起，双目低垂，似在思索着什么；上唇紧咬下唇，以至于唇边出现褶皱，好像在抑制着某种感情。微妙的情感变化未能逃脱匠师的妙手。两尊供养人一个沉静平和，一个压抑控制，两种不同的心理状态传达十分到位，展露出古代雕塑艺术家绝佳的创造力和艺术表现力。

图 3-6-8　罗汉头部，13—14 世纪，泥塑，高 0.26 米

托林寺
图源：金维诺主编：《中国藏传佛教雕塑全集》，北京美术摄影出版社，2002 年，第 70 页，图七四；第 69 页，图七三

造像圆润饱满的额头、鼻翼两侧贴塑之“八”字形胡须、短小之鼻梁及细长的双目，都展现出与汉传佛教罗汉不同的面容特征。他们均具有浓郁的古代阿里人之形貌，塑匠对人物面容的准确生动刻画不禁令人赞叹。藏区罗汉造像自 13 世纪开始盛行，这与蒙元一统，藏区与中原重获密切交往有关。

第七节

殊胜神洲：白居寺

位于江孜河谷的白居寺是西藏迄今保存最为完整，集15世纪藏区建筑、雕塑、绘画于一身的藏传佛教艺术神殿。寺中如须弥山一般壮丽雄伟的吉祥多门塔更是藏区唯一一处寺塔皆保存完好的古典时代寺院格局的活化石（图3–7–1）。

白居寺全称“吉祥轮胜乐金刚鲁希巴坛城仪轨大乐香水海寺”，俗称“班廓曲德”，意为吉祥轮寺。该寺是江孜法王热丹贡桑帕巴（1389—1442）邀请一世班禅喇嘛克珠杰（1385—1438），于1418年奠基开工。寺院在建设期间召集了来自前藏的金银匠、泥塑匠和尼泊尔的铜铁匠，历时十八年，于1436年全寺竣工。建成后，寺中十七座扎仓萨迦、格鲁、夏鲁多宗并存，藏区、内地、尼泊尔技艺皆具。得赖和谐的多元环境，白居寺造像呈现出图像上神系繁杂、风格上博采众长的特质。其雕塑均按15世纪相关显密经典塑造，对于前格鲁派时代藏传佛教图像学内容的流变及15世纪藏传佛教雕塑风格的艺术渊源都有着弥足珍贵的意义，堪称雪域高原的“万神殿”。

雄壮宏伟的措钦大殿是白居寺的主体建筑，于1425年竣工。大殿坐北朝南，高三层，每层皆塑有材质不一、风格各异、设色华丽的各类造像，其主题包括佛尊、菩萨、大成就者、罗汉、上师、金刚护法、护教法王，林林总总，不可胜数。其中，一层中央主供铜铸大日如来佛（图3–7–2），为仿拉萨大昭寺等身像所铸。两侧设文殊、观音胁侍，燃灯佛和弥勒佛分列两旁，左右墙依《文殊师利根本怛特罗》仪轨塑造十六菩萨，一侧8尊，体量高大，形制古朴（图3–7–3）。

措钦大殿内部两侧另设殿堂，左侧殿中以金刚界曼荼罗为主题，彩塑五方佛及胁侍菩萨，五方佛中心主尊大日如来四面二臂，是金刚界曼荼罗主尊的标准姿势。这批彩塑体量虽不宏大，但塑艺洗练精致，比之后世严格依托《造像量度经》塑造的尊像，它们呈现出更加浓郁的南亚次大陆美学风格，在庄严之中平添了几分优雅和妩媚，这些造像是江孜法王扎西饶丹贝桑波在位时补塑（图 3–7–4）。右侧主供弥勒佛，另有 3 尊风格独特、传神写实的吐蕃三法王彩塑，其中赞普松赞干布无须、姿容仪态昂扬一如青年，是少见的早年松赞干布形象的造像（图 3–7–5）。

措钦大殿二层主要由拉基大殿、道果殿、罗汉殿组成，其中西侧的道果殿之名展示出其萨迦派的背景。“道果”为萨迦密法的名称，意即解脱之道与所获之果。此殿中造像为萨迦派宗教内涵的集中体现，殿堂西、北、南群龛中 19 尊造像集中展示了萨迦派道果上师传承次第：中心主供金刚持，两侧塑无我母、费卢波及诸萨迦派上师喇嘛（图 3–7–6、图 3–7–6–1）。罗汉殿位于二层左侧，殿中悬塑山岩，十八罗汉分列于“苦行山”之中，皆结跏趺坐，整体风格明显受到内地影响（图 3–7–7）。

14 世纪，西藏地区先后兴建了数座多门塔范式的建筑，因为日吾其寺金塔和觉囊寺大塔雕塑壁画大多损毁，江塔则已然坍塌，所以白居寺塔则成为唯一可以一探 14—15 世纪多门塔造像题材的遗存。白居寺塔位于措钦大殿右侧，又称“十万佛塔”。塔高十三层，内设佛殿七十余间，均彩塑无数精美华贵的各类密宗造像，造像同壁画相映生辉，步入其中就如同进入了须弥山万神殿。吉祥多门塔中之造像严谨地依托密宗曼荼罗体系而排布，每一层都象征着一次修行的进步，修行者自事部怛特罗拾级而上，直至顶端无上瑜伽部怛特罗，观者短时间内即可遍访所有密意仪轨（图 3–7–8 至图 3–7–18）。

根据白居寺壁画题记记载，寺中造像多为后藏拉孜、江孜等地塑匠所作，其中拉孜德庆的南卡桑波师徒和来自康马县乃宁的拉益坚参主要塑造了吉祥多门塔内群像。除了乃宁、拉孜两派艺术风格对白居寺造像的直接影响，在该寺造像上，还能看到来自萨迦寺、夏鲁寺、阿里地区乃至中原的风格元素，这令白居寺造像不仅是拉孜一地的艺术体现，而是呈现出泛喜马拉雅艺术在 15 世纪的多元化状态。

白居寺的施主，江孜法王在明代受封仰思多万户府万户，热丹贡桑帕巴便是第二任万户。15 世纪初，在帕木竹巴政权对雪域高原趋于一统的大气候下，江孜以其地理优越、经济发达而成为少数独立于帕木竹巴政权的地方势力。江孜的贵族们在营建白居寺的过程中，表现出更为包容的审美意趣，这为伟大艺

图 3-7-1　白居寺远景

“须弥山傍金山顶，日月二轮放霞光，光明遍照于四方，为四大州作庄严。”[①] 米拉日巴尊者的道歌仿佛是专门用来描写白居寺一般。

① 诗出自米拉日巴道歌，张澄基译：《米拉日巴大师集》，民族出版社，2001 年，第 22 页。

术作品的诞生提供了丰沃的土壤。作为一个承上启下的时代，15 世纪塑造的白居寺造像呈现出充满生机、多元并蓄的状态，虽然部分造像仍旧有自后弘初期以降南亚尼泊尔－印度地区遗风，但明显可以看到这样的美学风格已然逐渐被藏区吸收。成熟的、更具地域性特征的藏传佛教造像风格在 15 世纪已初露端倪。

图 3-7-2　措钦大殿一层大日如来，15 世纪，铜铸，高 8 米

白居寺（刘拓供图）

“后殿瞻洲庄严大佛像，吉祥威光遍照三世间，摩诃菩提佛殿无伦比，是为十八圆满第一项。”[1] 措钦大殿主供大日如来，佛尊头戴五叶宝冠；方额广颐；额间白毫相；眉眼修长；眼睑轻薄，中间微微下弯，呈“豆荚”状；鼻梁挺直；嘴角微翘含笑；下颚微突。面带高妙微笑的佛尊呈现出一种空灵而纯粹的独特视觉效果。该像模仿了大昭寺等身像，除用铜巨量外，还于塑像内装藏有室利沙班智达携带至藏区的陀罗尼经。

① 多罗那他著、余万治译：《后藏志》，西藏人民出版社，1994 年，第 32 页。

图 3-7-3 措钦大殿一层菩萨群像局部，15 世纪，铜铸，均高 2 米

白居寺（刘拓供图）

措钦大殿正殿两侧山墙有 16 尊形态大同小异的菩萨，其分别是文殊、月光、善财、除盖障、虚空库（藏）、地藏、离垢、妙眼、弥勒、普贤、观音、金刚手、大慧、寂慧、遍照藏、灭罪。此皆依托密宗仪轨所塑，其排布风格上承后弘初期形制。菩萨立姿，额头宽广，双眉细长，鼻梁高挺，刀工精炼，无累赘之嫌；头戴之五叶冠嵌金饰松石，显得华贵庄严。五叶皆做内收筒状，尚余一丝吐蕃筒型头巾遗风。

图 3-7-4　措钦大殿左侧金刚界曼荼罗殿五方佛局部，15 世纪，泥塑，尺寸不详

白居寺（刘拓供图）

金刚界曼荼罗殿中塑画一体，旨在呈现金刚界曼荼罗诸般景象。主尊五方佛体量略大，其余眷属菩萨环绕四壁，以壁塑形式表现。该殿造像面容秀雅，身躯健美，整体具有一种青春健康的美感，背光为印度风格的三叶涡蔓缠枝纹，其雕工在细密精巧中有着严谨的分割比例，具有别样的对称之美。

图 3-7-5 措钦大殿一层右侧大殿松赞干布像，15 世纪，泥塑，尺寸不详

白居寺（刘拓供图）

暗亮的釉色让这尊极具写实主义的法王像多了几分华光。法王松赞干布造型精准，衣着和发饰非常独特，同传统风格中头戴筒型巾、身着厚重藏袍、唇上蓄须的松赞干布完全不同。白居寺松赞干布尊像结禅定印坐于汉式莲台之上，发髻仅束起，顶部塑观世音像。面容温润和蔼；外披金色碎花罩衫，似为吐蕃时期流行之粟特胡服；罩衫衣褶刻画轻盈，呈现出其丝绸质地；内着交领袍。似这般青年形貌的法王像颇为少见。

图 3-7-6　措钦大殿二层道果殿金刚持像局部，15 世纪，泥塑，尺寸不详

白居寺（刘拓供图）

道果殿主尊金刚持是萨迦派最重要的本尊神之一，也是萨迦派道果教授生圆二次第的本尊神。两侧群塑之萨迦派成就者、上师同佛殿中央之泥塑胜乐曼荼罗为常见的图像组合。

图 3-7-6-1　措钦大殿二层道果殿萨迦上师像（部分），15 世纪，泥塑，尺寸不详

白居寺（刘拓供图）

道果殿两侧陈列着 18 尊萨迦派上师的塑像，尽管造像略显板滞，但每一位上师的不同样貌特点和性格特征都被匠师精心刻画出来。

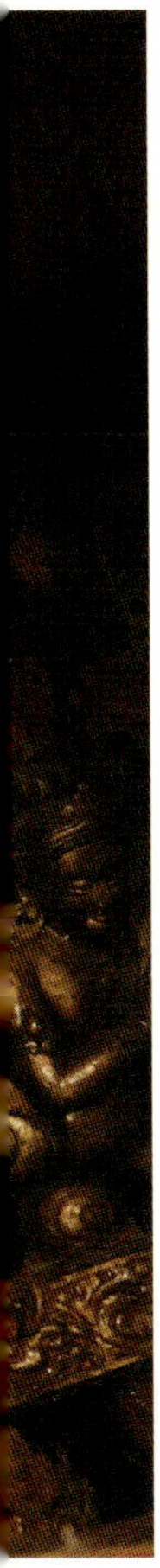

图 3-7-7　措钦大殿二层罗汉殿阿氏多尊者，15 世纪，泥塑，高 1.3 米

白居寺

图源：金维诺主编：《中国藏传佛教雕塑全集》第 1 卷，北京美术摄影出版社，2002 年，第 140 页，图一四六

作为明代官方敕封的万户，江孜地区同中原关系匪浅，从二层拉基大殿中尚存的永乐十四年（1416）皇室所赐救度佛母唐卡可见一斑。在措钦大殿二层罗汉殿中，群塑“苦行山”十八罗汉就是典型的汉传佛教风格造像。图中阿氏多尊者头微侧，头戴风帽，面容苍老，双眉微蹙，双手结禅定印于腹部，身披袈裟，结跏趺坐于山石之间。措钦大殿之罗汉明显受到汉传佛教十八罗汉造像的影响，以堆塑山岩填补殿堂视觉空间在明代中原寺观造像中十分常见。

图 3-7-8　吉祥多门塔一层燃灯佛殿燃灯佛及拏具局部，15 世纪，泥塑，通高 1.6 米

白居寺（刘拓 供图）

燃灯佛位于一层北侧大殿，体量巨大、螺发低矮、面容庄肃，袒右袈裟仅用轻刻，线条舒缓流畅。佛座拏具形象设计十分活泼，立体化圆雕呈现出四个形象互有交流、生动灵活的拏具像。拏具，为藏密中以动物为元素主体组成的法相装饰，常于背光两侧出现，燃灯佛之拏具为象王承兽王，兽王承紧那罗，紧那罗上又有童子，四者皆突出于背光，几近圆雕，作势欲离，动感强烈。

图 3-7-9　吉祥多门塔一层回遮殿主尊白伞盖佛母，15 世纪，泥塑，高 1.65 米

白居寺

白伞盖佛母图像谱系众多，位于塔中一层的白伞盖佛母殿以摧破诸曜白伞盖佛母的形貌出现。吉祥多门塔主尊在塑造背光佛座之余，将胁侍眷属同样安置于主尊两侧，整体佛座形成“凹”字形龛状，这或许是由于塔内空间狭小。白伞盖佛母两侧就塑造了 4 尊眷属菩萨，分别为无能胜明妃、焰火明妃、大乌摩天女、大力明妃。金色居中的白伞盖佛母华贵非常，肩宽腰细的扇面形身材、清朗俊美的面容、对比强烈的设色，都展现出独特的藏传佛教审美意趣。

图 3-7-10　吉祥多门塔一层兜率宫观音，15 世纪，泥塑，高 1.1 米

白居寺

图源：金维诺主编：《中国藏传佛教雕塑全集》第 1 卷，北京美术摄影出版社，2002 年，第 104 页，图一一〇

白色身、眉眼秀美、身姿婀娜的观音头戴高大的五佛宝冠，手持红色花枝，丰神朗秀、明丽，相较白居寺多数菩萨所蕴含之智者特有的持重沉稳，这尊莲花手观音更具青春之韵，显得自信而从容。

图 3-7-11　吉祥多门塔一层怙主殿大黑天宝帐怙主，15 世纪，泥塑，高 1.45 米

白居寺

黑色身宝帐怙主愤怒相，双臂横托宝杖，一手持金刚杵，一手持嘎巴拉碗，身形敦厚，其属于大黑天的变化之一。萨迦派、格鲁派许多僧人以此护法为依止。施愤怒相以镇宵小的大黑天，在作为寺院护法的同时，亦是商旅之守护神，虽面目狞恶却是存大慈悲之神。

图 3-7-12　吉祥多门塔二层入大解脱城门殿四大天王，15世纪，泥塑

白居寺

四大天王被安置于这座须弥山中一层向二层攀登的廊道中，其造型敦厚，颇具憨态，若非面带庄严法相，几乎非神界天王。入大解脱城门是吉祥多门塔中较隐蔽的一段阶梯，此处可直达塔顶。将四大天王安置于此，是彼时藏区佛教神坛独特的思想体现。

图 3-7-13　吉祥多门塔三层无量光佛殿胁侍菩萨（部分），15 世纪，泥塑，高 1 米
白居寺（刘拓供图）

胁侍菩萨长圆面庞，细长的弯眉斜飞入鬓，头向右倾侧，一双秀目斜视向右方，细长的耳垂上带有硕大的圆形耳珰。三折站立姿凸显了的女性身材的婀娜优美。尊像上身裸袒、披挂华美的璎珞等饰品，下身着贴体短裙，这些均具有浓郁的尼泊尔造像美学特质。

图 3-7-14　吉祥多门塔四层如意宝殿大成就者帝落巴，15 世纪，泥塑，高 1.4 米

白居寺（刘拓供图）

帝洛巴（988—1069）是印度佛教密宗噶举派开山祖师，八十四大成就者之一。尊像敦厚健壮，头束发髻，卷发贴头，鼻梁隆短，嘴阔唇宽，微翘的嘴角流露出满含哲思的微笑。上身赤裸，胸膛健硕，右手持半面鼓，左手托嘎巴拉碗。匠师准确地塑造了大成就者帝洛巴这位生自孟加拉的智者的民族特征。

图 3-7-15　吉祥多门塔四层道果殿八思巴，15 世纪，泥塑，高 1.2 米

白居寺

图源：金维诺主编：《中国藏传佛教雕塑全集》第 1 卷，北京美术摄影出版社，2002 年，第 165 页，图一七一

吉祥多门塔中这尊八思巴（1235—1280）像雄姿英发，双目如电，一头整齐的短发、国字形脸庞，展现出一代英杰气吞山河的自信壮志。与后世规制庄严、日趋神性的八思巴尊像相比，此像呈现出更为现实主义的一面，更贴近一位历史上真实存在过的人物，而不是传说中的诸天神佛。

图 3-7-16　吉祥多门塔五层南无量宫殿释迦牟尼佛，15 世纪，泥塑，高 1.6 米

白居寺

位于顶层的释迦牟尼佛巨大的体量屹立在庄肃的殿堂中，眷属环绕四周，殿堂中共塑绘尊像 5653 身，足见顶层至上净殿的尊崇地位。释迦牟尼螺发贴头，额头饱满，眉眼上扬，鼻梁棱角分明，人中短。上身略长，身躯强健、胸膛浑厚。身着赤色袒右袈裟，袈裟纹样精美，背光缠枝规整。其堪称白居寺造像中艺术成就最高的一尊佛像。

图 3-7-17 吉祥多门塔五层南无量宫殿罗汉（部分），15 世纪，泥塑，均高 1.1 米

白居寺

无量宫中罗汉层列于法座两侧，神态各异，比例匀称，其周边悬塑山石云气以做尊者法座。白居寺营建时期并非同中原断绝音讯，江孜法王作为帕竹政权的主要地方力量，在明代曾与中央政府多有交流。这批颇具内地明式罗汉风韵的造像便是一大例证，明显可见塑匠受到了中原美学影响。

图 3-7-18 吉祥多门塔五层南无量宫殿罗汉（部分），15 世纪，泥塑

白居寺

罗汉造像特有的那种生机勃勃的生命力是佛菩萨所无法具备的。吉祥多门塔五层罗汉皆层叠悬塑于主尊两侧，朝拜者入内均被其各色视线所凝，他们或蹙眉，或展颜，令人无法究其神思何属。

第八节

出世入世：清代宫廷佛堂——雨花阁与梵华楼

自清朝肇始，清廷历代帝王便十分强调与藏区佛教诸派的联系。有清一代，藏传佛教同时作为满蒙联盟的中间人和满蒙贵族的信仰寄托，肩负着政治和宗教的双重任务。尤其在国势鼎盛的乾隆时期，不论是在皇室活动的离宫别苑，还是禁城内廷之中，皆大兴佛寺、佛堂，其造像在同藏区一脉相承的同时，又有着帝王自身的审美和宗教诉求，产生了独特的清代皇家佛堂造像体系（图 3-8-1）。

作为一位上承父祖基业的太平皇帝，乾隆帝在其统治时期对藏传佛教产生了莫大的兴趣，他本人在养心殿中就设有私人佛堂，供奉五方佛。乾隆十年（1745），他更是接受了三世章嘉活佛若贝多杰（1717—1786）的灌顶仪式，成为第一个系统学习藏传佛教显密理论的清朝帝王。在乾隆时期，许多巨大的文化工程在皇帝的推动下进行，如《四库全书》《同文韵统》的编纂工作，旨在思想上完成真正的大一统。而在佛教界，笃爱藏传佛教的乾隆帝野心勃勃地选择了对庞杂纷繁的藏传佛教神系进行系统性的梳理，以官方的观点定义藏传佛教诸神，这个浩大的文化工程在西藏亦无先例。由此，他首先选择前明殿堂隆德殿改建。乾隆十五年（1750），皇帝亲自主持，三世章嘉活佛为顾问，依托西藏托林寺造像布局，营建了紫禁城中最高的藏传佛教佛堂雨花阁。雨花阁的营建可以说是乾隆帝对藏传佛教神系结构和格鲁派密教修行观念的一次初步梳理（图 3-8-2）。

雨花阁平面为长方形，面阔三间，进深三间，四周出廊，乾隆三十二年（1767）添建前檐抱厦三间；立面为阶梯形三层，一、二层之间靠北部设有暗层，为“明三暗四”的格局。

图 3-8-1 雨花阁与梵华楼

“在东方大皇帝的都城，黄金楼阁的皇宫之中，似凭仗如意宝之法力，竖起佛法胜利之幡幢。”[①] 九重禁宫中的雨花阁与梵华楼等宗教建筑共同构成了清代宫廷的信仰空间，这些建筑不仅代表着皇室信仰的藏传佛教，同样也蕴含借藏传佛教以安抚内外蒙古及藏区的重要政治行为。

① [清] 土观·洛桑却吉尼玛作藏文诗，转引自王子林：《雨花阁原状陈设》，《紫禁城》，第156期，第94页。

此層供奉智行品佛應念智行品内無量壽佛四臂觀世
音菩薩尊勝佛母白救度佛母積光佛母大悲觀世音菩
薩綠救度佛母隨求佛母白傘蓋佛母等經

图 3-8-2 雨花阁佛龛题记（部分）

雨花阁每一层佛龛上都用汉、满、蒙、藏四种文字书写该层所供奉的佛像。一层佛龛汉文是："此层供奉智行品佛，应念智行品内无量寿佛、四臂观世音菩萨、尊胜佛母、白救度佛母、积光佛母、大悲观世音菩萨、绿救度佛母、随求佛母、白伞盖佛母等经。"如同说明文字一般的叙述，令雨花阁仿佛一座立体的密乘修行空间。

阁前两座东西配楼，分别为六世班禅和三世章嘉活佛的影堂。终清一朝，雨花阁建筑群与其北侧的中正殿建筑群在清代紫禁城建筑体系中共同扮演了内廷藏传佛教谱系区的角色。

雨花阁内部陈设布局是在章嘉国师的指导下，严格按照藏密的事、行、瑜伽、无上瑜伽四部设计布置的。密宗四部者，为藏传佛教修习密乘的四个阶段，根据修行者的智慧和机缘划分，其严谨的划分，是藏传佛教哲学系统逐渐走向系统化的标志，而雨花阁四层格局正是格鲁派这一修行仪轨的具象化体现。

一层称智行层，因乾隆御题"智珠心印"匾额得来，供奉无量寿佛等 9 尊事部佛像，佛龛之后放置铜镀金掐丝珐琅立体坛城 3 座（图 3-8-3）。二层称行德层，即密宗四部的第二个层次行部，供奉以宏光显耀菩提佛为中心的 9 尊佛像，在二层栏杆正面有泥金书大字"西方极乐世界阿弥陀佛安养道场"，表明一、二层为供奉密宗莲华部主尊的场所，为皇室祈福添寿。三层称瑜伽层，供瑜伽部佛像 5 尊。四层称无上层，供奉密迹金刚、大威德金刚、胜乐金刚共 3 尊佛像（图 3-8-4）。雨花阁四部造像共计 26 尊，皆同藏传佛教仪轨紧密相关。

雨花阁四层造像的出现可谓是藏传佛教密宗神系思想的第一次系统化总结。然而乾隆帝并不满足于单纯对密宗四部的具象化梳理，如果说雨花阁是他的实验作品，六品佛楼体系便是他对藏传佛教神系定论的作品。乾隆二十二年，在建福宫花园中动工兴建了对日后清宫佛堂造像影响深远的慧曜楼，因内部分六隔间，清宫称其为"六品佛楼"，其同样是密乘修行体系具象化的呈现。相较格局依托前明旧殿，无法自由规划的雨花阁，新建的六品佛楼，有了更大的空间去阐述乾隆帝对藏传佛教神系的认知和梳理。六大隔间分别代表了般若品、无上阳体根本品、无上阴体根本品、瑜伽根本品、德行根本品、功行根本品六个不同的修行阶段。比之单纯修行密宗的雨花阁，六品佛楼增添了显宗"般若品"，同时将无上瑜伽部拆分为父续及母续。内中佛像及唐卡的排布均是由乾隆本人反复修订方得完成。自 1758 年营建第一座六品佛楼始，直至 1783 年，清宫先后修建了八座佛楼。如今，仅有建于乾隆三十七年的梵华楼中造像、唐卡保存最为完整。在梵华楼中，六室

786尊铜像严格遵循经典教义，以秩序、等级排列组合，主次分明。观其严谨法度，方可体会三百年前那位太平天子对藏传佛教深厚的认识。

于造像本身来看，雨花阁、梵华楼之宫廷佛堂造像严格依托《造像量度经》确立佛像的图像和尺度标准、依托宗教学图像制作，这正是乾隆时期宫廷造像形成稳定艺术风格的原因。尽管可能存在批量化及模件化特点，但由于六品佛楼系所展现的佛像图像学特点完备，使后来流出国外的作品多数得到了特别的重视。

雨花阁与梵华楼的造像系统完整，分布逻辑缜密，通过造像、唐卡、建筑，以及法器与供具等元素将藏传佛教宗教义理具象化诠释。但是，六品佛楼系统及作品，并不具有实际的供奉、修行、举办仪式之用途。尽管其摆放布置也没有将其谱系与义理贯彻到底，而是增入了不少为清宫祈福、为皇族延寿的内容，但其本质上还是一种对藏传佛教特别是格鲁派的修行义理与配合神佛谱系的详尽整理。所以，六品佛楼系的神佛谱系，与其说为宗教性的，更不如说为学术性的。六品佛楼系佛像谱系，从佛学图像学上而言，具有某种终极意义。配合法器供具的佛像，能够营造出一种整体性的美感和独特的美学体系。或者说，其佛像谱系符合佛教发展的规律和合理性，并非仅限于寺院般的敬拜环境，而是为佛教造像展现出另一种美感体系。

简而言之，六品佛楼体制的佛像谱系，应从其在佛教图像志与图像学的位置、从密宗传承总体演变来认识。佛、菩萨、金刚护法、诸天等复杂像设，体现于高度组织化的系统建构，有着发展演进过程。原初陀罗尼密教只在咒语，并无坛场。持明密教以手印结合咒语，坛场始兴。至金刚与胎藏两界（瑜伽与真言乘），或称纯密，也即唐密发达，两界大曼荼罗图像成为标志，其后并有各种专题具相曼荼罗。至藏传系统来说特点有三：首先增出无上瑜伽部，内并有父续与母续之分。二是强调修习依从，接受上师指导，选定本尊。修习观想中须先深习学，后须观想自己成为本尊的状态。三是各个派别传承不同。最后强盛的格鲁派对观想修习有整体梳理，依先显后密整合为诸部。其显教为一，其密教有四，即事部、行部、瑜伽部、无上瑜伽（父续、母续）。因而可以成为六品（部），依此六品学修次第，可以整合全部造像系统。一般个人习修，并不需如此周全。由于清帝如乾隆之信仰内求，在清宫等数处建造六品佛楼，才构成了密教佛神全体之谱系、包括经像及法器供具。总之，六品佛楼并非修习实用，只具供奉功德。从佛教图像志与图像学的全体谱系来说，有了六品佛楼，才得完整周全。

图 3-8-3　一层正龛智行品佛（部分）及主尊无量寿佛，清，铜铸

雨花阁

智行品即事部，专修外事，代表了密乘修行的第一阶段。雨花阁一层以大型佛龛为底座，居中一字排列 9 尊智行品造像。无量寿佛居中，诸佛母位列其次，诸佛像高度不等，在 50—59 厘米之间，属于密宗事部主尊。作为初步修习之部，智行品诸尊多做菩萨装，面容温厚慈祥，有着世俗意义上的吉祥美满之寓意。如此排布，对于修习密法之人来讲有循序渐进的意图蕴含其间。

图 3-8-4 四层无上品正龛尊像，清，青铜，均高 0.44 米

雨花阁

在雨花阁的顶层，即无上瑜伽部，也是密宗的第四层次，以宗喀巴大师的《密宗道次第广论》为依据，供奉藏传佛教格鲁派大威德、胜乐、密迹三大主尊，此三尊为藏传佛教神系中金刚族最为重要者，在藏区最受尊崇。在藏传佛教艺术中，象征是其基本手法，因此本尊佛像在造像时也运用了象征的手法。图中右为大威德金刚，其三十四只手臂，再加上身、语、意三业象征佛教修习的三十七道品。九头表示九种镇压阎王的经咒，正中最大的头为有着蓝色水牛角的大水牛头，象征阎王；最高的头为文殊菩萨本像，象征慈善和平；二牛角象征佛教真俗谛；十六足象征十六空，左右足分别踩着八种人和兽，拥抱明妃“罗浪杂哇”，双腿一弓起一绷直，造型复杂，制作技艺精湛。

第九节

潜邸梵像：北京雍和宫

雍和宫是清朝雍正、乾隆两代帝王的“在潜之居”，始建于康熙三十三年（1694），名“禛贝勒府”，是雍正帝胤禛（1678—1735）未登基前的住所，雍正三年（1725）改为皇帝行宫，列为“龙潜禁地”，敕名“雍和宫”；乾隆九年（1744）改为藏传佛教寺院，成为清政府管理蒙古地区藏传佛教事务的中心（图 3–9–1）。由于雍和宫在政治上的地位，因此它保存了数量庞大、各具特色的藏传佛教艺术珍品。在雍和宫，不同材质的造像在寺中各擅胜场，表现出清代宫廷造像艺术的多样化和体系化。其中万福阁弥勒大佛更是开创了清代立姿大佛的范例（图 3–9–2），此后清宫又在乾隆二十四年（1759）在承德普宁寺动工塑造了一尊形态类似但高度更胜于雍和宫的木雕贴金观音巨像（地上高度达 22.23 米），这尊造像相较雍和宫之大佛，在技术和审美上显得更加成熟和细腻，可谓为中国古代巨型大像画上了一个圆满的句号。

雍和宫内部陈设造像的塑造始于乾隆九年（1744），由养心殿造办处与中正殿念经处协同制作造像蓝本，内务府塑匠充任工人创作完成。终乾隆一朝皆有增塑。这些雕塑或如万福阁之木雕弥勒佛站像，高达 18 米；或如法轮殿木雕五百罗汉山之罗汉，高不过区区几厘米（图 3–9–3、图 3–9–4）。

图 3–9–1　雍和宫

图 3-9-2　万福阁弥勒大佛及局部，清，木雕，高 18 米（地下部分 8 米）

雍和宫

万福阁是雍和宫中最为巍峨的一座建筑，殿高 25 米，殿内巨大的汉白玉须弥座上供奉着号称雍和宫木雕三绝的弥勒大像，该造像由察罕达尔汗呼图克图指导设计。“呼图克图”为清朝授予的活佛封号，察罕活佛为八大驻京呼图克图之一，其早在康熙年间就被委任督办造像事务，可见其在造像艺术上的造诣。木材材质为白檀香木，颇为稀见，为七世达赖格桑嘉措进献。

大佛雍容华贵，身着菩萨装，通体贴金，周身环绕宝石镶嵌之璎珞。头戴繁复装饰的藏式五佛冠，每个冠叶均开龛雕造佛像。尊像面容慈祥，脸颊丰满，鼻梁挺拔，胸部肌肉结实挺阔，胸前装饰细密璎珞宝珠，双臂线条柔和而有力。弥勒左手结触地印，右手当胸结说法印，于臂钏手镯上嵌琥珀、松石与珠翠，双手食指与大拇指皆拈莲花茎，莲茎顺手臂于肩膀上生出莲花，莲花上有弥勒特有象征，左为奔巴瓶，右为法轮。大佛脖颈处还挂有楠木制成的 108 颗佛珠。佛像的裙摆装饰极其华美，上有构造巧妙的璎珞宝珠，与永宣造像的璎珞在躯体上的应用有继承关系。从整体上看，雍和宫的弥勒大佛的艺术风格是多元化的，繁复华丽的璎珞和相对平直的躯体，承袭自汉传佛教传统立姿大佛与明代汉藏佛教的造像特征。而肌肉健壮的上身则又有着喀尔喀蒙古造像艺术的气息。面部、头部的细节则明显参考了布达拉宫的弥勒大像。

图 3-9-3　法轮殿紫檀木五百罗汉山，清，木雕，高 3.4 米、宽 3.45 米、厚 0.3 米

雍和宫

位于法轮殿法坛后部有一大型佛龛，即为被誉为雍和宫木雕三绝之一的“五百罗汉山”。五百罗汉艺术出现于五代、兴盛于两宋，历代殿堂中塑五百罗汉，或专设罗汉堂供奉，或于殿内山墙等处悬塑。而雍和宫的五百罗汉山则将山水之中的罗汉浓缩在了 3 米见方的一块紫檀木上，大有芥子纳须弥之意蕴。五百罗汉山中的山水亭台参差错落、人物形象小而精致，人物布局均衡，散布在整个山岩之间。

图 3-9-4　法轮殿紫檀木五百罗汉山局部，清，木雕

雍和宫

此山为紫檀木镂空透雕而成，由清廷自江南选调著名雕刻家制作。以紫檀雕刻的石山层峦叠嶂，怪石嶙峋，错落有致。五百罗汉则分别以金、银、铜、铁、锡五金制成，罗汉皆高不过 10 厘米，诸造像精巧细致。诸位罗汉形态各异，有的池畔放生、有的对坐参禅、有的抚琴于林间，种种仪态生动反映出清代内地雕塑造像进一步走向世俗化的一面。

对雍和宫造像风格影响最大的是时为三世章嘉活佛的若贝多杰，他与乾隆帝过从甚密，私人关系十分深厚，将雍和宫改建为寺院便是在他的影响下促成的。在乾隆帝统治时期，三世章嘉活佛可谓对佛教文化的发展出力最多，从乾隆元年（1736）就任掌印扎萨克达喇嘛，从总管驻京喇嘛始，至乾隆五十一年（1786）去世，三世章嘉活佛一直是乾隆朝藏传佛教造像的主持人，他本人对造像艺术的理解很深，有着良好的审美修养。他本人会画唐卡，也会塑塑像，雍和宫的造像活动对他倚重最多。从画样到做模，最后到交由塑匠制作，每一个流程的修改、完善及调整，事无巨细，都有他的参与；至于在教义、图像学及艺术审美上，他更是给予了频繁且深入的指导。

此外不能忽视的是来自藏区的造像艺术影响，“番做造像”在清代随着西藏定期的朝贡活动而流入中原，例如万福阁弥勒造像，即为乾隆十五年乾隆帝册封娴贵妃为继皇后时，七世达赖格桑嘉措（1708—1757）收集白檀木制作并呈献而来。

乾隆帝统治时期是一个大一统的时代，雍和宫的木雕及泥塑造像同时还受到了来自尼泊尔、喀尔喀蒙古部落的影响。据史料记载，在乾隆九年二月初三，乾隆帝曾发布上谕，命西藏颇罗鼐郡王（1689—1747）从尼泊尔拣选工匠来京[①]。而这一年正是雍和宫改建寺院的起始年，这批尼泊尔工匠在抵京后就被拨往正在改建中的雍和宫听差。喀尔喀蒙古部落的影响则来自一世哲布尊丹巴·洛桑丹贝坚赞（1635—1723），这位艺术大师的作品深受康熙、雍正、乾隆三代帝王喜爱，在雍和宫改建期间，主要施工参与者——中正殿念经处的匠师群体很可能仍旧受到了来自喀尔喀蒙古部落的影响，甚至是被其工匠直接指导技艺（图 3-9-5、图 3-9-6）。

雍和宫造像不仅有密宗造像，同样也有汉式的显宗造像，这反映了彼时盛行的格鲁派所倡导之“显密兼修”的宗教理念。清代的汉传佛教造像大都自明代的基础上发展而来，因此保存有很强的明代遗风，风格多来自山西地区的“塑画匠”传承，这令内务府的宫廷作坊在制作汉式风格的造像时具有十分标准的造像规范和鲜明的特征，其中佼佼者莫过于雍和宫正殿内的干漆夹纻十八罗汉。

据《雍和宫志略》载，雍和宫殿内十八罗汉为造办处如意馆设计作图，中正殿办造佛像喇嘛任工匠长，内务府塑匠具体施工，由此可见此十八罗汉应是

① 史料转引，参见罗文华著：《龙袍与袈裟》，《造办处活计档摘录》，紫禁城出版社，2005 年，第 653 页。

图 3-9-5　主尊释迦牟尼佛，清，木雕，尺寸不详

雍和宫

雍和宫殿作为旧日雍亲王府的正殿，在宫改寺后实际扮演了内地寺院中“大雄宝殿”的角色，仍旧为整个寺院的核心建筑。大雄宝殿中以白檀香木制成纵三世佛：燃灯佛、释迦牟尼佛、弥勒佛。尊像发髻线略呈弓状，脸颊丰满，耳郭窄小，耳垂方正中空，鼻梁挺直，整体面相丰满雍容、意态轻松，这与喀尔喀蒙古造像具有一定契合点。身后为繁复华丽的贴金莲瓣形背光，外圈边缘为火焰纹，内侧为巨大卷草纹，卷涡中心装饰红蓝二色。面涂金漆，远观微现宝石光泽，如同镶嵌宝珠。这种风格的背光与康熙年间的宫廷做法一脉相承。这种于背光处饰以巨大卷草宝石纹样貌的做法，可在15世纪的后藏白居寺中找到风格来源，不同的是18世纪的清代将这种背光构型更加夸大了，突出了皇家特有的华贵气息和审美品位。

图 3-9-6　永佑殿无量寿佛，清，铜铸，高2.35米

雍和宫

永佑殿无量寿佛为菩萨装，完全采用藏式风格，整体形象柔美雅致。头戴宽大五叶冠，冠叶雕饰繁复，镶嵌各色玉石，耳后宝缯自然飘荡而下，面部圆润，双目平视，颈挂项圈与三层璎珞，双手结禅定印并托奔巴宝瓶。其背光风格同雍和宫殿主尊背光如出一辙，展现了乾隆帝个人对宗教艺术的要求，即在整体上官方标定佛教诸神的神格特点，模式化高于独特性，宗教性高于艺术性。

汉藏两地人员合作的结果。根据罗汉的图像志特征，此十八罗汉来自藏系传统，若与《藏传佛教神明大全》等对照基本特征[①]，则有较多对应。尽管其鲜明的汉人面孔和内地服饰特征让人以为这就是内地传统的十八罗汉，但在很多较为关键之处，如形貌法器等，仍然透露出其为藏传佛教体系特色（图 3–9–7 至图 3–9–9）。如西墙起的第五身抱持吐宝兽的薄拘罗尊者，第六身拿宝绳的迦诺迦伐磋尊者；东墙的第十五身右手持经板、左手拿经袱的苏频陀尊者，第十六身举拿着锡杖的那迦縒尊者，第十七身持小宝塔的阿秘特尊者，第十八身达玛达拉居士等，皆与藏系罗汉图像特征吻合。此外还有第十四身俗装顶发髻、右手当胸左托瓶壶的军屠钵叹，甚至于第十身袈裟顶披戴到头顶的阿氏多尊者[②]。总之，雍和宫殿中十八罗汉像，即非十六罗汉加上降龙、伏虎，也非十六罗汉加上达摩多罗与布袋弥勒，虽然其形态或较为接近。所以若仅依汉传体系列名排序，实无对应依据可言，这 18 尊罗汉的过渡与不确定性较为明显。

在雍和宫造像中还有一尊特殊的造像，这就是照佛楼中的旃檀瑞像，也即旃檀佛（图 3–9–10）。就旃檀瑞像的渊源传承而言，当属汉系造像。雍和宫这尊旃檀佛的形象仿制自康熙五年（1666）所建弘仁寺中的旃檀瑞像，而弘仁寺这尊瑞像则是从京城城西的鹫峰寺中移来。有清一代对这尊旃檀瑞像的仿制颇多，不仅在京城，在蒙古地区及藏区均有不少这尊瑞像的仿品，弘仁寺也成为蒙、藏喇嘛进京朝圣的一处佛教圣地。

此外，在雍和宫的密宗殿还有一尊体量颇大的大威德金刚铜铸造像，此像虽也是从它寺移来，非雍和宫旧物，但仍与皇家造像密切相关（图 3–9–11）。

作为中国历史上最后一个封建王朝，清代塑神制佛的技艺在艺术表现力上已大不如前，造像多模仿前朝，缺乏创新。具体表现在僵化古板、缺乏生气。虽在整体上清代木雕泥塑艺术呈衰落趋势，但单就雍和宫来看，其水平仍在同一时期位属翘楚，究其缘由，毕竟因其为三世章嘉活佛亲自监造、乾隆帝数次下旨过问的国家级工程。借助雍和宫的改建行动，清宫第一次系统地对藏式造像的制作技术和仪轨构成有了直观的了解，并据此多次对藏式佛像进行了仿制。乾隆九年雍和宫改建，随之而来的金铜造像铸造实际上是乾隆一朝大规模佛像制作的开端。

---

① 久美却吉多杰：《藏传佛教神明大全》，青海民族出版社，2004 年。

② 有些或属推定，或可推定。当然，藏传佛教罗汉持物也有些变动不定，并非绝对严格。但基本上还是有一定的对应性，不宜全无对应仅依顺次序而定名。参见久美却吉多杰：《藏传佛教神明大全》；桑吉扎西：《藏传佛教雕塑中的十八罗汉艺术》，《法音》，2009 年 10 期。

图 3-9-7　薄拘罗尊者，清，干漆夹纻，高 1.55 米

雍和宫

罗汉像皆采用紫麻脱纱技术塑造，即夹纻像。雍和宫的罗汉像在技艺上达到了顶尖水平，但尊像多正襟危坐，不敢做舒张之态，显得严谨有余而生气不足，气质上逊于中古时代罗汉塑像。图中的薄拘罗尊者双腿盘坐，厚重的袈裟遮住了双腿，衣褶平整地垂于座前。尊者面色白皙，浓眉大眼，八字胡须带有几分藏人的气质。右手当胸捻花，花瓣层叠，远望犹如一柄白羽团扇，花蒂是如意云头纹样，只是弯曲的花茎提示着人们其作为花朵的存在。罗汉左手于身前持抱着吐宝鼠，此一特征与汉传的十八罗汉颇不相同，吐宝鼠是藏传佛教中财神手中常见的持物。

图 3-9-8　军屠钵叹尊者与达玛达拉居士像，清，干漆夹纻，高 1.55 米

雍和宫

军屠钵叹尊者盘膝而坐，双足上下相叠；右手当胸结说法印，左手于身前托瓶壶。尊者皮肤呈红褐色，头顶有发髻或肉髻，双耳戴硕大的圆环，其面貌特征具汉人特征。尊者袈裟为半披式，下摆垂于座前；衣褶圆浑柔和，褶皱极富装饰性，基本以对称的形式呈现。

达玛达拉居士为倚坐坐姿，右手上举持拂尘，左手当胸提一把提梁壶，此像发型奇特，长长的发辫在头顶盘成丫髻状。在汉传佛教十八罗汉中罗汉多是剃除须发的比丘形象，有的胡僧虽有头发，但却是非常短的卷发。此像的丫髻盘发可见于西藏敏珠林寺所藏的一尊明代铜鎏金阿瓦都帝巴像，只是阿瓦都帝巴像的发髻更加精致繁复。此类发髻是藏区居士身份的修行人常见的发式，只是具体细节各有不同。达玛达拉居士皮肤白皙，丰圆的面庞隐含着微微笑意，虽然梳着藏式发髻却有着一张汉人的面庞。此尊像与《藏传佛教神明大全》中的达玛达拉居士像完全一致，包括居士身后的一只虎，也完全相同。

军屠钵叹尊者

达玛达拉居士

图 3–9–9　十八罗汉局部，清，干漆夹纻

雍和宫

雍和宫的十八罗汉塑像在塑成之后会采用“彩绘拨金”法绘制，这一绘制技艺是清代顶级的塑像手法。每尊罗汉像的图纹有如游丝，于红褐色、茶绿色的底色上若明若暗，细密至极，颇显功夫，绘制而成后形成淡金效果，奢华不凡。

图 3-9-10 照佛楼旃檀佛，清，铜铸，高 2.04 米

雍和宫

照佛楼建于康熙三十三年，是乾隆帝的生母钮祜禄氏的佛堂。楼内的旃檀佛一铺 3 尊，释迦旃檀佛的两侧侍立着迦叶和阿难。此尊旃檀佛是仿制的清初北海西岸康熙时期所建之弘仁寺内的旃檀佛，而弘仁寺的这尊旃檀佛则是从城西的鹫峰寺移来，明万历时慈圣太后为此像始敷以金。照佛楼铜制旃檀佛绀青色佛发，发上有波纹，方面大耳，眉心白毫相光。佛像身披圆领通肩袈裟，赤足，全身的衣纹细密呈水波纹状，特别是胸前的衣纹呈“U”字形。佛像右手上举，施无畏印；左手下垂，施与愿印。双手的手指之间指网可见，所谓指网是佛陀三十二相、八十种好之一，类似鸿雁的脚蹼之状。佛像背后有精美的背光，其金丝楠木雕刻的奢华大佛龛为雍和宫木雕三绝之一。

在雍和宫内所供奉的诸多佛教造像中，旃檀佛像是一种比较特殊的题材。尽管旃檀佛是汉、藏佛教中共同供奉的佛像，但旃檀佛的历史与汉传佛教的关系更为密切，历史也更为久远。据佛教文献记载，在内地，至少自南朝梁武帝时便开始供奉旃檀佛像。据《增一阿含经》所载，优填王是因为佛陀上升忉利天为母说法，久不见佛，忧思成疾，故而令巧匠用旃檀木雕刻佛陀形象，以解忧思。

图 3-9-11　密宗殿大威德金刚及局部，清，铜铸，尺寸不详

雍和宫

大威德金刚为格鲁派修行本尊之一，密宗殿内有一尊体量巨大、技艺精美的铜铸大威德金刚像。这尊大威德金刚法身威严，呈恐怖之像；佛身皆系古铜贴金，凸显了沉郁的气质。该像九头、三十四臂、十六足，乃依佛教含义所制。九头表示九种镇压阎王的经咒，正中最大的头为有水牛角的大水牛头，面目恐怖，双眼大睁，嘴巴大张，象征阎王。最高的头为文殊菩萨本像，象征慈善和平。三十四臂排列成左右两个扇面形，各执法物；右腿弓步，左腿绷直，造型复杂，制作精湛。密宗殿这尊精美的大威德金刚原位于北京城中普度寺慈济殿内，1949 年后被迁移至雍和宫。普度寺在元、明、清三代皆为宗教场所，明代为洪庆宫，当时便有供养的藏传佛教僧侣；康熙年间改为玛哈嘎喇（大黑天）庙；乾隆朝敕名普度。

第十节 统合敬诚：承德外八庙

承德避暑山庄周围寺庙指清朝在避暑山庄周围修建的十二座佛教寺庙。其中八座寺庙在避暑山庄北部、东北部的山丘地带，它们自西向东井然有序环绕着避暑山庄。其中溥仁寺、溥善寺为康熙年间兴建，其余均为乾隆时期所建。这些寺庙建筑风格分为藏式寺庙、汉式寺庙和汉藏结合式寺庙三种，具有鲜明的政治功用。

十二座寺庙中，罗汉堂、广安寺、普乐寺为清廷内务府管理，其余八座皆为藏传佛教寺院，统归理藩院管辖。此八座庙宇后世称为“外八庙”。外八庙是清代罕见的集中于一个时期、融合多元文化、统为皇家寺院的建筑群体。

外八庙造像体系上承康熙晚期引入的藏式工艺模式，大多为乾隆年间营造，其风格规制统一，仪轨严谨，体现了乾隆帝本人对清代宫廷佛教造像体系重构时的个人影响。外八庙造像在材质上非常多样化，溥仁寺慈云普荫殿（图 3–10–1）内的三世佛像、十八罗汉，宝相长新殿九尊无量寿佛为较为少见的髹漆夹纻造像（图 3–10–2 至图 3–10–6）；木质佛教造像如普宁寺大雄宝殿两侧供奉的木雕彩绘十八罗汉（图 3–10–7、图 3–10–8）、宏阔巍峨的大乘之阁（图 3–10–9）内体量巨大的木雕千手千眼观音（图 3–10–10），安远庙普度殿一层的一尊绿度母（图 3–10–11）等。铜鎏金造像著名的如普乐寺旭光阁内的藏传佛教无上瑜伽部经天母续本尊铜铸胜乐金刚（图 3–10–12），普陀宗乘之庙权衡三界亭供奉的吉祥天母（图 3–10–13）等。这些造像雕造水平极高，大多具有标准的清代造办处造像之风格特点。

图 3-10-1　慈云普荫殿，清

溥仁寺

慈云普荫殿面阔七间、进深五间，屋顶上覆黄色琉璃瓦，殿前正中悬“慈云普荫”满、汉、藏三体文字匾额，大殿在苍松翠柏的映衬下显得格外庄严、华贵。

在乾隆二十年（1755）到乾隆四十五年（1780）间迅速营建的外八庙建筑群，其殿堂诸像因造办处批量铸造，佛像工艺日趋简单，神韵程式化、模块化的特点明显。

在康乾清宫藏传佛教的艺术实践中，喀尔喀蒙古部落工匠起到了很重要的指导性作用。其缘由来自一世哲布尊丹巴·洛桑丹贝坚赞，身为总管外蒙地区佛教事务的大活佛，他不仅在政治和宗教上成就颇高，同时还是一位影响深远的艺术大师，创立了以其原名命名的“扎纳巴扎尔艺术风格”，被西方收藏界称为“东方的米开朗琪罗”。哲布尊丹巴在后藏学习期间曾对尼泊尔造像十分喜爱，并积极试图将其与蒙古宗教艺

图 3-10-2　慈云普荫殿内景，清

溥仁寺

慈云普荫殿内主供三世佛，中间释迦牟尼佛的两侧有迦叶、阿难二弟子，高度远低于主尊高度，突显主尊形体的伟岸。三世佛前供桌上分别供有一组吉祥八宝。殿内东西山墙下分列十八罗汉。

术相融合[①]。康熙二十七年（1688），在准噶尔蒙古部落的压迫下，哲布尊丹巴带领喀尔喀蒙古部落举族内附，他本人来到北京并停留长达十年，参与设立了中正殿念经处这一主管藏传佛教造办的部门。作为一位划时代的艺术大师，一世哲布尊丹巴对清宫造像艺术的发展和成熟起到了至关重要的作用。在避暑山庄中现存的溥仁寺造像群便是典型的受到其风格影响的康熙时期造像，这种艺术风格在乾隆时期得到了继承。究其原因，是承德作为满蒙联盟最重要的会盟中心，外八庙造像不可避免要更多地采用草原地区的艺术风格以得其众心的缘故。相较康熙时期的造像，乾隆时期大规模的塑神造佛和《造像量度经》的推广，让这一时期的外八庙造像呈现出规制雄伟、法度森严、体系完善、兼具汉藏美学特质的特点，并且出现了如罗汉堂这样的纯粹为乾隆帝个人美学追求服务的有寺无僧的美术馆性质的建筑。当然除上述之外，乾隆时期还有仿自前代的汉传佛教造像，例如五台山殊像寺的文殊像、外八庙殊像寺中的宝相阁大圣文殊像便是仿此而来。宝相阁位于寺的最后，也是最高处。累石造山，宝相阁居中，四角各有一殿，象征五台五峰。（图 3-10-14、图 3-10-15）

18 世纪中后期，清朝在乾隆帝的统治下，国势得到了进一步巩固和发展，为患多年的蒙古诸部已是“喀尔喀久为世臣，厄鲁特亦无不归顺”。在这种所谓“百余年升平累洽，中外一家”[②]的大好环境中，为庆祝乾隆帝七十大寿，

① 罗文华，《故宫藏蒙古铜佛像研究－试论一世哲布尊丹巴时期佛造像艺术风格的来源》，《故宫博物院院刊》，1999 年第 2 期，第 81 页。
② 语出《御制须弥福寿之庙碑》。

迦叶佛

释迦佛

弥勒佛

图 3-10-3　三世佛，1713 年，髹漆夹纻，尺寸不详

溥仁寺慈云普荫殿

康熙五十二年（1713），在康熙帝六十大寿时，蒙古王公在避暑山庄敬献白银 20 万两，恳请在避暑山庄周边修建寺庙。康熙帝遂依在多伦诺尔建汇宗寺例，在武烈河东修建溥仁、溥善二寺，这是外八庙造像之始。如今溥仁寺尚存建寺时留存的各种材质造像 34 尊。位于溥仁寺慈云普荫殿内的三世佛皆设高大背光，饰繁密莲纹、宝珠纹，其设计风格同乾隆初年雍和宫佛尊一脉相承。佛尊头戴精致华丽的五叶冠，葫芦型发髻，髻顶饰珠宝。宝冠缯带从耳际呈 U 形飞扬于两侧。诸佛面部整体感丰满适中。上身双肩搭披帛，披帛由双肩经前胸下垂，再轻柔地绕过下臂，由双腿两侧垂搭在莲花座两侧，或对称垂搭在莲花座正面的座壁上。金铜造像胎体比较厚重，铸造精细。在腿部衣褶的刻画上，衣纹往往形成同心圆的效果。仰莲莲座分三层均匀地分布莲台一周，莲瓣间有莲蓬。这种座式是喀尔喀蒙古造像标志性的特点。

清廷进行了大量的前期筹备工作，其中六世班禅额尔德尼来访亦是这一政治性极强的盛典中之重要组成部分。自五世达赖入京拜见顺治以来，西藏地方政教领袖已有一百二十八年未至京城。为彰显这一重大政治事件，乾隆帝在热河行宫北部、昔日普陀宗乘之庙东营建了规模庞大的须弥福寿之庙，即“班禅行宫”，以迎奉六世班禅到来。这是外八庙中建造最晚的一座寺院，至此，乾隆帝在热河的“宗教之都”的拼图中拼上了最后一块（图 3-10-16）。

由于工期较紧（用时一年），且有大量外八庙其余诸寺营建经验，须弥福寿之庙陈设的造像普遍具有典型乾隆中后期官式造像的特质，并且在既有基础上，更于细节多有增添，体现出这一时期务求体现“盛世”风貌的特质。寺庙建成后，又有蒙古诸部、满洲王公、文武大臣等捐赠大量金铜造像，根据嘉庆二十一年（1816）《须弥福寿之庙佛像、供器、陈设等项清档》所统计，须弥福寿之庙仅造像就有20508尊之多[①]。这些造像虽然累遇困厄，历经民国军阀盗取、日军掠夺及破坏，体量较小者大多散佚，但仍有多尊造型华贵、风格统一的造像原状陈设于殿堂中，另有贴金泥塑浮雕于寺中琉璃塔外。这些劫后余宝，仍可令今人领略乾隆朝晚期外八庙寺院造像的情况。

根据嘉庆二十一年档案，可知在正殿妙高庄严殿（图3-10-17）一层原状供奉有释迦牟尼佛1尊，手托钵盂（图3-10-18）；二层原状供奉释迦佛1尊，左右从神2尊（图3-10-19）。环绕妙高庄严殿的群楼中，南楼二层殿主供药师佛7尊（图3-10-20至图3-10-22）；北楼二层殿主供长寿三尊（图3-10-23、图3-10-24）。南楼西三间设有“开花献佛”机关一座，内供释迦牟尼佛4尊，造像今已全部遗失，但华贵精妙的机关尚存（图3-10-25）。这些造像如今尚安置于原位，尤其是南楼药师佛7尊，为目前稀见的乾隆朝药师佛巨像。在寺中层叠而上的建筑群最后一进为七层琉璃宝塔，大体仿避暑山庄内永佑寺塔而成，所别者，在塔身一层环塑了更为精美的五方佛及长寿三尊（图3-10-26至图3-10-28）。

如此庞大重要的宗教建筑群，不免有乾隆朝十分流行的“六品佛楼”安置于其中。乾隆四十三年（1778），在营建须弥福寿之庙初期就已经开始着手在西楼二、三层兴建与宝相楼类似的六品佛楼，由于工期紧张，其内部造像及六座佛塔均自北京慈宁宫六品佛楼宝相楼移来（图3-10-29）。作为乾隆朝对密教四部神系建构的重要文化成果，六品佛楼在热河行宫共有三处，除须弥福寿、普陀宗乘二庙中设置外，尚在避暑山庄珠源寺中建有一座独立六品佛楼（图3-10-30）。

须弥福寿之庙建成后，乾隆帝在“扎什伦布庙落成纪事诗”中称其是“旧例已遥遵顺治，新工犹近比康熙”[②]，将该寺与顺治九年建迎奉五世达赖的西黄寺、康熙五十二年年外八庙首建伽蓝的溥仁和溥善二寺相提并论。可知对于年过古稀的乾隆帝而言，该寺的建成亦可谓是清季皇室与藏传佛教相交往的一个阶段性标志。六世班禅万里来朝，意味着清朝中央政府对西藏管理的进一步加强，寺中汉藏蒙融合的建筑形式亦侧面表明乾隆末期清朝大一统王朝下艺术形式的多元性。

从整体风格来看，建于溥仁寺的康熙造像同随后乾隆二十年开始外八庙造像呈现出清代宫廷造像艺术在康乾盛世一以贯之的美学思路，它们外承蒙古活佛扎纳巴扎尔美学体系及尼泊尔-西藏造像规范，内继自元明以降北京宫廷造像技艺和神韵，形成了中国佛教造像艺术的最后一次绽放。

① 邢永福、师力武主编：《清宫热河档案13》，中国档案出版社，2003年，第188页。
② 郎俊山主编：《避暑山庄大辞典》，故宫出版社，2012年，第945页

图 3-10-4　十八罗汉（部分），1713 年，髹漆夹纻

溥仁寺慈云普荫殿

髹漆夹纻是传统雕塑中非常精巧的一种技艺。溥仁寺慈云普荫殿两侧沿山墙的十八罗汉像便是由髹漆夹纻技法做成，此法塑像较泥塑木雕更为轻便、易于搬运，并有防虫功效。这批康熙时期的罗汉像人物写实性较强，色彩绚丽的袈裟及各种写实的花朵纹、龙纹、杂宝等图案，大量采用描金画法来描绘，使尊像的袈裟外观富丽华贵，尽显皇家奢华气韵。溥仁寺十八罗汉在面部不强调罗汉的异域特点，多呈现出内地高僧的宝相庄严，其尊像风格同昔日存于紫禁城慈宁宫的十八罗汉颇为类似，或许是参考慈宁宫造像而来。

图 3-10-4-1　摩诃迦旃延尊者像，1713 年，髹漆夹纻，高 1.6 米

溥仁寺慈云普荫殿

进入清代，罗汉艺术造像程式化特征愈发明显，但慈云普荫殿十八罗汉中的这尊摩诃迦旃延尊者像却塑造得颇为生动。尊者看上去四五十岁的年纪，头部额骨凸显，细眉小眼，眉上有两三道皱纹，双唇紧绷，略带笑意的面部表情塑造得十分微妙；双掌合十，双腿上下累叠相盘，姿势十分独特。白马寺的摩诃迦旃延尊者与其姿态相同，相较之下，白马寺的此尊罗汉完全是一个虬须浓眉、双耳戴大圆环的西域僧样貌，而溥仁寺的则是汉僧形象。

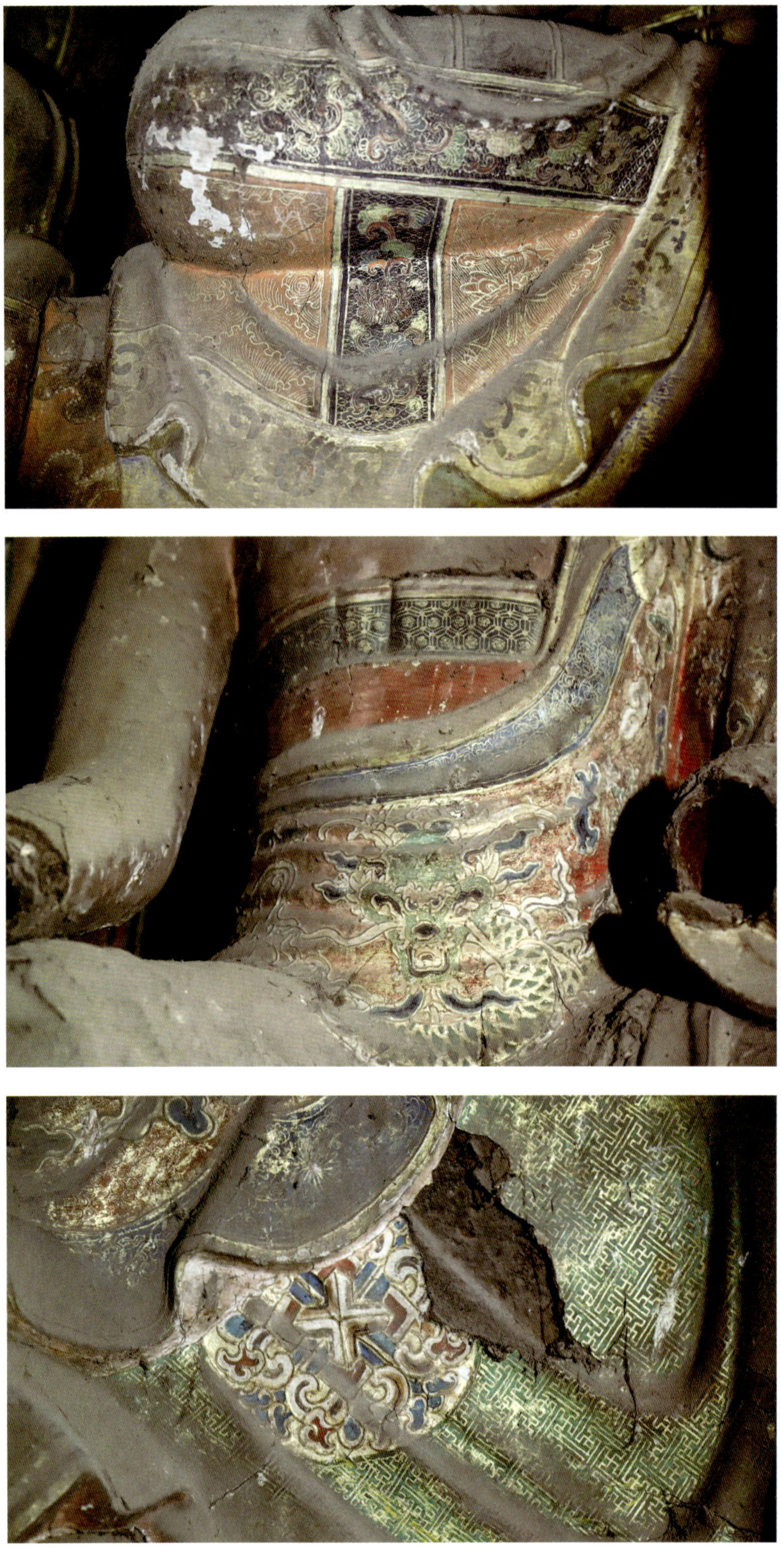

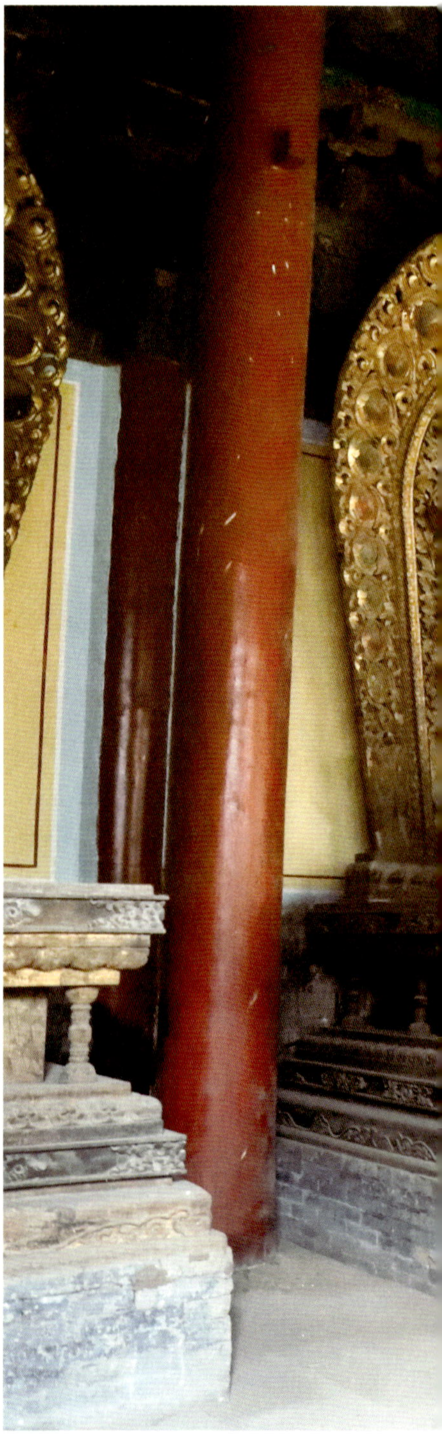

图 3-10-4-2　罗汉妆銮局部，1713 年，髹漆夹纻

溥仁寺慈云普荫殿

尽管清代罗汉造像在人物形象的塑造上生动渐失，但是在塑像彩画妆銮的技术上，却是更显成熟和精致。衣服纹饰表现沥粉贴金、描金、拨金等各类施金错彩的手段层出不穷，且制作得十分细腻精美；各种纹样几乎难见雷同，纹样的结构形式，如如意四合纹样、二方连续、四方连续，更是多灵活变化。若非岁月暗淡了颜色，此十八罗汉必然是华彩粲然、熠熠生辉。

图 3-10-5　宝相长新殿内景，1713 年，髹漆夹纻

溥仁寺

九尊完全相同的无量寿佛一字排开，巨大的体量在宏阔的佛殿内不仅给人以强烈的视觉冲击，更给人以心灵震撼。完全相同的形象不断重复，给人以排山倒海的力量，这不禁令人想起早期佛教艺术中雕刻或绘于壁面的千佛，但彼时千佛的尺寸都较小，且基本是平面或浮雕。宝相长新殿 9 尊高达 3 米多的无量寿佛，所营造的庄严净土令人有身临其境之感，似乎在佛的加持下，生命真的能够无量延长。

图 3-10-6 无量寿佛及局部，1713 年，髹漆夹纻，高 3.4 米

溥仁寺宝相长新殿

宝相长新殿中九尊体量巨大的无量寿佛是现存唯一的一堂九尊并排而坐的无量寿佛，这种组合颇为罕见，这同康熙本人的无量寿佛信仰有关。明清之际，无量寿佛因其代表寿命无限，在饱受时疫困扰的满蒙地区广受信仰。据《哲布尊丹巴传》记载：哲布尊丹巴曾为康熙帝传授长寿之秘法及长寿佛之灌顶，并主持康熙受戒。[①] 乾隆帝更是言其皇祖“以无量寿佛示现转轮圣王，福慧威神，超轶无上”[②]。静穆端坐在宝相长新殿的 9 尊无量寿佛，在造像意蕴上极有可能指 9 尊康熙帝的化身现世的用意。“9”（九）的含义是“最高、最大”，所以，如此供奉既有祝寿之意，又体现出了皇权的“至高无上”。

溥仁寺的无量寿佛在造像风格上展现出了更多的尼泊尔元素，造像脸庞清秀，眉眼细长，肩膀圆润，上身呈倒三角形，显露出蜂腰猿背的青年气韵。一世哲布尊丹巴活佛曾对尼泊尔造像无比赞赏，喀尔喀造像艺术同尼泊尔造像的渊源于此可见一斑。

---

① 申晓亭、成崇德译注：《哲布尊丹巴传》，《中国边疆史地资料丛刊 · 清代蒙古高僧传译辑》，全国图书馆文献缩微复制中心出版，1988 年，第 219—235 页。

② 承德避暑山庄管理处：《避暑山庄和外八庙碑文辑》，1975 年，第 4 页。（内部资料）

图 3-10-7　大雄宝殿西壁十八罗汉（部分），清，木雕，均高 1.7 米

承德普宁寺

普宁寺十八罗汉像是乾隆时期宫廷造罗汉的典范，其以乾隆朝三世章嘉活佛在乾隆十二年（1747）编刊的《三百佛像集》为主要图像学依据，同北京雍和宫塑于乾隆初年十八罗汉一脉相承，是能够完整体现乾隆帝与章嘉国师对十八罗汉造像审美的一批造像。

图 3-10-8　十八罗汉局部，清，木雕，均高 1.7 米

承德普宁寺

相较雍和宫十八罗汉，普宁寺现存罗汉造像持物已大多丢失。其木雕技艺精工细作，无论在五官神态、身躯比例、衣褶纹路等方面均展露出皇室工匠的高超技艺。但同样可看到，在乾隆时期，罗汉造像之间的活跃互动已然大量减少，对塑像间空间的关照和利用基本已无，每一尊罗汉均是端身正坐，独立形成一个“空间”。自宋以来主要彰显佛教世俗化气息的罗汉自明以后就逐渐衰退，及至清中期，普宁寺中造像尽管制作技艺精湛，但罗汉造像已然成为一种仅余庄严的象征性“符号”。

图 3-10-9　大乘之阁，1759 年

普宁寺

在楼阁中塑造体量巨大的立姿尊像，始于乾隆朝1750年塑建的雍和宫万福阁弥勒大像。这批尊像应受到河北隆兴寺大悲阁宋代千手观音巨像的影响，在面部、服饰等方面均与其有继承关系，隆兴寺是乾隆数次进香五台山途中停留的河北大寺，彼时乾隆帝曾对寺中宋代巨像赞不绝口。普宁寺大乘之阁就是参考了大悲阁的建筑形式。

图 3-10-10 千手千眼观音菩萨及局部，1759年，木雕金漆，高27.21米

普宁寺大乘之阁

正午的光线均匀地撒在神色从容、面带高妙微笑的观音菩萨面部，面对如此大像，清代巧匠利用回廊周遭环建的方式，解决了面向尊像朝拜的问题和佛尊视野受阻的问题。普宁寺在体量和规模上位居外八庙之首，其大乘之阁主供重量达110吨的千手千眼观音，仅其头部重量就达5.4吨，是目前世界上最大的木雕佛像。尊像体态匀称、纹饰流畅、绘色绚丽。除胸前两只手合掌外，两侧共有40只手臂，每只手上各有一只眼睛，并各拿一种法器。放射状对称排列之手臂给人以安定平衡和秩序的美感。尊像头部发髻高耸、发式高雅而洒脱，头顶有化佛——1.53米高的无量寿佛。庞大的尊像和头顶化佛形成鲜明而又森严的等级差。宝冠花纹图案繁丽、冠叶上雕刻细密缠枝牡丹，华贵无比。观音面部丰腴而不失棱角，配合挺拔的鼻梁及长眉修目，一改内地过于丰满的菩萨面部特质，呈现出清隽素雅的气韵。

图 3-10-11　普度殿绿度母，1764 年，木雕金漆，高 4.09 米

安远庙

乾隆二十九年（1764），仿照新疆伊犁河北的喀尔喀固尔扎庙旧制开始修建的安远庙，其主体建筑普度殿中供奉的木雕绿度母是中原地区体量最大的乾隆造木雕绿度母。尊像头戴五叶冠，面目宁静祥和，眼睑低垂，双目下视，体态丰腴婀娜，身饰珠宝璎珞，十分雍容华贵。

图 3-10-12　旭光阁上乐王佛坛城，1766 年，铜鎏金

普乐寺

普乐寺始建于清朝乾隆三十一年（1766），其主体建筑便是以曼陀罗中象征须弥山的阁城为基础，由三世章嘉活佛亲自规划建设的旭光阁。旭光阁内中央圆形石须弥座上安放着中国现存最大的木制曼陀罗，其用 37 块木头组成，象征三十七道品。曼陀罗内供铜铸胜乐王佛（又称上乐王佛）双身铜像，其全称为“大圣欢喜双身大自在毗那夜王”，又称胜乐金刚，是密教无上瑜伽部母续的本尊，三世诸佛的金刚身、语、意所依，诸佛功德的总集代表。而乾隆帝本人早在乾隆十年就被三世章嘉活佛传授胜乐金刚法灌顶。旭光阁中之主尊体现了乾隆本人的宗教修持观。

胜乐王佛正对东方承德磬锤峰，此为三世章嘉活佛之建议，因其为持轮王化身，常向东方之缘故。尊像四面十二臂，四面皆头戴用人头骨制成的五佛冠，怀拥金刚亥母，佛母面赤，三目，发顶饰十字交叉的吉祥花，右手拿月形刀，左手托盛满魔血的嘎巴拉碗，头饰五骷髅冠，全身佩有多种饰物。现存如此体量巨大的乾隆时期铜铸双身修持像十分罕见。由此可见，乾隆帝这位太平皇帝个人对胜乐金刚法修持的重视。

图 3-10-13　权衡三界亭吉祥天母，1771 年，铜鎏金，高 1.16 米

普陀宗乘之庙

供奉于普陀宗乘之庙权衡三界亭中的吉祥天母自二世达赖起就是历代达赖喇嘛的守护神和拉萨城的保护神，作为模仿达赖居所营建的普陀宗乘之庙，其于大红台顶部安置此像用意颇深。如今放置于西罡子殿中。此尊吉祥天母女相愤怒尊，头戴五骷髅冠，颈挂人头链，侧身屈腿坐在骡子背上，驰骋于血海山崖，背后巨大的赤红色火焰背光更增强了这种狰狞血腥的气氛。两侧胁侍为摩羯面空行母、狮面空行母。全组造像用红铜 1196 斤，头等金叶 57 两，用 6425 个工日，花费 1100 多两白银，是清宫造像中体量最巨之吉祥天母铜像。

图 3-10-14　宝相阁及四角方位的殿宇之一，清

承德殊像寺

人工堆砌的假山石上的宝相阁八角重檐，朱漆户牖、金碧画梁、黄色琉璃瓦覆顶，在蓝天的映衬下格外明丽、端严。宝相阁四角原各有一座殿宇，五座建筑以象征五台。惜四角殿宇只剩基址残痕。

图 3-10-15　宝相阁文殊菩萨及侍从，清，泥塑，高 11.6 米

承德殊像寺

清朝乾隆二十六年，乾隆帝陪皇太后到山西五台山文殊菩萨道场殊像寺进香，被寺中明代文殊巨像之宝相庄严、雄壮巨阔所折服，“默识其像以归”，令画师丁观鹏绘影图形。随后先于北京香山宝相寺营建同等风格之文殊骑狮像，后又于 1774 年在承德兴建了殊像寺，供奉与五台殊像相同之巨像。承德的文殊像衣着与风格明显可溯源至五台山文殊，自菩萨颈部有织物翻卷向外，置于半袖衫之上，于胸前对称形成两涡卷。这种涡卷的形态可以上溯至宋代，是五台山新样文殊的重要元素特征。相较五台文殊，承德涡卷显著收缩，几乎至肩，这或许是胸部比例的失调所致。如此相类的构造，体现出乾隆帝个人对文殊造像的审美意趣，亦和大一统王朝艺术追求高巨雄阔以展示帝王威仪有关。

此组造像经后世修复，于阗王右臂及韦陀左臂保存清塑原貌。

图 3-10-16　须弥福寿之庙鸟瞰图

“达赖喇嘛居布达拉，译华言为普陀宗乘之庙。班禅额尔德尼居扎什伦布，译华言为须弥福寿之庙”。《御制须弥福寿之庙碑》中明晰地指出这座规模宏大的庙宇师法于何处，即仿西藏日喀则扎什伦布寺建筑风格而成。

图 3-10-17　妙高庄严殿内景，清

须弥福寿之庙

妙高庄严殿为须弥福寿之庙的主殿，面阔七间，高三层，檐下高悬乾隆帝御题“妙高庄严”云龙陡匾。殿内一层供释迦牟尼及宗喀巴大师像，两侧十八罗汉为后世补塑。二层供释迦牟尼佛及二弟子。三层原供有 3 尊密宗佛像，现造像已无存，唯留三副背光。

释迦牟尼佛

宗喀巴

图 3-10-18　释迦牟尼佛及宗喀巴像，清

须弥福寿之庙妙高庄严殿

妙高庄严殿一层主供释迦牟尼佛及藏传佛教格鲁派创始人宗喀巴大师像，宗喀巴像可能为后世移入，档案中原无记载。宗喀巴大师像为木质，表面应曾涂金，现已多处磨损。大师头戴班智达帽，面型较方，眉眼修长，五官给人扁平之感，但相貌宽厚慈和。其外披新制的黄色斗篷，将整个身体遮住，唯露出结转法轮印的双手，但因手牵莲枝，姿势做得似乎又不十分标准，在似与不似之间。释迦佛为木髹金漆材质，同样外披黄色斗篷，遮住身体，唯左手露于外，掌中佛钵已失。佛发为立体感较强的螺发，肉髻上还饰有顶珠，佛面方圆、肌肤紧绷，虽长眉修目、相好庄严，但面相的刻画已然流于程式化。佛身后背光高大华美，以透雕和高浮雕手法结合制作而成，正中最上方为大鹏金翅鸟，然两侧并无六拏具。特别值得一提的是佛前供具，两侧是高大的红珊瑚树，案桌上是制作精美的八宝、五供和佛塔，尤其是两个藏式佛塔，制作得格外精心，其罩于塔外的珍珠缨网与塔身一体雕出，一丝不苟。这既不失恭敬虔诚，又省去了以真正的珍珠结成缨网所需的昂贵花费。

图 3-10-19　释迦牟尼佛及二弟子，清，木雕，佛高 2.9 米，弟子高 2.2 米

须弥福寿之庙妙高庄严殿

二层的释迦牟尼佛形制样式与一层的释迦佛相同，其手中的佛钵仍在，手的姿势与一层佛像一致，由此可知一层佛像的手中曾托有佛钵。佛像两侧有二弟子侍立，一位持锡杖、一位手中捧塔。二弟子均为年轻僧人形象，并非人们所熟悉的长者迦叶和青年阿难这一老一少的二弟子配置模式。

图 3-10-20　南楼二层殿内景，清

须弥福寿之庙

殿内供药师七佛，七佛并置，在视觉上颇为震撼。此殿东西稍间分设座床，为当年乾隆帝与六世班禅闲暇小憩之处。

图 3-10-21　药师七佛（第一至四尊），清，木雕，尺寸不详

须弥福寿之庙南楼二层殿

药师七佛又称七躬医王。七佛即善名称吉祥王如来、宝月智严光音自在王如来、金色宝光妙行成就如来、无忧最胜吉祥如来、法海雷音如来、法海胜慧游戏神通如来、药师琉璃光如来。药师佛全称“药师琉璃光如来”，修药师法门可远离疾病、消除灾难、增福增慧。此7尊佛像样貌一致，共持五种手印，唯转法轮印和右手与愿印、左手禅定印有重复。其背光分两种，东西两侧各有两尊佛像背光不仅漆金还施有彩绘，且图案较为复杂，中间3尊则是单纯漆金。相同形象不断重复所产生的力量感犹如佛法的持续增强，这种视觉体验所产生的心理效果与溥仁寺宝相长新殿9尊完全相同的无量寿佛是一样的。

图 3-10-21-1　药师七佛（第五至七尊），清，木雕，尺寸不详

须弥福寿之庙南楼二层殿

图 3-10-22 药师七佛背光局部，清，木雕漆金

须弥福寿之庙

佛像中带有彩绘的背光纹样十分奇特，整个背光其内圈纹饰与单纯漆金背光相似，均是缠枝花，主要差异就体现在外圈图案上。背光正中是一枚水滴状火焰宝珠，外缘饰有一圈红色火焰纹，宝珠如琥珀般透明，由边缘的深蓝向中间的白色渐变过渡。宝珠中间是一束红色火焰。宝珠两侧的图案对称展开，每一侧是一蓝一绿两条神兽，盘曲穿插于卷草或规范化的卷云之中。此兽样貌新奇，身体如蛟龙，而头部则如摩羯鱼，但头顶有卷曲的独角，口中有象牙般伸出的长牙。此种纹样或许是来自雪域的特有样式，在内地罕见。

图 3-10-23　北楼二层殿内景，清

须弥福寿之庙

殿内供长寿三尊，分别为：白度母、无量寿佛及尊胜佛母。殿内立柱巧妙地成为三个佛龛的边界，于像前悬挂新制的旗幡以形成龛式，既使造像庄严，又节省了空间及避免了财物消耗。

白度母

无量寿佛

图 3-10-24　长寿三尊，清，泥塑，尺寸不详

须弥福寿之庙北楼二层殿

无量寿佛俗称长寿佛，为西方极乐世界的教主，头戴五叶宝冠，双手结禅定印。除无量寿佛外，余者二佛母均是多头多臂，白度母三面六臂（白度母形象之一），每面三目均为慈善之面，戴五叶宝冠。尊胜佛母三面八臂，每面亦有三目，与白度母不同的是，其三面有三种不同表情，分别是静寂、愉悦与愤怒相，且愤怒相面色为蓝色。三尊像均形体丰腴、线条柔和，给人珠圆玉润的温柔之感。

尊胜佛母

图 3-10-25 “开花献佛”转轮，清，木雕，尺寸不详

须弥福寿之庙

这件“开花献佛”木结构转轮设计机巧，当机关启动时，莲花花瓣便徐徐绽放，4 尊释迦佛容显现，是造像与机关的完美结合，然可惜的是佛像已失。转轮最下方的基座为一圆形的山崖海水，其中不仅有山石竦峙、水波回旋激荡，还有慈姑叶、荷叶摇曳于水面，更添池塘情致。其中心一茎大莲花由荷叶托着挺出水面，莲瓣粉嫩，娇柔欲滴。莲蓬的中心又立一柱，其上布满五色祥云，柱头为八角形伞盖，伞盖的上沿每一面均有二龙戏珠浮雕，穿梭于祥云之间。此“开花献佛”转轮施金错彩，雕饰华美、设计新颖，莲瓣上的筋脉、莲茎上的毛刺，以及伞额上织物垂缨的柔软质感无不表现细腻，可见是一件写实主义的佛教艺术佳作。

图 3-10-26　*万寿琉璃塔，清*

须弥福寿之庙

琉璃塔八角七层，为密檐实心佛塔。塔基部位形似一个八角亭，上覆黄绿琉璃瓦，从石雕栏杆处开始方为佛塔的第一层，其下算是塔基部分。塔基四方开有拱门，八面均有壁塑。塔身黄绿琉璃相间，镶嵌有56尊无量寿佛，寓意乾隆万寿无疆。佛塔位于寺院的最高处，挺拔秀美，直插云天。檐角缀有铃铎，清风徐来，铃音清脆。天籁欤？人工欤？已无从分辨。

阿閦佛

无量光佛

大日如来

白度母

无量寿佛

不空成就佛

尊胜佛母

宝生佛

图 3-10-27 万寿琉璃塔塔基诸尊像，清，泥塑

须弥福寿之庙

佛塔南门为正门，从南门起顺时针旋转依次为：阿閦佛、大日如来、无量光佛、白度母、无量寿佛、尊胜佛母、不空成就佛及宝生佛。由于东、西、南、北四正向有拱门，故而造像位于拱门正上方，其两侧雕有缠枝花环绕的吉祥八宝。从造像的排布上可以看出，正北方以无量寿佛为中心，左右白度母和尊胜佛母构成长寿三尊的组合。壁塑以高浮雕手法制作，其上施金布彩，所惜者，现在彩色几乎褪尽，唯红色、金色多有存留，造像也多有损毁，修补的痕迹明显。

图 3-10-28　万寿琉璃塔造像局部，清，泥塑

须弥福寿之庙

铅华洗尽的塔基造像更加凸显了色彩之下细泥胚胎的精致，例如佛像身下的宝座、柔软的绸带、供奉于前的宝轮和摩尼宝珠，以及佛座上的各类装饰纹样，无不精细。色彩易逝，但金粉描绘的图案，不论是伞盖的飘带上、佛或度母像的衣装上，还是山间的林木花卉上，都依然清晰。其描绘之精，足见匠师技艺之高。在没有拱门的塔基墙壁上，一整面墙均是壁塑，以佛或度母为中心，身后是圆形大背光，以红色为底，上绘放射状金色线条，头顶是祥云缭绕，两侧则是山川飞瀑，瀑布千里直下。下部佛座前有法轮、宝珠等供养之物。这种构图形式很明显是借鉴了唐卡的形式，遥想当年佛塔初成之时，此壁塑定然光彩夺目。它不仅比平面的唐卡更具立体感，还更富有视觉的震撼力。

当代复制的六品佛塔

图 3-10-29　当代复制的六品佛塔及部分清代残存塔基，木质

须弥福寿之庙

此六品佛塔分别为功行根本品佛塔（内供尊胜佛母）、德行根本品佛塔（内供积光佛母）、瑜伽根本品佛塔（内供释迦佛与药师佛）、无上阴体根本品佛塔（内供空行佛母）、无上阳体根本品佛塔（内供大持金刚）、般若品佛塔。此六塔为20世纪80年代仿宝相楼形制复原，但无论从做旧还是工艺等方面，均十分精致，几可乱真。塔下的基座则有几个清时旧物较为完好地保存下来，它们或方或圆，随塔形而变。其斑驳的残漆、剥落的地仗，显示着它们所经历的世事沧桑。

清六品佛塔残存塔基（部分）

图 3-10-30　珠源寺六品佛楼，“众香楼”遗址，清
避暑山庄

珠源寺位于避暑山庄之内，现已是一片断壁残垣，在秋日的映衬下显得有几分凄凉。此处游人少至，偶有一两顽童嬉戏其间。该寺六品佛楼位于寺庙的最后一重殿宇，建筑与佛塔已荡然无存，唯留六个佛塔基座。有关档案记载，其上原有掐丝珐琅塔六座，并首次将木质底座改为石质。该楼在 1944 年为日寇拆毁。